인간도 짐승도 아닌

동물해방과 함께하는 페미니즘

인간도 짐승도 아닌

동물해방과 함께하는 페미니즘

캐럴 J. 애덤스 지음 | 김현지 옮김

현실문화

「인간도 짐승도 아닌」 원서 초판 표지

수많은 논제, 하나의 가르침을 일깨워준
유능한 교사인 나의 부모님
뮤리엘 캐서린 스탱 애덤스와
리 타운 애덤스를 기리며

그러다 때때로 [블루라는 말은] 사과를 먹으러 다가오거나 내가 사과를 가져다줄 때면 나를 쳐다봤다. 더할 수 없이 날카롭고 비통한 표정을, 말하자면 그토록 **인간적인** 낯빛을 마주하자니, 동물이 고통을 느낀다는 사실을 모르는 이도 있다는 생각에 거의 웃음이 나올 뻔했다(울기에는 너무 슬펐으므로). 그 사실을 잊어버리고, 또 매일매일 잊고 사는 나 같은 사람에게, 우리에게 모든 동물은 말한다. "당신이 우리한테 저지른 일을 당신도 다 겪게 될 거야. 당신이 우리의 스승이듯, 우리는 당신의 스승이야. 우리는 하나의 가르침이지." 이것이 동물이 말하려는 본질이라고 생각한다. 한 번도 동물의 권리를 생각해본 적 없는 이가 있다. 동물이 정말로 우리에게 이용당하고 학대받길 원한다고 배운 이가 있다. 마치 어린아이가 두려움에 떠는 걸 '즐긴다거나,' 여성이 강간당하고 난도질당하고 '싫어 한다'라는 것처럼, … 그는, 누군가가 '여성은 생각할 줄 모른다,' 또 '깜둥이는 기절할 수 없다'라고 가르쳤기 때문에 진심으로 그렇게 생각한 이의 증손주이다. 그런데 블루의 커다란 갈색 눈동자에서 무엇보다 가장 충격적인 것은 낯선 눈빛, 말하자면 절망에 빠진 눈빛보다도 더 고통스러운 눈길이었다. 그건 바로 인간과 삶을 역겨워하는 시선, 요컨대 혐오의 시선이었다. 혐오의 시선이 불러온 결과는 묘했다. 혐오의 눈빛을 한 블루는 처음으로 짐승처럼 보였다. 그리고 그건 블루가 더는 폭력을 당하지 않으려고 내면에 벽을 쌓아 올렸다는 뜻이었다. 세상의 사과를 다 준다고 해도 그 사실이 바뀌지는 않을 터였다.

그리고 그렇게 블루는 여전히 우리가 바라보는 풍경 속에서 아름다운 일부분으로 자리 잡는다. 잔디와 대비되어 하얗게 빛나는 블루를 창밖으로 바라보고 있으면 정말이지 평화롭다. 한번은 친구가 와서 마음이 따뜻해지는 경치를 내다보며 말했다. "**과연 백마지**, 자유의 이미지 그 자체는 말이야." 나는 생각했다. 그래, 우리 때문에 동물은 자신이 한때 그토록 아름답게 보여줬던 것의 한낱 '이미지'가 되어야만 한다고. 우리는 '만족스러워하는' 젖소 그림이 그려진 우유통에서 익숙하게 우유를 따라 마시지만, 그 젖소의 실제 삶은 듣고 싶어 하지 않는다. '행복해하는' 암탉에게서 나온 달걀과 다리를 익숙하게 먹는다. 자기 운명을 지배하는 듯 보이는 온전한 모습의 소가 광고에 등장한 햄버거를 능숙하게 우적우적 씹는다.

언젠가 자유와 정의를 이야기하면서 스테이크 앞에 자리를 잡고 앉았다. 나는 첫 한 입을 베어 물면서 고통을 먹고 있다고 생각했다. 그리고 입에 든 것을 뱉어버렸다.

—앨리스 워커, 「내가 블루일까?」*

• Alice Walker, "Am I Blue?" *Living by the Word: Selected Writings, 1973-1987* (San Diego: Harcourt Brace Jovanovich, 1988), pp. 7-8.

차례

---- 1부 ----

오만한 눈을 파헤치다

---- 2부 ----

"우리는 하나의 가르침이다": 페미니즘 이론을 탈바꿈시키다

— 3부 —

고통에서 은총으로

그림차례

〈그림1〉 〈그리스 음매화(Greek Moothology)〉, 2016년 3월, 캘리포니아, 마크 호손(Mark Hawthorne) 촬영.

블룸즈버리판 서문

갈등과 압박의 시기에 으레 그러하듯이 특정 가부장적 가치가 복
귀할 때에, 여성은 피해자, 아니면 단순히 남성의 지지자라는 전통
적인 기능을 확고하게 거부해야 한다. 이제 우리 입장의 기초를 다
시 생각하고 더욱 튼튼하게 다져 싸워나가야 할 때다. 페미니스트
로서 나는 당장 이 시기가 가장 노골적인 형태의 가부장제로 공
공연하게 회귀하는 게 두렵다. 이른바 진짜 남자가 여성, 동성애자,
예술적이거나 예민한 이 같은 '타자', 요컨대 간신히 억눌렀던 이들
의 귀환을 지배하겠다며 불길한 주장을 하기 좋은 때임이 무섭다.
—린다 노클린Linda Nochlin, 「「왜 위대한 여성 예술가는 없을까?」 30년이
흐른 후"Why Have There Been No Great Women Artists?" Thirty Years After」(2006)

2016년 캘리포니아주에서 클로버Clover라는 그릭요거트 제품 광
고판이 등장했다. 광고판에는 발굽이 있는 젖소가 조개껍데기 위에
서 있고, 풍성한 적갈색 털이 젖소의 생식기 부위를 덮고 있다. 우

유 물결이 젖소 양쪽에 놓인 클로버 요거트 용기에 부딪혀 철썩거린다. 광고판은 '그리스 음매화Greek Moothology'라고 선언한다. 이 광고는 (서구에서 여성미의 원형적 이미지인) 보티첼리의 〈비너스의 탄생The Birth of Venus〉을 연상시키는데, 보티첼리의 비너스는 가슴이 있고 광고판의 소는 가슴이 없다는 게 다르다. 젖샘도, 젖가슴도, 젖통도 없다. 광고 중인 요거트가 나오는 바로 그 재생산 기관을 나타내는 건 아무것도 없다. 광고판 그림에서 젖소의 기능은 부재한 반면, 존재하는 것은 혼성적인 여성다움이다. 이 광고판의 소는 이 책 초판 표지 그림과 마찬가지로, 인간도 짐승도 아니다. 블룸즈버리 '발현Revelations' 시리즈 판 표지가 다시 한번 상기하듯이, 소와 소의 생애는 숫자로 매겨진다.

『인간도 짐승도 아닌』이 블룸즈버리 발현 시리즈에 포함되게 되어 영광스럽다. 거의 사반세기 전에 쓴 저작을 다시 마주하며 정신이 번쩍 들었다. 각 장을 다시 읽으며 글을 쓴 원천인 낙관주의와 활기를 되새긴다. 다른 글에서 나는 한 문화가 가진 신화를 반박하는 일은 어렵다고 말했지만, 그럼에도 그게 바로 내가 이 책에서 하는 일이다. 각각의 주제를 파고들며 나는 몸을 부정하고, 인종주의적이고, 계층적이며, 가부장적인 관점들을 풀어내고, 그 대신 종 특이적이지 않은 해방 이론을 제시하려고 시도한다.

이 책은 『육식의 성정치The Sexual Politics of Meat』와 마찬가지로 페미니즘 활동과 동물 관련 활동이 서로 만나는 역사의 한 부분을 이루기 때문에, 몇몇 글이 나오게 된 과정을 설명하고 싶다. 나는 글을 쓴 역사가 중요하다고 생각하는데, 우리 각자는 우리 자신의 이야기가 체화한 존재이기 때문이다. 그 이야기들을 기록하기, 그리고 우리 개인의 경험이 어떻게 뒤얽히는지 더 많이 이야기하는 작업을 미래의 역사가들에게 맡기기. 그것이 우리가 할 일이다.

사라진 어머니들

그리스 신화에서는 가부장적인 역사에서와 마찬가지로 어머니가 사라지기 일쑤인데, 제우스가 메티스를 삼킨 뒤 제우스의 머리에서 태어난 아테나의 이야기도 마찬가지이다. 비너스는 여성의 자궁이 아니라 하늘 그 자체에서 태어났다고 한다. 임신과 출산은 고통스럽고, 부담이 크며, 지저분한 생물학적 과정이니까, (태고의 여성적 물, 즉 양수인) 바다 혹은 아버지의 머리에서 등장하는 여신들을 떠올리는 편이 더 간단하다. 여신이 바다에서 떠오를 때, 그는 과거도, 일대기도 없다. 젖소의 우유 생산은 임신과 출산으로 촉발되지만, 어미젖을 빠는 송아지는 우유라는 제품이 시장에 도달하지 못하게 방해한다. 그러므로 젖소와 젖소에게서 우유를 빼앗아 마시는 사람 사이의 관계, 아니면 우유와 우유를 마시는 사람 사이의 관계로 우유를 재개념화해야만 한다. 2차 세계대전에서 유래했으며 〈그림2〉에 영감을 준 원래 이미지에서는 리벳공 로지Rosie the Riveter가 "우리는 할 수 있다!We Can Do It!"라고 선언했다. 그가 사용한 명사와 동사는 여성의 집단 노동과 노력을 가리켰다. "너는 마실 수 있다!You Can Drink It!"라고 하는 그림엽서가 나오면서, 우유를 생산하는 젖소의 수고는 사라지고, 소비자와 제품 사이의 관계만 남는다. 여성의 수고를 상품화하려는 가부장적 노력 속에서 으레 있는 일이듯, 노동자 리벳 공 로지의 능력은 이제 여성의 생식을 착취할 최전선으로 바뀐다.

가부장적 문화는 아버지에 사로잡혀 있다. 문화를 담고 있는 이야기에서 아버지는 존경하고 어머니는 보통 무시한다. 동물권 운동 역시 마찬가지이다. 동물권 운동을 이야기할 때면 피터 싱어Peter Singer가 동물해방 운동의 아버지라고 말한다. 피터가 아니라면 고인이 된 톰 리건Tom Regan에게 그런 칭호를 내린다. 톰과 피터의 노력은 다 운동에 중요한 기능을 한다. 그럼에도 다른 페미니스트들과 함께 나는, 해방론과 권리론을 뒷받침하는 감정의 절연과 자율적인 개인에 초점을 맞추는 데 이의를 제기해왔다. (조지핀 도너번Josephine Donovan과 캐럴 애덤스가 엮은 『동물 윤리 속 페미니즘 돌봄 전통The Feminist Care Tradition in Animal Ethics』을 보라.)

루스 해리슨Ruth Harrison이 1964년에 출간한 『동물 기계Animal Machines』는 새롭게 등장한 산업화한 (공장식) 축산을 묘사했다. 이 책은 레이철 카슨Rachel Carson의 『침묵의 봄Silent Spring』과 함께 환경 운동가들의 시각을 형성하는, 특히 산업화한 농업을 포괄한 시각을 형성하는 기능을 할 수도 있었다. 어떤 이들은 『동물 기계』가 초기 환경운동에 영향을 미치리라고 예상했지만, 불행히도 그 예상은 빗나갔다.

1965년 10월, 소설가 브리지드 브로피Brigid Brophy가 쓴 「동물의 권리The Rights of Animals」가 《선데이 (런던) 타임스》에 등장했다. 피터 싱어의 『동물해방Animal Liberation』은 1971년에 나온 선집인 『동물, 인

〈그림2〉 〈리벳공 로지(Rosie the Riveter)〉, 2016년 5월, 프랑스 노르 망디, 카미유 브루넬(Camille Brunel) 촬영.

간, 그리고 도덕: 비인간 학대 연구Animals, Men and Morals: An Inquiry into the Maltreatment of Non-humans』(스탠리 고들로비치Stanley Godlovitch와 로즐린드 고들로비치Roslind Godlovitch, 존 해리스John Harris 편집)를 읽고 쓴 서평에서 시작된다. **이 선집 저자들에게** 최초로 영감을 준 것이 브로피의 글이었다. 따라서 싱어의 책은 브로피가 쓴 기사의 손주인 셈이다. 현대 동물 운동의 연대가 싱어의 1975년 저작에서 시작한다고 말함으로써 여성들(누구보다도 해리슨과 브로피)이 보이지 않게 돼버렸다.

동물해방 운동의 시작을 찾아서 싱어의 저작까지만 거슬러 올라간다면, 여성의 목소리를 잃어버릴 뿐만 아니라, 억압 사이의 관련성을 인식하는 교차 이론intersectional theory을 만들어내는 데 페미니즘, 특히 에코페미니즘이 담당한 역할도 찾아볼 수 없다. (로리 그루언Lori Gruen과 나는 『에코페미니즘: 비인간 동물 그리고 지구와 페미니즘의 교차Ecofeminism: Feminist Intersections with Other Animals and the Earth』에 실은 「준비 작업Groundwork」이라는 장에서 대안 역사를 썼다.)

1975년과 1976년에 나는 페미니스트이면서 동시에 채식주의자인 이를 40명 넘게 인터뷰했는데, 인터뷰 내용은 채식을 택한 이유였다. 많은 이가 자기 분석에서 동물이 어떤 위치를 차지하는지 파악하는 에코페미니즘 관점을 분명하게 밝혔다. 누구도 싱어의 글을 접한 적이 없었다. (5장을 보라.) 그런데도 동물 운동은, 운동이 속한 가부장적인 세계와 마찬가지로 (싱어든 리건이든) 아버지들을 치켜세우고, 동물 운동의 어머니들, 즉 동물 운동을 한다고 주장하는 남성 활동가들이 대체해버린 운동화 차림의 보잘것없는 옛날 여자분들과는 절연한다. 2008년, 미국인도주의협회Humane Society of the United States, HSUS 대표인 웨인 파셀Wayne Pacelle은 《뉴욕 타임스 매거진》에 이렇게 말했다. "'우리는 테니스화를 신은 한 무리의 보잘것없는 옛날 여자분들이 아니에요'라며, 파셀은 자기 멘토인 동물권 활동가 클리블랜드 에이머리Cleveland Amory가 한 말을 바꿔 표현한다. '우리는 스파이크 운동화를 신고 있죠.'"[1] 나는 테니스화 차림의 보잘것없는 옛날 여자분들을 곰곰이 생각해보는 「코다」로 『인간도 짐승도 아닌』을 끝맺었다. 21세기에도 여전히 이런 정형화한 사고방식이 동물 운동의 남성 지도자들을 따라다닐 거라고는 감히 생각도 못 했다. 내가 보기에 남성 지도자들은 지배적인 남성다움을 되찾으려고 늘 새로운 은유를 찾아다니는 것 같다.

싱어가 아니라면, 새로운 탈근대적, 포스트휴먼적 환경에서 '아버지'는 데리다Jacques Derrida다. 「음부 공포 대 동물 애호: 동물 연구에서 젠더 추적하기Pussy Panic versus Liking Animals: Tracking Gender in Animal Studies」에서 수전 프레이먼Susan Fraiman은, 캐리 울프Cary Wolfe가 어떤 식으로 데리다의 글을 옹호하면서 내 작업과 같은 연구는 생략하는지 살펴봄으로써, 동물 연구의 역사를 제시할 때 페미니스트 저자들이 누락되는 방식에 이의를 제기한다.

애덤스를 데리다로, 에코페미니즘을 후기구조주의로 대체하는 움직임이 『동물 의식: 미국 문화, 종 담론, 그리고 포스트휴머니즘 이

---

1. Maggie Jones, "The Barnyard Strategist," *New York Times Magazine*, 2008.

론Animal Rites: American Culture, the Discourse of Species, and Posthumanist Theory』

전반을 형성하며, 그것이 대체로 울프가 포스트휴머니즘 관점에서 동물 연구에 접근하는 방식이다. 사실, 울프가 애호의 감정을 대단치 않게 생각하고 싶어 해도, 그가 데리다적인 지시에 따라 행하는 연구는 대부분 에코페미니스트들이 예전에 한 주장을 다시 논의한다. 페미니스트들은 이원적인 사고방식에 의문을 품고, 자유 인본주의에 깊이 물든 동물'권' 주장, 특히 싱어와 리건이 한 주장과 언쟁하며, 여성과 동물이 쉬이 서로 비유되면서 백인 인간의 남성다움이라는 지배 범주를 만들어내는 범주임을 주장했는데, 울프가 이런 논의를 다시 이야기하는 것이다. 이처럼 애덤스, 도너번, 그리고 또 다른 연구자들과 연속선상에 있는데도 『동물 의식』은 개조한 계보, 즉 데리다에게는 특권을 주고 에코페미니즘이 마련한 기틀은 무시하는 왜곡된 계보를 수단으로 삼아, 사실상 그 자신의 종차별적 비평 그리고 동시대 동물 연구의 모형에 권위를 부여한다.[2]

조지핀 도너번, 로리 그루언, 마티 킬Marti Kheel, 그레타 가드Greta Gaard, 그리고 나 자신을 비롯한 초기 페미니스트와 에코페미니스트 저자들은 동물의 지위뿐만 아니라 동물다움animality이라는 개념을 페미니즘 관점에서 통찰하는 방식을 제시했다. 우리 연구가 후속 연구에 권위를 부여했음에도, 울프와 그 밖의 사람들이 하는 말

---

2. Susan Fraiman, "Pussy Panic versus Liking Animals: Tracking Gender in Animal Studies." *Critical Inquiry*, 39 (1) 2012: 103.

에서 우리는 '권위자'로 그려지지 않는다. 어찌 된 셈인지 에이머리, 그다음에는 파셀을 애먹인 그 보잘것없는 옛날 여자분들처럼, 뭔가 잘못됐다, 우리가 놓친 게 있다, 우리가 **올바른 방식으로** 영향력을 장악하는 데 실패했다거나 **올바른 방식으로** 이론을 발전시키지 못했다는 메시지를 교묘하게 전달한다.

동물권 그리고 동물 연구 역사를 이야기하는 방식에는 퇴행적인 정치가 반영된다. 이와 똑같이 불쾌한 것은 운동 자체에서 여성이 차지하는 지위로서, 여성은 정형화한 성역할로 격하되기 일쑤다. 눈에 보이는 대변인, 이론가와 저자는 백인 남성이 압도적으로 많았다. 백인 남성들이 크게 기여했으므로 '운동에서 너무나 중요해 뺄수 없는' 지위를 차지한다는 시각은 자기만족적인 특권이 된다. 결국 남성 지도자가 저지른 성폭력의 피해자인 수많은 여성은, 진상을 밝히는 일에서 자신이 어떻게 배척당하는지 깨닫고는 운동권을 떠난다. 그러는 사이 남성 지도자들은 더욱 단단하게 자리를 잡을 뿐이다. (내가 쓴 다음 글을 보라. 「매키넌 이후: 동물 운동 내 성 불평등After MacKinnon: Sexual Inequality in the Animal Movement」.)

이 책의 「코다」에서 나는, 동물 운동이 더는 보잘것없는 옛날 여자분들과 같지 않음을 선언할 때 그 여성들에게 돌아간 빈정거리는 찬사를 곰곰이 생각해본다. 하지만 그 「코다」를 쓴 지도 거의 사반세기가 흐른 지금, 나 역시 **사반세기 더 옛날 사람**이 되었으므로, 어떤 이들이 보기에는 나라는 사람도 그 보잘것없는 옛날 여자분들에 가깝다. 물론 그런 호칭을 거부하지는 않겠지만, 그에 상응하는 별명이 옛날 남자분들에게는 없는 것 같다는 데 주목하겠다. 나

이 든 남성들은 계속 아버지로 남으며, 그들이 어떤 신발을 신는지
는 알 바 아니다. 로지든 가슴 없는 '비너스'든 재현물에서 그려지는
젖소에 관해서라면, 그들은 노년을 알지 못할 것이다. 젖소는 20년
혹은 그보다 더 오래 살 수 있지만, 우유 때문에 착취당한 대다수
젖소는 네 살이 되면 죽는다.

『인간도 짐승도 아닌』 집필

1974년 가을, 하버드 광장으로 걸어가며 어떻게 나중에 『육식의 성
정치』가 된 발상이 내 머릿속에 자리 잡았는지 다른 지면에 쓴 적
이 있다.[3] 길을 걷는 동안 내 삶에서, 또 하버드대학교 신학대학원과
보스턴칼리지의 수업에서 생각해봤던 페미니즘과 채식주의 사이의
관련성을 둘러싸고 마음속으로 대화를 이어갔다. 페미니즘과 채식
주의 사이, 가부장제 윤리와 고기 소비 사이에 연관성이 있음을 깨
달았고, 여기서 출발한 연구가 15년 후 마침내 내 첫 번째 책이 되
었다. (걷기 같은) 리듬감 있는 활동과 더불어 이 내면의 대화는 다
른 통찰도 할 수 있도록 자극이 되었고, 내 두 번째 저작인 이 책의
발상을 떠올리는 데도 도움이 되었다.

1980년대 말, 테리사 코리건Theresa Corrigan과 스테퍼니 호프
Stephanie Hoppe가 동물과 여성을 주제로 한 선집을 편집하고 있다

---

3. Adams, *The Sexual Politics of Meat*, 2015, p. xxii.

는 사실을 알게 되었다. 당시 나는 『육식의 성정치』를 탈고하고 수 잰 카펠러Susanne Kappeler가 쓴 『재현의 포르노그래피The Pornography of Representation』(1986)를 읽고 있었다. 그 책은 페미니즘에서 포르노 그래피 담론을, 우리의 주체성subjectivity을 구축하는 데 재현이 하 는 기능에까지 확장함으로써 다시 살펴보는 것 같았다. 우리가 우 리의 주체성을 경험하는 방식은, 주체로서 또 다른 주체를 대하는 상호주체성intersubjectivity이 될 수도, 아니면 주체로서 대상을 대하는 재현이 될 수도 있다. 존 버거John Berger의 「왜 동물을 구경할까?Why Look at Animals?」는 인간이 비인간을 재현하는 방식을 성찰하는 데 토 대가 된 글이다. 카펠러의 『재현의 포르노그래피』는 "왜 여성을 구 경할까?"라고 물음으로써 버거의 연구를 확장했다.

카펠러를 읽으며 동물, 특히 **보는 행위**를 극단으로까지 밀어붙이 는 것 같은 동물실험에 관해 나도 모르게 책에다 메모했다. 테리사 와 스테퍼니에게 편지를 써서 그 주제로 논문을 내고 싶다고 제안 했다. 그들이 편집한 책인 『파리의 눈, 고래의 재치, 그리고 여성의 마음으로: 동물과 여성의 관계With a Fly's Eye, Whale's Wit and Woman's Heart: Relationships between Animals and Women』는 1989년 클리즈 출판사Cleis Press 에서 출간되었으며, 그 책이 인쇄 중이던 당시, 내 책 『육식의 성정 치』의 가제는 "고기 텍스트에 반대한다Against the Texts of Meat"였다. (그 건 또 다른 이야기다!)

지난 수십 년 사이 기술이 발전하면서 동물실험을 옹호하기는 훨 씬 더 힘들어졌다. "컴퓨터화한 모형 제작과 예측 장치 … 유전자 공학으로 만든 세포주, 엑스레이 분석, 인간의 피부와 조직 대량 배양, 개체군의 역학 연구, 신중하게 관리하는 임상 시험,"[4] 그리고 3차원 영상화같이 동물을 이용하지 않는 대안적 수단이 존재한다. 이런 방법은 대부분 빠르고, 비용이 덜 발생하며, 재현할 수 있다. 그리고 한층 더 정확하다는 게 중요하다.

임신중지

「임신을 중지할 권리와 동물권」은 원래 1991년, 『종 사이에서: 윤리학 학술지Between the Species: A Journal of Ethics』에 게재한 글이다. 이 글이 나오게 된 배경은 이렇다. 내가 다니던 교회의 담임목사가 강림절 설교를 하면서, (예수의 어머니인) 마리아가 임신중지를 하지 않아서 얼마나 다행이냐고 한 테레사 수녀를 인용했다. (실재하지 않는 상태, 즉 비존재nonbeing [여기서는 예수의 비존재]를 인격화하는 이런 전술은 162~163쪽, 임신중지에 관한 글에서 논의한다.) 그 후 우리 몇몇이 목사에게 따졌다. 무엇보다도 우리는 그 목사가 소속된 장로교회가 임신중지 합법화를 찬성하며, 미국에서 임신중지가 합법임을 지적했다. 여성의 권리로서 임신중지의 역사와 그 윤리적 기틀을 주제로 내가 교회에서 4주간 강의를 하라는 결정이 내려졌다. 그 강의를 위한 조사를 하면서 임신을 중지할 권리와 동물권을 둘러싼 내면의 대화가 시작되었고, 나도 모르는 사이 폭넓게 메모를 했다. 이제는 고인이 된 마티 킬에게 나의 소견 일부를 언급했고, 그는 상세히 글을 써서 『종 사이에서: 윤리학 학술지』에 제출하라고 격려

4. Alix Fano, *Leathal Laws: Animal Testing, Human Health and Environmental Policy*, (London and New York: Zed Books, 1997), p. 136.

했다. 나는 그렇게 했고, 그 글이 이 책의 3장이다.

내가 글을 제출한 후인 1990년대 초, 임신중지와 관련된 정치가 귀환했다. 임신중지 합법화를 찬성하는 목사인 나의 배우자가 댈러스에 본부를 둔 임신중지 반대 과격 단체인 '구출작전Operation Rescue' 대표의 표적이 되었다. 어느 일요일 오후, 그들이 우리 집 앞에서 피켓시위를 벌였다. 그들은 (일요일 아침마다) 교회에서도 피켓시위를 했다. 우리를 지지해주는 한 변호사의 도움으로 우리는 그들이 교회와 우리 집 앞에서 피켓시위를 하지 못하도록 지시하는 보호명령을 받아냈다.

그 후 1995년 4월, 댈러스주 경찰이 구출작전 본부에 불시에 들이닥쳐 사무실 집기를 압수했다. 1992년 공화당 전당대회가 열리는 동안 구출작전이 가족계획 클리닉을 봉쇄한 것에 대해 휴스턴 배심원단이 100만 달러를 배상하라는 판결을 내렸는데, 이 배상금 지급을 위해 사무실 집기를 경매로 처분할 참이었다.

1995년 5월 1일, 나는 경매에서 고액으로 입찰을 했고, 구출작전 사무실 가구를 트럭으로 운반하려고 준비했다. 컴퓨터 여섯 대는 내 차에 실어서 가족계획의 댈러스 본부에 전달했다. 압류 집행전 정신없는 상황에서 구출작전 직원이 각 컴퓨터의 운영체제를 삭제해 컴퓨터를 망가뜨렸다. 실력 좋은 컴퓨터 기술자가 이전 버전의 운영체제를 설치해 컴퓨터 안의 내용이 드러난 순간, 영화 〈스니커즈Sneakers〉에서나 느꼈을 법한 흥분에 전율이 일었다. 임신중지 반대론자의 일지가 있었는데, 그 사람이 입력한 메모에서는 클리닉을 나서는 의료진 차량을 뒤따라가 의료진이 사는 곳을 알아내고, 임신중절술을 받을 여성을 태운 차량의 번호판을 받아썼으며, 임신중지 클리닉의 쓰레기통을 뒤졌다고 시인했다. 이 일지와 그 외에 컴퓨터에 담긴 정보를 미국 전역의 임신중지 지지자 집단이 공유했고, 여러 주에서 구출작전을 상대로 제기한 다수의 소송에 활용되었다. (컴퓨터 내용 관련 논의는 제니퍼 고너먼Jennifer Gonnerman을 보라.)

구출작전은 현재 미국구조작전Operation Save America으로 알려져 있다. 그들의 집기를 사들여 괴롭힘 행위를 폭로한 당시만 해도, 2017년에 임신중지를 둘러싼 정치가 다음과 같은 상황을 맞게 되리라고는 예상도 못 했다.

- 주 의회들이 여성에게 모욕을 주고 여성을 탓하려는 의도를 띤 법률을 통과시킨다. 그들은 안심하고 여성이 자기 삶이라는 한층 더 큰 맥락에서 결정을 내리도록 하지 않는다. (147~148쪽, 베벌리 해리슨 인용 참조)
- 초음파 검사 의무화 법률이 있어 여성이 초음파 검사를 받아야만 임신중지를 할 수 있다. 마거릿 탤벗Margaret Talbot은 헌법에 근거해 볼 때 이 상황이 무엇을 의미하는지 이렇게 서술한다. "그들은 여성에게 뭔가를 보라고 할 뿐만 아니라, 결국 그 여성의 몸 내부를 파헤쳐 보이게 하라고 요구하는데, 이는 전부 국가 차원에서 임신중지 반대론을 펼치기 위함이다. 이 상황은 형사 사건에서 불법 압수수색에 버금가는 것으로서, [컬럼비아 법학대학원 교수 캐럴] 생어Carol Sanger가 지적한바, 피고인의 몸에서 증거를 추출하려고 국가가 할 수 있는 일에는 한계가 있

다. 이런 점에서 초음파 검사 의무화는 억지로 바라보게 만드는 행위일 뿐 아니라, 보여야 하는 것을 '강제로 만들어내는' 행위를 구성한다." 이는 새로운 방식의 '남성적 응시'이자 '오만한 눈'이다.

- 여성의 부모에게 통지함으로써, 18세 미만의 젊은 여성이 자기 몸과 관련된 결정을 내릴 만큼 충분히 성숙하지는 않지만 엄마가 될 만큼은 충분히 나이를 먹었다고 여긴다.

- 임신중지를 후회하는, 임신중절술후증후군을 만들어냈는데, 이는 허구임이 입증되었다.

- 보통 임신중지 클리닉 근처에 있는 기만적인 '임신위기센터'를 확장한다. 이런 센터는 '선택권'과 '비밀보장'을 약속하지만, 실제로는 여성을 설득해 임신중지를 그만두게 하려는 목적을 띤다.

- 숙려 기간을 둔다.

- 주 차원에서 상담을 의무화한다.

컬럼비아 법학대학원 교수 캐럴 생어의 결론에 따르자면, "임신중지를 불법화할 수는 없다고 해도, 여전히 불법적이라고 **느끼게** 만들 수는 있다".[5]

구트마허 연구소Guttmacher Institute에 따르면, "지난 수십 년간 임신

5. Margaret Talbot, "Why It's Become So Hard to Get an Abortion," *New Yorker*, April 3, 2017. http://www.newyorker.com/magazine/2017/04/03/why-its-become-sohard-to-get-an-abortion (accessed July 17, 2017)에서 재인용.

중지와 의도하지 않은 임신은 가난한 환자들에게서 점점 더 집중적으로 나타났다." 아이린 카먼Irin Carmon은 이 현상의 의미를 이렇게 설명한다. "이 여성들이 당면한 가장 큰 난관은 예방의료 서비스를 받지 못하는 것, 임신중절술을 받으러 가는 데 드는 교통비나 심지어 수술비 자체를 낼 수 있느냐 없느냐를 두고 힘들게 결정을 내려야만 하는 것이다. 이 여성들의 상황이 검찰, 정치인, 투표권을 가진 대중에게서 더더욱 멀어질 때, 이 여성들은 악마화되기 쉽다."

우파 정치인들이 추구한 트럼프케어 건강보험 법안 그리고 기타 보건 계획을 두고 미국에서 벌어진 논쟁에서 알 수 있듯이, 여성을 순전히 태아의 '숙주'로 보는 견해를 이제껏 수용해왔다. 수년간 여성의 임신과 관련된 담화에서 여성 동물을 장차 고기를 만들어낼 '숙주'로 간주했다는 점을 우리 대부분은 인식하지 못한다. 동물 산업 관련 잡지 속 광고에서 드러나듯이, 저들은 여성 동물의 재생산을 두고 다른 자가 결정을 내릴 권리가 있다고 분명하게 말한다. 이 분야의 선두는 자사 제품을 강요하다시피 하는 제약회사들이다. 제약회사들은 광고에서 새끼를 배고 싶어 하는 도발적이고 풍만한 동물을 그리는데, 그들은 농가에 매년 더 많은 새끼를 주고 싶어 하고, '새끼 돼지를 쏟아내고' 싶어 한다. 어떤 닭은 성적인 모습으로 그려진, 털 없이 매끈한 다리를 내밀고 있는데, 그 닭도 제약회사가 만든 약을 원하며, 새끼를 밴, 굽신거리는 '숙주'가 되고 싶어 한다.

제약회사 보비쉴드골드Bovi-Shield Gold는 '계속 새끼를 배지 않으면 암컷이 달리 뭘 할까?'라는 광고 캠페인을 전개했다. 젖소를 대상으로 한 질문이었다. 보비쉴드골드가 내놓은 답변은 이러했다. 계속 임신을 하지 않으면 젖소의 생애는 정착하지 못하고, 실현되지 못하며, 자기 자신이 아니라 다른 동물을 흉내 내게 되리라. 광고에 서는 더 가느다란 글자체로 농가에 '당신의 젖소가 계속 새끼를 밴 채로 일하게 하세요'라고 권한다. 젖소는 임신하지 않아도 **일을 하고 있다.** 다시 말해 젖을 만들어내고, 그 젖을 하루 두세 번씩 뺏긴 다. 보비쉴드골드의 서술에서 생략한 내용은, 젖이 말라가고 있으니 임신이 필요하다는 것이다. 수십 년 전에는 젖소의 임신이 개별 사 건, 말 그대로 임신이었다. 임신 기간은 소젖을 짜내는 시기도 아니 었다. 그러나 생산 기대 때문에 젖소는 연간 7개월을 임신한 **채로** 젖을 분비해야 한다. 엘리즈 드소니에Élise Desaulniers가 『현금 수익을 보장하는 젖소: 유제품 산업의 10가지 신화Cash Cow: Ten Myths about the Dairy Industry』(2016)에서 보고한 바에 따르면, 젖소가 연간 7개월 임 신 상태로 젖을 분비하는 수고로움은 하루 6시간 이상씩 조깅하는 것에 맞먹는다.

여성의 신체적 완전성bodily integrity을 존중하지 않는 것은 재생산 의 자유를 제한하는 정치를 낳는다. 여성 동물 역시 신체적 완전성 이 있다는 사실은, 재생산 관련 돌봄을 받을 여성의 권리가 제한될 때 윤리적인 고려 대상에서 훨씬 더 멀리 밀려난다. 거꾸로 해도 마 찬가지다. 여성 농장 동물을 등장시키는 광고에서 보이는 건 재생산 의 자유와 임신중지 접근권을 두고 오늘날의 역행을 정당화하는 태 도다.

육식

『육식의 성정치』에서는 "부재 지시 대상absent referent"이라는 문학적 개념을 식품으로 쓰는 동물과 가부장적 문화 속 여성의 경험에 적용했다. 육류 섭취, 유제품과 난제품을 정치화하는 과정은 『인간도 짐승도 아닌』에서도 계속된다. 앞으로 잇따르는 내용에서는 고기가 되는 동물이라는 개념을 **그릇된 질량명사**false mass terms로 설명한다. 또한 고기로 쓰는 동물을 "말단동물terminal animals"로 지칭한다. 막 원고를 제출하려는 순간, 내가 쓴 용어에 종차별주의가 어떤 영향을 미쳤는지 깨달았고, 글 전반을 검토하면서 도살해 내장을 제거한 동물 **몸통**carcasses을 언급할 때마다 동물 **시체**corpses로 바꿔 썼다. 또한 뭔가가 윤리적인 쟁점이 되는 과정과 육식이 제도적 폭력인 이유를 설명하고, 지금껏 정상화해온 것을 문제화하면서 다르게 개입할 방법을 제안한다.

1994년 이후로 '완전 채식주의자'나 '순수 채식주의자' 대신, (달걀과 유제품을 먹는 채식주의자인 '락토오보베지테리언'과는 다르게) 달걀이나 유제품을 먹지 않는 채식주의자를 뜻하는 말로 **비건**이 유행하고 있다. 나는 채식주의자라는 용어를 좋아했지만, 본래의 급진적인 의미를 상실하기도 했고, 사실상 (혹은 눈에 띄게는 아니라도) 채식주의자를 락토오보로 여기기 때문에 10년도 더 전부터 더는 그 말을 사용하지 않았다.

1994년에 『인간도 짐승도 아닌』을 탈고한 이후로 '비건 생활사 시리즈'라 할 만한 책 다수를 단독으로나 공동으로 집필했다. 다음이 그런 책들이다. 『도와줘요! 내 아이가 더는 고기를 먹지 않아요! 식단을 둘러싼 갈등을 무사히 넘기려는 부모가 알아야 할 모든 것Help! My child stopped eating meat! The Parents' A-Z Guide to Surviving a Conflict in Diet』, 『육식인 속에서 살기: 채식주의자 생존 안내서Living Among Meat Eaters: The Vegetarian's Survival Handbook』, 『채식주의자는 절대 되고 싶지 않지만, 채식주의자처럼 먹는 법How to Eat Like a Vegetarian Even If You Never Want to Be One』, 『채식주의 내면의 기술The Inner Art of Vegetarianism』, 『지금도 얼마든지 비건이 될 수 있다: 50세 이후에 식물 위주 식단으로 잘 먹고 잘살기 위한 지침서Never Too Late to Go Vegan: The Over-50 Guide to Adopting and Thriving on a Plant-Based Diet』. 또 최근에 나온 책으로는, 『비건도 죽는다: 가치관에 맞게 살고 물려받은 것을 지키는 데 필요한, 당신에게 공감하는 안내서Even Vegans Die: A Compassionate Guide to Living your Values and Protecting your Legacy』를 썼다. 마지막 책은 비거니즘이 건강과 관련해서 하는 몇몇 독단적인 주장에 도전하고자 함은 물론, 때때로 비건들이 드러내는, 질병, 비만, 돌봄을 비하하고 모욕하는 행위에도 이의를 제기한다.

버지니아 메시나Virginia Messina와 함께 연구하면서, 건강을 두고 비건이 주장하는 내용을 어떻게 평가할지 배웠다. 나는 우리가 완전 채식을 하는 종이라고 더는 주장하지 않겠다. 건강 면에서 비건식의 이점을 예찬할 때도 한층 더 신중하게 접근한다.

안목과 식견이 높은 동물 연구와 비건 연구가 등장함에 따라, 전에 없이 훌륭한 학문적 결실을 보기도 했다. 예컨대, 애니 포트Annie Pott가 편집한 논문집인 『고기 문화Meat Culture』, 로라 라이트Laura Wright가 쓴 『비건 연구 프로젝트: 공포 시대의 음식, 동물, 그리고 젠더

The Vegan Studies Project: Food, Animals, and Gender in the Age of Terror』(내가 서문을 썼다), 그리고 바실레 스태네스쿠Vasile Stănescu, 제시카 아이슨Jessica Eisen, 수나우라 테일러Sunaura Taylor, 캐스린 길레스피Kathryn Gillespie를 비롯한 많은 젊은 학자의 흥미진진한 연구를 들 수 있다.

백인 특권

4장은 동물을 주제로 반인종주의적 페미니즘 이론을 발전시키려고 애쓰는 한 백인 동물 운동가의 초기 논문 한 편으로, 인종주의와 동물다움의 관계를 면밀하게 들여다본다. (『한 권으로 읽는 캐럴 J. 애덤스: 글과 대화 1995-2015The Carol J. Adams Reader: Writings and Conversations 1995-2015』는 『인간도 짐승도 아닌』 출간 이후에 출판한 논문을 모은 책인데, 거기에 실은 「『육식의 성정치』가 나오기 전에 무슨 일이 있었나What Came Before The Sexual Politics of Meat」에서 방금 말한 이 책의 4장을 더욱 심화했다.)

『육식의 성정치』를 출간하면서 나는 동물권 학회에 연사로 초청받기 시작했는데, 백인 특권을 근본적으로 문제 삼지 않아서 곤혹스러웠다. 1980년대 뉴욕주 북부에서 인종주의에 반대하며 일한 내 경험에 비춰 보고, 또 반인종주의 활동에서 나온 통찰을 동물권에 적용함에 따라 그 통찰을 곰곰이 짚어보며 4장을 썼고, 『인간도 짐승도 아닌』에 담았다.

아프리카계 미국인 페미니스트 저자들이 쓴 주요 연구의 등장을 기리고 싶다. 브리즈 하퍼Breeze Harper가 쓴 『시스타 비건: 흑인 여성 비건들이 음식, 정체성, 건강과 사회를 말하다Sistah Vegan: Black Female

Vegans Speak on Food, Identity, Health, and Society』, 아프 코Aph Ko와 실 코Syl Ko가 쓴 『아프로이즘: 두 자매가 쓴 대중문화, 페미니즘, 그리고 흑인 비거니즘 에세이Aphro-ism: Essays on Pop Culture, Feminism, and Black Veganism from Two Sisters』가 그런 연구다. 실 코가 쓰길, "그러므로 '인간적인 것'이라거나 '인간다움'이란, 유럽계 백인다움의 영역이 호모사피엔스의 이상적인 존재 방식이라고 표시하는 한 개념적 방편일 뿐이다. 이는 '인간다움/인간'과 '동물다움/동물'이라는 구상이 **인종을 구분하는** 경계를 따라 구축되어왔음을 의미한다." 아프 코는 "[비건] 운동의 인종적 문법은 백색"이라고 쓴다. 백인 우위가 불러온 결과를 비인간 동물이 겪는 고통에 비유하는 것이 이 같은 문법의 한 사례다. 우리는 인종, 젠더, 동물다움의 상호 작용을 이해하지 않고서는 진보적이며 반인종주의적인 페미니즘 연구를 할 수 없다. 어떤 비건들은 탈인종화한de-racialized 비거니즘을 원하지만, 그런 것은 기만이다. 그들은 동물에게 우리가 정말로 '필요하다'는 발상을 고수하고, 따라서 백인 특권이 하는 기능을 보이지 않게 하려고 애를 쓴다. 지배문화는 다 이 같은 환원주의적 반동을 허용해왔다. 아프 코와 실 코는 내게 책의 후기를 써달라고 요청했고, 나는 관점의 변화가 필요함을 분명하게 보여주려고 아래의 표를 만들었다.

급진적 비평의 관점에서 보자면, 이 책의 제언으로 삼은 앨리스 워커의 개념, 즉 "우리는 하나의 가르침"이 너무나 단순한 메시지로서 21세기의 다원적인 상황에는 들어맞지 않는다고 생각할 수도 있다. 그럼에도 "우리는 하나의 가르침"은, 일찌감치 상호 연결된 억압들을 이야기하는 방식이었다. 억압들은 동등하지도, 유사하지도 않

비판이론	탈정치화한 특권의 양상
그것은 백인 우월주의다.	그것은 '편견'이다—결과적으로 방어적인 태도를 취한다.
조직, 체계와 관련된 문제다.	사적인 문제다—개인 차원의 설명을 넘어서서는 자신을 사고할 수 없으며, 이는 개인의 죄책감으로 귀결한다.
비판적 사고/인식론적 혁명	틀은 건드릴 수 없다. (예컨대 동물 학대는 '종차별주의'라는 면에서만 이해해야 한다.)
비건 이론의 백인 중심성을 벗어나기	왜 인종을 쟁점화하나? 문제는 '동물을 돕는 것'이다.
백인다움은 인간/동물의 정의에 영향을 준다.	백인다움은 동물 학대와 관련이 없다.
반인종주의적인 동물 옹호 사고를 탈식민화하기	'다양성'이 문제다. 다양성은 애초에 문제를 일으킨 환경을 또다시 만들어내고 있다.
인종주의적 논리에는 인간/동물이라는 이분법적 관점이 있다.	인간과 동물의 비유는 실재를 부적절하게 반영하며, 한쪽의 해방을 추구하려고 다른 한쪽의 억압을 이용한다.
동물다움, 백인 우월주의, 여성 혐오를 연결하는 이론	'동물을 돕는 것'이나 페미니즘이나 흑인 해방은 서로 다른 쟁점이다. 쟁점을 혼동하지 말 것.
비거니즘을 실천하는 다양한 방식	비건이 되는 올바른 방식(과 올바른 몸)
분열시킨다.	위안을 준다.

참고: 랜턴북스(Lantern Books)의 허락을 받아 도표를 재사용했음.

다. 그럼에도 동물다움은 사회적 억압의 한 양상이며, 인종주의와 여성 혐오가 종을 구분하는 경계의 저쪽 편에서 작용하고 있는 것도 사실이다.

에코페미니즘

1990년대 초반으로 되돌아가자면, 나는 페미니즘 철학자 캐런 워런Karen Warren에게 지지를 받으며 에코페미니즘 성격이 뚜렷한 글을 써나가기 시작했다. 그 결과물이 「에코페미니즘과 육식」 그리고 「가정에 평화를: 페미니즘 철학 관점에서 여성, 아동, 펫 학대를 바라보다」로, 두 편 다 『히파티아Hypatia』에 게재했다.[6] 1990년대 중반에 접어들면서 에코페미니즘은 '본질주의적'이라는 비난을 받았다. 역설적이게도 사람들은 에코페미니즘 연구를 깎아내리**면서도** 가져다 쓴다. 에코페미니즘을 이처럼 수용하는 양상을 로리 그루언과 나는 이렇게 해석한다.

억압적인 상황 내부에 작동하는 이원적인 체계를 폭로한다고 해서 에코페미니스트들이 이원론에서 지배적이지 않은 쪽을 드높인다거나, 그쪽에 해당하는 특징을 '자연스럽다'고 여긴다는 뜻은 아니다. 에코페미니스트들이 동물 윤리 내부에서 관계를 고려하는 방식으로 주장을 펼치고 돌봄 전통을 발전시켜나갈 때, 그들은 남성은 합리적, 여성은 감성적이라고 구분하는 본질적인 구조를 받아들이는 게 아니라 그런 구조에 도전한다.

21세기에 접어들어서도 에코페미니즘을 계속해서 본질주의적이라며 집요하게 잘못 묘사하고, 현장에서 일하는 많은 이는 이 상황에 여전히 놀라워한다. 잘못된 묘사는 지배담론에 도전한 에코

---

6. [옮긴이] '펫' 용어 사용에 대해서는 8장 333~334쪽 참조.

페미니즘 연구를 배제하는 또 다른 방편이 되었다. 에코페미니즘 연구를 계속해서 잘못 읽으며, 부분적으로는 이런 지속적인 오독 때문에 또 다른 문제 상황, 바로 에코페미니즘의 영향력을 신뢰하지 못하는 사태가 뚜렷해진다. 새롭게 부상하는 동물 연구 분야는 적어도 부분적으로는 페미니즘과 에코페미니즘 이론에서 발전했는데도, 이런 배경과 역사를 대다수 동물 연구 논의가 무시하거나 왜곡하기 일쑤다. 결과적으로 에코페미니즘이 보이지 않게 될 뿐 아니라, 에코페미니즘 발상을 가져다 쓰면서도 그 발상을 제시한 원저자의 실체는 사라진다.

가드는 「에코페미니즘을 다시 생각하다: 본질주의 거부하기 그리고 페미니즘 환경보호론의 실제에서 종을 재배치하기」Ecofeminism Revisted: Rejecting Essentialism and Re-Placing Species in a Material Feminist Environmentalism」를 써 웨슬리언에서 개최한 2011 성/젠더/종 학회에서 최초로 발표했다. 이 글은 에코페미니즘 이론 말소에 반대하고 개입하는 방안을 제시한다. 가드가 쓰길, "이렇게 에코페미니즘을 생태비평 학술에서 누락하는 것은 단순히 페미니즘 학문 저작을 인용하지 않는 서지상의 문제가 아니다. 그것은 그 페미니즘 학문 저작이 제기하는 쟁점을 붙들고 씨름하지 않음을, 다시 말해 좀 더 심각한 차원의 개념적 실패를 뜻한다. 이런 실패가 더욱 터무니없는 순간은 동일한 발상을 후에 페미니즘과 관련이 없는 출처를 거쳐 발표하고 찬양할 때다." 가드는 (에코페미니스트를 '공격적이다,' '시대착오적이다,' 혹은 '편협하다'라고 일컫는) 호칭을 대단히 우려한다. 그러면서 이런 호칭을 쓰는 전술이 학문 공동체를 파괴함은 물론, "반페미니스트적인 호칭은 화자 자신이 페미니즘 관점에 익숙하지 않거나 심지어 적대적이라는 표식일지도 모른다"라고 넌지시 말한다.[7]

한편 페미니스트 동물 이론가들은 중요한 주제를 계속 연구했다. 조지핀 도너번과 나는 새로운 연구 일부를 묶어 『동물과 여성: 페미니즘 이론 탐구Animals and Women: Feminist Theoretical Explorations』(1995) 그리고 『동물권을 넘어서: 동물을 대하는 페미니즘 돌봄 윤리Beyond Animal Rights: A Feminist Caring Ethic for the Treatment of Animals』(1996)를 펴냈다. 우리는 『동물권을 넘어서』의 내용을 고치고 확장해 2007년에 『한 권으로 읽는 동물 윤리 속 페미니즘 돌봄 전통The Feminist Care Tradition in Animal Ethics: A Reader』을 펴냈다.

이 책 8장에서 내 관심사는 동물이 겪는 폭력과 인간 피해자가 겪는 가정폭력 사이의 연관성, 그리고 그러한 연관성의 철학적 함의였다. 「가정에 평화를」 말미에는 이렇게 썼다. "매 맞는 여성을 보호하는 운동은, 지역 수의사 그리고 동물 권리 옹호론자와 관계를 맺어 펫이 보호를 받을 수 있도록 해야 한다." 동물을 대피시켜야 할 필요가 있다는 생각에 독창적인 반응이 쏟아졌고, 보호명령을 적용하는 대상의 범주에 반려동물이 들어가게 되었다.[8]

---

7. Carol J. Adams and Lori Gruen. "Groundwork." In *Ecofeminism: Feminist Intersections with Other Animals and the Earth*, edited by Carol J. Adams and Lori Gruen (New York: Bloomsbury, 2014), p. 30.
8. [옮긴이] '매 맞는 여성' 용어 사용에 대해서는 5장 234~235쪽, 그리고 8장 334쪽 참조.

〈그림3〉 분필로 쓴 간판, 2017년 3월, 호주 시드니, 로라 케리 (Laura Carey) 촬영. "닭이 그 계집애보다 나아. 그 계집애는 '널 위해 죽을 수도 있어'라고 했지만, 닭은 정말로 널 위해 죽어. 닭은 진짜 사랑이야."

재현

강간 문화rape culture를 보면 어떻게 여성이 '인간도 짐승도 아닌' 그 모호한 영역을 점유하는지 알 수 있다. (케이트 하딩Kate Harding의 『요구하기: 무섭게 부상하는 강간 문화와 우리가 할 일Asking for It: The Alarming Rise of Rape Culture—and What We Can Do About It』을 보라.) 육류 광고는 강간 문화에 한몫한다. 〈그림3〉을 자세히 보라. 이것을 보고 있으면 소셜 미디어에서 돌아다니는 '닭 동의chicken permission'라는 밈이 떠오른다. 밈을 보면 먼저 '치킨 파머산' 요리가 나오고, 그 옆에서 닭 한 마리가 '까짓것, 자, 얼른 해,'라고 말한다. 한 활동가는 이런 부류의 이미지를 '자살 음식suicide food'이라 명시하면서, 가장 불쾌한 사례를 모아서 보여주려는 목적으로 웹사이트를 만들기도 했다. 그런데 그 밈은 강간 문화의 일환이기도 하다. 그 이유는 동의 개념을 이용하는 방식 때문이다. 강간범을 기소하기가 힘든 한 까닭은, (성폭력 증거 채취 응급 키트를[9] 분석하지 않은 채 쌓아두고, 피해자에게 책임을 전가하며, 강간 피해자 대신에 강간범에게 동질감을 느끼는 것 등을 제외하고도(케이트 하딩의 『요구하기』를 보라)) 강간 피해자가 아니라 강간범의 관점에서 동의를 결정하기 때문이다. 고기를 먹는 이

---

9. [옮긴이] 성폭력과 같은 범죄의 DNA 증거는 범죄 현장에서 수집 할 수 있지만, 신체, 옷, 기타 개인 소지품에서도 수집 할 수 있다. DNA 증거를 보존하고 중요한 의료 서비스를 받기 위해 성폭력 법의학 검사(Sexual Assault Forensic Exam, SAFE)를 받을 수 있는데, 성폭력 증거 채취 응급 키트(rape kit)란, 실제로 검사 목록, 자료, 지침, 검사 중에 수집한 표본을 담은 봉투나 통을 모아 넣어 보관하는 용기를 말한다. 성폭력 증거 키트(Sexual Assault Evidence Kit, SAEK)라고도 한다.

는 자신의 피해자가 죽음에 동의했다고 믿고 싶어 한다. 흔히 죽음을 '희생'이라고 묘사하면서.

최근 들어 깊이 감추어진 것이 다시금 모습을 드러내고 있다. 가부장적인 경향이 공공연하게 부활하면서, 우리는 여성이 다시금 소비 대상의 자리로 되돌아가는 게 자연스럽고도 정상적이라는 태도를 또한 마주한다. (여성은 줄곧 그곳에 있었다. 다만 여성 혐오를 허용하는 최근 상황에서 한층 더 주목을 받게 되었을 뿐이다.)

2017년 백악관에서 촬영한 사진에는 죄다 백인 남성인 인물들이 중요한 행사(예컨대 전 세계적으로 임신중지 상담 활동을 지원하지 않겠다는 서명)에 참여하고 있는데, 의도한 사진들이라는 의견이 제기됐다. 이 사진들은 트럼프Donald Trump의 지지 기반에 백인 남성 우월주의를 재확인하는 메시지를 보낸다. "트럼프는 미국을 다시 위대하게 만들겠다고 약속했는데, 위대한 미국이라는 구호는 백인 남성이 역사적으로 차지한 우월한 지위를 되돌려놓겠다는 암묵적인 서약을 담았다. 이것이야말로 이 사진들이 보여주는 바다." 질 필리포빅Jill Filipovic은 《뉴욕 타임스》에서 이렇게 해석했다. "트럼프 대통령은 억울해하는 남성다움을 내세운 캠페인을 펼쳤고, 사회에서 마땅히 가져야 할 자기 자리를 빼앗겼다고 느끼는 남성에게 호소했다. 일자리를 도둑질해 가는 이민자, 남편의 부양이 필요 없는 여성, 열심히 일하지 않으면서 여전히 특별대우 받는 소수자 집단 구성원이 끝도 없이 몰려와 자기 자리를 빼앗아 간다고 느끼는 남성에게." 저들은 재현이 어떻게 정상화하고 길들이는 작용을 하는지 안다.

2015년 8월 6일, 미국 공화당 대통령 후보 토론회에서 당시 폭스

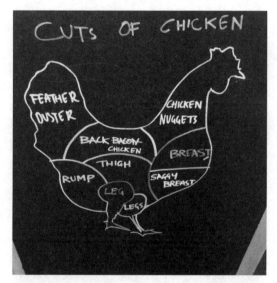

〈그림4〉 야드 앤 쿱(Yard & Coop), 2016년 10월, 잉글랜드 맨체스터,
파리다 뉴먼(Faridah Newman) 촬영.

〈그림5〉 2016년 8월, 스코틀랜드 토버모리, 캐럴 J. 애덤스 촬영.
"마카스(맥도널드)에 샐러드를 먹으러 가는 건 창녀에게 포옹을
하러 가는 것과 같다!"

뉴스의 간판 앵커인 메긴 켈리Megyn Kelly가 도널드 트럼프에게, "당신은 여성을 지칭하면서 '살진 돼지,' '개,' '게으름뱅이,' '구역질 나는 동물'을 좋아하지 않는다고 했죠" 하고 말했다. 이처럼 여성을 동물화하는 데는 (지배문화의 관점에서) 여성을 동물과 비슷한 존재로 바라봄으로써 비하하려는 의도가 담겨 있다. 레오 쿠퍼Leo Kuper가 주목하듯이, "동물 세계는 특히 인간성 말살을 은유적으로 드러내는 풍부한 원천이 되어왔다."[10] 도널드 트럼프는 이후 CNN에서 켈리를 가리켜 이렇게 말했다. "그 여자 눈에서 피가 쏟아지는 게 보였죠. 몸의 다른 어디에서도 피가 터져 나왔겠죠."[11] 이처럼 그는 계속 여성을 동물화하는 언행을 했다. 2017년 7월, 프랑스 대통령의 배우자이며 남편보다 25살 많은 브리지트 마크롱Brigitte Macron을 만나자마자 트럼프는 "정말 몸매가 좋군요. … 아름다워요!"라고 말했다. 〈그림4〉에서 보여주는 것과 트럼프가 기대하는 게 뭐가 다르랴?

상대방을 대상으로 바라보는 행위와 상대방이 **정말로** 대상이라고 믿는 행위가 실상 서로 다른 행위임을 우리는 깨닫지 못하는데, 우리 문화가 그 둘을 하나로 뭉뚱그리기 때문이다. 우리가 해야 할 일 중 하나는, 여성과 동물을 소비해도 된다고 상정한 채 여성은 동물화하고, 동물은 성애화하면서 여성화하는, 여성 혐오적인 재현을

---

10. Leo Kuper, *Genocide: Its Political Use in the Twentieth Century* (New Haven, CN: Yale University Press, 1983), p. 88.
11. Philip Rucker, "Trump says Fox's Megyn Kelly had 'blood coming out of her wherever,'" *Washington Post*, August 8, 2015. https://www.washingtonpost.com/news/post-politics/wp/2015/08/07/trump-says-foxs-megyn-kelly-had-blood-comingout-of-her-wherever/?utm_term=.539f6e6995bf (accessed January 23, 2017).

폭로하는 것이다.

저항하는 예술

지난 24년간 이룩한 가장 흥미진진한 발전 가운데 하나는 동물 문제에 참여하는 페미니스트 예술가의 등장이다. 1990년, 『육식의 성정치』가 나온 이후로 자신의 예술작품을 나와 공유해준 페미니스트 예술가들이 소식을 보내오기 시작했다.

『인간도 짐승도 아닌』은 한 페미니스트 예술가의 작품을 싣고 있는데, 바로 수전 케이 그랜트Susan kae Grant의 설치미술 작품인 〈흔적들Vestiges〉(402~405쪽)을 담은 두 이미지다. 이 작품 이후로 줄곧 페미니스트 예술가들의 작품은 내 이론서의 일부분이 되어왔다.

지난해에는 영광스럽게도 『육식의 성정치』에 영감을 받은 여성 예술가들의 작품 전시회가 로스앤젤레스에서 열렸다. 이번에 『인간도 짐승도 아닌』 신판을 내면서 본문은 거의 건드리지 않았지만 이미지는 바꿨고, 페미니스트 예술가들의 작품을 넣었다. 몇몇은 로스앤젤레스의 전시회에 작품을 선보인 이들이다.

비판이론은 참여 이론이다. 비판이론은 신체가 위험에 처해 있음을 잘 안다. 비판이론은 정치 행동에 영향을 받아서, 또 부분적으로는 정치 행동에 영향을 주려고 쓰인다. 우리가 이 같은 비판이론을 손에 쥘 수 있도록 온 힘을 다해준 블룸즈버리에, 또 놀라운 작품을 보여준, 이 책에 등장하는 새로운 예술가들에게 감사드린다. 누군가가 인간도 짐승도 아닌 위치에 있을 때, 그곳은 정치 행동, 이론, 그리고 예술 사이에 없어서는 안 될 대화를 시도하는 창조적인 장소임이 드러난다.

주

이 서문을 쓰며 다음을 포함해 최근에 쓴 글 몇 편의 내용을 활용하고 인용했다.

"Feminized Protein: Meaning, Representations, and Implications," in *Making Milk*, edited by Mathilde Cohen and Yoriko Otomo. London: Bloomsbury, 2017.

"Feminism and the Politics of Meat," *Discover Society*, March 1, 2016. http://discoversociety.org/2016/03/01/feminism-and-the-politics-of-meat-2/

"The Sexual Politics of Meat in the Trump Era," in *Through a Vegan Studies Lens*, edited by Laura Wright. University of Nevada Press, 2019.

인용 문헌

Adams, Carol J. 2015. *The Sexual Politics of Meat*. Revelation edition. London: Bloomsbury.

Adams, Carol J. 2000. *The Inner Art of Vegetarianism*. New York: Lantern Books.

Adams, Carol J. 2001 [2008]. *Living Among Meat Eaters: The Vegetarian's Survival Guide*. New York: Three Rivers Press; reprint New York: Lantern Books.

Adams, Carol J. 2004. *Help! My child stopped eating meat! The Parents' A-Z Guide to Surviving a Conflict in Diets*. New York: Continuum International.

Adams, Carol J. Forthcoming. *Burger*. New York: Bloomsbury.

Adams, Carol J. 2011. "After MacKinnon: Sexual Inequality in the Animal Movement." In *Animal Liberation and Critical Theory*, edited by John Sanbonmatsu and Renzo Llorente. Lanham, MD: Rowman and Littlefield. Reprinted in *The Carol J. Adams Reader*. New York: Bloomsbury, 2016.

Adams, Carol J. and Josephine Donovan, eds. 1995. *Animals and Women: Feminist Theoretical Explorations*. Durham and London: Duke University Press.

Adams, Carol J. and Patti Breitman. 2008. *How to Eat Like a Vegetarian Even If You Never Want to Be One*. New York: Lantern Books.

Adams, Carol J. and Lori Gruen. 2014. "Groundwork." In *Ecofeminism: Feminist Intersections with Other Animals and the Earth*, edited by Carol J. Adams and Lori Gruen. New York: Bloomsbury.

Adams, Carol J., Patti Breitman, and Virginia Messina. 2014. *Never Too Late to Go Vegan: The Over-50 Guide to Adopting and Thriving on a Plant-Based Diet*. New York: The Experiment.

Adams, Carol J., Patti Breitman, and Virginia Messina. 2017. *Even Vegans Die: A Compassionate Guide to Living your Values and Protecting your Legacy*. New York: Lantern Books.

Berger, John. 1980. "Why Look at Animals?" In *About Looking*. New York: Pantheon Books.

Brophy, Brigid. 1966. "The Rights of Animals." In *Don't Never Forget: Collected Views and Reviews*, 15–21. New York: Holt, Rinehart and Winston. (First published in the *Sunday Times*,

October 1965.)

Carmon, Irin. 2017. "If Abortions Become Illegal, Here's How The Government Will Prosecute Women Who Have Them." *The Washington Post*, April 28. https://www.washingtonpost.com/posteverything/wp/2017/04/28/if-abortions-become-illegal-heres-how-the-government-will-prosecute-women-who-have-them/?utm_term=799d1fb4e125 (accessed July 17, 2017).

Desaulniers, Élise. 2016. *Cash Cow: Ten Myths about the Dairy Industry*, New York: Lantern Books.

Donovan, Josephine and Carol J. Adams, eds. 1996. *Beyond Animal Rights: A Feminist Caring Ethic for the Treatment of Animals*. New York: Continuum.

Donovan, Josephine and Carol J. Adams, eds. 2007. *The Feminist Care Tradition in Animal Ethics*. New York: Columbia University Press.

Eddy, Kathryn, L. A. Watson, and Janell O'Rourke. 2015. *The Art of the Animal: Fourteen Women Artists Explore The Sexual Politics of Meat*. New York: Lantern Books.

Eisen, Jessica. 2017. "Milk and Meaning: Puzzles in Posthumanist Method." In *Making Milk*, edited by Mathilde Cohen and Yoriko Otomo. London: Bloomsbury.

Fano, Alix. 1997. *Lethal Laws: Animal Testing, Human Health and Environmental Policy*. London and New York: Zed Books.

Filipovic, Jill. 2017. "The All-Male Photo Op Isn't a Gaffe. It's a Strategy." *The New York Times*, March 27. https://www.nytimes.com/2017/03/27/opinion/the-all-male-photo-op-isnt-a-gaffe-its-a-strategy.html?_r=0 (accessed May 4, 2017).

Fraiman, Susan. 2012. "Pussy Panic versus Liking Animals: Tracking Gender inAnimal Studies." *Critical Inquiry*, 39 (1): 89-115.

Gillespie, Kathryn. 2013. "Sexualized Violence and the Gendered Commodification of the Animal Body in Pacific Northwest US Dairy Production." *Gender, Place & Culture: A Journal of Feminist Geography*, 21 (10): 1321-1337.

Gillespie, Kathryn. 2016. "Witnessing Animal Others: Bearing Witness, Grief, and the Political Function of Emotion." *Hypatia*, 31 (3): 572-588.

Gonnerman, Jennifer. 1997, "Inside Operation Rescue." *The Village Voice*, February 11, 60.

Harding, Kate. 2015. *Asking for It: The Alarming Rise of Rape Culture-and What We Can Do About It*. Boston: Da Capo.

Harper, A. Breeze. 2010. *Sistah Vegan: Black Female Vegans Speak on Food, Identity, Health, and Society*. New York: Lantern Books.

Harrison, Ruth. 1964. *Animal Machines: The New Factory Farming Industry*. London: Vincent Stuart Publishers.

Jones, Maggie. 2008. "The Barnyard Strategist." *New York Times Magazine*, October 24.

Kappeler, Suzanne. 1986. *The Pornography of Representation*. Minneapolis: University of Minnesota Press.

Ko, Aph and Syl Ko. 2017. *Aphro-ism: Essays on Pop Culture, Feminism, and Black Veganism from Two Sisters*. New York: Lantern Books.

Kuper, Leo. *Genocide: Its Political Use in the Twentieth Century*.

New Haven, CN: Yale University Press, 1983.

Potts, Annie, ed. 2016. *Meat Culture*. Leiden and Boston: Brill.

Reilly, Maura, ed. 2015. *Women Artists: The Linda Nochlin Reader*. New York: Thames & Hudson.

Rucker, Philip. 2015. "Trump says Fox's Megyn Kelly had 'blood coming out of her whatever.'" *Washington Post*, August 8.

Singer, Peter. 1973. "Animal Liberation." *The New York Review of Books*, 20 (5), April 5.

Stánescu, Vasile. 2011. "'Green' Eggs and Ham? The Myth of Sustainable Meat and the Danger of the Local in the Works of Michael Pollan, Barbara Kingsolver and Joel Salatin." In *Critical Theory and Animal Liberation*, edited by John Sanbonmatsu, 239–256. Lanham, MD: Rowman & Littlefield.

Stánescu, Vasile. 2016. "The Whopper Virgins: Hamburgers, Gender, and Xenophobia in Burger King's Hamburger Advertising." In *Meat Culture*, edited by Annie Potts. Leiden and Boston: Brill.

Talbot, Margaret. 2017. "Why It's Become So Hard to Get an Abortion." *New Yorker*, April 3. http://www.newyorker.com/magazine/2017/04/03/why-its-become-so-hard-to-get-an-abortion (accessed July 17, 2017).

Talyor, Sunaura. 2017. *Beasts of Burden: Animal and Disability Liberation*. NewYork: The New Press.

Wright, Laura. 2017. *The Vegan Studies Project: Food, Animals, and Gender in the Age of Terror*. Athens and London: The University of Georgia Press.

여성은, 남성이 자기 자신과 자신의 자유를 생각할 때 느끼는 공포의 극한을 상징하게 된다. 인간다움을 동물다움에 반하여 정의하므로, 여성을 인류의 구성원으로 간주하는 만큼이나 여성은 이 같은 남성의 자아 개념화를 위협했다. 여성은 생리적으로 자신의 '동물적인' 본성을 명백히 벗어날 수 없고, 그 결과 동물다움을 초월하는 인간이라는 개념에 언제 어디서나 도전하는 존재로 자리매김한다. 이런 점에서 "겸손한 침묵은 여성이 쓸 법한 왕관이다"라고 한 소포클레스의 빈정거림, 이를 수긍하며 인용한 아리스토텔레스의 말, 페리클레스의 장례 연설에서 여성에게 최고의 영광은 "최대한 남성들의 입에 오르내리지 않는 것"이라고 한 투키디데스의 발언은 각기 흥미로운 색조를 띤다. 한편으로 말을 하지 못하는 것, 다른 한편으로 인간의 담화에서 보이지 않거나 부재하는 것은 사람이 아니라 동물의 특성이기 때문이다. …

아테네인은 남성다움을 선명하게 개념화했고, 바로 그 때문에 필연적으로 여성을 비하하고, 억압하며, 여성에게 '인간'이라는 지위를 부여하지 않았다. 여성을 인류의 일원으로 여기는 만큼이나 여성은 남성에게 인류의 동물적인 혹은 '야생적인' 성격을 상기시킬 터였다. 그러는 대신 여성은 인간의 지위를 완전히 거부당한 채, 존재의 '하위 요소'를 담은 다소 덜 위협적인 저장소로 남을 수 있었다. 이런 맥락에서 보면, 여성을 '기형적인 남성'으로 그린 아리스토텔레스의 악명 높은 묘사는 우발적인 여성 혐오를 넘어서는 의미가 있다. 아리스토텔레스는 단순히 여성이 전반적으로 열등하다고 상정하는 게 아니라, 여성이 '불완전하고,' 여성의 사고가 '결론에 이르지 못하며,' 여성의 상태가 일반적으로 '기형적이고 나약하다고' 묘사한다. 여성을 남성만이 제공할 수 있는 '형태'가 필요한 '질료'로 그리기도 한다. 여성은 따라서 단지 남성보다 덜 완성된 인간이 아니라 인간에 미치지 못하는, 기형의, 인간이라는 프로젝트를 실행하기에는 제대로 갖추지 않은, 요컨대 짐승과 인간 사이의 잿빛 영역에 있는 피조물이다.
―웬디 브라운, 『남성됨과 정치』*

• Wendy Brown, *Manhood and Politics: A Feminist Reading in Political Theory* (Totowa, New Jersey: Rowman & Littlefield, 1988), pp. 55-56.

초판 서문

『인간도 짐승도 아닌』 초판 표지 그림(4쪽)을 잘 살펴보라. 날씬한 인간 여성의 몸을 한 젖소 한 마리가 있다.[1] 관습적으로 네 발이라 정의하는 짐승과는 달리, 이 동물은 용케 두 발이다. 따라서 이 이미지는 인간도 짐승도 아니다. 흥미롭게도 특정 인종의 모습도 아니다. 인간 여성다움을 젖소의 여성다움과 결합하는 동시에 젖통이나 유방을 충분히 강조하지 않음으로써, 이 이미지는 거식증에 걸린 인간 여성의 몸을 미화한다. 이 이미지가 부여하는 성적 요소는 우리가 젖소를 묘사하는 방식에 영향을 미치기도 한다. 이 그림은 저지방, 저콜레스테롤 '쇠고기' 분쇄육을 다룬 《뉴욕 타임스》 기사와 함께 나왔다. 물론 **쇠고기**는 젖소나 거세한 수소에서도 얻는다.[2]

인간과 동물의 차이를 강조함으로써, 무엇이 인간다움을 구성하

---

1. Denise Webb, "Eating Well," *New York Times*, January 23, 1991, p. C3.
2. 이 이미지와 페미니즘 관점에서 그것이 시사하는 바에 주의를 환기해준 에밀리 컬페퍼 (Emily Culpepper)와 그의 친구들에게 고마움을 전한다.

느냐뿐만이 아니라 특히 무엇이 남성다움을 구성하느냐와 관련된 경계가 맹렬하게 강해진다. 전통적으로 인간을 동물과 구별해 규정하는 이성 그리고 합리성 같은 자질은 남성을 여성과 구별하는 데도 사용되어왔다. 그러므로 가부장적 문화에서 진작부터 동일하게 취급해온 것들을 합친 이미지를 보게 된들 그리 놀랍지 않다.

우리는 여성을 동물에 가까운 존재로, 인류를 위해 동물적인 기능(예컨대 생식과 양육 기능)을 지속하는 존재로 상정한 서구의 철학 전통을 물려받았다. 이 서문의 제언이 분명하게 보여주듯이, 역사적으로 여성은 남성과 비인간 동물 사이에 놓였고, 따라서 여성, 특히나 유색인 여성은 전통적으로 서구 문화에서 인간도 짐승도 아니라고 여겼다. 이같이 인간과 짐승 사이에 두는 위치 설정에 맞서 페미니즘은 처음에—이를테면 메리 울스턴크래프트Mary Wollstonecraft 와 오늘날 자유주의 페미니즘에서 계속 찾아볼 수 있듯이—'우리는 동물이 아니다, 우리는 인간이다'라고 항변했다. 그러나 이런 입장은 남성 지배적 주류malestream 문화가 동물에게 내비치는 경멸을 페미니즘 이론 내부로 흡수한다.[3] 인간/동물 경계는 공고하게 남은 채, 여성은 그 경계의 한쪽에서 다른 쪽으로 옮겨간다. 페미니즘이 대안으로 내놓은 관점은, 인간이란 개념이 포괄적이지 않고, 포괄적일 수도 없기 때문에 우리는 인간이 아니며, 짐승이란 개념이 대체로

---

3. 'malestream'은 메리 오브라이언(Mary O'Brien)이 만든 용어이다. 다음을 보라. *The Politics of Reproduction* (Boston: Routledge & Kegan Paul, 1981), p. 5. mainstream 대신 malestream을 사용함으로써 문화 담론이 얼마나 철저하게 가부장적인 태도와 관습에 젖어 있는지 다시 생각하게 된다.

인간 행동을 은유하고, 인간 자신을 판단하기 위해 존재하는 것이기 때문에 우리는 짐승이 아니라고 주장한다. 이런 입장은 논의에 관여하는 어느 누구를 한쪽에서 다른 쪽으로 옮기며 위치를 재설정하기보다 인간/동물 이원론에 의문을 제기한다.

짐승이라는 개념이 존재하는 까닭은, 이 개념이 인간 자신을 지시하기 때문에, 즉 인류를 논하고 비평하기 때문이다. 동물은 사실 인간도 짐승도 아니며—단순히 자기 삶을 풍자적으로 드러내지도 않고 우둔하지도 않으며—인간과 마찬가지로 사회적인 욕구와 이해관계가 있다. 페미니스트 역시 인간도 짐승도 아니다. 동물을 옹호하는 페미니스트는 인간에게 더는 동물을 짐승으로 간주하지 말라고 요구한다. 페미니스트들 그리고 페미니즘을 지지하는 남성들은, 남근을 갖고 태어난 이들에게 더는 자신을 '남자'로 여기지 말라고 요구하기도 한다.[4] 남자됨이 '진짜 사나이'가 하는 행동이나 하지 않는 행동(진짜 사나이는 키슈를[5] 먹지 않는다, 진짜 사나이는 사냥을 한다—사냥인이 동물 옹호론자에게 동성애 혐오적인 모욕을 퍼붓는 상황에서 우리가 익히 들어본 말들이다)과 관련된 여러 정체성에 속박되어 있기 때문만은 아니다. 그보다는 '남자'(로 쓰고 백인 남자로 읽는다)가 오로지 부정('여성이 아니고, 짐승이 아니고, 유색인이 아니다,' 즉 '타자'가 아니다)을 통해서만 하나의 개념으로, 하나의 성 정

4. 다음을 보라. John Stoltenberg, *Refusing to Be a Man* (Portland, Oregon: Breitenbush Books, Inc., 1989).
5. [옮긴이] 페이스트리 반죽에 달걀, 크림, 베이컨, 아스파라거스 등을 채워 오븐에 구워낸 파이로, 프랑스 알자스로렌 지방의 향토 요리다.

체성으로 존재할 수 있기 때문이다.

동물 옹호론자는 동물(짐승)을 옹호하든지, 아니면 (여전히 인간이 결정하는) 인간다움을 옹호하든지 둘 중 하나를 강요한다며 비난을 사기 일쑤다. 하지만 이런 비난은 동물과 인간의 이해관계와 욕구가 서로 대항한다고 상정하는 이원적인 사고에서 비롯한다. 이런 이원적인 사고는 문제 상황의 일부다. 일정한 지점에 이르면 인간은 더는 자신을 동물로 여기지 않는데, 가부장적인 틀 안에서 토론하기 때문이다. 진보적인 페미니즘은 그와 같은 반동적인 이원론을 제거하는 방식으로 대응한다.

페미니즘적인 동물 옹호의 목표는 인간다움이 유럽 그리고/혹은 미국 남성 지배적 주류를 지향하는 성격을 벗고, 우리와 비인간 동물 사이에 '궁극적인' 차이를 확정하려는 강렬한 욕구를 떨쳐내며, 동물 위에 인간을 두는 수직적인 위계질서를 거부하는 것이다. 제인 톰킨스Jane Tompkins는 "동물을 달리 바라보려면 인간 역시 자기 자신을 달리 바라볼 수밖에 없을 것"이라고 말한다.[6] 그런데 동물 옹호 페미니스트는 어떤 이론적 바탕 위에서 그와 같은 동물 구상, 인간 구상을 표명해야 할까? 한편에서는 남성 지배적 주류의 동물권 그리고 동물해방 이론이 자율적인 주체라는 계몽주의 인식론 안에 꼿꼿이 자리를 잡은 듯이 보인다. 자율적인 주체라는 계몽주의 인식론은 자유라는 개념이 지닌 모순으로 가득한 자유주의적 패러다임으로, 노예 상태의 인간은 그런 모순 가운데 하나다. 다

---

6. Jane Tompkins, *West of Everything: The Inner Life of Westerns* (Oxford: Oxford University Press, 1992), p. 119.

른 한편에서는 하나의 단일한 '주체,' 보편적인 '여성,' 혹은 '하나의 가르침'(아니면 **하나**는 차치하고서라도 뭐가 됐든 가르침이 **있긴 있다 고!**)을 상정하는 페미니즘의 장대한 서사가 와르르 무너져 내리려는 찰나, 우리 가운데 어떤 이들이 잇따라 '동물'이라는 위대한 서사를 재촉하는 듯하다. 그와 같은 시대착오 때문에 우리가 이론적으로 이바지한 부분을 하찮게 여기는 것 같다. 그렇지만 하나의 단일한 주체가 나가떨어지면서 인간 아닌 주체들을 논의할 공간을 열어준다.[7] 불안정한 인간 주체가 동물 주체를 인정하는 공간을 열어젖힘에 따라, 인간다움에 관한 우리의 관념 또한 젠더, 인종, 그리고 종 선입관을 벗어던질 수 있었다.

페미니즘적인 동물 옹호는 우리가 타자의 신체에 하는 행동에 책임이 있음을 인정하고 받아들여야 한다고 주장한다. 우리는 동물**권**의 언어를 우려하면서 동물 착취가 제기하는 쟁점을 표현할 대안적인 방식을 찾고 있다. 어떤 신체가 그토록 철저하고도 전적으로 문제가 되기 때문에 그 신체가 물질성을 잃고 하찮게 되는 문화적 구성 작용을 거부한다. 동물의 신체는 중요하다. 페미니즘적인 동물 옹호는 다른 존재에게서 생명력을 앗는, 조건화한 사고방식에서 우

---

7. 나아가 포스트모던 이론이 어떻게 동물 착취 관련 논쟁의 공간을 열어젖히는지 분석하는 일은 이 책의 범위를 벗어난다. 그럼에도 인격 개념, 곧 포스트모던 이론이 불안정하게 만든 게 분명한 이 개념이 부가적으로 확장되고, 그럼으로써 동물을 아우르게 됐는지도 모른다. 스티브 베이커(Steve Baker)가 주목하길, "인간 주체의 탈중심화가 동물을 문화적 주변부에서 옮겨 올 귀중한 개념적 공간을 열어준다. 바로 인간 정체성, 중심성, 우월성이라는 환영을 유지하려고 작동하는 견고한 고정관념의 그 익숙한 움켜쥠을 와해함으로써." Steve Baker, *Picturing the Beast: Animals, Identity and Representation* (Manchester, England: Manchester University Press, 1993), p. 26.

리를 해방한다. 어떤 행동을 하느냐와 마찬가지로 어떤 행동을 하지 않느냐도 결과를 낳는다고 우리는 주장한다. 단언컨대 우리는 다 동일한 우주를 공유하고, 그 속에서—주체라는 관념이 얼마나 파편화했든 간에—주체들의 공동체를 이루고 있지, 타자화한 대상들의 무리로 존재하지 않는다. 이렇게 하여 우리는 진정성을 가지고 대응하면서 신체를 존중한다. 그와 같은 구상을 펼침으로써 우리가 모두 개념적인 차원에서 인간도 짐승도 아닌 존재로 모습을 드러낼 거라고 기대한다. 이런 입장을 견지하면서 관계를 귀하게 여기고, 신체를 부정하는 정책이나 행동과 공모하길 거부한다. 이렇게 대응함으로써 여타 사회적인 억압에 도전하는 이들과 연대할 지점을 마련한다.

1974년에 채식주의자가 되겠다고 결심했을 때, 동시대 문화 속 동물의 상황을 다루는 이론가의 길에 들어섰다고 생각하지는 않았다. 그때나 지금이나 나는 페미니즘 운동에 가장 전념하고 있으며, 페미니즘 운동이라는 피뢰침을 근거로 삼아 사유하고 연구한다. 덧붙이자면, 반인종주의적 분석과 활동은 내 페미니즘 운동에서 뗄 수 없는 일부분을 차지해왔다.

1970년대부터 줄곧 여성 대상 폭력을 끝내려는 운동, 제도화한 백인 우월주의에 대항하는 소송, 그리고 행동에 몸담아왔다. 한편으로는 강간 피해자를 지원하는 사람이 되기 위해 교육을 받고, 매 맞는 여성을 대상으로 상담 전화를 개설하며, 인간 남성 파트너에게 학대당할 때 여성이 당면하는 문제를 해결하려고 주와 국가 차원에서 관여하게 되었다. 다른 한편으로는 전미유색인지위향상협회 National Association for the Advancement of Colored People, NAACP 지부에 합류하고, 인종주의적인 주택 정책에 이의를 제기하고, 더 많은 흑인이 주택을 소유할 수 있도록 일했으며, 공정주거검사Fair Housing Testing(데릭 벨Derrick Bell의 정의에 따르면, "주택 판매와 임대 활동에서 작용하는 편견을 낱낱이 파헤칠 효과적이지만 너무나 잘 활용하지 않는 기법"[8])를 감독하고,[9] 인종주의적이며 성차별주의적인 라디오 방송국의 면허 갱신에 이의 제기를 조직화했는데, 이는 레이건 시대에 유일하게 성공한, 공동체에 기반을 둔 이의 제기 행동이었다. 친밀한 형태의 폭력과 제도화한 형태의 폭력, 두 가지와 다 대적한 이 시기를 통틀어 나는 폭력의 형태가 교차하는 순간에 주목했다. 요컨대 성폭력, 인종주의적 폭력, **그리고** 동물을 향한 폭력이 하나의 행동으로, 혹은 이처럼 표면적으로는 이질적인 폭력 형태 사이의 연관성을 말해주는 일련의 행위로 표출하는 상황을 주의 깊게 살폈다. 그리하여 나 자신도 모르는 사이에 동물을 아우르는 반인종주의적 페미니즘

8. Derrick Bell, *Faces at the Bottom of the Well: The Permanence of Racism* (New York: Basic Books, 1992), p. 48n.
9. [옮긴이] 미국 법무부 민권국 주택민사집행 분과(Housing and Civil Enforcement Section)는 인종, 피부색, 종교, 국적, 성별(성적 지향과 성 정체성 포함), 장애, 가족 상태에 따른 주거 차별을 금지하는 공정주거법(Fair Housing Act)에 따라, 조사 결과 불법적인 주택 관련 차별 양상이나 관행이 있다는 증거가 나오면 국가를 대리해 소송을 제기한다. 1991년, 민권국은 주택민사집행 분과 내에 공정주거검사 프로그램(Fair Housing Testing Program)을 설립하고 1992년부터 검사를 시작했다. 검사 방법으로, 주택을 임대 혹은 구매하거나, 담보 대출 혹은 차량 대출을 받거나, 공중 편의시설을 이용할 의사가 실제로는 없는 개인이 예비 임차인, 대출자, 혹은 고객으로 가장하여 정보를 수집한다. 이렇게 수집한 정보를 통해 주택 공급자 혹은 공중 편의시설 제공자가 연방 민권법(Civil Rights Acts)을 준수하고 있는지 확인한다.

이론을 주장하고, 그런 이론을 만들어내려고 시도하고 있었다. 이런 맥락에서 『인간도 짐승도 아닌』은 내 첫 책인 『육식의 성정치』에서 제안했던 관점의 급진적인 전환을 상정한다. 즉, 동물 착취, 특히 인간이 소비하는 동물이 대상인 착취를 해석하려고 반인종주의적 페미니즘 분석을 배치한다.

다음은 내가 기정사실로 받아들이는 내용이다.

- 첫째, 억압은 현실이다. 특권은 억압에서 이익을 얻는 이의 존재 양태이다. 인종 그리고 성 관련 증오 범죄는 억압을 유지하고 영속하는 방식이다.
- 둘째, 젠더와 인종이 만들어낸 것이듯, 종 역시 마찬가지이다. 젠더, 인종, 종은 사회적으로 구성한 범주이지만 근본적으로 타고난다고 상정해왔다.
- 셋째, 환경 수탈은 누군가가 다른 이의 신체를 사회적으로 통치함으로써 발생한다. 식민주의의 유산으로서 유럽 그리고/혹은 미국 엘리트 집단이 억압적인 체제를 제도화해 지배적이지 않은 백인과 유색인을 통제함은 물론 그들이 사는 땅의 천연자원을 착취한다. 소유주들과 의사 결정자들은 저임금, 고물가, 형편없는 노동 환경, 독성을 띤 부작용이라는 형태로 다수에게 비용을 전가함으로써 소수가 계속 고수익을 올릴 수 있게 한다. 우리 가운데 많은 이가 인간 혹은 지구와 지구상의 다른 생명체를 착취하는 일을 떠받들지 않는 새로운 체계를 찾고 있다.

- 마지막으로 페미니즘이 여성과 남성의 관계를 다루기만 하는 것은 아니다. 페미니즘은 현실이라는 사회적 구성을 폭로하는 데 유용한 분석 도구다. 이를테면 로데오에서 송아지에게 레이스 달린 팬티를 입히는 시합을 벌일 때처럼, 페미니즘은 어떻게 젠더가 동물 학대의 지표가 되기도 하는지 알아보게 한다.

나는 『육식의 성정치』 말미에 페미니즘 철학자 산드라 리 바트키 Sandra Lee Bartky를 인용했다. "페미니스트가 이질적인 것을 다른 사람보다 더 잘 간파하는 건 아니다. 그는 같은 것을 다르게 감지한다. 페미니스트의 의식은 '사실'을 '모순'으로 바꿔놓는다고 감히 말할 수 있다."[10] 지난 5년간 페미니스트 이론가로서 내 중심 과제는, 동물은 착취해도 되는 지위를 가진다는 '사실'을 하나의 모순으로 바꿔놓는 것이었다. 이 일을 하려고 페미니즘 이론, 철학, 그리고 신학을 활용했다. 이 책은 이런 과정의 결과물을 보여준다. 책 제목인 '인간도 짐승도 아닌'은 반인종주의적 페미니즘이 폭로하고자 하는 모순 일부를 포착한다.

이제부터 이 책에서 제기하는 쟁점은 거대 이론을 체계적으로 세우기보다는 해결해야 할 문제를 시사하는 쪽에 가깝다. 쟁점은 철학적인 선험에서 발생하기보다는 구체적인 경험에서 생기며, 여성과 동물의 생존과 관련이 있다. 이 책에는 페미니즘 이론이 발생하게 된 우발성과 필연성이 반영되어 있다. 구체적인 사례와 사건을 통해

---

10. Sandra Lee Bartky, *Femininity and Domination: Studies in the Phenomenology of Oppression* (New York and London: Routledge, 1990), p. 14.

페미니즘적인 동물 옹호의 특정 문제를 한발 더 나아가 생각해볼 수 있다. 그러므로 각 장은 특정 쟁점을 개별적으로 분석하지만, 이런 장들이 한데 모여 동물, 여성, 그리고 지배를 논의하는 개념적이고 철학적인 틀을 구축하는 방향으로 나아간다. 내 목표는 우리 인간이 비인간 동물에게 무슨 짓을 하는지, 특히나 시체 섭취라는 관습을 통해 무슨 짓을 하는지 알아채게 하는 동시에, 비판적인 태도를 보이는 게 어려운 이유를 이해하도록 돕는 것이기도 하다.

내 출발점과 동물권 이론의 시작점은 같지 않다. 동물권 이론은 동물의 이해관계, 쾌고감수능력, 그리고 인간과 동물의 유사성에 바탕을 둔 도덕적인 고찰을 동물에게까지 확장하려고 한다. 비록 이런 논의에 **영향을 받아** 글을 써왔지만, 동물의 종속이라는 쟁점 이외에도 다른 많은 쟁점이 문제가 있다고 생각한다. 나는 인권이라는 흔들리지 않는 관념에 동물을 덧대는 게 아니라, 페미니즘 윤리라는 직물 속에서 동물의 자리를 곰곰이 들여다본다. 이 같은 출발점은 애초에 착취가 동물 착취 그 이상을 수반한다고 추정한다. 이처럼 명확히 해두어야만 하는 이유는, 인간과 자연의 관계라는 선험적으로 문제가 있는 상황 속에서 독자의 마음속에 이 책이 또렷이 자리 잡도록 하기 위함이다.

여기서 내가 강조하는 것은 **이데올로기**다. 동물을 사용해도 된다고 여기는 이데올로기는, 동물권 담론 그리고 페미니즘 이론과 관련된 쟁점이 있기 전부터 존재한다. 내가 하려는 일은 이 이데올로기를 드러내는 것이다. 인간에서 시작해 몇몇 비인간에까지 윤리를 확장하는 동물권 전략이라고 어떤 이들이 여기는 것을 통해서가 아니라, 인종주의적 가부장제 내부에 깊숙이 새겨진 인간-동물 이원론의 결과를 탐구함으로써 그렇게 하고자 한다. 이 이원론이 동물 옹호는 물론이고 동물 옹호를 둘러싼 의혹, 둘 다 촉발했다.

성차별적이고 인종주의적이며 종차별적인 신념에 대응해, 이론적, 신학적, 철학적, 그리고 본질적으로 정치적인 주장, 즉 '인간도 짐승도 아님'을 주장하기 시작하면, 동물을 새롭게 놓고 보는 시각을 두고 거침없이 항의가 쏟아진다. "그럼 사냥은?" "식물도 생명이 있지 않나?" "(인간) 태아는?" "육식동물은?" "페미니즘은 다원주의pluralism를 추구하잖아?" "신이 인간에게 지구를 지배할 권리를 주는 창세기 1장은?" 이제부터 이 책에서는 잇따라 이런 질문에 답한다. 동물 관련 논의의 위치를 설정하기 위해 내가 제시하는 틀은, 페미니즘에 관한 내 이해에서 비롯한다. 이 페미니즘 철학 틀을 활용해 기독교적 인간 중심 신학을 비판하며 논의를 마무리한다. 이렇게 신학적인 쟁점을 포괄해야 하는 이유는, 신 담론의 강압적인 성격이 오늘날 기독교화한 문화 내부의 인간/동물 이원론을 강하게 하기 때문이다.

페미니즘 이론은 여러 가지 이론적 접근법을 활용해 다양한 관심사를 탐구한다. 여성 재현, 재생산권, 성폭력, 인종주의적 폭력과 백인 우월주의, 환경 수탈, 지식과 권력과 가치 사이의 관계, 신 형상화와 같은 쟁점은 동물 옹호와 교차하는 문제들이다. 이처럼 페미니즘의 관심사와 관련된 특정 질문에 응답하면서 이 책의 각 장은 유기적으로 발전해나간다. 각 장은 사회정의와 관련된 문제에 바탕을 두며, 이런 점에서 내 방법론과 이론은 서로를 뒷받침한다. 각

장에서는 백인 우월주의적인 가부장제에서 여성·유색인·젠더 규범을 따르지 않는 남성·동물과 같이 인간도 짐승도 아닌 이들을 온전한 존재로 생각하고, 불평등과 불의에 항의하며, 가능성을 그려 보인다.

같은 것에 다르게 접근할 때는 엄청난 불협화음이 발생한다. 모순을 드러내는 일은 본래 불화를 일으키는 법이다. 모순을 드러내는 것은, 페미니즘이 동물을 옹호할 때 해야 하는 한 가지 일이다. 전국을 돌아다닐 때, 줄리아 차일드Julia Child가 채식주의자를 두고 지적한 말, **요컨대** 우리 채식주의자가 음식과 관련해 "정신적으로 문제"가 있다고 한 말을 어떻게 생각하느냐는 질문을 자주 받았다. 나는 여러 가지 모순을 끌어안고 답변하면서, 우리가 음식과 관련해 "정신적으로 문제"가 있는 게 아니라, 어떤 이들이 음식이라고 **부르는** 것과 관련해 "정신적으로 문제"가 있다고 반박한다. 누구의 신체가 문제일까? 시체 섭취 논쟁에서 사람들은 대부분 소비되는 자보다 소비하는 자와 자신을 동일시하는 경향이 있다.

동물 옹호 활동이 촉발한, 동물실험과 관련한 여러 논쟁에서는 페미니즘의 기본적인 통찰을 무시했다. 요컨대 페미니즘 철학이 과학적 객관성이라는 '사실'을 모순으로 바꿔놓았음을 간과했다. '동물 모형'의 효능을 토론하기 이전에 우리는 물어봐야만 한다. "우리가 이야기하는 것은 **누구의** 과학일까?" 시체 섭취에서 우리가 소비되는 자보다 소비하는 자와 자신을 더욱 쉽게 동일시하듯이, 과학에서 우리는 **앎의 객체**가 아니라 **앎의 주체**와 우리 자신을 동일시한다.

이와 마찬가지로, 환경 그리고 동물의 처우를 주제로 서구에서 진행한 많은 논쟁에는 창세기 1장과 관련된 논쟁도 있다. 심지어 무신론자조차 자신에게는 동물을 먹을, 신이 내린 권리가 있다고 믿는 듯하다. 그러나 페미니스트 신학자로서 나는 한 걸음 물러서서 "누구의 신일까?" 하고 말한다. 다시 한번 말하지만 여기서도 일반적으로 (창조주 남성이 만든) 창조물이나 피조물이 아니라, 창조주 (남성)와 자신을 동일시하는 작용을 볼 수 있다.

『육식의 성정치』에서는 시체 섭취에 쓰는 동물이 말 그대로도, 비유적으로도 사라지는 작용을 알아보려고 부재 지시 대상이라는 개념을 발전시켰다. 동물은 겉으로나 실제로나 부재하는데, 그래야만 고기로 존재할 수 있기 때문이다. 동물이 살아 있으면 고기가 될 수 없다. 그리하여 죽은 몸이 산 동물을 대체하고, 동물은 부재 지시 대상이 된다. 동물 없이는 시체 섭취도 없을 테지만, 고기 먹는 행위에서 동물은 빠져 있는데, 그들을 식품으로 변형했기 때문이다. 동물은 언어에서도 부재하는데, 언어는 소비자가 죽은 몸을 먹는 행위에 동참하기 전에 그 죽은 몸을 다시 명명한다. 부재 지시 대상은 동물이 한 독립체임을 잊게 해준다. 접시 위 고기구이를, 고기구이가 되기 전 돼지와 분리한다.

사실을 모순으로 바꾸는 일은 종종 부재 지시 대상의 복원을 포함하며, 그리하여 우리는 소비되는 자, 앎의 객체, 창조물을 탈환한다. 이게 바로 이 책의 과제다. 요컨대, '동물'로서 인간도 짐승도 아닌 이들이 점유하는 지형을, 그들을 그렇게 규정하고 그곳에 배치하는 억압의 연동 체계를 확인한다. 부재 지시 대상을 복원하는 과

정의 일환으로서, 나는 동물을 '그것'으로 언급할 때마다 개입하며, 또 동물의 인격personhood을 상정하겠다. 각각의 동물은 오직 하나뿐인 개성, 쾌고감수능력, 그리고 다른 이에게 의존하지 않고 자기 자신 안에 완전한 자아를 지니고 있으므로 인간에게도 도구나 음식이 아니라 그런 존재여야만 한다.[11]

채식주의자가 되었을 때 내가 의도적으로 동물 관련 이론가가 되려고 한 것은 아니었다. 하지만 페미니스트로서 내 자각이 나를 여기까지 이끌었다. 동물 학대를 이야기할 때 한 가지 사실은, 우리 모두 동물을 학대해 이득을 취하기는 쉽지만, 학대에 반대하기는 더 힘겹다는 것이다. 이를테면 채식주의자는 어느 식당에 들어가든 식사를 할 수 있다고 예상하기가 힘든 반면, 시체 먹는 사람은 사체 생산비를 낮추는 다양한 프로그램을 활용한, 연방정부에서 보조금을 지원받는 식사를 한다. 특권은 보호받는다. 특권을 누리는 처지에서 보자면, 불의에 대응하는 일에는 수많은 장애물이 도사리고 있다.

이 책은 이같이 특권을 누리는 경험, 즉 미국에 사는 내 사례에 뿌리를 둔 경험에서 출발했고, 그 경험에 말을 건다. 내가 깊이 우려하는 것이 바로 이처럼 동물을 소비해도 책임을 면하게 해주는 특

---

11. 페미니즘 철학 관점에서 인격 개념은 극히 문제가 많은데도 이 책에서 인격이라는 용어를 사용하는 이유는, 철학적 성격이 덜한 일반적인 담론에서 많은 동물 옹호 운동가가 동물의 존재를 이야기할 때 그들이 말하려는 게 바로 이 인격이라고 생각하기 때문이다.

권이며, 내가 도전하는 것은 우리의 소비 습관이다. 때로는 여성 대상 폭력을 사유하는 페미니즘의 통찰을 활용해 동물 처우의 정형을 밝힌다. 폭력의 체계들이 서로 맞물려 있고, 따라서 하나를 통찰함으로써 또 다른 경험을 설명할 수 있다고 추론한다. 이를테면 이런 사고를 기본 틀로 삼아 6장 「페미니스트의 동물 거래」 그리고 2장 「오만한 눈과 동물실험」을 썼다. 또 때로는 3장 「임신을 중지할 권리와 동물권」과 7장 「침팬지 스트립쇼를 고찰하다: 페미니즘, 동물 옹호 그리고 환경보호론을 통합할 필요성」에서처럼, 별개처럼 보이는 운동들이 서로 소통하도록 한다. 가끔은 폭력의 구조적인 본질에 관한 기초적인 통찰을 양쪽 쟁점에 다 적용하는데, 9장 「은총을 먹고 살기: 제도적 폭력, 페미니즘 윤리, 그리고 채식주의」에서 제도적 폭력을 고찰할 때가 이에 해당한다. 이 글은 내가 성폭력을 이해하는 과정에서 해나갔던 연구에 기대고 있다.[12] 4장 「짐승 같은 것과 연대의 정치」는 내가 직접 백인 특권에 도전한 경험에 바탕을 두고 있으며, 유색 인종 전반, 또 특히 아프리카계 미국인을 공격하는 데 야수성이라는 개념을 활용해온 방식을 탐구한다. 내 목표는, 인간을 사회적으로 억압하는 일에 반대하는 운동들 내부에 동물 옹호 운동이 단단히 자리 잡도록 하기, 서로 연결되는 지점들을 확립해 연대하게 하기다. 8장 「가정에 평화를」에서는 교차적인 접근

---

12. 다음을 보라. "I Just Raped My Wife! What Are You Going To Do About It, Pastor?'—The Church and Sexual Violence" in *Transforming a Rape Culture*, ed. Emilie Buchwald, Pamela Fletcher, Martha Roth (Minneapolis: Milkweed Editions, 1993).

방식을 명확히 함으로써 여성 대상 폭력과 동물 대상 폭력을 이해하고자 한다.

지금 우리가 맞고 있는 페미니즘 물결의 초기 몇 년간, 페미니즘 이론은 막상 백인 중산층 여성의 경험을 다루면서도 여성의 경험을 이야기한다고 말하는 실수를 저질렀다. 이 책은 페미니즘 이론의 책임을 훨씬 더 확대하려고 한다. (죽었거나 살아 있는) 비인간 동물, 비인간 동물을 다룬 재현, 비인간 동물을 향한 태도를 포함하는 사회적인 세계 속에 여성은 깊이 몸을 담그고 살아간다. 동물의 존재, 동물을 다룬 재현, 동물을 향한 태도는 모두 필연적으로 여성의 삶에, 그리고 억압을 체험하고 억압에 저항하는 방식에 영향을 미친다. 여성이 어떻게 인간도 짐승도 아닌 상태로 자리매김하는지 인식함으로써, 인간 중심적인 접근 방식으로는 흔히 검토하지 못한 채 남겨둔 여성의 삶의 부분들을 포괄할 수 있다.

지배체제들이 서로 연결되어 있음을 인식하면, 이를 앨리스 워커가 "우리는 하나의 가르침"이라고 주장할 때처럼 바라보게 된다. 그러므로 예컨대 클래런스 토머스의 청문회에서 아니타 힐이 성적 괴롭힘을 당한 일을[13] 이야기하면서 토머스가 수간獸姦, bestiality을 주

---

13. [옮긴이] 1991년 10월 11일, 당시 법학 교수였던 아니타 힐(Anita Hill)은 미국 상원 사법위원회에서 열린 클래런스 토머스(Clarence Thomas) 대법관 후보자 인사 청문회에 증인으로 참석해, 과거 토머스로부터 직장 내 성적 괴롭힘을 당했음을 증언했다. 그의 증언이 후보 임명에 미칠 파급을 둘러싸고 보수와 진보 진영은 대립하면서도, 남성중심적인 시각에서 증인의 신빙성과 동기를 의심하며 적대적인 태도로 일관했다. 힐의 증언은 토머스 대법관 임명을 막지 못했으나, 미국에서 직장 내 성적 괴롭힘에 대한 인식을 완전히 바꾸고, 이를 공적인 문제로 다루는 계기가 되었다. 직장 내 성적 괴롭힘 발생 신고 건수가 급증했고, 피해자에 대한 국가 배상금 지급 법안이 통과되었으며, 일반 기

제로 한 포르노물을 묘사했다고 언급한 일을 우리는 해석해야 한다. 힐이 겪은 일에서 이 부분은 거의 혹은 아무런 논평도 받지 못했다. 힐이 동물과 성관계를 맺는 여성 이야기를 들으면서 느꼈다고 보고한 수치심을 곰곰이 생각하자니, 여성이 겪는 성폭력 및 착취가 동물이 겪는 성폭력 및 착취와 연결된 많은 사례가 떠올랐다. 지배문화에서 구체적으로 아프리카계 미국인을 짐승화하는 담론을 떠올리기도 했다.[14] 수간 이야기를 들으면서 힐이 느꼈던 수치심은, 백인 우월주의에 따라 백인 여성과 동물 사이에 놓인 아프리카계 미국인 여성의 특수한 상황을 인식하는 틀 안에서 해석해야 한다. 포르노 이미지는 남성도, 백인 여성도, 짐승도 아닌 그 위치 설정을 악용했다.

잇따르는 글들은 페미니즘이 오늘날 우리를 포함해 모든 동물의 삶을 둘러싸고 있는 기정 '사실들'과 벌이는 싸움을 보여준다. 이 싸움에서 나는 혼자가 아니다. 내가 알기로 모피코트를 입고서 피터 싱어의『동물해방』을 페미니스트가 구매하는 서적 항목에 슬며시 집어넣는 페미니스트 서점 주인이 적어도 한 명 있다. 채식주의 관련 책을 다른 사람의 책가방에 넣으면서 점심으로 죽은 닭 샌드위치를 먹는 또 다른 페미니스트도 있다. 그들을 보며 다른 이들은 모순을 인정하고, '인간도 짐승도 아닌' 존재와 연대할 틈을 인식할 기회를 얻는다. 살아 있는 존재를 음식으로, 모형으로, 대상으로 다

업들이 예방 교육 프로그램을 마련하기 시작했다.
14. 한 인간(인간도 동물이므로 동물)을 '짐승'과 결부하는 작용은 사전에 실어야 마땅하다. 이 책에서는 **짐승화**(bestializing)라는 말이 그러한 용어의 기능을 할 것이다.

루는 모순을 인정할 때, 우리는 비인간 동물과 개념적으로 더욱더 거리를 두면서 관계를 끊는 방식으로 대응할 텐가? 아니면 소비되는 자, 앎의 객체, 창조물을 탈환할 기회를 움켜쥘 텐가?

1부

오만한 눈을 파헤치다

성서에서 말하길, 여성을 포함해 자연은 온통 남성을 위해 존재한다. 남성은 세상을 제압하고, 세상의 모든 생명체를 지배해야 한다. 이때 '당신에게' 세상의 생명체란 모조리 '잡아먹을 고기'로 존재한다고 한다. 여성을 만든 이유는 남성의 조력자가 되기 위해서다. 이 같은 신화적 이야기를 보면, 서구 문명권에서는 남성이 자연에서 어떤 지위를 차지하느냐는 철학적 질문에 일차적으로 뭐라고 대답하는지가 잘 드러난다. 서구 문명권의 답변에 따르면, 존재하는 건 모조리 남성이 착취할 자원이다. 이런 세계관을 지니고서 남성은 오만한 눈으로 세상을 바라본다. 그의 오만한 눈은 보이는 것을 죄다 자기 자신과 자신의 이해관계와 관련해 체계화한다.
—매릴린 프라이, 『리얼리티의 정치학』*

* Marilyn Frye, *The Politics of Reality* (Trumansburg, New York: The Crossing Press, 1983), pp. 66–67.

1장

육식

육식을 이야기할 때 우리는, 인간 동물이 아닌 비인간 동물을 먹는 행위를 가리킨다. 그런데 우리가 (죽은) 동물을 먹는다고는 좀처럼 말하지 않는다. 우리는 '고기'를 먹는다고 말한다. 그리고 '고기'를 먹는다고 말하기 시작하는 순간 우리는 이미, 개인의 결단처럼 보이지만 사실은 문화적 생산 작용 영역에 들어와 있다.[1] 문제는 바로 이 지점이다. '고기' 먹는 사람이 채식하는 사람은 (한 철학자의 표현대로) "도덕을 들먹이며 잔소리하는 말투"를 쓴다고 생각할 때,[2] 이는 동물 시체 섭취 행위의 문화적 구성 방식을 폭로하려는 시도에 '고기' 먹는 이들이 어떻게 반응하는지 고스란히 보여주는지도 모른다. 또 다른 철학자는 "의심할 바 없이 서구인 대부분은 기득권

1. **고기**라는 문화적 생산 작용에 대해서는 다음을 보라. Nick Fiddes, *Meat: A Natural Symbol* (London and New York: Routledge, 1991).
2. Cora Diamond, "Eating Meat and Eating People," *Philosophy* 53 (1978), p. 469.

을 가진 채 현상을 유지하려 하는데, 고기를 먹을 때 느끼는 미각에 강력하게 동화했기 때문이다. … 고기 입맛에 적응했기 때문에 자기주장을 뒷받침하는 논거들을 쉴 새 없이 제시하는 것"이라고 응수한다.[3] 채식하는 사람이 단정적으로 말하는 걸까, 아니면 '고기' 먹는 사람이 방어적으로 듣는 걸까? 원재료인 살아 있는 동물의 이름을 부르고, '고기' 생산 방식과 그것이 동반하는 '고기의' 의미 생산 방식을 폭로하는 논의에서 말투와 목소리가 문젯거리일까? 일단 좀 두고 보기로 하자.

이처럼 잔소리하는 말투(라고 하는 것)와 적대적인 반응(일지도 모르는 것)과 논쟁하는 당사자가 다 사익을 추구할 수 있는 상황에서 아무런 영향도 받지 않는 이는 이 책을 쓰는 사람이든 읽는 사람이든 없다. 사람은 요리한 동물 살점을 먹든지(당신은 먹는지?), 아니면 먹지 않든지(나는 먹지 않지 않는다), 둘 중 하나다. 이 행위와 이 행위를 둘러싼 논란을 들여다볼 중립 지대란 없다.

이 치열하게 경합하는 지형을 더욱 복잡하게 만드는 것은, 사람들이 깜짝 놀라면서도 별로 인정하지 않는 한 가지 사실이다. 요컨대 동물 살점을 입에 대지 않는 사람이, 죽은 동물을 먹는 사람보다 대부분 '그것의' 생산 과정을 훨씬 더 많이 안다. (살점은 한때 살아 있었던 동물한테서 나왔으므로 동물이 죽었다고 해서 그 동물의 살점을 **그것**으로 쓰는 게 적절한지 의문이다.)[4] 윤리적인 채식주의자

---

3. Stewart Richards, "Forethoughts for Carnivores," *Philosophy* 56 (1981), p. 86.
4. 다음을 보라. Carol J. Adams, *The Sexual Politics of Meat: A Feminist-Vegetarian Critical Theory* (New York: Continuum, 1990), p. 64.

는 다음 사실을 안다(흔히 외우기도 한다). 식육용 송아지를 기르는 통의 크기(가로 22인치, 세로 54인치), 닭장의 크기(가로 12인치, 세로 18인치 면적인 닭장마다 닭 네 마리가 있음), 출산한 어미의 재생산 활동을 통제하는 기발한 장치들(분만용 '아이언 메이든'),[5] 소가 초래하는 표토 침식량(85%), 혹은 미국에서 가축 사료로 소비하는 원재료의 총량(3분의 1).[6] 동물 살점을 입에 대지 않는 사람이, 동물 살점을 먹는 사람보다 전반적으로 동물 살점 생산 과정을 훨씬 더 많이 알지만, 담론 권력discursive power은 아는 게 가장 적은 이들에게 있다. 전직 대통령 로널드 레이건(프랑스어를 할 줄 몰랐다)과 프랑스 대통령 프랑수아 미테랑(영어와 프랑스어 둘 다 할 줄 알았다)이 만났을 때, 두 사람은 어떤 언어를 썼겠는가?[7] 지배문화에서, 채식하는 사람은 이중 언어를 사용할 줄 안다고 해도 늘 영어로만 말해야 한다. 그도 그럴 것이, 고기를 옹호하는 지배문화가 담론 지배권discursive control을 행사하므로, 채식하는 사람이 '프랑스어'로 말하려 할 때면 (다시 말해 도살장, 공장식 축산농장, 시체 섭취에 따른 **대장균** 감염 위협을 알리려 할 때면) 도덕 운운하면서 잔소리하는 말투로 이야기

5. [옮긴이] 아이언 메이든(iron maiden)은 중세풍의 고문 도구로, 여성의 형상을 한 철제 관 안쪽으로 쇠못이 촘촘히 박혀 있다. 여기서는 사육동물의 철제 분만틀, 분만 펜스를 뜻한다.

6. 죽은 동물을 먹는 행위가 환경에 미치는 영향을 요약한 글로는 다음을 보라. Alan Thein Durning and Holly B. Brough, "Reforming the Livestock Economy," in Lester R. Brown et al., *State of the World 1992* (New York: W. W. Norton and Co., 1992), pp. 66-82.

7. 담론 지배권(discursive control)에 대해서는 다음을 보라. Eve Kosofsky Sedgwick, *Epistemology of the Closet* (Berkeley and Los Angeles: University of California Press, 1990).

한다고 비난하기 때문이다.

채식하는 사람과 시체 먹는 사람은 죽은 동물을 먹는다는 같은 현상에 다가서면서도 서로 다른 견해에 도달한다. 죽은 동물은 '고기'일까, 시체일까? 육식은 생명 유지일까, 파괴일까? 인도적인 도살일까, 살해일까? 맛이 좋을까, 역겨울까? 영양가가 높을까, 지방 덩어리일까? 전통을 탈피할까, 전통으로 회귀할까? 시체 먹는 사람은 채식을 한때의 열풍이라고 한다. 채식하는 사람은 육식이야말로 더 거대한 열풍이라고 한다. 시체 먹는 사람은 채식하는 사람이 청교도이며, 타인의 즐거움을 규제한다고 한다. 채식하는 사람은 동물을 먹는 사람이, 어떻게 동물 살점을 생산하는지는 알려고 하지 않고 환상에만 빠져 있다고 한다. 시체 먹는 사람은 가족 단위 운영에 바탕을 둔 온화하고 다정한 축산농장이라는 문화적 구성물을 대체로 받아들인다. 채식하는 사람이 보는 광경은 아주 딴판이다. 축산농장은 산업체가 소유하며, 공장과 비슷하고, 잔인하다. 시체 먹는 사람은 "왜 육식을 그만뒀어?" 하고 묻고, 채식하는 사람은 플루타르크를 인용하며 "누가 이 관행을 최근에 그만뒀는지가 아니라, 누가 가장 먼저 시작했는지 물어야지," 하고 받아친다.[8] 채식하는 사람이 **식물**vegetable이라는 용어를 존중하는 반면(생명을 주는 존재를 일컬으며, 알려진 바로는 채식주의자vegetarian라는 명칭의 어근이다), 고기 옹호 문화에서는 이 용어를 뇌사 상태의 사람을 이르기에 적합하다

---

8. Plutarch, "Of Eating of Flesh," in *Animal Rights and Human Obligations*, ed. Tom Regan and Peter Singer (Englewood Cliffs, NJ: Prentice-Hall, Inc., 1976), p. 111.

고 여긴다.

'도덕을 들먹이는' 채식하는 사람과, '기득권을 누리는' 시체 먹는 사람이 중립 지대에서 만나 인간 동물이 무엇을 먹는 게 적절한지를 둘러싼 갈등과 그 논쟁에 영향 미치는 사실을 면밀하게 검토할 수는 없다. 육식이라는 이 전통과 아무 이해관계가 없는 관찰자도 없거니와,—요컨대 사람은 동물 살점을 택하거나 거부함으로써 이 전통에 연루된다—서로가 의견을 나눌 공평한 의미론적 혹은 문화적 장 역시 존재하지 않는다. 우리는 고기를 옹호하는 문화에서 살고 있다. 현실의 한 가지 형태가 마치 유일한 형태인 양 보일 때, 그 한 형태는 스스로 전부를 포괄한다고 주장한다. 의미상의 갈등은 지배문화에 우호적인 방향으로 해소한다. 그렇기 때문에 채식하는 사람은 고기를 옹호하는 지배문화에서 자기 뜻을 이해하게 만들어야 하는 문제에 부딪힌다. 린 메이어의 소설, 『페이퍼백 스릴러』에 등장하는 페미니스트 형사가 소설 초반부에서 말하길, "내가 채식주의자임을 이제는 말할 수 있지만, 그쯤 해두죠. 이유를 설명하진 않을게요. 당신이 채식주의자를 이해할 수 없다면, 내가 할 말은 별로 없어요. 당신이 이해한다면, 내가 더 무슨 말을 할 필요가 없고요."[9]

지배문화가 채식주의의 개념까지도 재정의하려고 시도하면서, 해석을 둘러싼 다툼이 눈앞에서 일어난다. 죽은 물고기나 죽은 닭을 먹으면서도 동시에 채식주의자인 게 가능할까? 전미동물학대방지협회American Society for the Prevention of Cruelty to Animals, ASPCA에 따르면, 가

---

9. Lynn Meyer, *Paperback Thriller* (New York: Random House, 1975), pp. 4-5.

능하다. 이 협회는 **페스코베지테리언**과 **폴로베지테리언**이란 말을 만들어냈다.[10] 지배문화는 자기 식습관을 향한 비판을 흡수함으로써 그 비판을 안으로부터 도려내고, 여느 동물 시체가 아니라 소 시체가 문제라고 넌지시 말한다. 죽은 닭과 죽은 물고기를 먹는 '채식주의자' 앞에서, 눈이 있는 건 (감자 빼고는) 먹지 않는 사람은 다른 용어를 찾아 나서야 한다. 『육식의 성정치』에서 주장한 바와 같이, 채식주의의 **의미**를 확장하는 행위 속에서 정말로 일어나는 일은, 죽어서 음식이 되는 일부 생명체를 채식주의의 **개념** 속으로 끌어들임으로써 채식주의의 개념을 약하게 하는 것이다.

그릇된 질량명사 사례

'고기'라는 말의 사용 방식을 보면, 문화적 패권이 육식 옹호를 관철하고 있음을 짐작할 수 있다. 또, 의미 생산 과정과 (어떤 이들이) 식품(이라고 여기는 것)의 실제 생산 과정을 직접적으로 알 수 있다. '고기'라는 말은 윌러드 콰인이 "질량명사"라고[11] 부르는 것의 대표적

---

10. 다음을 재인용. Peter Sinclair, "Carrots and Sticks," *Vegetarian Times*, no. 167 (July 1991), p. 68. [페스코베지테리언(pesco-vegetarian)은 유제품과 난제품, 해물을 섭취하는 채식주의자를, 폴로베지테리언(pollo-vegetarian)은 유제품, 난제품, 해물, 가금류를 섭취하는 채식주의자를 뜻한다.—옮긴이]

11. Willard Van Orman Quine, *Word and Object* (Cambridge: MIT Press, 1960), pp. 99ff. 낸시 투아나(Nancy Tuana)는 콰인이 "질량명사(mass term)"를 설명한 내용을, 식용 동물이라는 문화적 구성물에도 적용할 수 있다고 지적했다. 투아나가 콰인의 연구를 해석한 부분은 나의 서술에 지대한 영향을 미쳤다.

인 사례다.

질량명사란 물이나 색깔 같은 것들을 말한다. 얼마만큼 있든, 어떤 용기에 담든, 물은 여전히 물이다. 물웅덩이에 물 한 통을 부어도 똑같다. 질량명사로 지칭하는 사물에는 개성도, 유일성도, 특수성도, 특이성도 없다.

어떤 동물을 '고기'로 바꾸면, 대단히 특수한 상황에서 독특한 방식으로 살아가는 오직 하나뿐인 누군가가 독자성도, 유일성도, 개성도 없는 어떤 것으로 변한다. 햄버거 한 접시에 햄버거 5파운드를 더 얹어도 여전히 동일한 햄버거일 뿐, 변한 건 아무것도 없다. 그렇지만 살아 있는 소 한 마리가 당신 바로 앞에 있고, 당신이 그 소를 마구 잡아 죽여 시체를 갈아버리면, 질량명사 하나에 질량명사 하나를 더했더니 결국 같더라, 라고 할 수는 없다.[12]

'고기'가 질량명사로 군림하므로, 시체를 먹으면서 '지금 어떤 동물과 상호작용을 한다'고 생각하는 일은 흔치 않다. '고기'를 먹는 개인의 행위를 두고 동물을 접한다고 여기지는 않는다(그렇게 여긴다면 평균적인 육식인은 평생 닭 984마리, 칠면조 37마리, 돼지 29마리, 소 12마리, 양 2마리, 송아지 1마리, 그리고 1000마리가 넘는 물고기를 접하는 게 될 터이다). 왜냐하면 고기 먹는 행위를, 동물을 접하는 게 아니라 식품을 접하는 것으로 새롭게 명명했기 때문이다. 하지만 우리가 접시에 담은 것은 특별하지 않은 게 **없다**. 왜냐하면 한때 살아 숨 쉬며 감정을 느꼈던 존재의 죽은 살점이기 때문이다.

---

12. 낸시 투아나의 설명에 바탕을 둔 예시다.

여기서 우리가, 오직 하나밖에 없기에 질량명사의 지시 대상으로는 적합하지 않은 누군가를, 질량명사의 지시 대상으로 적합한 **어떤 것**으로 바꾼다는 게 가장 중요하다. 그러기 위해 고유한 개인을 소 모품으로 만드는 활동을 쉬이 수긍할 수 없게 할 연상작용은 낱낱 이 제거한다. 우리는 이런 활동이 일어나고 있음을 알고 싶지 않기 때문에 이 같은 분리 작용, 즉 거리 두게 만드는 장치인 **고기**라는 질량명사를 받아들인다.

질량명사는 어떤 특정 용어를 모호하게 사용하고 있을 때도 작 용하는데, **닭, 양, 칠면조**가 이에 해당한다.[13] 사란 랩Saran Wrap 포장 지 그림처럼 각각의 개체들을 덩어리로 표현하고, 이 덩어리를 '닭' 이라고 부르도록 허용하기 때문에, 닭 하나하나의 독자성은 찾을 수 없다. 이렇게 지배문화는 살아 있는 닭 8만 마리를 창고 한 곳에 다 같이 몰아넣는 행위를 묵인한다. 지배 언어에서 동물의 독자성 을 부정하듯이, 목숨이 붙어 있는 동안 가두는 게 목적인 시설에서 동물 각자는 자기 삶의 특성과 의미를 몸짓으로 드러낼 기회를 빼 앗긴다. 돼지는 코로 땅을 파헤칠 수 없고, 닭은 부리로 쫄 수 없으 며, 송아지는 젖을 빨 수 없다. 이런 활동들은 수익 요건에 들어맞 지 않는다. "육류 산업은 대량생산을 하면서 이윤은 낮은 사업으로, 가능한 한 빠르고 저렴하게 생산물을 사육하고, 살찌우고, 도살하 고, 판매하는 구조다."[14]

---

13. 낸시 투아나의 통찰이다.
14. Wayne Swanson and George Schultz, *Prime Rip* (Englewood Cliffs, NJ: Prentice-Hall, Inc., 1982), p.24.

근본적으로 우리는 엄연히 살아 있는 동물을 이미 죽은 존재로, 한 덩어리를 일컫는 용어로 여겨야 한다(**죽은 고기**라는 불필요한 말이 있는 것은 이 때문인지도 모른다. 동물을 창고에 몰아넣어 사육하고 있으니, 이제는 **살아 있는 고기**도 있는 셈이다). "돼지가 [혹은 소, 닭 등이] 동물임은 잊어버리도록" 조장한다.[15] 대신 우리는 동물을 기계나 덩어리로 여겨야 한다. 동물의 존재를 지우는 최근 사례로서, 미국 농무부가 소, 돼지, 닭을 "곡물 소비 동물 개체"로 기술한 바 있다.[16] 그렇다면 인간은, 콜먼 매카시가 지적한 대로 "동물 소비 인간 개체"가 되겠다.[17]

'고기'를 질량명사로 사용할 때, 그 용어는 현실을 부분적으로 전달할 뿐이지만, 그와 같은 용법 자체가 현실을 포괄하는 성질을 띤다. 고기를 질량명사로 쓸 때, 그 용어는 하나뿐인 의미를 전달하는 것처럼 **보이지만**, 실제로는 그와 달리 경합하는 수많은 의미 가운데 하나를 전달한다. 고기를 질량명사로 구사하는 것은 모조리 영어로만 말하라는 뜻일 뿐만 아니라, 예컨대 프랑스어처럼 서로 대화를 나눌 다른 언어는 아예 존재하지 않는다는 뜻이다. 채식하는 사람 대 시체 먹는 사람의 논쟁에는 해석상의 갈등이 따라다니는데, 육식 옹호 시각에 부합하는 그릇된 포괄성이 이에 한몫한다. **고기 먹**

---

15. J. Byrnes, "Raising Pigs by the Calendar at Maplewood Farm," *Hog Farm Management*, September 1976, p.30, 이를 다음이 인용함. Jim Mason and Peter Singer, *Animal Factories* (New York: Crown Publishers, 1980), p. 1.
16. "Doublespeak Awards Don't Mince Words," *Dallas Morning News*, November 20, 1988, p. 4a.
17. Colman McCarthy, "Sins of the Flesh," *Washington Post*, March 25, 1990.

는 사람이라는 말은 중립적으로 보이지만, 사실 중립적이기보다는 회피적이다. 시체 먹는 사람이나 살점 먹는 사람(혹은 그리스어에서 유래한 '크레오파지스트')이[18] 단정적으로 들릴지 몰라도 실상 정확한 표현이다. 1881년,《새터데이 리뷰》가 『옥스퍼드 영어사전』에서 '크레오파구스creophagous'의 정의를 설명하려고 든 예문을 인용한 데서도 잘 알 수 있듯이, "평균적인 육식인kreophagist은 육식kreophagy이 완벽한 식습관이라고 전혀 확신하지 않는다."[19]

비록 질량명사로 받아들이긴 하지만, '고기'는 질량명사가 아니다. '고기' 생산은 (연간 70억에서 90억에 이르는) 개체 각각이 있어야만 할 수 있다. 질량명사에는 수식어가 필요하지 않으므로(예컨대 **극도로 축축한** 물이라고 할 필요가 없듯이), '고기'와 관련이 있는 중립적인 연상작용에 이의를 제기할지도 모를 적절하고 유용한 수식어들은 생략된다. 이를테면 **최근에 도살한, 독자적인 소**고기라고 말하지 않는다. 아닌 게 아니라, 동물의 이름이 고기라는 단어를 수식하는 경우는 그 동물의 살을 식품으로 소비하지 않을 때**뿐이다**. 말하자면, '개고기dogmeat'나 '말고기horsemeat'라고는 해도, '물고기고기fishmeat'나 '양고기고기lambmeat'라고는 하지 않는다.

---

18. [옮긴이] 크레오파지스트(creophagist)는 육식하는 사람, 육식동물을 말한다. 그리스어로 동물 살점을 뜻하는 κρέας(kréas), 먹다를 뜻하는 φαγεῖν(phageîn)을 합친 단어인 κρεοφάγος(kreophagous)에서 유래한다.

19. 이 용어의 그리스어 의미를 함께 토론해준 빌 칼(Bill Carl)과 팀 모튼(Tim Morton)에게 고마움을 전한다. 두 사람 다 지적한 대로, 사르코파직(sarcophagic)이 사실 육식을 가장 정확하게 표현하는 말이다. 사르코파직은 사르코파구스(sarcophagus, 석관)와 관련이 있는데, 동물 살점을 먹는 사람은 시체를 섭취함으로써 자기 신체를 그야말로 무덤으로 바꾼다는 점을 떠올리게 한다.

'고기'를 질량명사로 받아들일 때, 우리는 당연히 그게 정확하고 적절한 말이라고 생각한다. 따라서 동물을 소비해도 되는 몸으로 그리는 건 문제가 되기보다는 늘 있었던 일이다. 하지만 우리 누구도 '고기'의 의미를 정하지는 않으며, 그 의미를 고수하거나 혹은 거부하거나 할 뿐이다.

'고기'를 질량명사로 받아들이지 않을 때, 우리는 현실을 새롭게 명명한다. 프랑스어로 말하기 시작한다. 지배문화의 언어를 재평가함으로써, 지배문화와 맺는 관계의 방향을 어느 정도는 바꾼다. 시체 먹는 사람이 '완전 단백질'이니, '사나이의 음식'이니, '고기 없이 밥이 되겠어?'라느니 할 때, 채식하는 사람이 떠올리는 건 쉽게 말해 시체다. '육식'을 이야기하는 언어는 시체 먹는 행위를 정상화한다. 콜먼 매카시의 말대로, "고기, 쇠고기, 돼지고기, 송아지고기, 아니면 가금류 고기 같은 말들은 언어의 '아돌프스 텐더라이저'다. 이 말들은 섬뜩함을 맛깔스럽게 해준다."[20]

지배 언어가 시체와 살점 사이의 연상작용을 끊을 때, 즉 섬뜩함을 맛깔스러움으로 대체할 때, 끊긴 연상작용을 다시 이어 붙이면 곧바로 채식을 지향하는 의식이 싹틀까? 반드시 그렇지는 않다. 하지만 지배담론에서는 상관관계를 지속해서 분리하려고 무던히 애를 쓴다는 게 흥미롭다. 스티븐 켈먼Steven Kellman은 어떻게 "위생 처리를 한, 겉보기에 좋게 꾸민 식품에 안심한 채 그 음식의 피비린내

---

20. McCarthy, "Sins of the Flesh." [아돌프스 텐더라이저(Adolph's Tenderizer)는 고기에 골고루 뿌려 고기 질을 부드럽게 하는 연육제로, 소금, 설탕, 옥수수 녹말, 파파인(파파야 열매 함유 효소), 브로멜라인(파인애플 열매 함유 효소) 등이 주요 성분이다.—옮긴이]

나는 기원을 망각하는지"를 지적한다.[21] 식품의 기원을 인식하지 못하는 것, 연관성 단절에 막대한 에너지를 쏟아붓는 것에 미뤄보면, 식욕과 자각을 반드시 계속해서 엄격하게 분리해야만 대체로 시체 먹는 행위를 지속할 수 있음을 알 수 있다. 최근 방영한 텔레비전 코미디 쇼 〈겟 어 라이프Get a Life〉의 주인공이 말한 대로, "어떤 질문은 답이 없어야 한다. 고기는 어디서 올까, 같은 것 말이다." (특히 살점을 먹고 싶어 하는) 식욕은 우리가 인지적인 차원에서 반드시 다뤄야 하거나 다루고 싶은 욕구는 아니다. 시체 먹는 행위가 식사 자리에서 화제가 될 때 일반적인 반응은 이렇게 단정하는 것이다. "자자, 그런 얘기는 그만둡시다, 밥맛 떨어지니까."

결과적으로 우리가 '고기'라고 인식하는 것의 문화적 개념과 재현은 현실이 아닌 환상에 의존한다. '찰리 더 튜나'는[22] 자기를 잡아 먹으라고 애원한다. 만화영화 속 핫도그는 오로지 간절히 오스카 마이어 위너가[23] 되고 싶다. 샤리 루이스와 '램 찹'이 호텔을 방문하고 있으므로 호텔 메뉴에서 양갈비 요리lamb chops를 중단했을 때, 이 같은 연상작용의 비현실성은 뚜렷해진다.[24] 또는, 한 신문 머리기

21. Steven G. Kellman, "Green Freedom for the Cockatoo," *Gettysburg Review* (1991), p. 152.
22. [옮긴이] Charlie the Tuna. 세계 최대의 참치 기업, 참치 제품 브랜드인 스타키스트 (StarKist, 2008년 대한민국의 동원그룹이 인수한 이후, 현재는 동원그룹이 소유)의 마스코트이자 대표 상품명이다.
23. [옮긴이] 크래프트하인즈(Kraft Heinz)사가 소유한 육류와 콜드컷 생산 기업인 오스카 마이어(Oscar Mayer)의 대표 상품명이다. 위너(wiener)는 프랑크푸르트 소시지 혹은 핫도그를 뜻하며, 미국에서는 길고 가느다란 체구 때문에 닥스훈트를 위너독(wiener dog) 혹은 소시지독(sausage dog)이라고 한다.
24. [옮긴이] 샤리 루이스(Shari Lewis, 1933~1998)는 미국의 복화술사이자 인형극 예술가

사에서 순록고기 소시지를 미국 농부무의 승인을 받아 주州를 넘어 운송할 수 있게 됐다고 보도하며 "대셔, 댄서, 토스트On Dasher, on Dancer, on toast"라고 공공연히 말할 때, 비현실성은 한층 더 격상한다.[25] 결국 대셔, 댄서, 램 찹은 피와 살이 있는 산 동물이 아니라 환상을 대변한다.

이 같은 환상을 조장하는 것은 살점을 옹호하는 이들이다. 프랭크 퍼듀에 따르면 "내[퍼듀의] 닭은 말 그대로 닭의 천국 같은 집에서 산다"는데, 그건 바로 캄캄한 '집집마다' 닭 2만 5000마리가 전부 들어가 있다는 뜻이다.[26] 1985년에 나온 "쇠고기를 먹어야 힘이 난다" 홍보 캠페인은, 뉴욕주 법무장관실에서 "기만적"이라고 발표하면서 무산됐다.[27] 150년 전, 헨리 데이비드 소로Henry David Thoreau는 황소로 밭을 가는 한 남자와 나란히 걸으면서 고기를 먹어야 기

로, 텔레비전 쇼인 〈샤리 루이스 쇼〉를 진행하기도 했다. 직접 만든 꼭두각시 인형인 의인화한 양 캐릭터, 램 찹(Lamb Chop)과 활동하며 유명세를 얻었다.

25. [옮긴이] 1823년 뉴욕의 신학자 클레멘트 클라크 무어(Clement Clarke Moore)가 익명으로 쓴 시 「성 니콜라스의 방문(A Visit from St. Nicholas)」에 등장하는 산타클로스의 썰매를 끄는 여덟 순록의 이름은 대셔(Dasher), 댄서(Dancer), 프랜서(Prancer), 빅슨(Vixen), 커밋(Comet), 큐피드(Cupid), 돈더(Donder), 블리츤(Blitzen)이다. 본문의 "대셔, 댄서, 토스트(On Dasher, on Dancer, on toast)"라는 인용에서는 순록의 이름을 토스트로 살짝 바꿈으로써, 이제 미국 전역에서 순록고기 소시지를 토스트에 얹어 먹을 수 있게 됐음을 표현하는 듯하다.

26. [옮긴이] 프랭크 퍼듀(Frank Perdue, 1920~2005)는 미국 최대 양계업체 가운데 하나인 퍼듀팜(Perdue Farms)의 대표였다. 퍼듀 공장은 기본적인 동물복지 관례마저 지키지 않아 비난을 받았고, 미국인도주의협회는 퍼듀가 소비자를 기만했다며 소송을 제기하기도 했다. 퍼듀 공장의 열악한 노동 환경과 심각한 노동재해는 현재까지도 문제가 되고 있다.

27. Karen L. T. Iacobbo, "Advertising: Making Risk Acceptable," *Vegetarian Voice*, 1991, p. 9.

운이 난다는 신념을 토로했다. 그 농부는 채식동물의 힘을 빌리고 있었는데도 고기를 먹어야 힘을 쓸 수 있다고 단언했다.

육식의 성정치

환상을 영속하려면 자각은 최소화하면서 아예 직접적으로 식욕을 불러일으켜야 한다. "어쨌든 쇠고기만큼 만족감을 주는 건 없다"고.[28] 이때, 호소 대상 식욕은 남성의 것으로 구성한다. 남성다움은 만족감 **그리고** 쇠고기, 두 가지가 다 필요한 것 같다. 《뉴욕 타임스》가 실은 한 남성 매장의 개업 소식은 이러하다. "저녁 행사에 수컷의 기운이 흐르고, 이와 어울리게도 전체 요리는 우람했다. 쇠고기 구이를 올린 토스트, 닭고기를 덩어리째 넣은 타르트, 연어와 굵은 소시지. 시시한 아스파라거스와 오이 따위는 없다."[29] 댈러스-포트워스 지역의 한 프랑스 레스토랑 체인점은 (죽은) 닭 꼬치구이를 추가해 "두툼한 걸 원하는 남성 고객들의 허기를 채웠다."[30]

광고에서 '고기'가 '진짜 사람들이 먹는 진짜 식품'이라고 주장할 때, 그 의미는 명확하다. 우리는 진짜 사람들에 속하고 싶다, 진짜

28. Bernice Kanner, "The Ways of All Flesh: The New Marketing of Meat," *New York*, November 22, 1982, p. 20.

29. "Scotch and Beef Are Served in a New Shrine to Trousers and 1,000 Suits," *New York Times*, 1990. 이 신문기사 스크랩을 보내준 켄 라이클리(Ken Reichley)에게 고마움을 전한다.

30. La Madeleine 관련 기사, *Dallas Observer*, June 10, 1993-June 16, 1993, p. 21.

사람이 되고 싶다, 이다. 그렇게 우리는 지배 관점에 흡수된다. 육식을 거부하면, 문화적으로 구성한 '우리'에서 배제되며, 남과 다르다고 알리는 게 된다. '고기'를 진짜 음식으로 보지 않으면, 진짜 사람이 아니다. 여기서 숨은 의미는 '진짜가 아니면, 남자도 아니야'다. 문화적으로 '고기' 이미지는 예외 없이 인간 남성의 식욕과 동일시하는 식욕에 호소한다. 그러므로 네브래스카주 쇠고기협의회 Nebraska Beef Council는 그레첸 폴헤머스를 "독특하고 매력적인 요소를 더함으로써 '새로운 쇠고기 미인상'을 구현한" 인물이라는 이유로 발탁했다.[31] 매혹적인 인간 여성의 몸, 그리고 구미 당기는 맛 좋은 고기 사이의 연상작용이 식욕을 불러일으키는 까닭은, 남성과 동일시하면서 인간 중심적인 태도로 이미지를 해석하는 지배문화 안에서 식욕을 구성하기 때문이다. 그리하여 어떤 메뉴판에서는 시체 먹는 행위를 위해 마련한 동물이 캉캉춤을 추는 모습을 하고 있다. 그런 이미지에서는 〈그림1〉과 마찬가지로 두 발로 걷는 동물을 인간도 짐승도 아닌 형상으로, 그저 소비해도 되는, 여성과 관련된 여흥거리로 그린다.

아니면 "창녀 칠면조Turkey Hooker"라는 주방 도구를 생각해보라 (〈그림6〉을 보라). 요리한 칠면조 시체를 조리 팬에서 접대용 접시로 옮겨 담는 데 쓰는 도구로, 한때 칠면조의 목이던 크게 벌어진 구멍에다가 갈고리를 건다. "창녀 칠면조" 사용법을 보여주는 이미지

---

31. Helen Bryant, *Dallas Times-Herald*, 발행일 미상. [그레첸 폴헤머스(Gretchen Polhemus)는 1989년 미스 USA 우승자다.—옮긴이]

옆으로 하이힐을 신은 채 유혹하듯, 끌어당기듯 한쪽 날개를 머리 뒤로 하고 젖가슴 같은 걸 드러낸 가공의 칠면조 형상이 있다. 그리고 큰 글씨로 "팬에서 접시로 간편하게 옮겨요"라고 쓰여 있다.[32] 1993년 말, 포트워스의 한 레스토랑에서는 고객들에게 "힐러리 정찬Hillary dinner"을 내놓겠다고 약속했는데, 정찬의 내용물은 큰 허벅지살 둘, 작은 가슴살 둘, 그리고 왼쪽 날개 하나였다. 1984년 하버드대학교에서는 사교클럽인 피에타Pi Eta가 여성 대상 폭력을 조장하는 내용을 인쇄물에 실었다며 학생 200명이 피켓시위를 벌였다(하버드대학교가 남성 전용 사교클럽들과 관계를 끊은 바로 그해였다). 클럽 회원들에게 발송한 편지 한 통 때문에 시위가 촉발됐는데, 이 편지에서는 여성을 "돼지"라고 부르고, "클럽 파티에 참석하는 회원들에게 '살육하기 좋게 갓 들어온, 침을 질질 흘리는 소 떼를' 내놓겠다고 약속했다."[33]

"닭 잡는 법"이란 한 기사에서는 죽은 후 더는 피가 흐르지 않고, 깃털을 제거할 수 있게 끓는 물에 삶은 닭의 모습을 묘사한다.

비쩍 마른, 터무니없이 말라비틀어진 모습은 슈퍼마켓 고객들이 좋아하지 않는다. 슈퍼마켓에서는 닭의 발을 자르고, 목을 몸통에

---

32. "창녀 칠면조"를 보내준 힐러리 마틴슨(Hilary Martinson), 그리고 동물을 윤리적으로 대우하기를 촉구하는 사람들(People for the Ethical Treatment of Animals, PETA)의 잉그리드 뉴커크(Ingrid Newkirk)에게 고마움을 전한다. 캉캉춤 이미지와 그것이 암시하는 바에 주의를 환기해준 퍼트리샤 바레라(Patricia Barrera)에게도 감사를 표한다.

33. Paul Langner, "Judge Imposes Gag Order in Rape Suit," *Boston Globe*, November 18, 1990, p. 24.

〈그림6〉 '창녀 칠면조' 광고.

쑤셔 넣고, 깡마른 몸통을 꽉 끼는 종이 통에 밀어 넣어 포동포동하게 만들다 못해 튼튼한 비닐 랩으로 더욱 단단히 조여서 판매한다. 밀러는 몰래 뒤에서 그런 겉치레를 하지 않았고, 그 결과 [죽은] 닭을 즐겨 먹는 이들은 끔찍하고 기이한 진실을 과하게 들이켠다. 마치 잡지 한가운데에 특집으로 실은 큰 사진을 펼쳤는데, 이달의 플레이메이트Playmate of the Month가 부인과 검진을 받는 모습을 보는 것과 비슷하다.[34]

1990년대 초 몬트리올의 미술관에서 야나 스테르박Jana Sterbak의 설치미술 작품인 〈바니타스: 백색증과 거식증에 어울리는 생고기 드레스Vanitas: Flesh Dress for an Albino Anorectic〉를 사람 모형에 입힌 상태로 전시했다. 소금에 절인 소 옆구리 살 50파운드가 부패할 때까지는 그대로 전시하고, 부패하기 시작하면 신선한 생고기 260달러어치를 더 투입하기로 했다.[35]

지금껏 이야기한 이미지를 구성하는 과정에서 소비자는 남성으로 상정되며, 소비자인 남성은 여성미를 표현한 이미지와 죽은 동물

---

34. F. K. Plous, Jr. "How to Kill a Chicken," *Reader: Chicago's Free Weekly*, January 18, 1980, p. 24. 이 비유를 찾아내 보내준 캐런 데이비스(Karen Davis)에게 고마움을 전한다. [기자 F. K. 플러우스(F. K. Plous)는 밥 밀러(Bob Miller)라는 사람이 운영하는 시카고의 한 가게 단골이었는데, 밀러는 고객 개개인을 위해 닭을 직접 잡아줬다. 그 과정을 지켜보고 싶었을 뿐만 아니라 자기가 기르던 닭을 직접 잡고 싶었던 플러우스는 밀러의 도움을 받아 닭을 잡는데, 그 과정을 묘사하며 위와 같은 기사를 작성했다. 《플레이보이(Playboy)》는 과거에는 인쇄본으로, 현재는 온라인으로 발행하는 미국의 남성용 라이프스타일과 연예 잡지로, 1953년에 시카고에서 창립했다. 잡지 한가운데에 '이달의 플레이메이트,' 즉 누드 혹은 세미누드 모델의 사진을 싣는 것으로 유명하다.—옮긴이]
35. "Political Art Critics Fed More Raw Meat," *Washington Times*, April 4, 1991.

을 크게 나눈 덩어리들, 둘 다를 소비한다. 환상이 만들어낸 이 현실의 속임수는 수많은 역설을 내포한다. 지방이 가득한 살점을 (『인간도 짐승도 아닌』 초판 표지처럼; 권두 삽화를 보라) 식욕 부진인 여성의 몸으로 묘사한다. 잡아 죽여서 토막을 낸, 피가 뚝뚝 흐르는 죽은 동물의 살점을 아름답게 보이게 한다. 남성 동물의 살(이를테면 쇠고기)은 여성의 살로 가장된다. 성매매와 시체 먹는 행위를 동일시한다. 동물과 여성을 포르노그래피적으로 이미지화한다. 맨해튼에 있는 한 섹스 클럽의 이름이 미트Meat라는 데 놀라지는 말자.

'고기'가 '진짜 사람들이 먹는 진짜 식품'이라는 주장의 의도는, 채식하는 사람은 가짜다, '그들'일 뿐 '우리'가 아니다, '계집애'나 '프루트'이지 '혈기 왕성한 남자'나 '아이언 존'이 아니다, 이다.[36]

영양학계의 트로이 목마

시체 먹는 행위를 전통적으로 영양학적 관점에서 접근해온 방식을 보면, '고기' 옹호 문화의 강압적인 본성이 더욱 잘 드러난다. 이 접근 방식은 죽은 동물을 먹는 행위 문제에 영양 문제라는 틀을 씌움으로써 시체 먹는 행위를 정상화한다. "영양학계의 트로이 목마"인[37] 네

---

36. [옮긴이] 영어에서 fruit 혹은 fruitcake는 주로 게이 남성을 지칭하는 동성애 혐오적인 비속어로 쓰이기도 한다. 아이언 존(Iron John), 일명 Iron Hans 또는 Eisenhans는 독일 그림 형제의 동화집 136화다. 철로 된 피부를 가진 야생의 남자와 왕자가 등장하는데, 보통 소년에서 성년으로 성숙해가기에 관한 우화로 읽는다.

37. Greg Moyer, "School Daze," *Nutrition Action*, September 1982, p. 7.

가지 기초식품군 개념은 비록 여러 유효한 담론 가운데 하나에 지나지 않음에도, 동물 섭취 논의에서 줄곧 우리에게 배급되어온 영양 담론이다.

1956년까지는 '네 가지 기초식품군'(우유, '고기,' 채소-과일, 빵-곡물)이라는 개념이 없었다. 그전에는 육류와 유제품 산업체들이 '고기를 더 많이 먹고' '우유를 더 많이 마시라'고 권하는 광고에 수백만 달러를 쏟아부었다. 2차 세계대전 기간에 '일곱 가지 기초식품군'이 도입되면서, 1930년대에 지침으로 활용한 '열두 가지 식품군'을 대체했다. 미국육류연구소American Meat Institute에 따르면, 1938년부터 1956년까지는 시체 소비율이 감소한 시기였다. 네 가지 기초식품군 도입을 흔히 대중을 돕기 위한 중요 영양학적 방책으로 그리기는 하지만, 유제품 그리고 육류 산업체들이 시장의 불안정성을 우려했음이 틀림없다. 미국 농무부와 긴밀하게 협조하던 그들은, 식품군의 가짓수를 줄이는 한편 자신들이 만드는 특정 제품에 비중을 더 많이 책정했다.

네 가지 기초식품군은 생산과 홍보 문제가 어떻게 영양학적으로 고려할 문제가 되는지 고스란히 보여준다. 네 가지 기초식품군이 나온 이유는 단백질, 칼슘, 비타민, 철분 일일권장량을 반드시 섭취하도록 하기 위해서라고들 한다. 1956년부터 최근까지의 세대는 네 가지 기초식품군 그림을 주입받았는데, 그림은 육류와 유제품이 앞서 말한 영양소의 훌륭한 원천임을 보여준다. 이런 주장을 하는 이유는, **소비자** 관점(**열량** 당 영양소 비율)에서가 아니라 **생산자** 관점에서(**무게** 당 영양소 비율) 이 제품들을 평가했기 때문이다. 이 같은 평가 방법 선정을 들여다보면, 신기하게도 소비자에게는 유익하지 않지만, 생산자에게는 극히 유리해 보인다. "사람들은 음식을 정한 양만큼 다 소모할 때까지가 아니라, 열량을 충분히 채울 때까지 먹기" 때문이다.[38] 동물 살점처럼 지방이 많은 식품은 열량보다는 무게로 측정할 때 영양소 비율이 더 좋게 나온다. 칠면조 살점은 열량 함량으로 따지면 28.6%가 지방인데도, 무게로 측정하면 96%까지 무지방이라고 주장할 수 있다.

식단의 하루 허용 권장량은 존재하지 않지만, 네 가지 기초식품군 도표에서는 식품을 무게에 따라 해석함으로써 소비자의 근심, 즉 지방 그리고 열량과 관련된 우려를 감춘다. "지방은 (비중이 .913~.945로) 물보다 가벼우므로 물이 주요 구성성분인 과일과 채소보다는 지방이 많은 식품이 무게 당 영양소 비율은 더 잘 나올 것이다. 하지만 지방은 열량이 높으므로 이처럼 기름기가 많은 식품이 열량당 영양소 비율은 더 낮게 나온다."[39] 결과적으로 "식품을 무게가 아니라 열량을 기준으로 한 영양소 비율에 따라 분류하고 선호한다면, 동물성 식품은 영향력을 잃고 '네 가지 기초식품군' 개념 전체가 증발한다." 전통적으로 네 가지 기초식품군에서 권장해온 대로 단백질과 지방을 과도하게 섭취하면, 채소, 곡물, 과일에서 칼슘, 단백질, 철분을 얻는 것보다 건강상의 위험이 더 커지기 때문에 그렇다. 시체를 즐겨 먹는 전형적인 서구인의 식단은 동물성 지방과

38. William Harris, M. D., "Hype Parades as Science" *Ahisma* 31, no. 3 (July/September 1990), p. 6.
39. 같은 책, p. 5.

단백질은 많이 들어 있지만, 섬유질은 부족하다. 이런 식단은 암, 심 장병, 비만, 당뇨, 골다공증 위험 증가와 관련이 있다.[40] 실제로 일부 식물성 식품은 아테롬성 동맥경화증 그리고 암과 같은 질환을 예 방하지만, 고지방 식품은 이런 질환의 발생 위험을 높인다.

1991년 4월, 책임 있는 의학을 위한 의사회Physician's Committee for Responsible Medicine가 통곡물, 채소, 콩류, 과일에 해당하는 새로운 네 가지 식품군을 소개했다. 지배담론에서 대체로 소외당할 가능성 이 있는 집단의 제안이었지만, 언론은 상당히 관심을 보였다.[41] 그 런데 얼마 지나지 않아 고기 식단을 과감하게 도려낸 게 대수롭지 않은 일처럼 돼버렸는데,―아마도 사태를 혼란스럽게 만들려는 의도 로―미국 농무부의 하급 관리들이 새로운 네 가지 기초식품군 그 림을 공개했기 때문이다.[42] 새 그림에서 네 가지 기초식품군은 더는 유제품 그리고, '육류'가 공간의 절반을 차지하는 바퀴 형상이 아니 라 뉴에이지풍의 피라미드 형상이었고, 육류와 유제품은 피라미드 의 꼭대기 쪽에 있긴 하지만 이제는 공간을 덜 차지했다. 육류와 유

---

40. 다음을 보라. John Robbins, *Diet for a New America* (Walpole, New Hampshire: Stillpoint Publishing, 1987), 그리고 "The New Four Food Groups: Summary," *Physicians Committee for Responsible Medicine*, April 1991.

41. 다음을 보라. Marian Burros, "Rethinking Four Food Groups, Doctors Tell U.S.," *New York Times*, April 10, 1991.

42. 책임 있는 의학을 위한 의사회의 제안에 자극을 받아 미국 농무부 보건영양청(USDA Health and Nutrition Service)이 조기에 발표를 한 게 아닌지 의심스럽다. 미국 농무 부가 소책자의 교정쇄를 가지고는 있었지만, 늦은 봄에 그림을 공개할 계획이었기 때문 이다. 다음을 보라. Carole Sugarman and Malcolm Gladwell, "Pyramid Deserted as Symbol of Foods," *Buffalo Evening News* [원래는 *Washington Post*가 게재함], April 26, 1991, p. A4.

제품의 비중 감소는 이 제품을 등급이 더 높은 곳에 배치함으로써 소용이 없어졌지만, 쇠고기와 유제품 산업체들은 비중 감소 자체를 받아들일 수 없었다. 피라미드 모형에서는 육류와 유제품의 비중을 축소함으로써 이 제품의 영양학적 중요성도 함께 오그라뜨리는 것 같았다. 피라미드 모형이 육류와 유제품의 비중을 줄이면서 지방류와 당류 옆에 배치함으로써 "사람을 혼란스럽게 만들고," 자신들의 제품에 "낙인을 찍는다"며 육류와 유제품 산업체들이 미국 농무부에 항의했고, 결국 새로운 그림을 철회하도록 만들었다. 한 신문 보도대로, "쇠고기 산업에 미국 농무부가 겁먹은" 사건이었다.[43]

열량 대신 무게로 육류의 영양소를 측정하는 전통 방식으로는 육류가 건강에 심각한 영향을 미침을 보지 못하듯이, 동물을 먹는 행위를 두고 원형이든 피라미드형이든 오로지 영양소 관점에서만 논거를 형성한다면 영양학적 논쟁의 맥락을 보지 못한다. 죽은 동물 산업과 유제품 산업을 합하면, 산업 규모로는 미국에서 두 번째로 크다. 미국 농무부가 네 가지 기초식품군을 주관함으로써, 우리는 정부 후원으로 동물성 식품이 중심인 식사를 한다. 네 가지 기초식품군을 업계 후원 선전이 아닌, 정부 후원 교육으로서 중립적으로 바라볼 수 있고, 따라서 문화적 차원에서 훨씬 더 강압적으로 육식을 증진한다. 네 가지 식품군은 여왕이 사용하는 영국 표준 영어는 아니더라도 정부가 인정하는 공식 영어인 셈이다.

일련의 소비자 조사에 85만 5000달러가 들었고, 조사 결과 피라

---

43. *Dallas Times-Herald*, editorial, May 5, 1991.

미드 모형이 사람들을 혼란스럽게 만들지 않는다는 것을 밝혀냈다. 피라미드 모형은 살아남았고, 1992년에 대중에게 다시 소개되었다. 그런데 피라미드 모형은 식품군들을 원형에서 피라미드형으로 재편하긴 했지만 네 가지 기초식품군이라는 개념 자체를 흔들지는 않았다. 실제로 피라미드 모형은—내가 여성화한 단백질feminized protein이라고[44] 부르는—유제품을 식단에 꼭 포함해야 한다는 생각을 계속 공고히 한다. 식품이 아니라 산업 관점에서 분석하자면, 유제품과 난제품 산업을 시체 생산 과정과 그리 간단하게 분리할 수 없다. 유제품과 난제품 산업은 **식육용** 송아지, 국물과 육수용 닭, 기력이 다했으므로 **햄버거**와 잡다한 **육류**에 쓰는 소를 공급한다. 미국에서 우유를 과잉생산한다는 점, 시장에 유제품에 대한 확신을 심어주는 정부 주도의 이미지와 구상이 대단히 유용하다는 점도 기억하자. 책임 있는 의학을 위한 의사회는 피라미드 모형을 뒤흔드는 방식으로 대응하면서 고기, 달걀, 유제품, 기름류 섭취를 권장하는 최상단부 삼각형을 베어낸 사다리꼴을 제안했다.

덜 익은 고기를 먹고 어린이 최소 두 명이 사망, 더 많은 수가 병에 걸렸던 1993년 대장균 파동[45] 당시 논쟁의 초점은 "왜 계속 시체를 먹어야 할까?"가 아니라 "시체를 어떻게 요리해야 먹고도 죽지

---

44. 다음을 보라. Adams, *The Sexual Politics of Meat*, p. 80.
45. [옮긴이] 1993년, 미국의 패스트푸드점 잭인더박스(Jack in the Box)에서 오염된 쇠고기 패티가 들어간 햄버거를 먹은 많은 이들이 대장균에 감염됐던 사건이다. 캘리포니아주, 아이다호주, 워싱턴주, 네바다주에 있는 점포 수십 곳에서 발병했는데, 피해자 대다수가 10대 미만으로, 신장과 뇌 손상을 포함해 영구적인 상해를 입거나 사망에 이르기도 했다.

않을까?"였다. 미국 전역의 채식주의자는 육식을 그만둬야 할 필요성을 거듭 입증하는 사실들에 귀를 세웠고, 시체 먹는 사람은 계속 육식을 해도 괜찮다는 확신을 찾아 애태우며 귀를 기울였다. 논쟁의 초점은 당연히 지배문화가 결정했고, 정부가 승인하는 공식 영어의 테두리 안에서 사람들은 내내 깍듯이 그 초점을 유지했다. 죽은 살점에 전부 새로운 딱지를 붙이고, 시체를 완전히 익혀서 먹어야 한다고 경고하기로 했다. 그 딱지가 채식주의자의 '프랑스어'로 되어 있다면 아마 이렇게 쓰여 있을지도 모른다.

경고: 이것은 시체로, 최근에 처형당했습니다. 이미 부패하기 시작했습니다. 건강을 위해 죽은 동물을 먹을 필요는 없습니다. 미국인을 불구로 만들고 죽이는 10대 질병 가운데 여섯 가지에 걸릴 위험을 줄이세요. 이 제품의 구매를 거부하고 채식주의를 택하세요.

다른 사람을 모욕할 때 자주 쓰는 말들이 어떤 징표라면, 인간이 소비하는 동물은 어떤 가치 체계가 됐든 대단한 지위를 차지하지는 않는다. '이 바보 같은 년you cow', '게걸스럽게 먹기eating like a pig', '닭대가리chicken-brained', '새가슴chicken-hearted', '쓸모없는 인간turkey' 등을 보면 알 수 있다. 페미니스트이자 가금류보호연합United Poultry Concerns 의 설립자인 캐런 데이비스Karen Davis는 이렇게 말한다. "앞으로는 우리가 경멸하는 존재들을 먹는 그 친밀한 행위를 함으로써 우리 자신을 구성한다는 기현상에 당혹스러워할지도 모를 일이다." 하지만 육식에 관한 한, 그와 같은 당혹감, 그와 같은 자기 성찰을 지배문화가 허락할까?

어떤 의미에서 채식하는 사람이 시체 먹는 사람보다 더 심한 편견을 가지고 식품을 고르는 건 아니다. 다만, 한쪽으로 치우침으로써 시체 먹는 사람이 혜택을 누리는 만큼, 똑같이 혜택을 보지 못할 뿐이다. 정부 후원 시체 식단이 강압적인 효과를 발휘하면서 시체 먹는 사람은 자신의 편향성을 지배문화에서 사실상 승인받지만, 채식하는 사람은 그렇지 않기 때문이다. 결과적으로 이런 문화에서는 육식을 그만두기보다 계속하는 게 덜 힘들고, 덜 알아도 되고, 덜 걱정해도 되고, 덜 각성해도 된다. 그럼에도, 충분히 성찰하지 않은 식사란 어쩌면 먹을 만한 가치가 없을지도 모른다.

2장

오만한 눈과 동물실험

남성은 재현에, 문화적 상징화에, 요컨대 명명하는 권력에 다가갈
수 있다는 점에서 여성과 다르다. 그런 남성은 여성, 그리고 말 못
하는 비인간 동물을 모조리 상징으로, 재현의 대상으로 이용한다.
　　—수잰 카펠러[1]

동물을 옹호하는 사람들은 가부장적 문화에서 비인간 동물을
대하는 태도에 관심이 있다. 동물 옹호론자들이 거론하는 행위를
하는 사람들은, 온통 인간 남성의 문화적 상징화로 가득한 문화에
서 자신을 주체로 설정하는 이들이다. 페미니즘 관점에서 과학과 재
현을 비판하는 논의는 동물실험 문제를 조명한다. 동물실험은 가부
장적 문화의 일환으로서, 가부장적 문화에서 과학은 남성다움과 마

---

1. Susanne Kappeler, *The Pornography of Representation* (Minneapolis: The
University of Minnesota Press, 1986), p. 68.

찬가지로 "거칠고, 엄격하고, 합리적이며, 비인격적이고, 경쟁적이고, 냉정하다"[2]

존 버거는 「왜 동물을 구경할까?」에서 우리가 동물을 구경거리로 삼음으로써 그들과 상호작용하지 못하게 되었다고 처음으로 주장했다. 동물은 우리 삶에서 사라졌다. 동물은 더는 독립적인 존재가 아니라, 이국적이거나 야생적이거나 감상적인 것과 관련된 인간의 환상을 재현하는 존재로 환원되었다. 이와 관련해 수잰 카펠러는 「왜 여성을 구경할까?Why Look at Women?」에서, 여성의 위치와 비인간 동물의 위치가 서로 바뀔 수 있음을 보여준다. 카펠러는 가부장적 문화에서 타자를 대상화함으로써 지배적인 주체성, 즉 남성의 주체성을 구성하는 방식을 통찰했는데, 그의 통찰은 비인간 동물 억압이 페미니즘 관점에서 시사하는 바를 탐구할 틀을 제공한다. 특히 비인간 동물을 생체해부할 때 의례적으로 하는 행위나 동물실험은 20세기 가부장적 문화에서 동물을 근본적으로 어떻게 바라보는지 폭로한다. 가부장적 문화에서 자신을 주체로 설정하려면 관찰 대상이 있어야 한다. 인종주의적 가부장제 내부에서 주체성을 구성하는 방식과 마찬가지로, 동물실험은 비인간 동물을 대상의 자리에 놓고, 그런 그들의 위치에 기대어 주체성을 성취하는 한 수단을 제공한다.

2. 샌드라 하딩(Sandra Harding)의 *The Science Question in Feminism* (Ithaca, NY: Cornell University Press, 1986)은 마거릿 로시터(M. W. Rossiter)가 다음에서 기술한, 과학에 존재하는 문화적 고정관념을 요약한다. *Women Scientists in America: Struggles and Strategies to 1940* (Baltimore: Johns Hopkins University Press, 1982), p. 63.

첫 번째 문제
: 오만한 눈—인간 남성의 응시

성적 불균형이 지배하는 세계에서는, 바라보는 행위의 쾌락이 능동적인/[인간] 남성과 수동적인/[인간] 여성 사이에서 분열해 있다. 확정적인 [인간] 남성의 응시는 자기 환상을 [인간] 여성의 형상에 투사하고, 그에 부응하는 방식으로 여성의 형상이 만들어진다. 전통적으로 과시적인 기능을 해왔던 여성은 보이는 동시에 전시되며, 이때 여성의 외모는 시각적으로나 성적으로 강렬한 영향을 주도록 코드화된다. 그리하여 여성은 **관찰되는 속성**to-be-looked-at-ness 을 내포한다고 할 수 있다.

—로라 멀비Laura Mulvey [3]

재현의 역사는 [인간] 남성 젠더가 자기 자신을 재현하는 역사로서, 명명하는 권력은 남성에게 있다. 재현은 (내용에 어울리게) 모방을 함으로써 대상을 드러내는 수단이라기보다는, 원저자의 자기 재현 수단, 즉 주체성의 표현이다. 이미 알고 있다시피, 문화란 가부장제의 자기 이미지다.

—수잰 카펠러 [4]

---

3. Laura Mulvey, "Visual Pleasure and Narrative Cinema," *Screen* 16, no. 3 (1975), p. 11.
4. Kappeler, *The Pornography of Representation*, pp. 52-53.

가부장적 문화에서 주체성을 이야기할 때 응시는 빼놓을 수 없는 요소다. 바라보는 행위는, 자신을 스스로 규정하고, 능동적이고, 확신에 차 있으며, 자신이 누구인지 아는 상태의 한 양상이다. 우리는 시각 지향적인 종이지만, 우리가 뭔가를 바라보는 방식은 사회적으로 구성된다. 지배문화는 자기 확신에 찬 상태를 너무나 중요시하기 때문에, 그 안에서는 지나칠 정도로 자기 확신에 차 있지 않은 한, 자기 확신에 차 있다고 할 수 없다. 그와 같은 문화적 압력이 작용하는 가운데, 우리는 자신을 타자에 반하여 규정함으로써 우리가 누구인지 인식한다. "가부장적 문화에서 상정하는 주체성은 억압과 대상화를 거쳐야만 도달할 수 있다. 주체의 지위는 타자에게 느끼는 우월성이지, 상호주체성이 아니다. 그래야만 주체의 지위가 쾌감, 다시 말해 살아 있음의 감각을 만들어낼 수 있다. 아무도 열등하지 않다면, 주체는 자신이 우월하나는 걸 어떻게 확신할까? 아무도 부자유하지 않다면, 주체는 자신이 자유롭다는 걸 어떻게 알까?" 하고 카펠러는 쓴다.[5] 이런 공식에서는 호혜, 즉 카펠러의 용어대로라면 "상호주체성"을 허용하지 않는다. 주체가 되려면 대상이 있어야 한다. 우리 인간 종이 하는 행위 유형은 엄청나게 다양하지만, 서구 문화에서 전형적인 관계 유형은 주체 대 대상의 관계다. 이 전형적인 관계 유형의 특징은 가부장적 문화 내부에서 발생하는 양상과 동일하게 인간 남성의 응시라고 부를 수 있을 텐데, 그 대표적인 사례가 바로 남성이 여성을 보는 방식이다. 이 전형적인 시선 속

5. 같은 책, p. 154.

〈그림7〉 농촌 지역사회에서 유방암과 관련해 인식을 높이는 캠페인의 하나로 건초를 분홍 비닐로 포장했다. 분홍 비닐에 돼지를 성적으로 표현한 그림을 그려 넣은 건 특정 농장과 바비큐 레스토랑 소유주의 결정이었다. 도로를 지나가다 보면 젖을 물리는 암돼지와 새끼 돼지가 보인다. 2016년 9월, 잉글랜드 스카버러 외곽, 캐럴 J. 애덤스 촬영.

에서는 응시하는 사람을 위해 대상이 무엇을 하는지, 또 응시하는 사람이 대상을 가지고 무엇을 하는지가 중요하다. 대상 자체의 고유한 주체성은 이 관계와 아무 상관이 없다.

주체를 대상으로 만드는, 즉 어떤 존재를 대상화하는 일차적인 수단은 묘사, 곧 재현이다. 재현은 개념화를 가능하게 하고, 개념화를 통해 주체-대상의 이분법을 되풀이한다. 재현물을 바라보는 행위는 응시하는 사람에게 쾌락을 주는 한편, 그와 동시에 주체와 대상 사이의 간극을 메울 수 없을 만큼 벌려놓는다. 가부장적 문화에서 주체는, 그가 바라볼 수 있도록 준비한 대상들을 응시하면서 자기 내부에서 감지하는 반응을 통해 자신이 **존재한다고 느낀다.** 이 '오만한 눈'은 인간 여성 대상에 반하여 인간 남성 주체를 구성하는 일의 한 양상이며, 비인간 동물 위에 군림하는 과학적 주체를 만들어내는 데도 기여한다. 여성과 남성은 둘 다 가부장적 문화에 동화해 있기 때문에, 비인간 동물을 바라볼 때는 양쪽 다 인간 남성의 시선을 드러내 보인다. 동물실험 관행이 가능해짐은 물론 더욱 강력해지는 이유는, 동물의 **관찰되는 속성**to-be-looked-at-ness이 문화적으로 확고부동한 현상으로서, 이를 아무런 의심 없이 받아들이기 때문이다.

두 번째 문제: 동물실험

[인간] 남성의 주체성을 만든다는 [인간] 남성 젠더의 기획은 만만

치 않은 일로서, 그럴듯하게 꾸민, 신나는 몽상이 전혀 아니다. 이 주체성을 수단으로 삼아 [인간] 남성 주체는 자신이 진짜라고 스스로 확신한다. ⋯ 자신이 진짜라고 생생하게 느끼면 느낄수록, 타자가 실재한다는 사실은 점점 더 실감할 수 없고, 타자가 주체라는 사실도 점점 더 실감할 수 없으며, 타자는 살아 있되 살아 있지 않다. [인간] 남성 주체가 자신을 문화적으로 재현함으로써 자기 자신을 위해 창조하는 현실은, 현실이라고 공인한 형태의 현실, 말하자면 우리 모두에게 지배적인 현실이다.

—수잰 카펠러[6]

우리는 비인간 동물이 어떻게 자기 관점에서 시각적 경험을 하는지 알지 못하고, 또 좀처럼 궁금해하지도 않는다. 특히나 동물실험을 하는 환경은 주체가 대상을 바라보는 시선만이 존재하도록 대상의 시선은 억제하고, 제한하고, 제거하도록 조성한다. 동물실험 다수는 놀랍게도, 동물이 다치거나 눈이 멀어 물리적으로 실험자의 시선을 되받을 수 없음을 자신 있게 말하는 식으로 동물의 눈을 향한 물신화fetishism를 보여준다. 오랫동안 해온 드레이즈 실험Draize test은 보통 화장품과 화학제품 검사에 활용하는데, 이런 제품의 농축액 방울을 토끼의 눈에 떨어뜨린다. 메릴랜드주 록빌 소재 질레트Gillette의 실험실에서 동물 감독 업무를 담당한 전前 수습 직원은, 어느 날 자신이 목격한 광경을 이렇게 서술했다. "시각실eye room을

---

6. 같은 책, p. 62.

돌아다니다가 한 기술자가 퉁퉁 부어오른 눈에서 고름이 흘러나오는 토끼 한 마리를 붙들고 있는 걸 봤어요. 강제로 눈을 벌려 밝은 불빛에 비춰 보고 있었죠. 토끼 비명은 전에도 들은 적이 있지만 그런 소리는 처음 들어봤어요.[7] '시각실'이라는 명칭에서 오만한 눈은 원조 격을 획득한다. 드레이즈 실험이 동물 옹호론자들이 그토록 효과적으로 결집하는 계기가 된 것은 아마도 우리에게 시각이 차지하는 중요성 때문일 터이다.

헬렌의 처지를 생각해보자. 암컷 원숭이인 헬렌은 시각 피질을 제거당했다. 그 결과 주변 환경을 훑어볼 수는 있지만, 무엇이 보이는지 식별할 수는 없다. 이 같은 상황을 주제로 헬렌의 실험자가 작성한 보고서의 제목은—틀림없이 사르트르Jean-Paul Sartre의 『존재와 무Being and Nothingness』에서 착안한—「시각과 무Seeing and Nothingness」인데,[8] 이 제목에서 인간 남성 응시의 존재론적 본성이 분명하게 드러난다. 요컨대 바라봄으로써 존재한다. '나는 대상을 바라본다, 고로 나는 존재한다.' 가부장적 주체는 주체들을 눈먼 대상으로 바꿈으로써 그들한테서 주체성의 관념, 존재함의 관념을 빼앗는다.

그런데 카펠러의 주장대로 여기서 요점은 눈먼 상태 그 자체가 아니라, "대상"을 "눈먼 존재로 바꾸려는 주체의 시도다. 다시 말해, 주체는 대상들한테서 **자기가 생각하는** 주체성의 관념과 존재함의

7. 다음을 재인용. "Animal Abuse at Gillette Labs Exposed—International Boycott Called," *Animals' Agenda*, December 1986, p. 15.
8. Nicholas Humphrey, "Seeing and Nothingness," *New Scientist*, March 30, 1972, pp. 682-84.

관념을 빼앗으려 한다. 물론, 동물이나 여성은 앞이 보이지 않든 시
선을 피하든 상관없이 여전히 주체다."[9] 현실 세계에서 말이다.

「시각과 무」는 응시가 제 기능을 하지 못함으로써 발생하는 존재
론적 위기—보지 못하면 존재하지 않으므로—에서 책임을 회피할
뿐만 아니라, 스스로 정한 동물실험을 두고 문득문득, 또 아마도 무
심코 잘못을 고발한다. 헬렌은 시각 피질이 망가지고 나서부터 다
른 이들과 상호작용하는 데 의존해 자기가 보는 게 뭔지 다시 배워
나간다. 이런 사실을 분명히 밝힌 후, 실험자 니컬러스 험프리는 논
문을 끝내야 했기 때문에 "헬렌을 약 열 달 동안 제멋대로 하게 내
버려뒀다. 제멋대로라 함은, 작은 우리에서 어떻게든 알아서 하는
상태를 말한다"라고 보고한다.[10] 헬렌이 나중에 우리 밖으로 나와서
걸을 수 있게 됐을 때 험프리는 "3차원 공간 경험"이라고 묘사해,[11]
우리 안의 삶이 온전한, 진짜 삶이 아님을 자인한다. 헬렌이 대상이
라는 지위를 가진다고 확정할 수 있는 이유는, 누군가 헬렌의 시각
을 빼앗아도 책임을 면하게 해주는 건 물론이고, 헬렌이 우리 안에
서 진짜보다 못한 삶을 영위하는 제약을 받기 때문이다.

카펠러가 주장하길, "관찰과 자기표현은 그 자체가 세상 속에서
하는 행동이며, 문화적 정당성을 인정받은 주체들이 하는 행위다.
재현의 구조 속에서는 지각 행위, 관찰 행위, 자기표현 행위가 두드

---

9. Susanne Kappeler와 주고받은 서신에서, October 31, 1988.
10. Humphrey, "Seeing and Nothingness," p. 682. 피터 싱어도 『동물해방(Animal
    Liberation)』(New York: New York Review Book, 1975)에서 이 일을 언급한다(p. 47).
11. Humphrey, "Seeing and Nothingness," p. 683.

러지게 나타나며, 재현당하는 (그럴 가능성이 있는) 행위자의 재현된 행위를 뒤덮는다."[12] 대부분의 사람들이 동물실험 내용을 알게 되는 것은 과학자가 다른 과학자를, 동물 옹호론자가 지지 집단을 상대로 만든 재현물과 보고서를 통해서다. 전문지식이 없는 일반인이 과학 연구소에 접근할 수는 없으며, 이런 상황에서는 재현물과 보고서, 즉 시각적이고 언어적인 텍스트에 대한 의존도가 높아진다. 그래야만 오만한 인간의 눈과 비인간 동물이 어떻게 맞닥뜨리는지 자세히 전달할 수 있다. 오늘날 수많은 실험에서 부득이하게 사진과 비디오테이프를 사용하면서 실험자 스스로 주체-대상의 이분법을 공고히 한다. 1984년, 펜실베이니아대학교 소재 의학박사 토머스 제나렐리Thomas Gennarelli의 두부외상임상연구소Head Injury Clinical Research Center에서 도난당한 비디오테이프 녹화 내용이 특히 악명 높다. 이 연구소는 미국에서 최상위권 연구소 중 하나로 널리 알려진 곳이었다. (이 사례가 얼마만큼 극단적인지는 알 수 없는데, 일반적으로 동물 실험 녹화 비디오테이프가 유출되지 않도록 연구실만큼이나 철저하게 단속하기 때문이다.) 다음 대화 내용은 한 기자가 《필라델피아 데일리 뉴스》에 쓴 것이다.

비디오테이프에는 다친 원숭이들이 나온다. 원숭이들은 목재로 만든 유아용 식탁 의자에 꽉 묶여, 입에서 침을 질질 흘리고 팔다리를 주체할 수 없을 만큼 퍼덕거린다. 연구자들은 원숭이들의 머리

---

12. Kappeler, *The Pornography of Representation*, p. 58.

를 이리저리 비틀고, 손뼉을 치며 반응을 살핀다. 한 장면에서는 검은 머리를 한 여성이 팔다리를 달랑거리는 한 원숭이를 쓰러지지 않게 받치고 있다.

"장난꾸러기 애를 안고 텔레비전에 출연했네," 카메라 밖에서 농담하는 한 남성의 목소리가 들린다. "치즈 하세요."

재차 한 남성의 음성으로 "이게 생체해부 반대론자들 손에 들어가지 않길 바라" 하는 사이, 여성은 원숭이가 팔을 움직이게 하려고 해본다. 또 다른 목소리가 "펑크록이네"라고 한다. 원숭이는 머리 끝에서 가슴 정중앙까지 털을 밀었고, 온몸에 전극을 감고 있다. 머리 한가운데에 붉은 흉터가 있는데, 그 흉터가 이마에서 뒤통수까지 이어진다.

"그놈 고추 좀 보여줘" 하고 한 남자가 말한다.[13]

이 재현의 구성을 눈여겨보라. 동물과 함께 촬영을 당하는 사람은 여성이다. 여기서 여성과 동물을 바라본다는 인간 남성 응시의 문화적 기능이 명확히 드러난다. 여성은 자세를 취하고 있기도 하

---

13. 다음을 재인용. Michael D. Ware, "The ALF Strikes: Animal Liberators Come to North America," *Animals' Agenda*, July/August 1984, p. 8. [1984년 5월 28일, 동물해방전선(Animal Liberation Front, ALF)이 토마스 제나렐리의 실험실에 숨어들어 실험 녹화 비디오테이프를 훔쳐냈다. 동물을 윤리적으로 대우하기를 촉구하는 사람들(PETA)은 비디오테이프를 건네받아 촬영 영상을 26분 분량으로 편집해 "불필요한 소란"(Unnecessary Fuss)이라는 제목으로 언론과 의회에 배포했다. 이 영상이 널리 알려지면서 몇몇 조사가 진행됐고, 그 결과 연구실은 폐쇄됐다. 영상의 제목은 제나렐리가 불시 단속이 있기 전, 한 신문사에 자기 연구에 관해 설명하기를 거부하면서 "온갖 불필요한 소란을 일으킬 소지가 있기 때문"이라고 한 데서 따왔다.—옮긴이]

므로 "치즈 하세요"라는 말을 듣는다. 남성끼리 진부한 대화를 나눌 때 자극제 기능을 하는, 침묵당한 대상으로 여성을 묘사하는 영상물에서와 마찬가지로, 이 비디오테이프 녹화 대목의 음성은 남성의 것이다. 여성은 원숭이와 마찬가지로 침묵당하며, 카메라 밖 남성 감독이 내리는 지시를 따른다. 이 같은 재현을 통해, 여성이 대상으로서 갖는 지위와 동물이 대상으로서 갖는 지위가 교차한다.

카펠러는 재현물이 어떻게 보는 이로 하여금 생생한 실재감을 느낄 수 있게 하는지 논하면서, "보는 이가 실제 현실이라고 생생하게 느끼면 느낄수록, 타자가 실재한다는 사실은 점점 더 실감할 수 없고, 타자가 주체라는 사실도 점점 더 실감할 수 없으며, 타자는 살아 있되 살아 있지 않다"고 가정한다.[14] 카펠러의 서술은 과학 실험 속 동물의 처지인 동시에 운명과도 같다.

타자는 실재한다는 사실을 점점 더 실감할 수 없다

우리는 동물이 감정이 없고 고통을 느끼지 않는다고 규정한다. 우리가 이해하거나 인정하는 언어로 우리한테 글을 쓰거나 말을 하지 않는다는 이유로, 우리는 동물의 지적 능력을 안다고, 다시 말해 동물은 지적 능력 같은 건 없다고 생각한다. 그런데 만약 동물이 인간과 같지 않다면, 동물 연구에서 인간에게 적용할 것은 아무것도 얻을 수 없을 터이다. 이것이 동물실험을 정당화하는 데서의 문제의 핵심이다. (마이티 마우스, 미키 마우스, 더 처치 마이스, 템플턴

---

14. Kappeler, *The Pornography of Representation*, p. 62.

이 있는데도,[15] 미국 농무부가 연방 동물복지법Animal Welfare Act을 해석한 바에 따르면 쥐는 심지어 '동물'도 아니라는 점에 주목하라. 새도 마찬가지다!)[16]

타자가 주체라는 사실도 점점 더 실감할 수 없다

실험동물은 실험 '재료'로 불리는 대상일 뿐, 주체, 곧 행위자가 될 수 없다. 실험동물은 이해관계도 없고, 법적 권리도 없다. 우리는 실험동물을 '표본,' '도구,' (제나렐리의 비디오테이프에서처럼 '바보 명청이'), '그것'이라고 부른다.

타자는 살아 있되 살아 있지 않다

무수히 많은 실험을 무엇이 치명적이냐를 측정하는 절차에 따라 진행한다. Lethal Dose(치사량) 50%의 줄임말인 LD50 실험에서는 축약하지 않은 명칭이 분명히 말해주듯, 동물을 죽음에 이르도록 해야 한다. LD50 실험에서는 어떤 물질을 "투여한 동물 집단에서

---

15. [옮긴이] 마이티 마우스(Mighty Mouse)는 20세기폭스사(2019년 월트디즈니사의 자회사가 되었고 2020년 '20세기 스튜디오'로 이름이 바뀌었다)의 테리툰스(Terrytoons) 스튜디오에서 1942년에 제작한, 의인화한 슈퍼히어로 캐릭터다. 미키 마우스(Mickey Mouse)는 1928년에 월트디즈니사에서 제작한 만화 캐릭터다. 『더 처치 마이스(The Church Mice)』는 영국 작가 그레이엄 오클리(Graham Oakley)가 쓴 어린이 그림책 시리즈로, 1972년부터 2000년까지 출판되었다. 템플턴(Templeton the Rat)은 엘윈 브룩스 와이트(Elwyn Brooks White)가 쓰고 가스 윌리엄스(Garth Williams)가 그린 『샬럿의 거미줄(Charlotte's Web)』(1952)에 등장하는 게걸스러운 쥐 캐릭터다.

16. 동물보호법률기금(Animal Legal Defense Fund, ALDF)과 미국인도주의협회가 이 해석에 법적으로 이의를 제기해 연방 지방법원에서 승리했다. 그런데 미국 농무부는 이 판결에 항소했다. 1994년 5월, 미국 항소법원은 판사의 판결을 기각했다. 이 정보를 준 동물보호법률기금의 발레리 스탠리(Valerie Stanley)에게 고마움을 전한다.

절반의 개체를 죽음에 이르게 할 치사량"을 산출한다.[17] 많은 실험
에 안락사가 개입할 때까지 동물이 천천히 죽어가는 긴 단계가 있
다. 실험을 진행하는 동안, 이 기간이야말로 **살아 있되 살아 있지 않
은** 기간이라 할 수 있겠다. 살아 있되 살아 있지 않은 기간은 실험
자에게 중요한 관찰의 시간이다. 피터 싱어는 다음과 같이 한 보고
서를 요약하는데, 살아 있되 살아 있지 않은 기간이 어떻게 드러나
는지 잘 보여준다.

런던 신경학연구소Institute of Neurology의 앤서니 홉킨스Anthony Hopkins
는, 다 자란 개코원숭이 12마리와 새끼 개코원숭이 3마리에게 투
여량을 다르게 해가며 최대 1년까지 납을 주입했다. 그 이전에 고
양이를 대상으로 실험해 납이 폐에서 더 완전하게 흡수된다는 사
실을 밝혔기 때문에, 각 개코원숭이의 기도로 투여량을 직접 주입
했다. 이때 개코원숭이가 꼿꼿한 자세를 유지하도록 받쳐 독이 폐
로 "서서히 흘러 들어가게 했다." 개코원숭이는 죽음에 이를 때까
지 "충격적일 만큼" 체중이 감소해, 다 자란 개코원숭이 12마리 중
5마리가 초기 체중보다 40% 혹은 그보다 더 많이 줄었다. 8마리
가 경련을 일으켜 총 34건의 경련을 관찰했으나, "관찰자가 자리
를 비워 보지 못한 경우가 더 있을 가능성이 크다."

17. Andrew N. Rowan, *Of Mice, Models, and Men: A Critical Evaluation of Animal
Research* (Albany, NY: State University of New York Press, 1984), p. 2. [LD50, 곧
반수치사량은 피실험동물의 절반이 죽게 되는 독성 물질의 양 또는 방사선의 양을 말한
다.—옮긴이]

한 개코원숭이는 "오른쪽 눈 주변이 씰룩거리다가 오른쪽 얼굴 전체가 떨리고, 다음 15초간 오른쪽 팔이 떨리더니 온몸에서 경련이 일어나면서" 발작하기 시작했다. 발작에 "앞서 간혹 울부짖는 소리가 들렸고," 어떤 때는 "한 우리에서 다른 우리로 이동을 거부하거나 바나나를 잡으려고 손을 뻗는 도중 갑작스러운 움직임이 발작을 촉발했다." 발작 이외에 피가 섞인 설사, 폐렴, 장염과 장출혈, 간 기능 악화 증상을 보였다. 한 개코원숭이는 너무나 약해진 나머지 일어서지 못했고, 왼쪽 손가락으로 오렌지 조각을 잡지 못했다. 죽기 전 3주간은 시력을 부분적으로 잃은 상태였다. "손을 더 듬어 받은 과일을 찾았는데, 때때로 과일을 보지 못하는 것 같았다." [다시 한번 말하지만, 시각 손상 때문에 시선을 교환할 수 없다.] 5마리가 발작으로 죽고, 7마리가 죽어 있는 것을 우리에서 발견했으며, 나머지 3마리는 "희생됐다."[18]

싱어는 동물을 살아 있되 살아 있지 못하게 하려고 고안한 다른 실험 사례들도 보고하는데, "새끼 쥐 256마리가 '굶어 죽을 때까지'

---

[18]. Singer, *Animal Liberation*, p. 78. 1970년 *British Journal of Industrial Medicine*에 실린 글이다. [과학자들의 글쓰기와 언어 사용에 관해서는 다음을 참고하라. "동물 과학자들이 거치는 훈련 중 하나는 감정과 공감을 억제하는 법을 배우는 것이다. 이는 동물실험 연구를 수행하는 과학자들의 능력을 방해한다. … 과학자들은 기술적인 글쓰기를 통해 그렇게 한다. … 과학적인 전문용어로 말하자면 실험실 래트(rat)는 죽임을 당하는 것(be killed)이 아니라 '희생된다(be sacrificed).'" 『동물은 인간에게 무엇인가: 인간과 동물의 관계를 통찰하는 인간동물학 집대성(Animals and Society: An Introduction to Human-Animal Studies)』, 마고 드멜로 지음, 천명선, 조중헌 옮김, 공존, 2018, 244-245쪽.—옮긴이]

먹이와 물을 주지 않는" 실험도 있다.[19] 이처럼 살아 있되 살아 있지 않은 기간은 동물이 죽으면서 이래저래 끝나며, 실험 과정에서 죽지 않은 동물은 죽여버린다.

세 번째 문제: 지배적인 현실

가부장적 자본주의 내부의 온갖 강압적인 구조 가운데서도 그 구조들에 부과되는 재현적 구조인 시각이라는 각본은, 어떤 현상의 일부를 틀 짓는 부분적 '내용'을 따로 떼어내, 그 현상을 태동시킨 더 큰 구조적 망을 분석할 가능성을 차단한다.
—수잰 카펠러[20]

동물을 실험에 이용하는 것은 다 "인류의 이익을 위해서다. 동물을 사용하지 않으면 연구를 할 수 없다."
—찰스리버 설립자, 헨리 포스터Henry Foster[21]

지배적인 현실이란 바로 동물실험은 필요하다는 신념이 견고하

---

19. Singer, *Animal Liberation*, p. 42.
20. Kappeler, *The Pornography of Representation*, p. 165.
21. 이를 다음이 인용함. *Fortune magazine* in Troy Soos, "Charles River Breeding Labs," *Animals' Agenda*, December 1986, p. 42. [찰스리버(Charles River Laboratories International, Inc.)는 제약, 의료기기, 생명공학 산업을 위한 다양한 전임상, 임상 시험 서비스와 유전자, 세포 치료 서비스를 전문으로 하는 미국 기업이다.—옮긴이]

게 자리 잡고 있다는 것이다. 누군가는 동물실험 관련 정보를 접하고 슬퍼할지도 모른다. 그럼에도 실험자가 동물을 잔인하게 괴롭히지는 않으리라고, 아니면 적어도 불필요하게 그러지는 않으리라고 낙관적으로 믿는다. 동물이 입는 피해와 관련된 정보는, 이런 실험을 하지 않음으로써 실험이 가져올 지식을 손에 넣지 못하면 인간이 죽을 수도 있다는 신념을 거치며 걸러진다. 과학자가 동물권에 무책임한 이유는, '더 숭고한' 권리, 말하자면 인간이 살아남을 권리에 초점을 맞추기 때문이다. 동물의 권리와 인간이 살아남을 권리가 서로 대립하는 위치에 놓인다.

동물실험과 '과학 지식'의 관계는 포르노그래피와 문예의 관계와 본질이 같으며, 여기서 동물실험과 포르노그래피는 각각 이 관계의 보호를 받는다. 카펠러는 포르노그래피가 가부장적 문화의 연장선상에 존재한다고 주장한다. 그러면서 포르노그래피가 가부장적 문화의 가치들을 한층 더 노골적으로 실행하는지도 모르지만, 가부장적 문화 역시 포르노그래피와 유사한 방식으로 여성을 개념화하고 재현을 활용한다고 말한다. 동물실험의 정당성에 이의를 제기하는 이들은 반反과학주의자, 러다이트로,[22] 과학 분야의 새로운 진보, 다시 말해 동물실험 때문에 가능했다고 사람들이 주장하는 발전을

---

22. [옮긴이] 러다이트 운동(Luddites Movement)은 18세기 말부터 19세기 초에 걸쳐 영국의 공장지대에서 노동자들이 기계 도입과 자본의 착취에 저항하며 일어난 역사상 최초의 노동운동이다. 이에 참여한 노동자들은 자기 권리를 쟁취하기 위한 수단으로 기계를 파괴했다. 러다이트 운동은 노조 설립 허용, 단체 교섭 인정 등의 결과를 이끌어내게 되며, 19세기 중엽, 노동자들이 보통선거권을 획득함으로써 의회민주주의를 실현하려는 차티스트 운동으로 이어졌다.

거스른다는 비난을 받기 일쑤다. 내부자만 아는 제한된 영역에서 의심스러운 성질의 활동이 일어나지만,—동물에게 어떤 짓을 하고, (보통 노출을 한) 여성에게 어떤 짓을 한다—물어볼 수는 없다. 왜냐하면 그 의심스러운 성질의 활동이, 동물실험과 포르노그래피를 둘러싸고 있는 (인간 남성 중심) 문화에서 아무런 의심 없이 받아들여지는 진리들과 관계가 있기 때문이다. 의사 표현의 자유라는 원칙과 예술적인 표현을 향한 요구가 포르노그래피를 보호하는 곳에서, 과학적 진리와 진보를 향한 요구가 동물실험을 수호한다.

동물실험에는 (모의실험 장치, 컴퓨터 모형, 세포 배양, 인간 생체 조직 실험, 혹은 임상과 역학 연구 같은) 대안이 존재하는데도, 권한이 있는 자들(자금 조달 기관과 연방법)이 동물실험을 하는 이들에게 대안을 시도하고, 그 대안이 성공적이지 않음을 증명하라고 요구한 적은 없다. 물론, 대체 수단을 쓰면 동물이 대상이라는 지위를 가진다고 그리 쉽게 확정할 수는 없을 것이다.

포르노물 생산자와 판매자들은 대중이 원하는 걸 제공할 뿐이라고 말한다. 동물실험을 하는 이들은 대중이 요구하는 걸 제공할 뿐이라고 말한다. 그러나 그들이 하는 연구는 흔히, 우리 자신이 하는 어떤 행동에서 우리를 '보호하거나,' 우리가 한 일의 결과를 바로잡는 데 중점을 둔다. 어떤 사람이 담배를 피우니까 쥐가 암에 걸려야만 하는 셈이다. 담배 다음으로, 육류와 유제품 섭취를 통한 동물 억압이, 산업화한 문화권에서 나타나는 주요 질환 유형(심장마비, 특정 암 유형) 대다수와 관련 있다는 게 이제는 상식이 됐다. 암 발생 원인을 찾아 계속 실험을 하는 사이, 이처럼 암을 일으키는 요인 역시 지속해서 소비한다. 우리를 보호하는 (그와 동시에 우리를 대상화하는) 과학 실험의 필요성을 주장하는 데 초점을 좁힘으로써, 우리가 대상으로서 점유하는 지위 그리고 우리 자신이 보호받고자 하는 욕구, 두 가지를 다 초래한 지배적인 현실에는 아무것도 묻지 못하게 한다. 현실이라고 공인한 형태의 현실 속에서, 소비자와 동물은 둘 다 무력하다.

네 번째 문제: 낯선 존재와 그 밖의 피해자

그의 심미안 아래에서 여성은 알려졌든 알려지지 않았든 '낯선 존재'가 된다. 다시 말해, 주체 자신이 살아 있다는 감각을 느낄 수 있도록 자극하느냐를 제외하고는 흥미로울 게 전혀 없는 대상이 된다.
—수잰 카펠러[23]

동물이 계속 '낯선 존재'여야만 동물실험을 할 수 있다. 카펠러의 말을 고쳐 써보자면, "그의 과학적 응시 아래에서 동물은 알려졌든, 알려지지 않았든 '낯선 존재,' 곧 **재료**가 된다. 다시 말해, 주체에게 앎의 감각을 일깨우는 수단의 기능을 하느냐를 제외하고는 흥미로울 게 전혀 없는 대상이 된다." 낯선 존재들은 정서적 애착을 불

23. Kappeler, *The Pornography of Representation*, p. 61.

러일으킬 가능성이 낮다. 따라서 낯선 존재들은 이미 거리 두기라는 체계 속에 있다. 그들은 주변화한 존재들이다. 개나 고양이를 실험에 사용하는 데 사람들이 격렬하게 반응하는 까닭은, 개나 고양이를 낯선 존재가 아니라 반려동물로 규정하기 때문일 테다. 실험에 사용할 목적으로 보호소에서 동물을 구하지 못하게 입법을 추진하는 이유는 이처럼 반려동물을 보호하기 위해서다. 앤드루 로언에 따르면, 인도적인 보호소들은 고양이나 개를 어쩔 수 없이 동물실험자들에게 넘김으로써 "동물을 위한 고통 없는 안식처"라는[24] 그들의 토대가 흔들린다고 생각한다.

찰스리버는 '초소형돼지,' '초대형돼지,' '미니 돼지'를 제공하며, 개 대신 돼지 사용을 늘리면 동물실험을 향한 반발이 줄어들 거라고 본다. 왜냐하면 '다들 돼지를 먹기' 때문이다. 말하자면, 돼지가 애초부터 낯선 존재인 까닭은 우리가 그들을 먹기 때문인 셈이다.

동물이 낯선 존재여야만 과학적 객관성이라는 신화를 확고히 할 수 있다. 카펠러가 학문을 두고 쓴 바와 같이, "보편성에 대한 주장은 주체가 재현된 대상을 사심 없이 바라본다는 사실에서 비롯한다."[25] 비인간 동물은 여성과 마찬가지로 둘 이상의 주체가 서로 교환하는 요소다. 카펠러에 따르면 포르노그래피가 성립하는 순간은, 포르노물 생산자와 판매자가 또 다른 주체인 포르노물 소비자에게 대상인 여성, 곧 그들의 교환 요소를 두고 말을 건넬 때이다. 이와 마찬가지로, 한 과학자가 또 다른 과학자에게 그들의 교환 요소인

---

24. Rowan, *Of Mice, Models, and Men*, p. 151.
25. Kappeler, *The Pornography of Representation*, p. 54.

동물을 두고 말을 건넬 때 동물실험이 성립한다.

다섯 번째 문제: 범주들을 결합하기

포르노그래피는 시각적 대상화라는 중심 기능을, [인간] 남성의
성적 흥분 그리고 [인간] 남성의 지식 검증 모형, 다시 말해 대상
화를 통한 객관성, 이 두 가지와 다 연결한다.
—캐서린 매키넌[26]

포르노그래피는 '여성'과 '동물' 범주의 결합을 찬양하는 언어를
빈번하게 구사한다. 자발적인 성적 파트너로 보는 방식이든, 동물을
이용해 비인간적인 상황에 들어맞는 환경을 조성하는 방식이든, 대
놓고 여성과 동물을 함께 찍는 포르노물이 있다. 그 밖에도 여성
을 포획하는 "비버 사냥꾼"에 관해, 갖가지 성적인 자세를 한 돼지
사진을 보여주는 《플레이보어》가 있음을,[27] 19세기 말 포르노물에
서 보이는 '여성 길들이기woman-breaking' 전통이 말을 길들이는horse-
breaking 이미지에서 나왔음을 우리는 듣는다. 코럴 랜스베리는 이
같은 포르노그래피 유형을 분석하면서, 이 유형과 당시 여성을 대

---

26. Catharine MacKinnon, *Toward a Feminist Theory of the State* (Cambridge: Harvard University Press, 1989), p. 138.
27. [옮긴이] 영어에서 beaver는 여성의 음부를 의미하는 비속어로 쓰이기도 한다. 《플레이보어(Playboar)》는 캐나다의 코미디 작가이자 각본가인 토마스 헤이기(Thomas Hagey)가 미국의 남성용 잡지 《플레이보이》를 패러디해 1984년에 처음 출간한 잡지다.

상으로 한 의료의 유사점을 발견한다.

여성을 누르고 끈으로 묶으면 더 쉽게 올라타서 채찍질할 수 있다. 여성은 결국 늘 희생자가 되는 걸 고맙게 여기고, 채찍과 끈을 익숙하게 즐기며, 주인에게 쾌락을 주는 걸 자랑스러워한다. 성적 쾌락을 위해 여성을 잡아두는 도구 그리고 발걸이와 끈이 가득 달린 이런저런 수술대와 의자, 다시 말해 외과의사가 칼을 댈 수 있도록 여성을 준비하게 하는 도구는 불편하리만큼 닮았다.[28]

19세기 여성들은 비인간 동물을 대상으로 한 생체해부에 항의하면서, "[인간] 남성의 성적 권위가 지배하는 세상에 반기를" 들었다. 랜스베리는 나아가 "동물이 여성을 대리하는 존재라는 시각이 이어졌고, 여성은 생체해부학자의 희생자들한테서 자기 자신의 고통을 읽었다"고 주장한다.[29] 19세기 말에 일어난 생체해부 반대 운동의 구성원은 대개, 자기 자신을 생체해부 활동의 지시 대상으로 여겼던 여성들이었다.[30]

---

28. Coral Lansbury, *The Old Brown Dog: Women, Workers, and Vivisection in Edwardian England* (Madison: University of Wisconsin Press, 1985), p. 99.
29. 같은 책, p. 128.
30. [옮긴이] 여성참정권론자들이 생체해부 반대 운동에서 한 역할에 관해서는 다음을 참고하라. "여성참정권론자들 역시 생체해부가 잔인하다고 보았고, 여성이 남성에 의해 희생되는 것은 동물이 인간에 의해 희생되는 것과 같은 방식이라고 생각했다. 여성도 동물도 당시에는 권리를 가지지 못했으므로, 많은 페미니스트는 아이를 출산하는 동안 줄로 묶여 있고 자궁적출술을 강요받는 여성에 대한 대우와 동물에 대한 대우 사이의 공통점을 볼 수밖에 없었다. … 전국생체해부반대협회(영국)와 유사하게 미국생체해부반대협회는 여성 참정권이나 아동 보호, 금주 같은 다른 형태의 사회 개혁 운동에 참여했

이 여성들이 비인간 동물 생체해부에 격렬하게 분노한 까닭은, 이들이 의사의 활동과는 심리적으로 어마어마하게 동떨어져 있었기 때문일 테다. 당시에는 여성이 동물을 두고 어린애가 하는 생각을 한다고 여겼고, 여성 자체가 동물과 가까운 친족이라고 간주했다. 여성은 희생되는 동물이 여성 자신의 고통을 상징한다고 봤다. 비인간 동물 생체해부의 부재 지시 대상은 이 여성들이 보기에 전혀 부재하지 않았는데, 여성 자신이 비슷한 위치에 있음을 알았기 때문이다. 앨리스 파크가 《베지테리언 매거진》에서 경고조로 썼듯이, "무력하고 무해한 작은 동물을 일부러 생체해부하는 의사라면, 여성 혹은 실험 대상이라 생각되는 인간은 아무나 똑같이 고의로 생체해부할 것이다." 미국에서 "의료계를 향한 신임"이 점점 더 크게 작용하던 상황을 우려한 파크는 여성들에게 "앞으로 몇 주간 투표권 걱정은 싹 내려놓고, '손도끼'를 집어 들어 이 전미의사협회Amercian Medical Association 의사들이 마침내 미국을 지배해야 한다는 강렬한 바람을 깡그리 깨부수자"라고 용기를 북돋웠다.[31]

범주끼리 서로 스며들 가능성은 오늘날에도 여전히 존재한다. 우리는 미국에서 불필요한 부인과 수술을 하는 비율이 높음을 밝히는 연구를 빈번하게 접한다. 여성의 제왕절개 분만 건수가 치솟았다. 앤드리아 드워킨Andrea Dworkin은 『포르노그래피: 남성이 여성을 소유하다Pornography: Men Possessing Women』에서, 또 지나 코리아Gena

던 여성들에 의해 시작됐다. 이 여성 중 많은 이는 19세기 중반 노예제 반대 운동에서도 활발하게 활동했다."『동물은 인간에게 무엇인가』, 247~248쪽, 옮긴이가 일부 수정했음.

31. Alice Park, *Vegetarian Magazine* 14, no. 5 (1910).

Corea는 『모성 기계The Mother Machine』에서, 미국 내 제왕절개술이 급속하게 확산한 근원이 가부장제에 있다고 주장한다. 흥미롭게도 제왕절개술은, 실험실에서 가장 흔히 사용하는 동물을 '생산하는' 표준적인 방식이 되기도 했다. 찰스리버는 동물을 "제왕절개로 입수한다"고 강조하며, 따라서 동물실험자들이 '순종'을 받는다고 자신 있게 말한다.

여섯 번째 문제: 지식

과학적이고 객관적인 사고를 남성적이라고 규정할 때, 앎의 주체가 지식을 획득하는 수단인 바로 그 활동 역시 젠더화한다. 앎의 주체와 대상 사이의 관계는, 거리 두기와 분리의 관계라고 할 수 있다. 철저하게 갈려 나뉘는 것은 다름 아닌 주체와 대상의 사이다.
—에벌린 폭스 켈러[32]

지배 사회에서 지식 **추구**는 애초부터 명확하게 젠더화한다. 어떤 종류의 실험을 수행하고, 어떤 유형의 정량화 가능한 지식을 손에 넣을지 전부 결정하는 원 구조는 가부장적이다. 동물실험은 문화적인 성역할 가정들을 엄격하게 떠받든다. 실험에서 대부분 임신은 바람직한 상황이 아니기 때문에, 쥐를 사용하는 연구자에게는 "암컷

---

32. Evelyn Fox Keller, *Reflections on Gender and Science* (New Haven: Yale University Press, 1985), p. 79.

30마리당 수컷 70마리"가 필요하다.[33] 여타의 실험에서는 정확히 암컷이라는 이유로 여성 동물을 관찰한다. 캐럴린 머천트가 밝히길, 1630년대 영국에서는 생리학자 윌리엄 하비william Harvey가 "찰스 왕이 소유한 암사슴 상당수를, 수사슴과 교미 직후에 해부했다."[34] 현대의 실험자들은 찰스리버에서 새끼를 밴 동물을 주문할 수 있다. 여성을 통제하는 행위가 실험 행위 그 자체에서 구체화할 뿐만 아니라, '남성다움'과 '여성다움'이라는 범주도 연구 대상으로서 구체화한다. 여성다움을 향한 고착이 재현 영역에서 실험 영역으로 순조롭게 옮겨간다.

남성이 여성한테서 동떨어짐으로써, 남성 자신도 양육하는 능력이나 타인을 가엾게 여기는 능력이 있지만 그런 행동과 거리를 둠으로써, 새끼 원숭이가 어미의 돌봄을 받지 못하게 하는 해리 할로우Harry Harlow의 실험 같은 연구를 초래한다. 할로우는 새끼 원숭이가 애착을 모조리 거부당하도록 제한한 환경을 묘사했다. 감정이 부재한 이런 환경은 과학적 사고의 표준을 고스란히 반영한다. 요컨대, 이성이 지배하고 감정은 통제된다. 노마 베니는 이런 실험들이, "여성이거의 다 알고, 모든 어머니가 당연히 아는 사실, 즉 새끼한테는 어미의 사랑이 필요하다는 것을" 증명했다고 신랄하게 비판했다.[35]

33. Soos, "Charles River Breeding Labs."
34. Carolyn Merchant, *The Death of Nature: Women, Ecology, and the Scientific Revolution* (New York: Harper & Row, 1980), p. 159.
35. Norma Benney, "All of One Flesh: The Rights of Animals." In *Reclaim the Earth: Women Speak Out for Life on Earth*, ed. Léonie Caldecott and Stephanie Leland (London: The Women's Press, 1983), p. 149.

비인간 동물은 오로지 인간이 아니라는 이유로 실험 대상이 되지만, 비인간 동물이 인간과 같지 않다면, 동물을 연구함으로써 인간이 얻을 것은 아무것도 없을 터이다. 그런데 정확히 무엇을 얻는 걸까? 고통을 어떻게 측정하고, 정량화하고, 해석할 수 있을까? 특히나 만성 통증 때문에 동물의 반응이 달라진다면? 일단 뭔가를 얻었다고 하더라도 그 지식을 어떻게 적용해야 할까? 딜레마(동물은 우리와 다르다, 그런데 우리와 같다)를 인정하고 나면, 그 딜레마 자체가 동물실험의 이론적 근거에 따라붙는다. 동물은 우리와 다르니까 우리가 이렇게 저렇게 해도 되고, 동물은 우리와 같으니까 우리는 이렇게 저렇게 결론을 내릴 수 있다는 식이다. 비록 정확한 위치를 결코 찾을 수는 없겠지만 인간과 비인간 동물을 구분해 쐐기를 박는 것은, 과학 지식의 전제를 위해 반드시 필요한 동시에 그 전제를 약화시킨다.

관찰자가 지켜보는 것만으로도 실험에 영향을 미칠 수밖에 없다는 점에서, 우리는 가부장적 주체가 어떻게 자기 자신을 구성해내는지 다시 한번 또렷이 자각한다. 실제로, 같은 실험을 여러 번 반복하거나, 심지어 쓸모없을 게 분명한 결과를 도출하도록 실험을 설계하기도 한다. 이를테면 드레이즈 실험은 사실상 결함이 있다고 널리 인정하는데도, 질레트 같은 일부 기업은 좀처럼 실험을 수정하거나 줄이지 않았다. 실험자들의 행위가 분명한 목적의식을 가지고 있다기보다는 의례적이라는 게 너무나 명확한 상황에서, 우리는 행위성과 가학증sadism의 문제를 생각해봐야만 한다.

일곱 번째 문제: 행위자와 가학증

동물실험은 가학증이 아니라고들 한다. 그런데 대체 정신적으로 어떻게 단련이 되어야 비인간 동물이 실제로 겪는 일을 고려하면서도 인간의 악랄한 행위성은커녕 인간의 행위성 자체를 절대로 문제 삼지 않을 수 있을까? 실험자들이 조건화의 산물이라는 주장이 제기됐다. 동물에게 고통을 주는 실험의 정당성을 동료와 선배들이 공고히 하는 조건 속에서 실험자들이 익숙해진다는 것이다. 실험자들이 자신을 고통, 학대 등등의 행위자로 보지 않는 이유는, 자기 자신이 행위자라고 생각하지 않기 때문이다. 반복과 관례를 거치며 실험자는 자기 자신을 행위에서 분리한다. 동물을 연구 목적 달성 수단으로 간주함으로써 실험자는 타동사를 자동사로 만든다. 말하자면 행위성을 제거한다.

카펠러가 썼듯, "재현은 내용물을 전면에 내세운다 … 그리하여 재현의 행위자는 흐린다." 과학은 지식을 맨 앞에 내세움으로써, 과학 실험의 행위자인 과학자의 기능은 모호하게 한다. 동물을 대상으로 한 실험은 재현과 유사한데, 왜냐하면 둘 다 '진짜로' 하고 있지는 않기 때문이다. 동물실험을 하고 있지 않다고 하는 이유는, 행위자가 기꺼이 그 일을 하고 있거나, 고의로 아프게 하지는 않기 때문이다. 카펠러는 다시 한번 주체의 기능을 보라고 한다. 요컨대 다른 일은 모두 주체가 자신의 주체성을 확인해야 하므로 일어나는데, 과연 실험을 반복하는 행위는 달리 어떻게 설명할 수 있을까? 반복은 포르노그래피에서 빼놓을 수 없는, 요컨대 가부장제 속 주체를 구성하는 데 빼놓을 수 없는 측면이라고 카펠러는 넌지시 말한다. "하나의 이야기 설계 구조가 있다. 그것은 바로 문화적 고전인, 권력이라는 이야기 설계 구조다."[36]

샌드라 하딩은 과학의 자본주의적이고 가부장적인 구조를 간접적으로 보여준다. 백인이며 의사 결정권이 있는 남성, 근본적으로 과학 기술자인 여성, 이 두 선별 집단으로 된 노동분업에 그는 주목한다. "백인 남성이 개념화하는 우선순위란 보통 특정 프로젝트들의 사회적 가치에 양가감정을 일으키기 때문에, 연구의 우선순위는 그 백인 남성이 과학 영역 밖에서 사적으로 영위하는 삶의 우선순위와는 다를 수 있다. 대체 누가 폭탄을 만들거나 동물을 고문하거나 자기 형제자매를 일터에서 쫓아낼 기계를 제조하는 일을 경력상의 목표로 **삼으려 할까?**"[37] 노동분업과 권력 지배가 백인 남성 지배 구조를 강하게 하고, 기술적인 차원에서 행위성이 존재하지 않는다고 기정사실화하는 사이, 오만한 눈 역시 구경만 하지는 않는다. 유수한 과학자들이 동물 '고문'을 직접 관찰한다는 점, 또 과학자들이 동물실험에 **직접** 관여함으로써 명성을 얻는다는 점(예컨대 파블로프Ivan Petrovich Pavlov, 할로우Harry Harlow, 셀리그만Martin Seligman)에서, 행위성이 존재함을 명확하게 알 수 있다. 과학자들은 "우리가 이 동물에게 'x'를 했더니 그들이 'y'라는 반응을 보였음을 **내가** 관찰했다"고 말할 수 있어야 한다. 과학 지식은 '정량화한' 정보에 좌우되므로, 동물실험에서는 주의 깊은 관찰이 필요하다. 여기서 행위이자

36. Kappeler, *The Pornography of Representation*, p. 104.
37. Harding, *The Science Question in Feminism*, p. 152.

이론적 근거로서 오만한 눈이 등장한다. 그리고 그 인간 남성의 응시는 행위성을 어느 정도 포함한다. 말하자면, "**내가 그것을** 바라보고 있다"는 것이다.

테리사 코리건은 지금껏 살펴본 개념적 틀과 메리 데일리가 자신의 책, 『여성/생태학』에서 기술하는 가학성애적의례증후군sadoritual syndrome 사이의 유사성을 언급했다. 여성을 표적으로 삼는 가학성애적의례증후군이, 여성 억압과 밀접하게 관련이 있는 동물 억압 역시도 이론적으로 뒷받침하리라는 대단히 흥미로운 주장이 가능하다. 데일리가 기술하는 가학성애적의례증후군의 요소 다수가 동물실험은 물론, 육식이나 동물 가죽 사용 같은 다른 형태의 동물 억압에서도 뚜렷이 나타난다. 행위성 부재, 강박적인 반복, 대리해서 고통을 주는 자token torturers, 다른 때라면 용납할 수 없는 행동을 정상으로 간주하기, 그리고 학술적 정당화가 그런 요소이다.[38]

지식을 만들어내는 공식이 파탄까지는 아니라도 휘청거린다고 인식할 때("동물은 우리와 다르니까 우리가 이렇게 저렇게 해도 되고, …

---

38. [옮긴이] 급진적 페미니즘 철학자이자 신학자인 메리 데일리(Mary Daly)는 『여성/생태학(Gyn/Ecology)』(1978)에서, 기독교와 가부장제에 내재한 가학피학적성애(sadomasochism)를 이야기한다. 특히, 가부장제의 이러한 성격을 뚜렷이 드러내는 예시로 인도의 순사(Sati, suttee, 남편 시체를 화장할 때 아내가 함께 불에 타 죽는 의식), 중국의 전족(纏足), 아프리카의 여성 성기 절제(Female Genital Mutilation) 혹은 여성 할례, 근대 초기 유럽의 마녀 화형식, 미국의 부인과 수술(자궁 절제술과 유방 절제술처럼 반드시 필요치는 않은 수술 등)과 정신치료법을 들면서 이를 가학성애적의례증후군이라 명명한다. 가학성애적의례증후군의 공통 요소로 데일리는 순결을 향한 집착, 행위성 부재, 강박적인 반복, 대리해서 고통을 주는 자(여성이 가부장제의 규범을 내면화해 같은 여성에게 그러한 규범을 강요함으로써 가부장제의 도구 노릇을 함), 다른 때라면 용납할 수 없는 행동을 정상으로 간주하기, 학술적 정당화 등을 언급한다.

동물은 우리와 같으니까 우리는 이렇게 저렇게 결론을 내릴 수 있다"),
비로소 이 공식의 양면을 서로 분리할 수 있다. 전자의 행위가 후
자의 결론으로 깔끔하게 이어지지 않는다. 실험의 원인과 결과라는
전제를 깨부수고, 젠더화한 과학 지식으로서 동물실험이 획득한 정
당성을 벗겨내고, "동물은 우리와 같으니까 우리가 이런저런 결론을
내릴 수 있다…"는 전제에 의문을 던질 때, 비로소 자유롭고도 분명
하게 "동물은 우리와 다르니까 우리가 이렇게 저렇게 해도 된다…"
를 살펴볼 수 있다. 그러면 실험자들의 행위성을 예리하게 들여다
볼 수 있다. 그들은 정확히 무엇을 하고 있지? 가학적인 폭력이 반
드시 부재한다고 할 수는 없다. 행위성이 있다고 인정하지 않을 뿐
이다.

여덟 번째 문제: 소비

> 재현은 단순히 거울, 상像, 열쇠 구멍의 문제가 아니다. 누군가는
> 재현하고, 또 누군가는 의미와 관습의 복합적인 배열을 통해 그
> 재현을 바라본다.
> ─수잰 카펠러

동물실험자들은 우리를 소비 윤리를 결정하는 주체라기보다는
소비자, 즉 소비를 하는 대상으로 규정한다. 이런 사고방식을 따르
자면, '여성스러운' 외모를 조장하는 화장품을 위한 동물실험은 물

론, 제대로 된 식품을—고기? 식품 착색제? 독소는 어느 정도 들어간 걸 말하는 걸까?—규명하는 실험도 설명할 수 있다. 더구나 우리는 동물실험의 소비자가 된다. 우리 다수가 동물실험을 한다고 듣지만, 우리가 듣는 바로 그 내용이 특정 동물에게 일어난 일임을 알아차리지는 못한다. 암 연구라든지 에이즈 연구 분야의 진전을 이야기하는 뉴스 보도에서는 일반적으로 실험동물을 칭하면서 '쥐 무리 연구'나 '원숭이 무리 연구'라고 말한다. 우리는 정보를 소비면서 우리가 건강하다고, 과학은 계속 앞으로 나아감으로써 우리가 우리 자신을 질병에서 지켜내도록 돕는다고 자축한다.

그런데 수많은 과학 실험을 지속하는 이유 역시 우리가 소비자이기 때문이다. 우리 (일부)가 고기를 먹고 담배를 피우기 때문에 육식과 흡연의 결과로 발생하는 암의 치료법을 찾으려고 동물에게 과학 실험을 한다. 우리 (일부)가 화장품, 세제 등등을 사용하기 때문에 동물에게 제품 실험을 계속한다. 만약 우리가 소비를 다시 조직한다면, 무수히 많은 동물실험이 필요 없어질 것이다. 그런데 물론 이것이 요점은 아니다. 동물실험은 목적을 이루기 위한 수단, 다시 말해, 해로운 소비 습관을 바꾸지 않고도 지속적인 소비를 기대할 방책에 그치지 않는다. 요컨대, 동물실험은 사회적으로나 경제적으로 그 자체가 하나의 목적이다. 얼마나 많은 사람이 동물실험을 생업으로 삼고 있을까? 얼마나 많은 사람이 실험동물을 공급함으로써 생계를 유지할까? 1983년에 찰스리버(전화번호 1-800-LAB-RATS)는 4500만 달러의 매출을 기록했다.[39] 얼마나 많은 사람이 '실험실' 동물을 위한 먹이, 우리, 이동 수단을 제공하는 일로 밥벌이

를 할까? 대학 예산의 몇 퍼센트를 동물실험 지원 보조금에서 조달
할까?

아홉 번째 문제: 그래서 어쨌단 말이지?

고기는 포르노그래피와 같아요. 즉, 누군가의 즐거움이기 이전에
누군가의 생명이었죠.

—멀린다 바다스Melinda Vadas[40]

뉴욕에서 생방송 섹스쇼를 제작하는 론 마틴Ron Martin은 여성을
타락시켜 돈을 번다고 생각하지 않느냐는 질문에 이렇게 답했다.
"여성을 타락시켜 돈을 번다는 건 나도 알아요. 《뉴욕 타임스》도 그
렇게 하죠. 내가 데리고 있는 한 아가씨는 밖에 나갈 때마다 모멸감
이 든다고 해요. 그가 나한테 온 이유는, 어차피 남자들한테 계속
얻어맞을 텐데 차라리 돈이라도 받자는 거였죠. 여기서 일하는 게
저기 길거리를 걸어 다니는 것보다 뭐가 더 치욕스럽죠?"[41] 포르노
물 제작자 가운데 누군가는 자기가 《뉴욕 타임스》와 뭐가 다르냐고
한다. 동물실험자는 자신이 하는 일과 우리가 하는 일이 뭐가 다르

---

39. [옮긴이] 2021년 기준 한화로 대략 528억 원에 해당한다. 찰스리버의 2020년 회계연도
매출은 29억 2000만 달러, 즉 한화로 약 3조 4200억 원이다.
40. 1988년 여름에 나눈 대화에서.
41. Kappeler, *The Pornography of Representation*, p. 6.

나고 한다. 너희 동물 먹잖아, 안 그래? 가죽 입잖아? 너희는 우리 일에서 이익을 취하면서, 왜 우리가 동물실험을 하면 안 된다는 거지? 우리는 정보, 동물 살점, 그리고 비인간 동물 제품의 소비자로 행동함으로써 주체라는 지위를 인정받는데, 소비자라는 주체의 지위만 부각함으로써 실험자라는 주체의 지위는 보이지 않게 된다. 그리하여 동물 억압은 체제 지속을 정당화하는 기능을 한다. 과학도 예술도 문화와 동떨어져 있지 않다. 요컨대, 가부장적 문화는 과학과 예술 내부에 모두 깊숙이 결부되어 있다.

과학적 법칙, 윤리, 그리고 동물실험의 기본 원칙을 만들어낸 이들은 대체로 유럽 그리고/혹은 미국 중상류층 남성이다. 그들은 자신이 세상에 접근하는 관점으로, 요컨대 세계를 대상으로 조망하는 주체로서 이런 것들을 만들었다. 줄레이마 탱 핼핀은 상호주체성이 어떻게 그와 같은 접근 방식을 근본적으로 뒤흔드는지 이야기한다.

과학자가 자기 연구에 쓰는 동물을 가엾게 여기기 시작하면, 자아 대 타자라는 이원성이 무너져 내리고, 주체와 대상의 상호 연관성을 더 쉽게 인정할 수 있다. 그러면 권력, 통제, 그리고 지배가 과학의 궁극적인 목적이라고 선언하는 패러다임에 더 쉽게 의문을 제기할 수 있다. 이런 관점에서 보면, 동물복지 쟁점은 가부장적인 과학을 심각하게 위협한다.[42]

42. Zuleyma Tang Halpin, "Scientific Objectivity and the Concept of the 'Other,'" *Women's Studies International Forum* 12, no. 3 (1989), pp. 292-93.

비인간 동물실험은 드물게 발생하는 동물 억압 사례도 아니고, 인간 남성의 지배와 무관하지도 않다.[43] 동물실험은 남성, 특히 특권이 있는 유럽 그리고/혹은 미국 남성이 타자를 대상으로 삼아 자기 자신을 이 세계의 주체로 만드는 방식에 내재해 있다. 인간 남성의 응시, 곧 가부장제의 오만한 눈이 동물실험을 가능하게 한다.

43. 환경오염과 포르노그래피 사이에 의미심장한 연관성이 있음을 인식하는 논의로는 다음을 보라. H. Patricia Hynes, "Pornography and Pollution: An Environmental Analogy," in *Pornography: Women, Violence, and Civil Liberties*, ed. Catherine Itzin (Oxford: Oxford University Press, 1993). pp. 384-97. 하인즈는 이렇게 주장한다. "포르노그래피, 근친상간, 여성 신체 학대와 인신매매. 이 모든 추악하고 네크로필리아적인(necrophilic) 지위 격하는 '여성의 핵겨울'이다. … 포르노그래피에 반대하는 우리는 포르노그래피를 두고, 환경운동가들이 우림 파괴 문제에 요구하는 만큼의 인식 변화를 요구한다." (pp. 386, 395).

3장

임신을 중지할 권리와 동물권[1]

한 여성이 건물에 들어가려고 한다. 건물 밖에 모인 다른 사람들은 그 여성이 들어가는 걸 저지하려고 한다. 그들은 여성에게 고함을 지르고, 몸으로 길을 가로막고, 미친 듯이 욕하면서 멈추라고, 생명을 존중하라고 애원한다.

여성은 모피 코트를 사는 걸까, 아니면 임신중지를 받는 걸까?

겉보기에 모피 반대 운동과 임신중지 반대 운동은 전략적으로 유사하다. 이 두 가지는 '목숨을 빼앗는 범인인 여성'에 초점을 맞춤

---

1. 나는 이 제목, 또 이 제목에서처럼 두 가지를 나란히 놓음으로써 발생하는 효과를, 한편으로는 동물해방 대신에 동물권, 다른 한편으로는 재생산의 자유 대신에 임신을 중지할 권리라는 편협한 관념을 고수하기 위해서가 아니라, 이 글을 구성하는 한 원리로 사용한다. 책 전체를 재생산의 자유와 동물 옹호 운동이라는 주제에 바치고 싶긴 하지만 당장은, 또 이 장에서는, 두 가지를 나란히 놓고 보기 위해 '임신을 중지할 권리' 그리고 '동물권'이라는 용어를 사용하겠다. 그래야만 임신과 관련된 여성의 도덕적 선택을 이야기하는 입장 그리고 동물 착취에 반대하는 활동을 압축적으로 보여줄 수 있을 것이기 때문이다.

으로써, 동물 옹호를 태아의 생명권 운동과 연결한다.

미국모피정보협회Fur Information Council of America는 임신중지권 운동의 언어를 의도적으로 따라 하면서 이렇게 묻는다. "패션이 선택의 자유가 아니라면, 무엇이 선택의 자유라는 거지?" (당연히 임신중지다.) 그들은 계속 말한다. "개인의 선택이 단지 모피 산업만의 문제는 아니야. 그건 모두의 문제지." 딱 봐도 이 말의 속뜻은 전혀 숨어 있지 않다. 개인의 선택은 순전히 "모두의 문제"가 아니라, 특히 여성의 문제다.

'선택'을 강조하는 것은 모피 판매자와 모피 소비자를 임신중지 합법화 찬성 운동과 연결한다.

미국에서 임신중지 반대 진영의 일반적인 시각은, 일부 동물 옹호론자도 되풀이하듯이, "어째서 동물 옹호론자들이 동물은 걱정하면서 인간 아기[라고 자궁 내 태아를 잘못 부름]한테는 그렇지 않을 수 있지?"라는 것이다. 전국 각지에서 이렇게 쓰인 범퍼 스티커를 본 적이 있다. "어째서 미국이 이럴 수 있지? 우리는 **동물**을 위해서 속도를 줄이고, **물개**를 구조하고, **고래**를 보호하지만, **아직 태어나지 않은 우리 아이들은 살해한다**!" 다른 범퍼 스티커는, "고래는 구조하라, 하지만 아기는 죽여라?"나 "너희들이 낙태에 반대하고 나온다면, 나도 내 모피 코트를 포기할게" 하고 말한다. 태아의 생명권을 지지하는 작가인 냇 헨토프는, "임신중지 합법화에 찬성하는 좌파들은 태아를 **자궁 내** 아기 물개라고 생각하라"라고 제안한다.[2]

2. Nat Hentoff, "How Can the Left Be Against Life?" *Village Voice*, July 16, 1985, p. 20.

임신중지에 반대하는 활동가들의 이 분노에 찬 시각을 나는 익히 안다. 이런 시각이 라디오 인터뷰에서, 편집자 앞으로 온 편지에서, 《빌리지 보이스Village Voice》나 《동물 의제Animals' Agenda》를 비롯해 다양한 간행물의 지면에서 나를 맞아주었기 때문이다. 댈러스에 있을 때는 한 대안 주간지에 기고해, 그 주간지가 임신중지 반대 집단을 '페미니즘' 범주에, 또 동물실험 찬성 집단을 '동물권' 범주에 넣은 데에 항의했다. 그다음 주에 나온 반응은 이러했다. "어째서 애덤스 씨가 그토록 열렬하게 동물권을 지지하면서도 아직 태어나지 않은 인간 동물의 권리는 지지하지 않을 수가 있는지 이해할 수 없어요. 아기가 다른 동물만큼이나 중요하지 않나요? 다른 동물과 똑같은, 혹은 그보다 더 많은 권리를 누려야 하지 않나요?" (이를 통해 알게 된 바는, 임신중지 반대 테러 행위 가운데 하나로 임신중지 상담가가 키우는 고양이의 목을 벤다는 점이다).[3]

한편 일부 페미니스트 저자는 동물 옹호론자들이 사용하는 언어를 우려하는데, 그들이 사용하는 언어가 임신중지 반대론자들의 주장을 지지하는 듯이 보이기 때문이다. 예컨대 도나 해러웨이는 동물 옹호론자들의 어조에 불만을 드러내며 이렇게 말한다.

[동물 옹호론자들의 어조는] 태아의 생명권을 지지하고/임신중지에 반대하는 물음, "누가 태아를 대변해줄까?"와 공명한다. 이 질문에 답하자면, 임신부를 제외한 누구나, 특히 법률, 의학, 혹은 과학 전

---

3. 다음을 보라. Dallas Blanchard and Terry Prewitt, *Religious Violence and Abortion* (Gainesville: University Press of Florida, 1993), p. 259.

문가라면 누구든지 태아를 대변한다. 그도 아니면 아버지이거나. 다윈주의가 뿌린 씨의 열매를 마주하는 지금, 누가 동물이나 자연 일반을 대변해줄까, 하며 지루하게 논쟁할 필요는 없다. 아버지들 의 말장난은 들을 만큼 들었다.[4]

이제는 인간 태아와 비인간 동물의 차이가 뭔지 분명하게 이야기해 야 할 때가 됐다. 그래야만 임신중단권과 동물 옹호의 정치, 즉 이 두 가지의 피상적인 차이점이 아니라 그 둘의 논리상의 교차점을 인식하는 정치를 명확하게 밝혀 아버지들의 말장난을 물리칠 수 있 다.[5] 독일의 임신중지권 활동가인 주자네 팩진스키의 정의에 따르면, 태아는 "여성이 원할 경우에 그 여성이 만들고 자라나게 할 인간 존 재"다.[6] 그런데 비인간 동물 경우에는 이미 선택이 이뤄졌다. 그들은

4. Donna Haraway, "Otherworldly Conversations: Terrain Topics, Local Terms," *Science as Culture* 3, part 1, no. 14 (1992), p. 87.
5. 예컨대 수전 스펄링은 동물권 활동가와 임신중지 반대론자 둘 다 기술이 자연을 침범 하는 현상을 우려한다고 생각한다. 다음을 보라. Susan Sperling, *Animal Liberators: Research and Morality* (Berkeley: University of California Press). 내 생각에 그는 틀렸다. 우선, 반생체해부 운동은 보통 동물실험 대신에 컴퓨터 모형 그리고 기타 고급 기술 활용을 권장한다. 한편, 임신중지 반대론자 다수가 기술(즉, 텔레비전과 라디오) 활 용을 두고 세상을 현대화하는 기술의 효과를 되돌리려고 하는 이례적인 자세를 취한다. 이 같은 통찰에 대해서는 다음을 보라. Blanchard and Prewitt, *Religious Violence and Abortion*. 덧붙이자면, 임신중지는 기술적인 방책이 나오기 전에도 이미 있었다.
6. Susanne v. Paczensky, "In a Semantic Fog: How to Confront the Accusation That Abortion Equals Killings," Women's Studies International Forum 13, no. 3 (1990), p. 183. 내 생각에 팩진스키는 임신에 관해 확정적인 정의, 즉 현재로서는 페미 니즘 관점에서 이상적이라 할 정의를 분명히 밝힌다. 안타깝게도 현재로서는, 일단 수 정이 되고 나면 임신을 지속할지 중지할지 특별히 결정을 내릴 필요가 없다. 팩진스키 의 정의에서 내가 중요하게 생각하는 건, 태아를 두고 결정을 할 때 임신부의 우선권을 명확히 확립했다는 점이다. 엘리자베스 멘쉬(Elizabeth Mensch)와 앨런 프리먼(Alan

생기고 자라서 태어났다. 태아가 임신부에게 의존한다는 사실을—태아는 여성 안에 있고, 여성의 일부이기 때문에—이미 태어난 비인간 동물에게는 통용할 수 없다.

우리 문화에서 위생적인 '농촌'이라는 이미지는 보호를 받으며, 또 우리는 이런 이미지를 고수한다. 그래야만 동물을 먹고 입는 억압적인 행위를 변함없이 계속할 수 있기 때문이다. 동물 옹호론자들은 이런 이미지를 벗어나 동물이 어떻게 살고 있는지 그 진실을 말하고, 어떻게 대접받는지 그 현실을 세상에 일깨운다는 과제에 맞닥뜨린다. 우리는 반드시 동물을 대변해서 말한다기보다는, 동물 억압으로 이익을 얻는 자들이 감추고 싶어 하는 것, 즉 인간이 비인간 동물을 대우하는 방식을 가시화한다. 동물은 결국, 말 못 하는 존재가 아니다.

이와 마찬가지로, 임신중지권 지지 운동은 여성이 어떻게 살고 있는지 그 진실을 지배문화에서는 알고 싶어 하지 않는다는 문제에 부딪힌다. 지배문화에서는 차라리 모성을 낭만화한다.

이제부터, 페미니스트로서 동물 옹호와 임신중지권의 공통점을 살펴볼 때 발생하는 몇 가지 철학적 쟁점을 이야기하겠다.

Freeman)은 내가 팩진스키의 정의를 사용하는 것을 넌지시 언급하면서, "태아가 한낱 신체 부속물일 뿐"이라고 언급한다. 나는 "태아가 한낱 신체 부속물일 뿐"이라고 팩진스키의 정의에서 추론하지도, 팩진스키의 정의를 사용함으로써 암시하지도 않음을 밝혀둔다. 다음을 보라. Elizabeth Mensch and Alan Freeman, *The Politics of Virtue: Is Abortion Debatable?* (Durham and London: Duke University Press, 1993), p. 13.

첫 번째 전제
: 개별 존재를 망각해서는 안 된다

동물 옹호론은 우리가 개별 동물을 고려해야 한다고 주장한다. 우리는 종 전체 혹은 서식지 혹은 환경을 우려해 개별 동물의 운명을 바꾸어서는 안 된다. 혹은 인간이 동물을 먹어야 하고, 동물을 대상으로 실험을 해야 한다는 일부 사람의 생각에 따라 개별 동물의 운명을 결정해서도 안 된다. 억압이 불러온 결과를 동물은 저마다 다른 개별 존재로서 경험한다.

각 동물의 독자성을 인정하지 않으려는 태도는 임신중지 반대론자 다수의 주장에서도 되풀이된다. 우리는 해마다 임신중절술을 수백만 건 한다고 듣는다. 우리가 듣지 못하는 건, 그런 통계와 맞닿아 있는, 여성 한 명 한 명의 경험 그리고 생사를 건 결정이다. 어떤 피임법이 99% 효과가 있다고 해도, (그런 피임법을 하나만 대보라. 임신중절술과 금욕은 유일하게 100% 효과적인 피임법이다) 여성 100명 중 한 명은 자기도 모르는 사이에 원치 않는 임신을 한다. 이 개별 여성에게 피임 실패는 충격적인 일이다. 실제 전 세계적으로 여성마다 원치 않는 임신을 평생 두 번 경험한다고 추산한다.

여성들은 저마다 다른 개별 존재로서 임신을 경험한다.

개별 동물을 강조함으로써, 임신중지권 쟁점을 또 다른 부분에 초점을 맞춰 생각해볼 수 있다. 요컨대, 우리가 임신의 특이성을 인식해야 한다는 점이다. 내가 말하고자 하는 바는, 임신이란 도덕적인 쟁점으로 재현할 수 있는 성질의 일이 아니라는 것이다. 자기 몸에 태아를 품고 있는 여성의 상황과 유사한 권리 상황은 없다. 유사한 상황을 가정하고 주장을 펼치려고 복잡하게 시도했지만, 그런 상황은 존재하지 않는다. 임신중지 문제가 딱 들어맞는 기존 패러다임은 없는데, 왜냐하면 임신과 동등한 상태란 없기 때문이다.

말단동물terminal animals─누군가의 '고기'나 '표본'이 되려고 존재하는 동물─은 자신을 개별 존재로 만들어주는 것을 모조리 빼앗겼다. 바버라 노스케Barbara Noske의 말대로, 그들은 탈동물화de-animalized 했다. 우리는 말단동물을 사회적인 존재로 바라보지 못한다. 우리가 동물을 생각할 때 남은 것은 전부 '토끼'나 '소'의 겉껍질일 뿐, 관계적인 동물이 아니다. 마찬가지로 탈맥락화decontextualizing 과정이 태아에게도 일어난다. 대다수 사람이 상상하기에 동물은 몸에 불과하지만, 태아는 육체가 없고, 마치 우주에서처럼 둥둥 떠다니면서 여성의 몸에 털끝만큼도 의존하지 않고 생명을 유지한다. 동물이 저마다 살아가는 맥락을 제거할 때 비로소 인간이 그 동물을 대상으로 사용할 수 있듯이, 여성이 살아가는 맥락이 부재할 때 비로소 태아는 관심의 초점이 된다. 이 두 가지 경우에서는 맥락을 이루는 사회적 존재, 탈맥락화가 불러온 결과를 경험하는 존재─임신부 그리고 살아 숨 쉬는 토끼─가 다 사라진다. 그들은, 곧 동물과 여성은 부재 지시 대상이다.

만약 임신중지 반대 진영에서 '독자성'을 언급한다면, 그것은 유산한 태아의 독자성이다. 그들이 태아 편에서 주장하는 바를 보면, 마치 도덕적 진공 상태에서 말하는 것처럼 태아를 개별 여성에게서도 분리해 이야기한다. 이는 데카르트의 이원론을 보여주는 한 예다. 동물 옹호론자들의 주장에 익숙하지 않은 이는 이 데카르트의 이원론을 알아야 한다. 데카르트의 이원론이 동물 억압의 한 가지 주요 근거이기 때문이다. 데카르트의 이원론은 이성/감정이라는 이원성이 있다고 주장함으로써 인간/동물이라는 분리를 인정한다. 데카르트의 이원론은 여성/태아라는 분리 역시 받아들인다. 우리 인간이 곧 동물이듯이, 또 우리의 이성이 육체가 있으며 감정을 느끼는 우리 자신과 따로 떨어져서 존재할 수 없듯이, 태아는 여성과 분리되어 있지 않다. 태아는 여성 안에 있다. 태아를 상상하는 기만적인 방식을 이야기하면서 바버라 에런라이크가 한 적확한 묘사를 생각해보라. "[우리는 태아를] 중립적인 배경에 매달린, 애벌레처럼 생긴 천사와 비슷하게 그린다. 하지만 태아는—살아 있는 태아는—아무 데도 매달려 있지 않고, 태반에 고정된 채 자궁 안에 자리 잡고 있으며, 살아 있는 여성의 살로 둘러싸여 있다."[7] 아니면, 페미니스트 윤리학자인 베벌리 해리슨의 지적을 생각해보라. "스스로 발달한다는 행위성"을 세포와 조직에 귀속하는 것은 기만적인데, 이는 태아의 형성 과정이 "임신부의 생명 체계에 생물학적으로 의존하지 **않음**"을 암시하기 때문이다.[8] 임신중지 문제를 이야기하면서 태아를 임신부에게서 분리하는 것은 솔직하지 않다. 정직하지도 않다. 그것은 여성 혐오적이다. 종차별적인 담론이 개별 동물의 존재를 배제하

---

7. Barbara Ehrenreich, "The Woman behind the Fetus," *New York Times*, April 28, 1989.
8. Beverly Wildung Harrison, *Our Right to Choose: Toward a New Ethic of Abortion* (Boston: Beacon Press, 1983), p. 213.

듯이, 태아를 물신화함으로써 개별 여성은 고려하지 못하게 만든다. 당연히 이는 저들의 의도다.

두 번째 전제
: 여성과 비인간 동물의 자기결정권

동물을 지배하는 것 그리고 임신중지에 접근하지 못하도록 통제하는 것은 자기결정권과 해방의 반대말이다. 닭, 소, 쥐, 돼지 **그리고** 여성은 자기 의지에 반하여 임신을 강요당해선 안 된다. 소에게 재생산의 자유가 있다면, 식용용 송아지도, 인간이 마실 우유도 존재하지 않을 것이다.

기만적인 문화적 이미지는 우리가 동물이나 여성의 자기결정권을 이해하지 못하게 방해한다. 우리는 동물이 우리의 식품이 되고 싶어 한다고(찰리 더 튜나처럼)[9] 되뇔지도 모르지만, 실상은 그렇지 않다. 원치 않은 임신을 한 여성이, 출산한다고 해서 자동적으로 자기 아이를 사랑하는 엄마가 되지는 않는다.

임신을 중지할 권리는 여성의 자유에서 핵심적인 부분인데, 다음은 그 이유다.

- 임신중지를 불법화하면 여성의 생명이 위태로워진다. 임신중

---

9. [옮긴이] 1장의 각주 22번 참조.

지는 존재하지 않은 적이 없고, 임신중지의 합법성을 두고 법이 뭐라고 명하든 관계없이 공동체 내부에 실재한다. 수세기 동안 임신중지는 수면 아래에서 여성의 문화를 이루어온 한 부분이다. 문제는 임신중절술을 할 수 있게 하느냐가 아니라, 어떤 유형의 임신중절술을 누구에게 할 수 있게 하느냐다.

- 자발적이고 합법적인 임신중절술을 함으로써 여성은 신체적으로, 또 정신적으로도 더 건강하게 된다.
- 여성이 임신중절술을 받을 수 있게 됨으로써 데포프로베라 Depo-Provera와 같은 위험한 피임법들을 거부할 가능성이 더 커질 것이다.
- 의도하지 않은 임신의 40% 이상이 피임 실패 때문에 발생한다.[10]

세 번째 전제
: 태아와 동물의 '쾌고감수능력'은 유사하지 않다

태아의 상황이 법적으로나 도덕적으로 동물의 상황과 동등할까? 톰 리건은 『동물권 사례』에서 이를 두고 간략하게 이야기하면서도 논의의 초점을 "곧 태어날 이"에 맞춘다. 곧 태어날 이에게 신념, 욕망 등등이 있는지 없는지 우리는 알지 못한다. 혹은, 곧 태어날 이

---

10. 앨런 구트마허 연구소(Alan Guttmacher Institute)가 낸 정보다. 피임 실패율은 경구 피임약이 6%, 콘돔이 14%, 피임 격막이 16%, 그리고 살정제가 26%이다.

가 신념, 욕망 등등을 가지고 있다는 것은 리건의 표현대로라면 **"명백한 참**은 아니다." 그렇기 때문에 "권리 관점은 이 논쟁에서 가장 핵심이 되는 질문을 미해결 상태로 남겨둔다."[11] 그런데 당연히 그럴 수밖에 없는 것이, 어느 지점부터는 우리가 사회적 기준을 사용해 무엇을 생물학적 사실이라고 주장할지 정하기 때문이다.

최근에 나는 다음과 같은 반박을 받았다.

1. 자기 자신의 안녕에 관심이 있는 것처럼 행동하는 개별 존재, 환경이 주는 자극을 인지하고 거기에 반응하는 데 필요한 해부학적 구조가 있는 개별 존재는, 자신의 이익을 존중받아야 한다.

2. 태아 상태의 인간[원문 그대로임]은 수정 후 5주에서 9주 사이에 그와 같은 행동 양식과 해부학적 구조를 갖추어나간다.

3. 수정 후 5주에서 9주 된 태아 상태의 인간[원문 그대로임]은 먼저 자기 이익을 존중할 권리를 갖는다.

나는 신학대학원 시절에 한 일류 의학대학원 부속 임신 초기 중절 클리닉에서 조교로 일하며 현장연구를 했다. 한번은 유산한 태아를 보여달라고 부탁했다. 유산한 태아는 1인치도 되지 않았다. 많은 비인간 동물이 그 정도 크기로도 잘 살아갈지 모르지만, 인간 동물은 그렇지 않다. 이 태아가 여느 동물과 비슷하게 환경이 주는

11. Tom Regan, *The Case for Animal Rights* (Berkeley: University of California Press, 1983), p. 319.

자극을 인지하고 거기에 반응한다고 주장할 때, 사회적인 범주를 사용하고 있진 않은지? 사회적 범주는 명백히 지배문화를 반영하므로, 또 우리 문화의 지배성은 분명히 젠더와 종에 기반을 둠으로, 일련의 선험적인 가정에 따라 애초에 지각의 의미나 반응 측정 방법을 결정해왔던 셈이다.

태아가 한 명의 개인일까? 태아가 한 명의 개인처럼 행동할까? 임신 초기에 태아가 정확히 어떤 행동 양식을 보일까? 12주 된 태아에게 근육반사 작용은 일어나지만, 고통을 느낄 수 있게 할 대뇌피질의 신경세포 회로는 발달해 있지 않다. '과학적인' 정보를 내세우는 주장이 대개 조심스러운 이유는, 이런 부류의 주장이야말로 생체해부 반대론에 불리하게 활용되기 때문이지만, 그럼에도 미국산부인과학회American College of Obstetricians and Gynecologists가 태아의 통증과 관련해 (분명 어느 정도는 영화 〈소리 없는 비명〉에 등장하는 허위해설에 대한 대응으로서) 성명을 발표했다는 사실은 지적하고 싶다.[12] 1984년 2월 13일에 발표한 성명에는 이렇게 쓰여 있다.

12. [옮긴이] 1979년 개봉한 미국 슬래셔 영화 〈소리 없는 비명(Silent Scream)〉에서 영화를 제작한 산부인과 의사 버나드 네선슨(Bernard Nathanson)은 12주 된 태아를 낙태하는 초음파 영상을 배경으로 "우리는 아이가 자궁에서 다소 평온하게 움직이는 걸 볼 수 있다. … 아이는 성역이 공격받는 걸 감지한다. … 우리는 아이가 입을 크게 벌리고 소리 없이 비명을 지르는 걸 본다"라고 말한다. 당시 미국 대통령 로널드 레이건은 이 영화를 칭찬하면서, "국회의원 전원이 〈소리 없는 비명〉을 볼 수 있다면 낙태라는 비극을 종식하기 위해 신속하게 움직일 것"이라고 말했다. 그러나 미국산부인과학회의 전문가들은 영화가 허위적인 내용을 담고 있다며, 위와 같은 성명을 발표해 반박했다. 다음 기사를 참조. "A False Scream," *New York Times*, March 11, 1985, Section A, Page 18.

태아가 임신 초기부터 고통을 느낄 수 있다는 진술을 뒷받침하는 타당한 과학적 정보가 우리에게는 전혀 없다.

우리가 아는 것은, 임신 7개월에 소녀가 최종적으로 형태를 갖추고, 척수 그리고 뇌의 수초화髓鞘化(혹은 둘러싸이는 과정)가 임신 20주에서 40주 사이에 시작된다는 사실이다. 이런 과정들은 물론이고 다른 신경학적 발달이 제대로 자리를 잡아야만 태아가 통증을 감지할 수 있다.

태아가 통증을 느끼려면 신경 전달 호르몬이 있어야 한다. 동물의 경우에는 이 같은 복합적인 화학물질이 잉태 기간의 마지막 세 번째 단계에서 발달한다. 인간은 이와 다르다는 증거를 우리는 전혀 가지고 있지 않다.

한 소아신경과 과장이 말한 대로라면, "통증은 인지 능력을 암시한다. [임신 초기 태아는] 통증이라는 정보를 전달받을 뇌가 아직 없다."[13] 아니면 뇌 발달 과정에서 유전적 조절을 다루는 한 연구자가 진술하듯이, "인간 배아는 손가락, 손, 코, 눈도 있고 심지어 반사 운동까지 하지만, 아직 의식을 가지고 있지는 않다. … 인간의 두뇌가 완전히 발달하기 전 초기 배아와 다른 모든 생명체를 유일하게 갈라놓는 특성은, 인간이 될 잠재력이 있다는 것뿐이다."[14]

---

13. 이 문장과 성명 내용은 모두 다음 글을 재인용. Dena Kleiman, "Debate on Abortion Focuses on Graphic Film," *Conscience* 6, no. 2 (March/April 1985), p. 11.
14. Charles A. Gardner, "Is an Embryo a Person?" *Nation*, November 13, 1989, p. 559.

태아는 발달을 허용할 경우 자기 권리를 갖는 단계에 도달할지도 모르지만, 동물은 실제 자기 권리를 가지고 있다.

인간 수태물과 수정란의 운명을 항변하는 데서만큼 인류의 종차별이 잘 드러나는 지점은 아마도 없으리라. 반면, 비인간 동물의 쾌고감수능력은 인간이 아니라는 이유에서 도덕적으로 논외라고 잘라 말한다. 어떤 이들이 유의미한 생명을 규정하는 방식은 너무나 포괄적이어서 막 수정한 난자를 아우를 정도이지만, 그와 동시에 너무나 제한적이어서 신경계가 완전히 발달하고 사회적 감수성을 지닌 다 자란 동물은 포함하지도 않는다. 수단이 아니라 목적이어야만 하는 건 인간뿐일까? 엄밀히 말해 수정란이 인간일까? 이 질문을 이어가면 다음 전제에 다다른다.

네 번째 전제
: 우리가 인격을 정의하는 방식은 문화에 얽매여 있다

인격personhood 개념은 가치중립적이지 않기 때문에 이 주제를 가치판단 없이 탐구할 길은 없다. 수세기 동안 '사람'은 유럽 그리고/혹은 미국 남성이 아닌 나머지를 죄다 배제했고, 따라서 인격을 논함으로써 어떤 안전지대에 들어와 있다고 생각하는 것 자체가 거짓이다. 인격 관념은 인간 그리고 비인간 존재가 삶을 영위하고 있는 문화에 좌우된다. 다음 역시 떠올려보자. "임신중지의 '도덕성'을 논하면서 자주 간과하거나 묵살하는 점은 '태아의 인격'이 반드시 모성 강요로 귀결한다는 사실이다."[15]

태아가 여성보다 먼저 인격을 인정받게 될 텐가?

태아와 유일하게 직접적으로 닿아 있는 사람인 임신부가 인격을 정의하는 방식은 다른 사람과 다를까? 그리고 이 점이 이 논쟁에 합리적인 지침이 되어줄까? 실제로 미국 내 합법적인 임신중지의 92%에서 96%가 첫 3개월 안에, 절반 이상이 첫 8주 안에 이뤄진다. "이 자료는 '태아의 생명'에 일반 대중이 부여하는 가치를 이해하는 데 특히 중요하다. 이 자료를 보면, 임신한 여성 대부분이 자신과 태아 사이의 관계/의무/유대의 차이, 변화에 상응하는 발달 차이를 감지함을 확실하게 알 수 있다."[16]

루스 매클린에 따르면, 인격을 정의하는 "낮은 기준"과 "높은 기준"이 존재한다. "낮은 기준"에서는 수정란도 충분히 인격이 있다. 하지만 이때 "과학 발전은, 이제껏 고수해온 견해를 뒷받침하는 데 쓸 객관적인 자료의 편리한 공급원이 된다." 매클린은 한 개체가 인격 기준을 충족하기 위해 반드시 가지고 있어야 할 속성으로 잠재성의 원리와 뇌 영역 활동, 두 가지를 제안한다(이 두 속성으로 인격의 시작과 끝을 다 설명할 수 있다). 이처럼 "높은 기준"의 인격 개념에서는, 신생아 혹은 태어난 지 몇 개월 혹은 1년이 넘은 유아의 인격을 인정한다.[17] 흥미롭게도, 이 높은 기준에서는 동물 역시 인격체에 포

15. Rosalind Pollack Petchesky, *Abortion and Woman's Choice: The State, Sexuality, and Reproductive Freedom* (New York and London: Longman, 1984), p. 375.
16. 같은 책, p. 347.
17. Ruth Macklin, "Personhood and the Abortion Debate," *Abortion: Moral and*

함될 것이다.

동물 옹호론자들은 인격 개념을 동물에게까지 확장한다. 누군가가 반려동물과 서로 영향을 주고받는 모습을 지켜보면, 그런 관계 속에서 그 동물의 독자성, 혹은 어떤 의미에서 그 동물의 인격을 인식함을 알 수 있다. 이름을 붙이고, 살을 부대끼면서 쓰다듬는 존재, 즉 한 생명체로서 다른 생명체와 소통하며 영향을 주고받는 존재로 말이다. 지배문화는 일부 동물을 비인격 상태로 낮춰 집약적 사육농장에 가두고, 그곳에서 그들을 동물 기계로 대한다. 그와 동시에, 페미니스트들이라면 시늉에 불과한 소수라고 부를 법한 다른 동물은 인격이 있다며 드높인다.

다섯 번째 전제
: 임신중지권과 동물권의 도덕적 딜레마는 다르다

임신중지권이 당면한 딜레마는 여성을 도덕적인 행위자가 될 수 있다고 인식하지 않는다는 점이고, 동물 옹호론자들이 당면한 딜레마는 동물이 우리에게 도덕적으로 정당한 권리를 요구할 수 있다고 인식하지 않는다는 점이다.

여성은 도덕적인 행위자가 될 수 있다고 인정받지 못한다. 명백히 여성은 늘 임신중지를 해왔고, 여성 공동체는 원치 않는 임신을 중

Legal Perspectives, ed. Jay Garfield and Patricia Hennessey (Amherst: University of Massachusetts Press, 1984), pp. 82, 83.

단할 다양한 방법을 발전시켰으며, 이것이 여성 공동체 안에서는 규탄받지 않았는데도, 남성 공동체는 시대를 막론하고 임신중지의 의미를 두고 서로 다른 갖가지 견해를 내놓았다.[18] 임신중지와 관련해 바뀌어온 건 합법화냐 불법화냐이지, 임신중지의 존재 여부는 아니다. 임신중지는 늘 여성의 선택이었고, 앞으로도 그럴 것이다.

원시, 고대 그리고 전前산업화 사회 350곳을 조사한 뒤에 조르주 데브뢰George Devereux는 이렇게 결론지었다. "임신중지는 전적으로 보편적인 현상이며, 하다못해 여성이 절대 임신중지 충동을 느끼지 않을 가상의 사회체제를 그려보는 것조차 불가능하다는 징후가 뚜렷하다."[19] 이를 보며 나는 이렇게 추론한다. 여성이 도덕적 결정을 내릴 수 없다고 가정한, 엄청나게 여성 혐오적인 도덕 이론이 존재함에도, 여성은 도덕적 결정을 꽤 잘 내릴 수 있고 실제로 그렇게 한다고. 이런 맥락에서 여성은 임신을, 바깥세상의 인간 남성 중심적인 도덕적 헤게모니에서는 거의 드러나지 않는 어떤 영역의 연장선상에 놓고 생각한다. 이를 베벌리 해리슨은 이렇게 기술한다.

여성의 경험에서 보자면, 어떤 … 근본적으로 … 도덕적인 질문이란 이렇게 작동한다. "여성으로 태어났기 때문에 가지게 된 출산 능력을 어떻게 써야 할까?" 임신중지 문제는 이처럼 인간적으로 한층 더 넓은 맥락 속에서만 발생한다. … 한 여성에게 도덕적

---

18. 이 쟁점에 대해서는 다음을 보라. Linda Gordon, *Woman's Body, Woman's Right: Birth Control in America* (New York: Penguin Books, 1977).
19. 다음을 재인용. Petchesky, *Abortion and Woman's Choice*, p. 29.

으로 행동하기 위한 근본적이고 실천적인 방침은, 자신의 출산 능력을 고려해 책임감 있게 자기 생애를 설계하는 것이다. 임신중지를 관습적으로 마치 '별개의 행위'처럼 이야기하는 것은, 임신중지 쟁점을 여성의 삶에서 임신중지가 발생하는 방식과는 동떨어진, 그러므로 무관한 어떤 품행의 문제로 공식화하려는 한 방편이다. … 임신중지를 도덕적으로 파헤치는 작업에서 어떤 내적 가치에 호소하려 한다면, 한 여성의 안녕과 그가 자기 생애를 설계하는 일의 중요성이야말로 언제나 바로 그 내적 가치로 인정해야만 한다.[20]

동물 옹호의 딜레마는, 동물이 우리에게 도덕적으로 정당한 요구를 할 수 있음을 인정하는 데 우리 대부분이 저항감을 느낀다는 점이다. 이제 다시 질문해야만 한다. "태아가 우리에게 도덕적인 요구를 할 수 있을까?" 아니면 달리 말해, "임신 기간에서 어느 시점이 되어야 태아가 자기 엄마가 될 여지가 없는 우리에게 도덕적인 요구를 할 수 있지?" 또, 이 도덕적인 요구라는 건 뭘 의미할까? 임신이 어떤 지점에서 시민적·정치적·공적 **관심사**가 된다면, (그렇게 되는 합법적인 지점이 있다고 할 때, 대법원은 그것이 임신 중반기 이후라고 하는데) 그것은 임신이 시민적·정치적·공적 **요구**가 된다는 뜻이기도 하지 않을까? (내가 말하는 '관심사'란, 몸 정치에서 마땅히 논쟁하고 입법을 통해 대응해야 할 쟁점이다. 내가 말하는 '요구'란, 이데올로

---

20. Harrison, *Our Right to Choose*, pp. 9, 16.

기적이거나 법률적으로 대응하기보다는, 몸 정치에서 실질적으로 대응해야만 하는 상황이다.) 엄마가 될 가능성이 있는 여성은 건강한 아이를 낳아야 할 책임이 있다는 데 편협하게 초점을 맞추고는, 이 책임을 존중하지 않는다는 이유로 그 여성의 행위를 범죄로 다루기보다, 우리가 다 책임지고 모든 아이가 건강하게 태어나는 세상을 만들어야 하는 게 아닐까? 예컨대 여성, 유아, 그리고 아동을 위한 특별 영양 보충 프로그램Women, Infants and Children Program에 계속 재정을 지원하게 하고(그와 동시에 유제품에 과도하게 의존하는 상황을 바로잡도록 식물 단백질 대체재를 쓰라고 로비 활동을 벌이고), 산전 건강관리 지원, 보육 제공, 환경 속 발암물질 제거 등에 재정을 쓰게 하는 것이다.

도덕적인 주장을 편협하게 규정한 결과 무슨 일이 생기는지 한 가슴 아픈 사연에서 잘 알 수 있다. 미국 정부는 동물실험이 옳다고 생각한다. 재정을 지원해 동물을 약물중독 상태로 만드는 사이, 약물중독 치료 센터를 위한 재정은 삭감한다. 한 임신 여성이 약물중독 치료 센터 출입을 거절당하는데, 예산을 삭감해 치료실이 없기 때문이다. 그 여성은 계속 약물에 빠져 있고, 아직 태어나지 않은 자기 아이의 생명을 위태롭게 한 혐의로 기소를 당한다.

살아 있는 존재들의 정당한 요구에 사회적으로 책임을 다하지 않는 것은 끔찍한 일이다. 그리고 여기에는 여러 가지 문제가 복잡하게 뒤얽혀 있다.

여섯 번째 전제
: 취약한 이들과 동일시하려면 취약성을 정의해야만 한다

어떤 동물 옹호론자들과 임신중지 반대론자들은 자기가 취약하다고 생각하는 이들에게 강렬하게 동질감을 느낀다. 어째서 그들은 연약하고 무방비 상태인 실험실 동물, 식육용 송아지, 혹은 보호소 동물이 아니라, 연약하고 말 못 하며 무방비 상태인 태아와 자신을 동일시하는 걸까?

이 문제를 충분히 검토하려면 이 책처럼 예비적인 연구로는 부족하겠으나, 몇 가지 쟁점은 눈여겨볼 필요가 있다. 앤드리아 드워킨의 『우익 여성』에서는 여성이 임신중지 반대 운동에 참여하는 이유를 설득력 있게 주장한다. 여성은 반여성적 폭력이 세상에 만연하다는 것을 의식하고 있으며, 자기 자신을 전통적인 가족과 가족의 가치라는 틀 안에 놓음으로써 어떤 보호주의protectionism(라고 그들이 생각하는 것)를 확신한다.[21] 그런데 남성이 임신중지 반대 운동에 참여하는 동기는 이와는 매우 다르다. '구출작전'—이 집단은 시민불복종 방식을 이용해 여성이 임신중지 클리닉에 들어가지 못하게 막으려고 시도한다[22]—을 진두지휘하는 남성들의 최근 약력에서 드러나듯이, 남성은 자신의 사회적 지위 하락을 페미니스트의 책임으로, 또 자신의 경제적 어려움을 일하는 여성 탓으로 돌린다. 그들은 이처럼 극단적인 적개심을 임신중지 반대 운동으로 가져오는데, 이는 그

---

21. Andrea Dworkin, *Right-wing Women* (New York: Perigee Books, 1983).
22. [옮긴이] 이 책 「블룸즈버리판 서문」, 25~26쪽 참조.

들이 수사적인 표현을 동원해 선언하듯이 '아직 태어나지 않은 이를' 보호하기 위해서가 아니라, 그들의 사회적 지위에 책임이 있는 이들을 처단하기 위해서다. 이런 활동이 남성을 훌륭하게 지켜줌으로써, 그들은 자기 처지를 두고 여성이 아니라 다른 곳에 책임을 물을 경제 분석 따위는 할 필요도 없다.[23]

동물 옹호에 관여하게 된 이유에서도 남녀 차이가 있을까? 동물 옹호론자 대다수가 여성이라는 점을 생각해보면, 이 같은 사실 자체가 뭔가를 말하고 있지 않나? 여성은 생물학적 차이를 근거로 자유를 박탈당하는 게 어떤 것인지 안다. 우리는 서구 문화에서 여성이 완전한 인간이라고 하는 것의 경계에 놓여왔음을 안다. 그러므로 여성은, 우리 문화에서 비인간 동물이 무슨 일을 당하는지 살펴보는 동시에, 우리 문화가 여성을 지배한다고 의혹을 가질 만한 충분한 이유가 있다.

일곱 번째 전제
: 임신중지권은 탈인간중심적인 윤리에 기여한다

임신중지 반대론자들은 각각의 개별 태아를 절대화한다. 그들은 인간 태아를 드높인다는 점에서 철저하게 인간 중심적이다. 그런데 자

---

23. 그레타 가드(Greta Gaard)는 또 다른 이유를 제시한다. "아직 태어나지 않은 태아를 보통 **남성**으로, 즉 잠재적으로 남성이라고 생각하죠. 그러니까 남성들은 여성들을 엄마로서 처벌하려고 하는 거예요." 가드와 주고받은 서신에서, Auguest 8, 1990.

연을 (근시안적이지만) 기고만장하게 지배하기보다는 나 아닌 자연의 존재들과 어떻게 관계를 맺을지 배우고자 할 때, 태아가 모조리 인간이 되어야 한다고 상정한다면 이는 대놓고 인간 중심적이다. 이런 가정은 선진국에서 인간이 한 명씩 늘어날 때마다 환경 부담이 더 커진다는 사실을 간과한다. (선진국이라고 하는 이유는 미국 내 논의에 초점을 맞추고 있기 때문이다. 미국에서 태어난 아이들은 세계 다른 지역에서 태어난 아이들보다 지구 자원을 훨씬 더 많이 소비한다.)[24] 존 코브의 말대로, "태아의 생명권을 옹호하는 운동이 인간을 제외한 모든 생명체의 요구에 둔감하다고 말한다면 … 이는 정당한 비판일 것이다."[25] 로즈메리 류터는, "자기 가족을 위해, 또 지구 공동체의 일원으로서 출산 횟수를 제한하겠다고 마음먹는 것은, 군비 경쟁을 끝내려는 투쟁과 다를 바 없이 생명을 살리겠다는, 삶의 수단을 좀 더 적절하게 분배하겠다는 결단이다."[26]

동물 옹호는 인류를 상대화한다. 임신중지 반대론자들이 동물 옹호에서 배신감을 느끼는 것은 이 때문이다. 동물 옹호는 인류를 상대화함으로써 인간 태아도 상대화한다. (인간 태아를 상대화하는 예

24. 내가 인구 억제를 지지하지도, 개발도상국의 인구를 억제해야 한다는 입장을 장려하지도 않음에 유의하라. 벳시 하트먼(Betsy Hartmann)이 주장하는 바와 같이, 인구 과잉은 개발도상국 발전 관련 문제들의 근원이 아니다. 생활수준과 여성의 지위를 향상해야 함은 물론, 재생산 관련 선택권을 제한할 게 아니라 확대해야 한다. 다음을 보라. Betsy Hartmann, *Reproductive Rights and Wrongs: The Global Politics of Population Control and Contraceptive Choice* (New York: Harper & Row, 1987).

25. John Cobb, Jr., *Matters of Life and Death* (Louisville: Westminster/John Knox Press, 1991), p. 71.

26. Rosemary Radford Ruether, "Women, Sexuality, Ecology, and the Church," *Conscience* 9, no. 4 (July/August 1990), p. 10.

시로는 〈그림8〉을 보라. 주의: 이 예시는 동물 옹호 운동 내부에서 나온 게 아니라 임신중지 반대 운동을 페미니즘 관점에서 성찰하면서 나왔다.) 동물 옹호와 환경운동은 탈인간중심적이다. 인간 생명의 신성함을 새로운 패러다임, 즉 지구와 지구 생명체의 신성함이라는 새로운 패러다임 안에 놓는다.[27] 이 같은 패러다임의 전환을 고려하면, 인간 태아가 그 자신이 태어남으로써 영향을 받게 될 지구 그리고 지구 생명체와 똑같이, 혹은 그보다 더 중요하다고 쉽게 주장할 수 없다. 이 같은 탈인간중심주의는 임신중지 반대론자들에게 대단히 위협적이라서, 임신중지 반대론자들이 동물 옹호론자들한테 으르렁댔던 수많은 사건 중 일부도 이런 점에서 납득할 수 있다.

인간/동물 이원론이 임신중지 반대론자들의 인간중심주의를 뒷받침한다. 그와 같은 근본적인 이원론을 없애면, 임신중지 반대론자들의 도덕적 주장, 곧 인간 태아의 생명은 절대적인 권리가 있다는 주장이 뒤집힌다. 그와 같은 주장 대신, 인간 태아의 생명은 새로운 맥락 속에 자리 잡는다. 요컨대, 비인간 생명체들을 비롯해 나 아닌 자연의 존재들에게 정당하게 관심을 쏟는다는 맥락 속에 인간 태아의 생명도 있다.[28]

이 장을 쓰는 동안 얼마 전에 임신중지를 한 동물 옹호론자에게서 편지를 받았다. 편지에서 그는 임신 사실을 알고 결정을 내리는

---

[27] 예컨대 다음을 보라. Sallie MacFague, *The Body of God* (Minneapolis: Fortress Press, 1993).

[28] 로니 조이 호킨스(Ronnie Zoe Hawkins)의 연구, 특히 "Reproductive Choices: The Ecological Dimension"에서 많은 도움을 받았다.

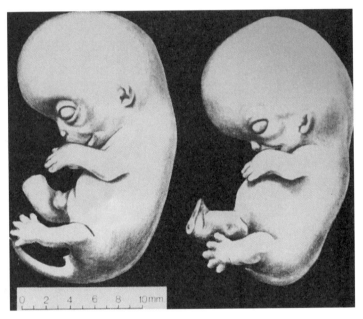

〈그림8〉 원숭이의 태아와 인간의 태아.

과정을 서술했는데, 내가 지금껏 이야기한 이 탈인간중심주의적인 신념을 또렷이 보여주었다. 그는 먼저 입양 기관에 가서 채식주의자나 동물권 활동가를 가려내는지 문의했다. 그는 자기가 낳은 아이가 자라나서 동물을 억압하고 환경을 착취하는 것을 원하지 않았다. 자기가 낳아 입양을 보낼 아이가 동물을 소비하거나 착취하지 않으리라는 보장이 없음을 깨닫자, 그는 임신중지를 결심했다.

동물을 위해 우리가 할 최선은, 이 세상을 억지스럽게 인간으로 가득 채우는 행동을 그만두는 것이다. 세계 인구의 22%가 지구 자원의 70%를 소비하는 산업화한 국가들에서는 특히나 더 그렇다.

여덟 번째 전제: 임신중지를 불법화하고, 생체해부 반대론에 맞서는 일에서 의료업계는 놀랍도록 유사한 기능을 한다

어떤 동물 옹호론자들은 의료산업복합체와 임신중지권 사이의 연관성을 눈여겨보라고 한다.[29] 동물 옹호론자들이 의료산업복합체의

---

29. 이런 시각이 가장 두드러지게 나타나는 것은 콜먼 매카시가 《동물 의제》와 한 인터뷰다. "1971년, 가장 퇴행적인 압력단체이며 수년간 의료 개혁에 대부분 반대해온 전미의사협회가 임신중지 지지를 표명했어요. 도대체 어떻게 된 일인지 어리둥절했죠. 그런 일이 일어난 이유는 엄청난 수익이 걸려 있기 때문이었어요. 2년 후, 대법원이 임신중지 합헌 판결을 내렸죠. 누가 판결문을 작성했을까요? 대법관 해리 블랙먼(Harry Blackmun)이에요. 해리 블랙먼이 누구죠? 전미의사협회의 전 법률고문이에요. 이게 우연의 일치라고 생각해요? 블랙먼이 **로 대 웨이드 판결**(Roe v. Wade)에서 주장한 내용은 전미의사협회의 입장과 기이할 정도로 닮았죠. 그러니 임신중지에 찬성하는 보수적인 의사들이 있다는 겁니다." Kim Bartlett, "An Interview with Colman McCarthy, On Peace, Justice, and the American Way," *Animals' Agenda*, 8, no. 7. (September/October

로비 노력을 의심스러워하는 것도 마땅한데, 동물 착취를 끝내려는 이들의 기본 메시지를 왜곡하는 게 의료산업복합체의 목표임을 익히 알기 때문이다.[30] 하지만 의료계를 향한 동물 옹호론자들의 정당한 불신에 호소하면서 의사와 임신중지권을 동일시한다면, 의료업계를 향한 페미니스트들의 불신은 왜곡하는 결과를 낳는다. 더구나 애초부터 임신중지를 불법화해온 의료업계의 추악한 역사도 은폐한다. 수사적인 표현 뒤에 다음 사실이 있다. 요컨대, 전미의사협회가 현재 동물실험을 대하는 태도를 보면, 임신중지 지지가 아니라 19세기 초반에 그들이 외친 임신중지 반대가 생각난다.

19세기 중반 이전 미국에서는 '첫 태동감'(임신부가 태아의 움직임을 최초로 감지한 때) 전에 하는 임신중지를 관습법의 일부로 받아들였다. 19세기 말에 이르자 임신중지를 범죄로 다루게 되었다. 이는 성직자들이 아니라 의료 전문가들이 애쓴 결과였다. 실제로

1988), p. 9. 임신중지권 지지자 다수는 의사에게 부여한 기능이라는 관점에서 로 대 웨이드 판결이 문제가 있다는 데에 매카시와 의견을 같이할 테다. 하지만 이 판결이 확인했어야만 하는 내용은 여성이 임신중지를 할 헌법상의 권리이지, 여성과 의사의 관계 내 사생활 보호 개념은 아니라고 주장할 것이다. [로 대 웨이드 판결은 미국 연방대법원이 1973년에 내린 역사적 결정으로, 헌법에 기초한 사생활의 권리가 임신중지 결정을 포함한다고 하며 "임신중지에 대한 접근을 범죄화하거나 제한한 법이 위헌이라고 판단했다." 그러나 세부적으로는 "국가 개입과 제한의 정당화의 길을 열어 준 것이 … 이후의 정치적 반동을 막지 못"했다는 비판을 받으며, 새로운 대법관이 지명될 때마다 판결을 뒤집기 위한 움직임 또한 계속됐다. 『배틀그라운드: 낙태죄를 둘러싼 성과 재생산의 정치』, 성과재생산포럼 기획, 후마니타스, 2018, 146쪽. 2022년 6월 24일, 미국 연방대법원이 '로 대 웨이드' 판결을 공식 폐기함에 따라, 주별로 임신중지를 금지할 수 있게 됐다. 이로써 미국은 폴란드, 니카라과, 엘살바도르 등 몇 안 남은 임신중지 금지 국가가 되었다.—옮긴이]

30. 예컨대 다음을 보라. "Use of Animals in Biomedical Research: The Challenge and Response," *AMA White Paper*, March 1988.

"1850년에 미국 여론은 임신중지 행위를 용인했고, 의료업계 외부 인들이 임신중지를 사회악이라며 억제해야 한다고 요구하는 경우 는 거의 없었다."[31] 그렇다면 의료업계는 왜 임신중지를 반대했을까? 수많은 이유가 제시되었다.

- 비정규 의사 수 증가. 정규 의사들은 여성들이 원하는 서비스 를 비정규 의사들이 제공하고 있음을 알게 됐고, 환자를 뺏 길까 봐 두려워했다. "이 딜레마를 벗어날 제일 나은 방법은 주 의원들을 설득해 임신중지를 형사상 범죄로 만드는 것이었 다."[32]
- 임신중지 증가. 당시 임신 세 건 중 한 건이던 임신중지가 다섯 건 중 한 건으로 늘었다고 추산한다.
- 토착주의nativism 그리고 기혼 여성이 식구 수를 제한하려고 임 신중지를 활용했다는 인식. "정규 의사 대부분이 백인이며 토 박이인 영국계 그리고 북유럽계 개신교도였다. 그리고 그들이 1860년부터 1880년까지 20년간 거듭 이야기했다시피 여성은 대부분 임신중지를 하고 있었다. 의사들은 야단스러운 토착주 의를 이용하기도, 이에 영향을 받기도 했다. … 개신교도들은 가톨릭 이민자들의 생식률을 따라잡지 못할 것을 두려워했으 며, 이 같은 두려움이 19세기 미국에서 임신중지 금지법을 추

---

31. James C. Mohr, *Abortion in America: The Origins and Evolution of National Policy* (New York: Oxford University Press, 1978), p. 262.
32. 같은 책, p. 37.

동하는 데에 가톨릭의 임신중지 반대보다도 틀림없이 더 큰 기능을 했다."[33]

- 의사들은 여성의 소임 변화에도 대단히 위협을 느꼈다. "정규 의사들은 전통적인 성역할의 변화라는 주제에 관해 전국에서 가장 방어적인 집단에 해당했다. … 많은 의사에게 여성의 주요한 목적은 후손을 생산하는 것이었다. 그와 같은 목적을 방해하거나, 여성이 덜 중요한 활동에 '몰두하도록' 하는 건 무엇이 됐든 결혼 생활, 가정, 그리고 사회 자체의 미래를 위협했다. 이 의사들에게 임신중지는 이처럼 후손 생산을 가로막는 최상위의 사례였다.[34]

의료업계는 관습법이 허용한 임신중지를 다시금 규정하면서, 현재 동물실험 관련 논쟁에서 뚜렷하게 드러나는 동기와 전략을 보여 줬다.

의료업계는 독립적이기보다는 조직적으로 행동했다. 실제로, 임신중지 반대론의 정치를 통해 그들은 의사의 지위 상승과 의료 전문화를 꾀함은 물론, 여성을 의학 교육에서 배제했다. 의료업계는 생체해부 찬성론에 힘을 쏟으면서도 조직적, 전략적으로 움직였다.

---

33. 같은 책, p. 167.
34. 같은 책, pp. 168-69. 다음도 보라. Carroll Smith-Rosenberg, "The Abortion Movement and the AMA, 1850-1880," in *Disorderly Conduct: Visions of Gender in Victorian America* (New York: Oxford University Press, 1985).

의료업계는 다른 누구한테도 없는 정보가 있다고 주장하면서 자신의 지위와 지배권을 강화했다. 이 같은 지식의 정치는 동물실험 논쟁에서도 나타난다. 의사들은 우리가 모르는 무언가를 아니까, 그들이 하는 말이 비전문가의 말보다 더 무게가 있다고들 한다. 이는 오직 그들, 곧 '전문가들'만이 논쟁의 쟁점, 이를테면 생명의 시작점이라든지, 동물 '표본'에서 우리가 얻어낼 지식이라든지 하는 것을 진정으로 알 수 있다고 주장함으로써 앎을 신비화한다.

의료업계는 전문화의 정치를 활용해 사욕을 채웠다. 자유방임주의 정부가 재임하고 의료 선택권이 확산하던 시기, 의료업계는 임신중지 쟁점을 이용해 전문지식을 주장하며 **유일한** 의료 전문가 집단으로 자리매김했다. 19세기에 의사들은 "'정당한' 임신중지 범주"를 만들어내고는 그것의 관리자를 자처할 만큼[35] 임신중절술을 실질적으로 불법화하지는 않았다. '치료적' 임신중지라는 예외 항목의 탄생은 19세기의 산물이었고, 임신중지 대상자를 결정할 권리는 의료업계의 손에 들어갔다. 이렇게 하여 임신중지는 19세기에 '의료화'했다. 몇몇 페미니스트는 비전문적인 임신중지를 지지하면서 이런 임신중절술이 복잡하지도 생명을 위태롭게 하지도 않는다고 주장한다.[36] 시카고의 제인 컬렉티브는 비전문적으로 하

---

35. Kristen Luker, *Abortion and the Politics of Motherhood* (Berkeley: University of California Press, 1973), p. 33.
36. 예컨대 다음을 보라. Connie Clement, "The Case for Lay Abortion: Learning from Midwifery," *Healthsharing*, Winter 1983, pp. 9-14. (하지만 많은 산파가, 산파들이 임신중절술을 해야 한다는 주장을 불편해한다.)

는 임신중절술의 효과를 입증한 것으로 유명하다.[37] 생명 의학 연구와 관계가 있는 부분을 비롯해 의료산업의 성장은, 여성과 어떤 관계를 맺고 있느냐는 맥락에서 바라봐야 한다. 이때, 의료산업이 소비자인 여성과 어떤 관계를 맺으며 성장해 왔는지뿐만 아니라 치료사, 산파, 그리고 임신중절술 시술자인 여성을 수세기에 걸쳐 대체하고 쫓아내면서 번성해왔다는 점도 생각해야만 한다. 의료 분야의 **전문화**는 의료 분야의 **남성화**이기도 했다.

아홉 번째 전제: 동물 옹호론자들의 반폭력 주장은 여성 대상 폭력 반대와 같이 가야 한다

동물 옹호론은, 임신중지 논쟁에서 무엇이 폭력인지 제대로 가려내지 못해 잘못 붙인 꼬리표들과 뒤얽혀 있다. 요컨대 반폭력을 지지하는 동물 옹호론자로서 일관성 있게 임신중지를 반대하든지(임신중지는 폭력이니까), 아니면 일관성을 버리고 임신중지를 지지하든지, 둘 중 하나를 선택해야 한다는 식이다. 일관성과 반폭력, 둘 다 이토록 근시안적인 기준으로 바라보는 현실이 안타깝다. 반폭력을

---

37. [옮긴이] 제인 컬렉티브(Jane Collective)는 1969년부터 1973년, 임신중지가 합법화할 때까지 일리노이주 시카고에서 불법으로 임신중지 서비스를 제공한 지하조직이었다. 공식 명칭은 여성해방임신중지상담서비스(Abortion Counseling Service of Women's Liberation)로, 시카고여성해방연합(Chicago Women's Liberation Union, CWLU)의 회원 조직이자 활동 단체였다. 1969년, 시카고에서 여성해방 활동가들이, 무자격자들이 하는 위험하고 돈이 많이 드는 임신중절술을 줄이고자 설립했다. 1969년부터 1973년까지 임신중절술을 대략 1만 2000건 이행한 것으로 추정한다.

이렇게 규정하는 것을 받아들일 수 있다고 가정하고, 반폭력에 대한 이 같은 정의를 적용하면, 다음과 같이 계속 이어질 수 있다.

전시 폭력 …

인간을 상대로 한 폭력 …

태아를 상대로 한 폭력 …

동물을 상대로 한 폭력 …

그런데 폭력이란 또 다른 모양새로 이어지기도 한다. 그리고 이는 여성의 삶과 경험을 심각하게 받아들일 때만 눈에 보인다. 바로, 여성을 대상으로 한 폭력의 연속이다.

아동 성 착취 …

부부 사이 강간을 비롯한 강간 …

가정폭력 …[38]

성관계, 그리고 그에 따른 임신은 여성의 삶에서 종종 선택이 아니다. 동물과 여성이 임신하고 싶은 때를 스스로 결정할 권리를 가져야 하고, 자기 의지에 반해 출산을 강요받지 않아야 한다고 내가 말하면, 동물은 선택의 여지가 없지만, 여성은 자유의사로 성관계

---

38. 전화로 괴롭히는 행동, 성기를 드러내 보이는 행동을 포함해 여성을 대상으로 한 폭력의 연속성을 논의하는 글로는 다음을 보라. Liz Kelly, *Surviving Sexual Violence* (Minneapolis: University of Minnesota Press, 1989).

를 맺는다는 주장들을 한다. 이는 그야말로 사실이 아니다. 인간 여성 동물이 성적으로 착취당하고 강요받는 현실을 보지 못하는 것은, 비인간 동물이 인간의 이기심 때문에 학대당함을 인간이 무시할 때만큼이나 근시안적이다.

폭력을 용납하면 안 된다며 사람(과 잠재적 인격체)을 대상으로 한 폭력 유형을 두고 토론을 시작하려는 이라면, 반드시 실제 존재하는 사람들에게 관심을 가져야 할 것이다. 이론이 발전함에도 쉽게 삶을 무시당하는 사람들, 바로 여성들에게 관심을 가져야 한다. 사람들은 여성과 아동을 대상으로 한 광범위한 성폭력에 주목하지 않으며, 여성과 아동의 성폭력 경험을 못 본 체함으로써 그 경험을 당혹스러운 것으로 만든다. 이 때문에 반폭력이라는 인식에 기반을 두고 임신중지를 바라보는 입장은 모두 위선적이다. 그런 태도는 임신을 강요하는 폭력도 무시한다.

여성과 동물을 사용해도 되는 (한편으로는 강간해도 되고 다른 한편으로는 소비해도 되는) 존재로 인식하는 한, 동물 옹호와 임신중지권 둘 다 필요할 것이다. 여성과 동물은 모두 존재 자체로서 목적이지, 타인을 위한 수단이 아니다.

열 번째 전제: 존재하지 않는 상태에 관한 논증은 남성 주체의 입장을 드러낸다

존재하지 않는 상태에 관한 논쟁은 이런 식이다. 어떤 소가 태어나이 땅에서 수년간 살아보고 그런 다음 재빨리 죽임을 당하는 게, 아예 살아보지 못한 것보다는 낫지 않을까? 그러면 동물 옹호론자들은, 존재하지 않는 상태를 경험할 수는 없다고 반박한다. 존재한 적이 없는 소는 생명을 박탈당하는 경험을 하지 않는다.

바로 지금 살아 있는 우리만이, 우리가 없는 삶이라는 발상을 감상적으로 대할 수 있다. 훗날 죽음을 맞이하고 이 세상에서 사라진다는 사실을 내다보기보다, 시선을 과거로 돌려 우리는 이렇게 생각한다. 우리가 존재하지 않았다면 어쩌지? 그러고 나서는 이 지독히도 자아에 천착하는 물음을 윤리적인 쟁점에 적용한다. 그리고 이런 질문에 몰입하는 이들은 보통 인간 남성 주체다.

인간 가운데서도 특히 남성은, 임신중지의 존재 이유가 남성 자신의 현존을 소급해서 평가하기 위해서라고 생각한다. 그러니 임신중지 논쟁이 있을 때마다 누군가는 일어나서 "난 내가 유산되지 않아서 기쁜데"라고 말한다. 이는 쟁점이 아니다. 이런 논증은 존재하지 않는 상태, 즉 비존재를 인격화하며, 타당한 논거인 것처럼 보이게 함으로써 동물 옹호가 쟁점일 때도 똑같은 반응을 조장한다.

정리하자면, 동물은 우리 인간이 그들에게 바라는 게 무엇이든 간에 그들 자신을 위해 살 권리가 있고, 여성은 특정 임신을 중지하기로 선택한 이유가 무엇이든 간에 임신중절술을 받을 수 있어야 한다. 임신을 중지할 권리와 동물 옹호, 둘은 같이 갈 수 있다.

〈그림9〉 린 모슨(lynn mowson), 〈슬링크(slink)〉, 2017년 2월, 캐럴 J. 애덤스 촬영.

작가의 말: 〈슬링크〉에 대한 단상

조각가로서 나는 인간 동물과 비인간 동물, 특히 농업용 동물 사이의 뒤얽힌 관계들을 원동력으로 삼아 작품을 만든다. 〈슬링크〉(2014)는 장소 특정적인 조각 설치미술로서,* 원래 〈아름답고 작은, 죽은 것들beautiful little dead things〉이라는 작품 모음의 일부다. 여러 가지 성인 여성 형체, 아기 형체, 그리고 태아 주머니 형체가 〈슬링크〉를 구성한다. **아기 형체**는 이 작업을 해나감에 따라 내 아들이 개월 수가 늘어나 못 입게 된 일체형 유아복으로 만들었다. 이 작은 옷들은 아들을 따뜻하게 보호해줬던 물품이었다. 조각적인 면에서, 내가 인간 형체의 변형을 활용할 때는 단순히 인간을 비인간 동물로 대체하는 게 아니라, 예컨대 모성처럼 우리가 우리 동료 생명체와[**] 공유하는 연관성을 보여주고자 한다.

호주 시골에 있는 농업 박물관을 방문했을 때 못같이 뾰족하고 기다란 것들이 가득 박힌 기이한 목걸이를 봤던 기억이 난다. 그 목걸이를 송아지에게 씌워서 어미젖을 빨지 못하게 했음을 알려주는 작은 쪽지를 봤다. 송아지가 젖을 빨려고 애를 쓰지만, 이 목걸이 때문에 어미를 반복적으로 찔러, 결국 어미가 새끼에게 더는 젖을 물리지 않는 모습을 상상했다. 이런 잔인하고 야만스러운 도구들은 지금도 여전히 내 살을 에고, 또 파고든다. 내게 젖소의 삶과 죽음은 진작부터 트라우마적인 지식traumatic knowledge이었지만,[***] 모성 때문에 쟁점은 더욱 개인적이고, 정서적이며, 형체를 띠게 되었다.

〈슬링크〉 연작은 도살장에서 소 태아를 대하는 방식, 또 유제품 산업 내부의 모성 지배와 착취라는 트라우마적 지식을 향한 하나의 퇴마의식이 되었다. 나는 이 작품들을 증언하는 사물로 제시하는데, 왜냐하면 내게는 그들이 증언, 즉 다른 이를 대리해 또 다른 이에게 증인이 되는 일을 하기

- [옮긴이] 장소 특정적(site-specific)인 예술은 특정 장소에 존재하도록 만든 예술품을 말한다. 일반적으로 작가는 장소를 고려해 작품을 기획하고 제작한다.
- [**] 나는 "동료 생명체"라는 용어를 코라 다이아몬드(Cora Diamond)가 쓴 다음 글의 맥락에서 사용한다. "Eating Meat and Eating People," *Philosophy*, 53, no. 206 (1978): 465–479.
- [***] 캐럴 J. 애덤스가 다음을 비롯해 여러 글에서 명료하게 설명한 표현이다. "Home Demos and Traumatic Knowledge," *SATYA* (March 2004). http://www.satyamag.com/mar04/adams.html.

때문이다. 이 사물들은 사실과 기록을 넘어 증언의 경계를 확장하고, 그럼으로써 한층 더 간접적이고도 예측할 수 없는 방식으로 창조적인 실천을 형상화한다. 이 사물들은 타자를 각성에 이르게 하는 공감적 증언empathic witnessing이라는 맥락 속에서 모습을 드러낸다.*

슬링크는 놀라운 말이다. 어딘가에 도사리고, 살금살금 움직이고, 스르르 기어가며, 잽싸게 달려가고, 몰래 숨어서 돌아다닌다는 뜻이다. 달을 덜 채우고 태어난다는 의미도 있지만, 슬링크 가죽을 만드는 데 쓰는 송아지는 태어나는 게 아니라 어미 몸속에서 죽어가도록 방치되거나 그보다 더 나쁜 일을 당한다. 슬링크 가죽은 고가의 사치품으로, 보통 값비싼 장갑이나 종교적 용도의 족자를 만드는 데 가장 많이 쓴다. 부드럽고 흠집이 없기 때문에 가치가 높다. 나는 피부막이나 양피지, 즉 털을 제거하고 건조해 보존 처리를 한 동물 가죽을 흉내 내 라텍스 가죽을 제작했다.

〈슬링크〉에서 각각의 형체는 약간씩 다른 모양을 하고 있으므로, 획일적인 무리처럼 보이는 동시에 독자적으로 보이기도 한다. 〈슬링크〉는 역설적으로 보이는 작용을 결합하는데, 내가 만든 증언하는 사물 대부분에 스며들어 있는, 폭력과 보살핌이 그것이다. 라텍스를 틀에서 떼어내는 것은 거칠고 험한 작업으로, 가죽을 칼로 자르고, 뜯고, 작은 아기 모양의 거푸집에서 잡아당겨 뽑아야 한다. 이처럼 난폭하게 가죽을 벗기는 과정에서 나는 동물 주체가 말 그대로도, 언어상으로도 해체됨을 돌이켜본다. 내

---

* 철학자 에디트 슈타인(Edith Stein)은 공감적 조우(empathic encounter)를 상세하게 서술했다. 그는 어떤 존재의 흔적마저도, 혹은 뭔지 모르지만 살아 있다고 보이는 것까지도 공감적 이해의 대상이 될 수 있다고 주장했다. 슈타인이 말하는 공감이란 형체가 있는, 우연적이면서도 의식적인 만남으로서, 이를 통해 우리는 타자들을 주체로 인식한다. 요컨대, 마땅히 배려하고 상호 존중해야 함을 아는 동시에 나와는 절대적으로 다른 존재임을 인정한다.

게 이 작업은 하나의 도전이다. 과격한 작업이 끝나면 조심스럽게 손보고 고치는 단계로 넘어가 형체들을 부드럽게 씻어내고 한데 꿰맨다. 바느질할 때는 여러 가지 다른 방법을 사용하는데, 일부 형체를 꿰맬 때는 주의를 더 많이 기울여야 한다. 바느질해나가면서 이따금 즐겁기도, 사색에 잠기기도 했고, 기분 전환을 하면서 기운이 나기도 했다. 다른 때는 헛수고하는 것 같고 견딜 수가 없었는데, 정서적인 소모가 너무나 컸기 때문이다.

아기 형체들을 매달려고 나는 옷걸이를 고쳐서 (도살장에서 동물 몸을 매다는 데 쓰는 기구인) 고리로 만들었다. 비인간 동물의 가죽을 패션으로 사용하는 현실과 그 가죽의 기원을 떠올리게 하려고 했다. 이번 설치 작업 (2017, 동물 박물관The Animal Museum)에서는 엄마 형체가 다수의 아기 형체와 태아 주머니 형체에 둘러싸인 채 매달려 있어, 젖소를 착취하는 물리적 현실을 시인한다.

—린 모슨

4장

짐승 같은 것과 연대의 정치

동물이 이항 대립 속에서 어떤 형상으로 드러날 때, 혹은 드러날 수 있다고 쉽사리 생각할 때, **동물은 예외 없이 반대편에 있는 부정 항項에 해당한다.** 즉, 그들은 '타자, 짐승, 야수'다.

—스티브 베이커[1]

임신을 중지할 권리와 동물 옹호를 나란히 놓고서 양립시키는 것은 반드시 해야 할 일이기는 하지만, 이 두 운동은 모두 사실상 더 넓은 맥락 속에 있다. 임신중지는 재생산의 자유라는 맥락 속에, 또 동물 옹호는 모든 형태의 사회적 억압에 맞선 도전이라는 맥락 속에 있다. 재생산의 자유와 관련이 있는 쟁점을 보면, 인종과 계급이

---

1. Steve Baker, *Picturing the Beast: Animals, Identity and Representation* (Manchester, England: Manchester University Press, 1993), p. 83.

서로 다른 여성이 어떻게 사회적 억압을 경험하는지 알 수 있다.[2] 동물 옹호를 사회적 억압 분석 안에 놓는 일은, "우리는 모두 하나의 가르침"이라고 한 앨리스 워커의 인식을 확장한다.

그런데 중대한 문제가 남아 있다. 재생산의 자유를 추구하는 운동이 분명히 유색인 여성의 경험에서 발생하고 그 경험에 말을 거는 반면, 유색인 다수와 일부 진보적인 백인이 동물 옹호 운동은 의심의 눈초리로 바라본다. 동물 옹호 운동이 여러 형태의 인종과 계급 특권에서 기인하고, 또 그런 특권을 실제로 행한다고, 그럼으로써 일부 백인이 사회적 억압의 문제를 모른 척할 여지를 준다고 여긴다. 백인 동물 옹호론자들은 자기 자신을 동물의 입장에 놓음으로써, 다른 인간에게는 없고 자신에게만 있는 특권은 다루지 않는 걸까? 백인 동물 옹호론자들이 인간이라는 특권에 희생되는 동물과 동일시하는 까닭은 그것이 기꺼이 포기할 특권이기 때문인 반면, 인종과 계급 특권의 피해자와는 동일시하지 않는 까닭은 그것이 유지하고 싶은 특권이기 때문인지? 백인 동물 옹호론자들이 공감 능력 결핍이라는 원칙을 공장식 축산 돼지나 해부당한 원숭이가 대상일 때는 저버리지만, 사회의 우물 저 밑바닥의 얼굴을 한 인간들이[3] 대상일 때는 철저히 지키는지? 나아가, 동물의 목소리가 동

2. 이를테면 "10대 임신부들과 함께 일하기, 산전 건강관리 지지하기, 흑인 여성들의 높은 영아 사망률과 모성 사망률을 줄이기 위한 활동, 위험한 작업장, 인종주의, 불임 수술 남용, 그리고 폭력을 없애기 위한 조직적 활동, 에이즈 관련 활동, 남녀 동성애자의 권리 그리고 보육 접근성 확대"와 같은 쟁점이 있다. 다음을 보라. Marlene Gerber Fried, ed. *From Abortion to Reproductive Freedom: Transforming a Movement* (Boston: South End Press, 1990), p. x.

3. 데릭 벨(Derrick Bell)의 비유이다. 그는 "흑인은 사회의 우물 저 밑바닥에 자리 잡은 마

물 옹호 운동을 이론화하는 데 아무런 구실도 할 수 없기에, 동물 옹호가 발전시켜온 동물 관련 저항 정치는 억압받는 인간에게도 가부장적 온정주의를 이행할 가능성이 있진 않을까? 저항은 연대로 옮겨갈 수 있을까?

누구나 알고 있듯이, 현재 동물 옹호는 눈에 띄게 "중심부가 하얗게 탈색되었다." 동물 옹호 이론가들과 전국 단위의 지도자들은 백인이면서, 다수가 남성이다.[4] 벨 훅스가 지적하듯이, 모든 백인은 인종주의로 결속되어 있고,[5] 따라서 어떤 백인 집단이 한데 뭉칠 때는 이 백인다움이야말로 사람들을 하나로 묶는 끈이라는 의혹이 생기는 것도 당연하다. 그런데 백인이 압도적으로 많긴 해도 동물 옹호 운동은 단일한 운동도 아니고, 동물의 이익을 추구하는 활동을 하면서 반드시 "백인다움이라는 문화"를 더 선명하게 부각하지도 않는다.[6] 그럼에도, 인종주의적 억압에 적극적으로 저항하지 않는다면 백인 우월주의를 묵인한다고 볼 수 있을 것이다. 백인 동물 옹호론자가 사회적 억압에 맞선 도전을 지지하지 않을 때 다치게 될 사람은, 결국 자원이 없거나 부족한 이들이다. 백인 동물 옹호론자들은 각자, 사회적으로 억압받는 타자와 자신의 관계 속에서 자신이 한

술적인 얼굴들"이라고 말한다. *Faces at the Bottom of the Well: The Permanence of Racism* (New York: Basic Books, 1992).

4. "중심부가 하얗게 탈색되었다"는 베티나 압테커(Bettina Aptheker)의 표현으로, 다음을 재인용. Nancie Caraway, *Segregated Sisterhood: Racism and the Politics of American Feminism* (Knoxville: The University of Tennessee Press, 1991), p. 4.

5. 다음을 보라. bell hooks, *Feminist Theory: From Margin to Center* (Boston: South End Press, 1984), pp. 54-55.

6. 낸시 캐러웨이(Nancie Caraway)가 사용한 표현이다. *Segregated Sisterhood*, p. 22.

부분을 담당하고 있음을 무시할 수 없다.

'타자다움'의 정치

서구 사회에서 전형적으로 나타나는 문화적 관계 유형이 주체 대 대상의 관계임은 이미 말했다. 어떤 주체가 다른 주체를 대상으로 대할 수 있게 하는 권력의 격차는 **타자다움**otherness이라는 개념과 기능을 축으로 삼아 돌아간다. 타자다움은, 자신들의 유사성이 바꿀 수 없을 만큼 확실하다고 단언하는, 권력을 가진 이들을 하나로 묶는다. 그와 동시에 타자다움은, 이 타자다움의 표식인 차이(즉, 성별, 인종, 혹은 종에 기반을 둔 차이)가 무엇이 됐든 간에 철회할 수 없는 것으로 자리 잡게 한다. 줄레이마 탱 핼핀이 과학적 객관성에 관해 관찰한 작용을 일반화하자면, 과학적 객관성은 계급·인종·성별·종에 따라 여러 계층으로 구분되는 문화에서 지배적인 위치에 있는 이의 관점이라 할 수 있다. "'타자'란 그 자체로 '자아'의 반대라고, 따라서 본질적으로 가치가 더 낮다고 여긴다."[7] 캐럴라인 위트벡은 이를 "이른바 '서구 사상'의 많은 부분을 분명하게 보여주는 자아-타자 **대립 구조**"라고 밝힌다.[8]

---

7. Zuleyma Tang Halpin, "Scientific Objectivity and the Concept of the 'Other,'" *Women's Studies International Forum* 12, no. 3 (1989), p. 286.
8. Caroline Whitbeck, "A Different Reality: Feminist Ontology," in *Women, Knowledge, and Reality: Explorations in Feminist Philosophy*, ed. Ann Garry and Marilyn Pearsall (Boston: Unwin Hyman, 1989), p. 51.

인종을 통한 타자다움 구축과 관련해 킴벌리 크렌쇼는 이렇게 주장한다. "인종주의는 상징적인 '타자'라는 대립적 힘을 통해 통합이라는 환상을 만들어내도록 부추긴다. '타자'의 확립은 유대를 형성한다. 말하자면, 낙인찍히지 않은 모든 당사자에게 공동의 정체성이 급속도로 싹을 틔운다. 그리고 그들의 정체성과 이해관계를 타자와 대립하는 것으로 규정한다." 크렌쇼는 이 같은 타자다움의 역학이, 백인의 인종적 의식을 유지하고 영속하는 일에서 왕좌를 차지한다고 지적하면서, 그 이유를 이렇게 밝힌다. "뚜렷이 구별되는, 종속적인 '타자'에게 초점을 맞춤으로써, 백인은 자신을 지배적인 범위, 즉 대부분 실제 권력은 없고 특권적인 인종적 정체성만 있는 장 안에 들여 넣는다."⁹ 타자다움을 지정하기는, 어떤 이가 하위집단 내부에서 피상적인 동일성을 확고히 함으로써 권능을 부여하는 행위다.

인종주의의 동물화 담론

서로를 동일한 존재로 배치하는 이들에게 자격을 부여하는 게 타자다움이라면, 짐승이라는 개념은 어떤 이를 타자로 인식하고 그를 무력하게 하는 행위를 정당화하는 기능을 한다. 짐승 같은 것, 인간 이하의 것에 해당하는 표식이 존재하는 까닭은, 인간 남성다움

9. Kimberlé Crenshaw, "Race, Reform, and Retrenchment: Transformation and Legitimation in Antidiscrimination Law," *Harvard Law Review* vol. 101, 7 (May 1988), pp. 1372, 1381.

은 물론이거니와 백인다움을 구성하기 위해서다. 백인 우월주의적인 신념이 유색인 일반, 아프리카인, 구체적으로 아프리카계 미국인을 어떻게 묘사했는지 시인하지 않고서는, 요컨대 인간이 아니라(인간은 백인이므로) 짐승으로(짐승에 가깝게) 그렸음을 밝히지 않고서는, 누군가가 인간과 짐승 사이에 놓인다는 견해를 논할 수 없을 것이다. 유색인이라면 누구나 짐승처럼 그려져왔음에도 여기서는 아프리카계 미국인의 경험에 초점을 맞출 텐데, 내가 실제로 겪었기 때문이다. 나는 아프리카계 미국인을 상대로 한 인종주의적 짐승화 담론이 전형적이면서도 깨달음을 준다고 생각하긴 하지만, 모든 유색인이 서로 경험을 교환할 수 있다고 생각하지 않으며, 또 그렇게 암시하려고 하지도 않는다.

유럽계 미국인 남성다움은 '인간 이하'라는 정의를 사용해 성적 차이는 물론 인종적 차이를 표시하고, 성차별주의는 물론 인종주의를 제도화했다. '깜둥이'라는 표현에 관해 토니 모리슨은, "인간과 동물 사이의 영역을 점유하며, 따라서 심지어 특이성을 드러내 보이면서도 그 특이성을 억제한다"고 말한다.[10]

들로레스 윌리엄스는, 흑인을 (비록 "가장 고귀한 짐승"이긴[11] 하지

---

10. Toni Morrison, *Playing in the Dark: Whiteness and the Literary Imagination* (New York: Random House, 1993), p. 71.
11. Delores S. Williams, "African-American Women in Three Contexts of Domestic Violence," *Concilium: Violence Against Women* (London: SCM Press, Maryknoll: Orbis Books, 1994), p. 41. 이는 다음을 인용했음. *The Negro: What is His Ethnological Status* (1867), in *Anti-Black Thought, 1863-1925*, Vols. 5 and 6. ed. John David Smith. 다음도 보라. Winthrop D. Jordan, *White Over Black: American Attitudes Toward the Negro: 1550-1812* (Baltimore: Penguin Books,

만) 원숭이로 분류한 1800년대의 반흑인 주장이, "흑인과 관련해 미국인의 의식을 형성함으로써 오늘날까지도 흑인을 암컷과 수컷 짐승으로 여기도록 조장했고, 따라서 흑인 여성(과 흑인 남성)을 인간이라기보다는 동물처럼 대하고 학대하는 것"이라고 단호하게 주장한다.[12] 이원론적 존재론이 지배적인 상황에서 어떤 인간 집단을 비인간 동물과 동일시하는 것은, 그 인간을 더 쉽게 착취할 수 있도록 해준다. 핼핀이 지적하듯이, "'열등하다'는 딱지가 붙은 집단을 비록 명시적으로 여성과 동일시하지는 않더라도, 의도적으로 그 집단이 인간보다는(백인 남성이 인류의 원형임) 동물처럼 보이도록 만드는 식으로 동물과 비유하는 일은 흔하다."[13]

아프리카계 미국인을 검은 짐승으로 바라봄으로써, 유럽계 미국인 남성들은 두 가지 포르노그래피적 각본을 창작해냈다. 하나는 탐욕스러운 흑인 남성이 백인 여성에게 욕정을 느낀다는 것이고, 또 하나는 음탕한 흑인 여성이 인간과 짐승을 가리지 않고 누구하고든 관계를 맺는다는 것이다. 이 두 가지 발상은 모두 순수하고 순결하며 무성적인 백인 여성이라는 관념과 상호작용한다. "흑인 여성다움은 여성의 섹슈얼리티라는 상징체계의 구조 안에서 백인 여성다움의 반대편 끝에 놓였는데, 이는 흑인 여성을 특별히 노골적인 성욕 그리고 금기로 여기는 성행위들과 관련지어 생각함으로써 가능

1969), pp. 228-39.

12. Williams, "African-American Women in Three Contexts of Domestic Violence," p. 41.

13. Halpin, "Scientific Objectivity," pp. 287-88.

했다."[14] 흑인 남성은 백인 여성을 성적으로 위협하는 짐승이라고 여겼고, 이때 백인 여성다움은 백인 남성다움이라는 의식을 더욱 격상시키는 것으로 규정한다. 흑인 여성은 성적인 존재라고, 동물을 상대로 성관계를 포함해 무엇이든지 즐길 터이므로 성폭력을 당하는 게 가능하지 않은 존재라고 여겼다. 킴벌리 크렌쇼가 설명하길, "강간을 비롯해 성적 학대를 정당화한 것은, 흑인 여성이 끝도 없이 성을 탐하고, 난잡하게 성관계를 맺고, 흔히 대부분 유인원과 원숭이로 상상되는 동물과도 기꺼이 교미한다는 근거 없는 통념 때문이었다."[15] 아닌 게 아니라 윈스럽 조던이 결론짓길, "유인원과 흑인의 성적 결합에는 **반드시 흑인 여성**과 **남성 유인원**이 있어야 한다고 여겼다! 유인원은 흑인 **여성**과 성교를 했다."[16] 그러한 재현들은 백인 남성의 성 착취를 자초함은 물론 눈감아주었다.[17] 이 같은 재현들 때문에 오늘날에도 여전히 인종주의가 활개를 친다. 그리고 그 모습은 "흑인 여성을 강간하는 남성은 감옥에 갈 가능성이 가장 낮다"는[18] 데서부터, 백인 여성을 공격하는 흑인 남성 강간범 이미지가

14. Hazel V. Carby, *Reconstructing Womanhood: The Emergence of the Afro-American Woman Novelist* (New York: Oxford, 1987), p. 32.
15. Kimberlé Crenshaw, "Whose Story Is It Anyway? Feminist and Antiracist Appropriations of Anita Hill," in *Race-ing Justice, Engendering Power: Essays on Anita Hill, Clarence Thomas, and the Construction of Social Reality*, ed. Toni Morrison (New York: Pantheon Books, 1992), p. 411.
16. Winthrop D. Jordan, *White Over Black: American Attitudes Toward the Negro: 1550-1812* (Baltimore: Penguin Books, 1969), p. 238.
17. 다음을 보라. "Black Women and Porn," *WHISPER: Women Hurt in Systems of Prostitution Engaged in Revolt* 7, no. 1 (Spring 1993), p. 10.
18. Crenshaw, "Whose Story Is It Anyway?," p. 413.

지속해서 힘을 갖는다(이는 실제 통계상 발생 가능성이 가장 낮은 유형이다)는 데 이르기까지 다양하다.

반인종주의자가 동물화 담론을 맞닥뜨리다

젠더를 인종화**하면서** 동물화하는 동시에 인종을 젠더화**하면서** 동물화하는, '인간도 짐승도 아닌' 형상, 그리고 흑인 남성과 여성을 바로 그렇게 형상화하는 방식을 나 자신이 직접 목격했다. 1977년, 나는 주로 사회복지 수급권자, 농업 종사자 그리고 재정착 농업 종사자들과 함께 일하는 비영리기관의 책임자가 되었다. 나는 이 각 집단의 대표자들로 구성한 자문위원회를 결성해 약간의 책임 의식을 조성함으로써 일을 해나가고자 했다. 첫 회의에서 지역사회에 어떤 걱정거리가 있는지 물었을 때 가장 두드러진 쟁점은, 비용을 감당할 수 있는 제대로 된 주택이 필요하다는 것이었다. 같은 시기, 주로 시내 백인 거주 지역에 저소득층을 대상으로 주택을 공급하려던 사업을 백인 중심의 시 정부가 거부했다. 나는 백인들이 주택 공급 예정 구역의 집집이 "당신 딸이 흑인 남자한테 강간당하면 좋겠어요?" 하고 묻고 다닌다는 것을 알게 되었다. 백인 인종차별주의자들이 생각하는 전형적인 강간 각본이었다. 흑인 남성 강간범이라는 환영幻影은, 20세기 초에 흑인 사업가나 다른 자유인 신분의 흑인 남성을 린치하면서 내세우는 핑곗거리로 활용되었다. 흑인 남성 강간범이라는 환영을 앞세운 전형적인 강간 각본을 소환해 저소득층 주택 공급 요구를 좌절시켰다. 이 전형적인 강간 각본은 우리 공동체를 하나로 뭉치게 하면서도 우리가 좀처럼 인정하지는 않는 신화가 되었다.

이처럼 공포 분위기를 조성하는 전술은 당연히 강간에 관해 진실을 말해주지 않았다. 가장 빈번하게 발생하는 강간 유형은 지인, 즉 남편, 전남편, 연인, 남자 친구에 의한 강간이다.[19] **여성은 자기가 아는 남성한테서 두려움을 가장 많이 느낀다.** 여성들이 같은 인종 안에서 충분히 안전하지 못하다는 사실을 지배문화는 인정하지 않으며, 인종주의적 신화가 흑인 남성을 이런 지배문화의 희생양으로 만든다. 흑인이 백인을 강간한다는 신화의 영향력 속에서, 유색인 여성 강간 피해자들의 물질적·정서적·정신적 요구는 일반적으로 무시당한다. 흑인이 마구잡이로 백인을 공격한다는 **공포**는, 같은 인종 안에서 여성을 학대하고 인종 테러의 형태로 백인이 흑인을 강간하는 **실상**보다 우위를 차지한다.[20] "흑인 여성이 백인 남성에게 강간을 당할 때는 일반 여성으로서가 아니라 특별히 흑인 여성으로서 강간을 당한다. 흑인 여성은, 여성이기 때문에 인종차별적인 지배구조에서 성적으로 취약한 동시에 흑인이기 때문에 실질적으

---

19. 다음을 보라. Diana E. H. Russell, *Rape in Marriage: Expanded and Revised Edition with a New Introduction* (Bloomington and Indianapolis: Indiana University Press, 1990), pp. 64-65.
20. 다음도 보라. Angela P. Harris, "Race and Essentialism in Feminist Legal Theory," in *Feminist Legal Theory: Readings in Law and Gender*, ed. Katharine T. Bartlett and Rosanne Kennedy (Boulder: Westview Press, 1991). 앤절라 해리스 (Angela Harris)는 "흑인 여성이 경험하는 강간의 전형은 역사적으로 부엌이나 침실의 백인 고용주와 관련이 있다"(p. 246)고 지적한다.

로 아무 보호도 받지 못했다. 이처럼 백인 남성의 권력은 사법제도에 따라 한층 더 강해졌는데, 백인 남성이 흑인 여성을 강간했다는 사유로 무사히 유죄 판결을 받는 일은 사실상 상상도 할 수 없었기 때문이다."[21]

폴 호크의 『하얀 영웅, 검은 야수』에서는 "늘 발기한 상태인 흑인 사내가 순결한 백인 아가씨를 공격한다는 위협이 300년 넘게 미국 남부의 신화를 지배해왔다"고[22] 평한다. 그런데 사실은 이런 일들이 뉴욕주 북부 소도시에서도 일어나고 있었다. 내가 이 공동체의 인종주의에 반대하고 아프리카계 미국인 지도자들과 연대하며 10년 동안 활동을 이어가게 된 게 이때부터였다. 이처럼 반인종주의적인 일에 관여하자, 예상대로 인종차별주의자, 성차별주의자인 백인들은 사납게 반응했다. 그들이 흑인 남성을 인간도 짐승도 아닌 존재로 배치하는 방식을 곰곰이 생각해보건대, 두 가지 사례가 두드러진다. 주택 공급에 반대한 백인들이 모인 한 회의에서 백인 남성들이 "캐럴 애덤스와 그의 덩치 큰 검은 수컷들"을 이야기했단다. [수컷buck: "사슴, 영양, 또는 토끼와 같은 일부 동물에서 다 자란 남성 …

---

21. Kimberlé Crenshaw, "Demarginalizing the Intersection of Race and Sex: A Black Feminist Critique of Antidiscrimination Doctrine, Feminist Theory, and Antiracist Politics" in *Feminist Legal Theory: Readings in Law and Gender*, ed. Katharine T. Bartlett and Rosanne Kennedy (Boulder: Westview Press, 1991), pp. 68-69. 다음도 보라. Paula Giddings, *When and Where I Enter: The Impact of Black Women on Race and Sex in America* (New York: William Morrow, 1984), p. 86.

22. Paul Hoch, *White Hero, Black Beast: Racism, Sexism and the Mask of Masculinity* (London: Pluto Press, 1979), p. 44.

모욕적인 표현임. 아메리카 원주민 혹은 흑인 남성을 비하하는 용어로 씀." (『아메리칸 헤리티지 영어 사전The American Heritage Dictionary of the English Language』)]

지역 라디오 방송국 한 곳을 소유한 사람이 바로 이런 인종차별주의적인 백인 집단과 관계가 있는 남성이었다. 하워드 스턴이 편협한 발언을 자유분방하게 하는 토크쇼에서 내 이야기를 다뤘다.[23] 한 청취자가 짐작하길, 내가 기혼인데도 결혼 전 성을 계속 쓰는 것은 내가 흑인 남자와 결혼했기 때문이라고 했다. (백인 여성이 남편 성을 쓰지 않을 이유를 설명하는 백인 인종차별주의자의 논리라니!) 그렇다면 내가 당면한 딜레마는 이러했다. 만약, '아니다, 난 흑인 남성과 결혼하지 않았다'라고 말하면, 흑인 남성과 결혼할 수도 있다는 생각을 부인하는 양 보일 터이기 때문에 인종주의를 영속한다고 해석할 것이다. 반면, 그런 추측을 무시하면서 내 삶에 이처럼 추잡하게 관심을 보이는 행태에 대응하지 않으면, 아무 대응이 없으니 그들은 어떤 은밀한 시선을 거두지 않을 것이다. 은밀함은 내 동기를 추측하도록 부채질할 터였다. 어느 쪽이든 간에 그들의 관심사는 '애덤스가 어떤 종류의 남성에게 딸려 있을까?'였다. 그들의 욕망은 나를 남성이 규정하는 공간 안에 두는 동시에 내 평판을 떨어뜨릴 방법을 찾는 것이었다.[24]

---

23. [옮긴이] 하워드 스턴(Howard Stern)은 미국의 진행자, 배우, 코미디언으로서, 그가 진행한 〈하워드 스턴 쇼〉는 1986년부터 20년간 뉴욕시 지상파 라디오에서 전국으로 방송하면서 폭넓은 인기를 얻었다.
24. 이 딜레마를 낱낱이 파헤칠 수 있도록 도와준 메리 헌트(Mary Hunt), 마리 포춘(Marie Fortune), 그리고 캐슬린 칼린(Kathleen Carlin)에게 고마움을 전한다.

백인 인종차별주의자들은 내 흑인 동료들과 나를 다 추잡스럽게 성적으로 표현함으로써만 내가 하는 운동을 설명할 수 있었는데, 이는 인종주의란 본질적으로 성애화된다는 조엘 코벨의 논평을 입증해주는 듯하다. 백인 여성에게 접촉했다, 가까이 다가왔다, 쳐다봤다, 쳐다본다고 생각했다, 말대꾸했다 등등, 흑인 남성에게 따라붙는 강간 혐의를 열거하면서, 코벨은 이렇게 이야기한다. "증거가 산더미처럼 쌓이고 쌓여, 인종주의적 심리학이란 근본적으로 성애화하는 속성이 있음을 뒷받침한다."[25] 아프리카계 미국인 남성들이나 나나 성적인 것 이외의 동기를 가지고 행동한다는 생각은 인정받을 수 없었다. 내 반인종주의적 활동 때문에 나는 더는, 탐욕스러운 흑인 남성을 위해 준비된 표적물이라고들 하는 백인 동네 여자아이들처럼 순결한 백인 아가씨로 자리 잡을 수 없었다. 이제 나는 처녀가 아니라 창녀였다. 하지만 여전히 나는 백인으로서 이 백인 남성들의 환상 속에서 아프리카계 미국인 남성을 ('그의 덩치 큰 검은 수컷들'을 언급할 때 '그의'라는 소유격에서 알 수 있다시피) '소유할 권리'를 부여받았다. 백인 여성인 나는, 여기서 언급하고 있는 흑인 남성들보다는 주체성과 독자성을 더 많이 부여받은 것이다. 이같은 백인의 인종차별주의 담론에서 완전히 지워진 존재가 흑인 여성인데, 흑인 여성이 사실상 소송에서 원고 측 대다수를 차지했다.

25. Joel Kovel, *White Racism: A Psychohistory* (New York: Vintage Books, 1971), p. 67. 다음도 보라. Jordan, *White Over Black*, pp. 154-63. 또, Cornel West, "Black Sexuality: The Taboo Subject," in *Race Matters* (New York: Vintage Books, 1994), pp. 117-31.

이런 담론은 우리 공동체가 저지르는, 세련되지 못하고 '차원이 낮은 기술의 린치' 유형이었다. 아닌 게 아니라 조지 M. 프레드릭슨은 이렇게 주장한다. "이루 말할 수 없을 만큼 혐오스러운 린치 관행을 비판할 때 이에 맞설 유일한 길은, 흑인 다수가 말 그대로 사나운 짐승으로서 이례적으로 성욕이 강하고, 유전적으로 범죄 성향이 있다고 주장하는 것이었다."[26] 흑인을 동물화함으로써, 린치라는 비인간적이고 파괴적인 폭력이 정당화될 수 있었다. 그리고 바로 오늘날도 마찬가지로 피해자를 짐승화하는 인종주의는 모두 스스로 자기 정당화를 가능하게 한다.

자유를 개념화하기
—인간 중심적이며 인종차별적인 방식으로

위계적인 사회질서 속에서 어떤 집단이 동물과 결부된다는 것은, 해당 집단의 무력함, 경제·사회적 착취 가능성을 드러내는 표식으로 작용한다. 윈스럽 조던은 흑인-유인원의 연상작용이 "흑인과 백인 사이의 사회적 거리를 나타내는 한 수단"으로 기능했다고 주장한다. 조던은 그럼에도 이렇게 경고한다. "미국 식민지 주민들이 유럽 과학자들과 선교사들 이상으로 흑인을 짐승이라 여긴

---

26. George M. Fredrickson, *The Black Image in the White Mind: The Debate on Afro-American Character and Destiny*, 1817-1914 (New York: Harper, 1971), p. 276.

건 아니다. 만약 **정말로** 그렇게 여겼다면, 백인과 흑인 사이의 성교 miscegenation는 항문 성교[말하자면 수간]였을 터이므로 엄격하게 처벌했을 것이다."[27] 현실은 그렇지 않았다. 백인 중심의 미국 문화에서 필요한 것은, 동물과 비교할 수는 있지만 동물은 아닌 사람들이었다.

동물처럼 대할 수 있지만 동물은 아닌 사람들, 자유와 민주주의가 중심 원칙이라고 선언하는 나라에서 부자유한 유색인들, 이처럼 눈에 띄는 사람들의 존재는 백인들에게 강력한 자기지시적 가능성을 제공한다. 토니 모리슨이 단언하듯이, "흑인다움**과** 노예화를 구축하는 과정에서 보이는 것은 단지 부자유한 상태뿐만이 아니라, 피부색이 만들어내는 팽팽한 양극성, 즉 내가 아닌 존재의 투영이다."[28] 모리슨은 백인이 말하는 자유의 "기생적인 본성"을 포착한다.[29] 자신이 자유롭다는 것을 미국 백인이 알았던 건, 그들 사이에 노예 상태의 아프리카인이 있었기 때문이다. 백인의 자유와 흑인 노예제는 상호의존적이었다. 모리슨이 밝히길, "자유라는 개념은 진공 상태에서 등장한 게 아니다. 노예제만큼 자유를—노예제가 자유를 실제 만들어낸 게 아니라면—강조한 건 없다."[30] 이 책의 제언으로 사용한 앨리스 워커의 글에서는 블루라는 말을 두고 이렇게 이야기한

---

27. Jordan, *White Over Black*, pp. 239, 232. 그러나 인종 간 성교(miscegenation)는 인종이 서로 다른 두 사람 사이의 **공개적인** 관계에서는 사회적 금기라 여겼음에도, 백인 남성이 흑인 여성을 성폭행하고 강간하는 행위는 백인 여성 다수를 포함해 백인 일반이 용납했다는 사실도 잊지 말아야 한다.
28. Morrison, *Playing in the Dark*, p. 38.
29. 같은 책, p. 57.
30. 같은 책, p. 38.

다. **"과연 백마지**, 자유의 이미지 그 자체는 말이야." 모리슨은 이 사실을 통렬하고도 안타까울 만큼 투명하게 밝힌다.

비인간 동물의 지위는 너무나 완벽하게 하락했기 때문에, 인종적으로 눈에 띄는 인간과는 달리 자유라는 관념에 관해 앞서 말한 바와 같은 개념적 균형추를 제공하지 않는다. 자유라는 개념을 동물에게 적용한다고? 이런 발상이 터무니없어 보이는 이유는, 다수가 생각하기에 동물은 그와 같은 개념을 자신에게 유의미한 것으로나 적용할 수 있는 것으로 만드는 의식이 없기 때문이다. (그러므로 당연히 '동물권'과 '동물해방'을 주장하는 논의가 왜 그렇게 자주 조롱당하는지 납득이 간다.) 자유와 노예제의 상호의존적인 속성은, 노예 상태의 **인간이** 자유로운 인간에게 인간으로서 가지는 지위의 향상을 비춰준다는 사실에서 발생한다. 대상으로 대접받고 착취당하는 동물은, 종을 구별하는 장벽 때문에 이 같은 지위 향상을 확실하게 제공해줄 수 없다.

우리는 관습적으로 억압이 인간을 **비인간화하고** 동물로 전락시킨다고 말한다. 그러나 억압이 동물을 비인간화할 수는 없다. 동물은 전적으로 인간이 아닌 존재다. 따라서 인간의 자질들을 가지고 있다고 인정하지 않고, 그러므로 그런 것들을 부정당할 수도 없다. 그런 인간의 자질들이 존재론적으로 부재한다고 가정함으로써, 선험적으로 동물을 비인간으로 규정한다.

인간을 대상으로 한 억압에 저항하려면, 인간의 '인간다움'을 알아보고 지켜야 한다. 하지만 우리는 이 인간다움을 어떤 것을 부정하는 형태로 확립한다. 노예 상태의 흑인이 존재했기 때문에 미국 백인이 자기가 자유로움을 안 것과 마찬가지로, 억압받는 인간은 자신이 비교당하고, 유사하게 대접받지만, 결코 진정으로 똑같지는 않은 동물과 자신 사이의 거리를 선언함으로써 자신의 인간다움을 확인한다. 억압에 맞서 고군분투하는 이들이 격렬하게 항의할 때, "우리는 짐승이 아니다, 우리는 인간이지 동물이 아니다!"라는 선언이 등장한다. 서구 문화에서 주요한 개념화가 인간 중심적인 성격을 띠고 있음을 생각하면, 이 같은 대응도 놀랍지 않다. 서문에서 지적했듯이, 이는 페미니스트들이 일찍이 여성의 권리와 자유를 호소하는 데 버팀목이 된 주장이었다.

인종차별적이고 성차별적인 태도들은 다른 존재들을 짐승에 가깝게 배치함으로써 으레 엘리트 백인 남성들에게 유리한, 탄력적이고 유동적인 종 개념을 드러낸다. 반인종주의적, 반성차별적 이론은 인간/동물 분리에 기반을 둔, 피할 도리가 없는 인간중심주의를 그토록 확정적으로 받아들일 것인가? 그리하여 **최종적으로** 인간은 인간으로 확정하고, 따라서 암묵적이지만 확고하게 다른 모든 동물은 '동물'로 배치할 텐가? 『아메리칸 헤리티지 영어 사전』(3판)이 실은 짐승의 유의어들을 생각해보라. "**야수, 동물, 금수 같은, 야만적인, 불쾌한, 흉포한**. 이 형용사들은 인간보다는 하등동물의 특징에 더 들어맞는다." 저항운동은, 이 형용사들을 반드시 동물에게만 적용하도록 함으로써 동물을 열등한 지위에 두는 위계질서를 더 선명하게 만들 것인가?

지배의 연동 체계

서문에서 나는 논의에 관여하는 어느 누구를 이원론의 한쪽에서 다른 한쪽으로 다시 놓고 보기보다 인간/동물 이원론 자체에 의문을 제기하는 진보적 페미니즘의 입장이 자유주의 페미니즘의 대안일 거라고 주장했다. 그런데 논의 당사자들을 급진적으로 다시 놓고 보는 일은 실제로 필요하다. 이는 보편적인 차이와 절대적인 타자다움을 확인하는 방식의 인간/동물 이원론을 중심축으로 삼지 않는다. 그보다는 이렇게 위치를 조정하는 과정에서, 또 그 결과로서, 피부색은 장벽의 성격을 상실하고, 그와 마찬가지로 '동물'은 그들의 타자다움을 벗고서 '그들'이나 '그것들' 집단이 아니라 '우리'로서 인간 동물과 하나가 될 것이다. 그와 같은 급진적인 위치 조정에 당면해 우리가 다뤄야만 하는 질문은, 무엇이 '동물다움'을 이루는지, 누가 동물인지가 아닐 것이다. 다만, 일부 인간과 모든 동물을 '타자들'로 그려왔다는 사실을 생각하면, 우리가 해야만 하는 질문은 제국주의자나 본질주의자가 되지 않으면서도, 또 우리 삶의 특이성을 무시하지 않으면서도 어떻게 우리 자신을 '우리'로 생각할 수 있느냐 하는 것일 테다.[31]

　지배문화의 가치에 도전하는 것을—또 이런 도전 속에 우리 각자의 행동이 자리 잡게 하는 것을—내 목표로 삼아왔기 때문에, 나는 잠재적 공격으로 받아들일 가능성이 있는, 개인을 대상으로 한 미

31.　이러한 질문을 제기할 수 있도록 도와준 메리 헌트에게 고마움을 전한다.

시적 비평이 아니라 문화를 대상으로 한 거시적 분석을 계속하려고 한다. 이를테면 6장, 「페미니스트의 동물 거래」에서, 페미니즘 **학회**에서는 어떤 음식이 나와야 하느냐는 문제를 다루는 것도 그 때문이다. 나는 동물 옹호 쟁점을 두고 대화할 수 있다고 생각한다. 그리고 그런 대화는 외부에서 부과하는 게 아니라, 공동체 내부에서 생기는 쟁점을 두고 함께 고민하는 공통의 터전에서 자라난다고 생각한다. 그런 대화는 우리가 정의를 위해 공동으로 헌신한다는 인식을 토대로 삼아 유기적으로 발전해나가야만 한다. 다만, 백인 동물 옹호론자들은 '동물은 소중하다'와 같은 개념의 소유권을 포기해야만 할 것인데, 왜냐하면 그런 개념이 맥락에 따라 다르게 바뀔 수 있기 때문이다.[32]

우리는 공동체 내부에서 의미가 있는 이야기들에 관심을 가져야 하지, 다른 의제를 추진하려고 가로챈 이야기들에 눈길을 주어선 안 된다. 우리가 관심을 가져야 하는 논의의 본보기는 정체성이란 가산적이지 않다는 인식에서 찾아볼 수 있다. 이를테면, 어떤 이를 여성±흑인±빈곤층 같은 식으로 이야기할 수 없다. 킴벌리 크렌쇼는 가산적인 접근법의 실패를 이렇게 설명한다. "교차적인 경험이 인종주의와 성차별주의의 합보다도 더 크기 때문에, 교차성intersectionality을 고려하지 않는 분석은 흑인 여성들의 특정한 종속 방식을 충분히 다룰 수 없다."[33] 퍼트리샤 힐 콜린스는 이렇게 주장한다.

---

32. 1994년 5월에 나눈 대화에서 앤디 스미스(Andy Smith)가 내놓은 통찰이다.
33. Crenshaw, "Demarginalizaing the Intersection of Race and Sex," p. 58.

가산적인 방식의 억압 모형은 유럽 중심의, 남성 우월주의적 사유에서 비롯한, 이것 아니면 저것이라는 이분법적 사고방식에 단단히 뿌리박고 있다. ⋯ 젠더를 출발점으로 삼은 다음에 연령, 성적 지향, 인종, 사회 계층, 종교와 같은 다른 변수들을 더해가는 방식 대신, 흑인 페미니즘 사상은 이 같은 독특한 억압의 체계들이, 모든 것을 덮는 어떤 지배구조의 일환이라고 본다. ⋯ 인종, 계층, 젠더를 억압의 연동 체계로 보는 게 중요한 이유는, 그와 같은 접근법이 예컨대 연령, 성적 지향, 종교, 민족성과 같은 서로 다른 억압을 포괄적으로 사고하는 패러다임의 전환을 촉진하기 때문이다.[34]

억압들이 어떻게 서로 관련되어 있는지에 초점을 맞추면, 동물 문제를 제기할 여지가 생긴다. 정체성이 가산적이지 않음을 인식하면, 벨 훅스가 "지배의 연동 체계," 곧 "지배의 정치"라고 한 것에 우리는 집중하기 시작한다. "지배의 정치"란 지배의 연동 체계를 가리키기도 하고, 그와 동시에 "그 체계가 공유하는 이데올로기적 근거, 다시 말해 지배를 향한 신념, 그리고 우월과 열등이라는 관념을 향한 신념, 즉 그 모든 체계의 구성 요소를 가리키기도 한다. 나에게 이는 하나의 집과 같다. 억압의 연동 체계는 이 집의 토대를 공유하는데, 그 토대란 지배관념 구축의 중심점이 되는 이데올로기적 신념들

34. Patricia Hill Collins, *Black Feminist Thought: Knowledge, Consciousness, and the Politics of Empowerment* (Boston: Unwin Hyman, 1990), pp. 222, 225. 다음도 보라. Deborah H. King, "Multiple Jeopardy, Multiple Consciousness: The Context of a Black Feminist Ideology," *Signs: Journal of Women in Culture and Society*, 14. no. 1 (1988), pp. 42-72.

이다."[35] 이와 유사하게, 페미니스트 신학자이자 성서학자인 엘리자베스 쉬슬러 피오렌자는 가부장제를 남녀의 지배구조로 보지 않으며, 그보다는 "이 용어를 고전적인 의미에서 해석해야 한다. 특히 젠더, 인종, 계급, 종교적이고 문화적인 분류 체계, 그리고 기타 지배의 역사적 형성물들에 따라서 여러 계층으로 구분 지은, 지배와 종속의 복잡한 피라미드형 정치 구조로 이해해야 한다"고 주장한다.[36]

정체성은 가산적이지 않고 서로 맞물려 있기 때문에, 나는 억압받는 인간의 지위와 동물의 지위를 비유하는 일에는 교차점에 관해서만큼 관심이 있지 않다. 비유는 그 자체로 기생적일 수 있다. 하지만 교차적인 사고 속에서는, 백인 우월주의적이고 종차별주의적인 가부장제의 토대로 현존하는 공통의 이데올로기적 신념을 인지할 수 있다. 이를테면 아프리카계 미국인을 대상으로 한 인종주의를 분석하는 일은, 동물을 대하는 태도가 인간의 억압과 맞물리는 특수한 방식, 또 가산적인 억압 개념을 거부할 근거, 둘 다 시사한다. 그런데 **수컷**buck이 사전적 정의에서 흑인 남성과 아메리카 원주민 남성을 다 모욕하는 말임이 드러났듯이, 유색인은 누가 되었든 백인 우월주의 지배 정치의 표적이 될 수 있고, 또 실제로 그래왔다. 인종주의가 흑인을 두고 동물화 담론을 사용할 때, 이는 우월주의적 이데올로기가 어떻게 타자다움(인종과 종)의 형태들을 교차시켜

---

35. bell hooks, *Talking Back: Thinking Feminist, Thinking Black* (Boston: South End Press, 1989), p. 175.
36. Elizabeth Schüssler Fiorenza, *But She Said: Feminist Practices of Biblical Interpretation* (Boston: Beacon Press, 1992), p. 115.

더 선명하게 하는지 잘 보여준다. 그러한 이데올로기적 관행이라는 토대는 여타 유색인을 인종차별적으로 대우하는 행태 역시 뒷받침했다. 그러므로 반드시 억압의 방법론과 압제자의 지형을 모두 주시해야 한다. 에코페미니즘은 그와 같은 접근법을 제시한다.

에코페미니즘과 연대

에코페미니즘은 부와 권력을 잘못 분배하는 일, 그리고 그것이 자연을 남용하는 일과 어떻게 관계를 맺고 있는지 인식한다. 사회 지배와 자연 지배는 상호의존적이다. 나아가 에코페미니즘의 접근법은 인종차별적 환경정책을[37] 규정하고 폭로하며, 또 이에 도전하는 유색인 환경운동과 공동의 기반을 모색한다. 에코페미니즘의 초점을 기술하는 과정에서 캐런 워런은 "지배의 논리"를 밝히는데, 이 지배의 논리에서는 차이들이 우월과 열등의 의미들을 실어 나른다고 보며, 도덕적으로 우월한 것이 그렇지 않은 것을 종속시키는 일

---

[37]. 다음을 보라. Robert D. Bullard, *Confronting Environmental Racism: Voices from the Grassroots* (Boston: South End Press, 1993). [인종차별적 환경정책 혹은 환경 인종주의(environmental racism)는 1982년, 아프리카계 미국인 민권운동 지도자인 벤저민 차비스(Benjamin Chavis)가 만든 용어다. 그는 이 용어를 제시하면서 환경정책 수립, 규정과 법률 집행에서의 인종 차별, 유색인 공동체를 의식적으로 겨냥한 유독성 폐기물 시설 유치, 유색인 공동체 내부에 생명을 위협하는 독극물과 오염 물질의 공식 허가, 생태운동 지도부에서 유색인을 배제해온 역사를 이야기했다. 실제로 인종차별적 환경정책은 다양한 형태로 나타날 수 있으며, 저소득층 지역사회 전반이 이와 관련된 문제들을 직면하고 있지만, 인종은 보통 환경오염에 얼마나 근접하느냐를 보여주는 신뢰할 만한 지표다.―옮긴이]

을 윤리적으로 정당화한다.

에코페미니스트들은 젠더, 인종, 민족, 계층적 지위에 따라 인간을 지배하는 일을 정당화하는 지배의 논리 비슷한 것이 자연을 지배하는 일을 정당화하는 데에도 쓰인다고 주장한다[자연차별주의 naturism]. 지배의 논리를 없애는 것은 페미니즘적 비판의 일부분이기 때문에—그 비판의 대상이 가부장제든, 백인 우월주의적 문화든, 제국주의든—에코페미니스트들은 **자연차별**을 페미니즘 연대운동에서 필수적인 부분으로 바라보는 게 적절하다고, 그래야 성적 억압과 그것의 개념적 기초가 되는 지배의 논리를 끝낼 수 있다고 주장한다.[38]

지배의 논리가 뒷받침함으로써 타자가 탄생한다. '내가 아닌' 타자를, 구체적으로 드러나는 차이 때문에 '~보다 못하다'라거나 '~보다 열등하다'라고 규정할 때, 배타적으로 규정한 동일성이 부정을 통해 '나의' 지배를 구성하고 거기에 권능을 부여함을 알 수 있다.

에코페미니즘은 여성들의 단일한 목소리를 전제하거나 상정하지 않는다. 전 세계에서 서로 다른 관점을 가진 다양한 저자들이 에코페미니즘 이론을 만들고 운동을 하고 있다. 우리는 다른 여성들과 통합해야 한다고 이야기하면서 우리 사이의 차이를 지우려 하지도, 이 차이에서 발생하는 각양각색의 경험을 평면화하려고 하지도 않

---

38. Karen J. Warren, "The Power and the Promise of Ecological Feminism." *Environmental Ethics* 12 (Summer) 1990, p. 132.

는다.[39] 우리는 억압을 유발하고 정당화하는 '타자화'에 맞서 연대를 이야기한다. 억압의 연동 체계와 억압의 타자화 담론을 인식하면, 앨리스 워커의 주장대로 "우리가 하나의 가르침"임을 이해할 수 있다. 그런 다음에야 비로소 우리 개개인이 경험하는 억압을 해석할 적절한 틀을 찾을 수 있다.

억압 체계 안에서 우리는 때로 피해자이기도, 다른 때는 압제자까지는 아니더라도 억압의 수혜자이기도 하다. 동물을 옹호하는 유럽계 미국인들은 이런 다중적 정체성을 인정하고, 정확히 각각의 정체성이 인종적이고 계급적인 체계에서 어떻게 혜택을 입는지 인식해야 한다. 이와 마찬가지로 남성도 자신이 가부장적 지배체제에서 어떻게 혜택을 입는지 알아야 한다. 지배의 연동 체계라는 틀 속에서 특권과 억압은 공존한다. 우리 자신이 백인 우월주의적 가부장제에 억압받으면서도 타자들, 특히 동물을 억압함으로써 이익을 얻을 수도 있다.

연관성에 살을 붙여 나가다

흑인 사업가를 린치하는 동기가 된 물리적 근거가 존재했듯이, 인

39. 다음을 보라. María Lugones, "Playfulness, 'World'-Travelling, and Loving Perception," in *Making Face, Making Soul: Haciendo Caras—Creative and Critical Perspectives by Women of Color*, ed. Gloria Anzaldúa (San Francisco: An Aunt Lute Foundation Book), pp. 390-402.

종주의의 비인간화 정치 배후에도 물리적 근거가 숨어 있다. 땅과 자원을 지배하려는(또 지배를 정당화하려는) 욕망이 짐승화 담론에 자주 동기를 부여한다. 더구나 짐승의 이미지는 육체노동 수행과 결부된다. 짐을 끄는 짐승들, 특히나 노새와 황소는 무식하게 중노동을 한다는 식이다. 유색인이 가장 잘하는 일이 육체노동이라는 가정은, 그들에게 짐승의 모습을 투영한 단면**이자** 결과다. 퍼트리샤 힐 콜린스의 말대로, "동물처럼 대접받는 것의 성적, 인종적 차원도 중요하지만, 이런 대우의 밑바탕인 경제적 토대가 대단히 중대하다. 동물은 경제적으로 착취당하고, 혹사당하고, 팔려 가며, 죽임을 당하고, 소비된다."[40] 바로 이 지점, 즉 팔려 가고, 죽임을 당하고, 소비되는 동물을 가지고 물리적으로 살점을 생산해내는 일을 살펴보면, 유색인을 육체노동자로 지정한 짐승화 담론의 효력이 오늘날에도 발생함을 알 수 있다.

북미 지역에는 노조에 속하지 않은 정육업계 노동자가 약 5만 4000명 있다. 이들 대부분이 고등학교까지 마쳤거나 혹은 그보다 교육 수준이 더 낮은 흑인, 히스패닉, 또는 프랑스어권 민족 출신 여성들이다. 미국에서는 정육업을 열 가지 최악의 직업 중 하나로 인식하는데, 특히 여성들에게 그러하다. "퍼듀의 도축장 노동자는 대부분 가난한 여성으로, 시간당 대략 5.5달러를 받고 일한다. 노스캐롤라이나주 출신 한 노동자는 이렇게 말했다. '우리 대다수가 우리 펫한테 더 잘해줘요, 퍼듀가 자기 노동자를 대하는 것보다는.' 그는

---

40. Collins, *Black Feminist Thought*, p. 171.

불결한 노동 환경, 성적 괴롭힘, 그리고 피고용인의 노동재해를 못 본 척하거나 제대로 다루지 않는 일을 상세히 이야기했다."[41]

정육업은 갈수록 중앙집중화해왔다. 노조를 강력하게 반대하는 소수의 대기업이 업계의 임금과 수당을 억제해왔다. 기술 향상으로 업계 전반의 생산이 가속화한 결과, 미국에서 가장 위험한 일자리를 낳았다.[42] 미국에서 정육업은 직업별 노동재해 발생률이 두 번째로 높은 산업이다.[43] 미국 노동부에 따르면, "양계업 종사자의 거의 4분의 1이 매년 산업재해로 고통받는다."[44] 부분적으로는 잦은 부상 때문에 매년 미국과 캐나다 정육 공장 직원의 이직률은 60% 가까이 되고, 양계장에서는 100%일 정도로 높다. 전미식품상업노동조합United Food and Commercial Workers' International Union의 엘리노어 케넬리 Eleanor Kennelly는, "정육 공장은 이제껏 당신이 본 적 없거나 상상하지 못할 모습이다. 마치 지옥을 보는 것 같다"라고 말했다.[45] 1991년, 노스캐롤라이나주의 한 닭 가공 공장에서 화재가 발생해 노동자 스물다섯 명이 사망했는데, 대다수가 빈곤층 여성이었다.

전체 양계 노동자의 95%가 흑인 여성이며, 동작의 반복과 스트

41. "The P. Word," *Bunny Huggers' Gazette*, no. 13 (1992), p. 14. [프랭크 퍼듀에 대해서는 1장 「육식」, 각주 26번 참조.─옮긴이]
42. Tom Juravich, "The Ten Worst Jobs Today Are Not the Dirtiest Ones," *Buffalo News*, March 13, 1991.
43. 자세한 정보는 다음을 보라. Jeremy Rifkin, *Beyond Beef: The Rise and Fall of the Cattle Culture* (New York: Dutton, 1992), pp. 125-31.
44. Michael W. Fox, *Farm Animals: Husbandry, Behavior, and Veterinary Practice (Viewpoints of a Critic)* (Baltimore: University Park Press, 1984), p. 41n.
45. 다음을 재인용. Jeremy Rifkin, *Beyond Beef*, p. 127.

레스로 손목터널증후군 그리고 그 밖의 질환을 앓는다. 이들은 "폐 총잡이"로서 시간당 닭 5000마리의 장기를 긁어내고, 막 도살한 닭의 폐를 빼내야 한다.[46] 소비 목적으로 죽은 동물을 생산해내는 노동자 대부분은 이런 직업을 적극적으로 선택한 게 아니다. 아프리카계 미국인 활동가이자 작가인 베벌리 스미스Beverly Smith는 닭 공장에서 일하는 빈곤층 흑인 여성에 관해 이렇게 말한다. "그들은 자신이 하는 일 때문에 건강상 엄청난 위협을 받고 있지만, 생계 수단이나 직장 생활에서 통제권을 가지고 있지 않아요. '기업 변호사가 될수도 있지만, 까짓것, 화장실 청소 일이나 할래'라거나, '대학교수가될 수도 있지만, 닭을 토막 내는 일을 하지 뭐' 하고 자기가 정하는게 아니거든요."[47]

'고기'라는 질량명사는 시체 소비를 가능하게 하는 파괴 과정을 완곡하게 표현하는 것 말고 다른 일도 한다. 바로, 이 과정이 자연스럽게 일어나지 않는다는 사실을 감춘다. 이 파괴 과정을 실제 행동으로 옮기기 위해 지배문화는 누구를 고용할까? 인종·성별·계급 때문에 가장 억압받는 이가 중간자, 즉 동물을 식품으로 변형하는자가 된다. 여기서 지배의 연동 체계가 성별, 계급, 인종, **그리고** 종

46. 다음을 보라. Elayne Clift, "Advocate Battles for Safety in Mines and Poultry Plants," *New Directions for Women*, May/June 1990, p. 3, 그리고 Adrea Lewis, "Looking at the Total Picture: A Conversation with Health Activist Beverly Smith," in *The Black Women's Health Book: Speaking for Ourselves*, ed. Evelyn C. White (Seattle: Seal Press, 1990), p. 175. [폐 총(lung gun)은 가금류 가공 과정에서 폐, 콩팥 및 작은 잔류 조직을 가금류의 몸에서 흡입해 빼냄으로써 효과적으로 제거하도록 만든 도구다. 이 일을 하는 직무 유형을 폐 총잡이(lung gunner)라고 부른다.—옮긴이]
47. Lewis, "Looking at the Total Picture," pp. 175-76.

에 따른 억압을 교차시킴으로써 일터에서 작동하는 모습을 볼 수 있다. 로즈메리 류터는 환경 수탈이 중간자 없이 직접적으로 일어나지 않는다고 말한다. "자연 자원 수탈은 중간자 없이 직접적인 방식으로 일어나지 않는다. 그것은 누군가의 몸을 다른 이가 지배함으로써 일어난다."[48]

동물 옹호하기
: 진보적이며 반인종주의적인 가능성

진보적, 반인종주의적 동물 옹호는 스스로 인종, 계급, 성별, 그리고 종이 교차하는 지점에 자리 잡는다. 이 같은 교차점에서 동물 옹호는 감상적이지sentimental 않으며, 오히려 감성sentiment으로 충만할 것이다. 감상적인 태도란 제한된, 또 제한하는 방식으로 피해자 그리고 잃어버린 순결과 동일시하는 것이다. 앞 장에서 언급했듯이, 이런 태도는 정확히 태아의 생명권을 옹호하는 담론에 기여한다. 또한, 흑인 남성을 린치함으로써 백인 여성다움을 '설욕하는' 백인 남성을 소환하는 식으로 남성의 보호 아래 누군가의 부끄러움을 씻어내야 한다고 믿는, 통제적인 가부장적 대응을 유발한다.

감성, 즉 진정한 염려는 페미니즘 윤리를 실천한다. 누군가가 무엇 때문에 희생되는지 이해하고, 사회적 억압의 구조 속에서 우리

---

48. Rosemary Radford Ruether, *To Change the World: Christology and Cultural Criticism* (New York: Crossroad, 1981), p. 61.

자신이 행하는 복합적인 기능을 모른 척하지 않는다. 우리의 목표가 '순결한' 이들을 온정주의적으로 옹호하고 그들의 부끄러움을 씻어내는 일일 리 없다. 우리의 목표는 지배의 정치를 체계적으로 사유하는 것이다. 어떤 경험을 역사적 맥락에서 떼어내버림으로써 연관성을 만들어내려는 시도 역시 가능하지 않다. 예컨대 어떤 경험을 '동물의 홀로코스트'라고 주장할 수는 없다. 이렇게 주장하는 것은 홀로코스트 생존자들에게 해가 된다. 동물을 대하는 우리의 윤리를 규명할 때에는 그것이 억압받는 이들에게 해가 되지 않도록 해야 한다.

동물을 이용하지 말자는 내 주장이 이데올로기적으로 청렴결백을 강조하는 것으로 들릴지도 모르겠다. 하지만 그렇지 않다. 내가 우려하는 것은 동물을 도구적으로 바라보는 시선이다. 이런 시선은 발전을 이룬 서구 문화 내부에서 생겼고, 이 문화에서는 타자다움의 담론을 이용해 지배를 영속해왔다. 내 비판은 바로 그 지배를 겨냥한다. 인간/동물, 영혼/육체를 구분하며 동물을 사용 가능한 것으로 각인하는 데카르트의 이원론은 일반적으로 원주민의 유산이 아니다. 원주민 문화에서는 동물의 존재론적 위치 설정이 다르기 때문에, 원주민과는 다르게 대화할 수 있을 것이다. 이누이트 사람들의 식생활을 비난하는 것도, 북미 지역 원주민의 어업권 투쟁에 반대하는 것도 내 목표가 아니다.[49] 그런 입장은 연대의 대화적

49. 이에 대해서는 다음을 보라. Institute for Natural Process, "In Usual and Accustomed Places: Contemporary American Indian Fishing Rights Struggles," in *The State of Native America: Genocide, Colonization, and Resistance*, ed. M.

인 성격을 대변하지도 못하거니와, 원주민을 배신해온 억압적인 식민 지배체제에 관심을 가지지 않도록 주의를 계속 딴 데로 돌릴 터이므로 연대를 실천하지도 못할 것이다.

동물 옹호는 진보적이며 반인종주의적인 에코페미니즘 연구에 깃들 수 있다. 인간/동물을 구분하는 이원론 거부는 물론, 인간 혹은 동물 중 어느 한쪽을 옹호할 수는 있지만 둘 다 옹호할 수는 없다고 넌지시 말하는 이원론적인 정치를 거부하고자 한다. 그럼에도, 억압이 비인간화와 동물화를 수단 삼아 인간에게 불리하게 작용함을 생각하면, 동물을 아우르는 연대의 정치를 만들어내려는 시도가 비인간화와 동물화의 비유를 존속시키는 것처럼 보일 위험이 있다. 다시 말해, 동물과 동일시까지는 아니더라도 동물처럼 대접받아온 피억압자의 인간 중심적인 관점에서 보자면, 동물을 저항 정치에 편입한다고 함은, 저항하면서조차 또다시 인간을 동물과 동일시한다는 뜻이다. 그러나 다시 한번 말하지만, 이는 비유적 사고의 결과이자, 지배의 연동 체계를 파악하기보다는 억압을 가산적인 것으로 바라본 결과다. 가부장제는 우리가 동물을 추가로 집어넣는다고 넌지시 말할 테고, 그렇게 암시함으로써 우리가 지배의 정치를 보지 못하도록 하리라. 오만한 눈은 자기반성을 가로막는다.

Annette Jaimes (Boston: South End Press, 1992), pp. 217-39.

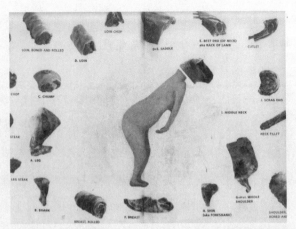

〈그림10〉 수나우라 테일러(Sunaura Taylor), 〈정육점 그림 자화상(Self-Portrait as Butcher Chart)〉, 종이 복사본에 그린 유화, 11x9인치, 2009. 작가의 허가를 받아 사용함.

〈그림11〉 수나우라 테일러(Sunaura Taylor), 〈닭과 함께 행군하는 자화상(Self-Portrait Marching With Chickens)〉, 목판 유화, 12x12인치, 2008. 작가의 허가를 받아 사용함.

작가의 말

회화, 소묘, 판화, 글쓰기 그리고 그 외 유형의 정치적, 예술적 참여를 통해, 나는 장애와 동물 억압이라는 지배적인 역사적 내러티브에 개입하는 작업을 한다. 나는 동물과 장애인 양쪽을 다 비하하고 그들의 가치를 깎아내리는 억압 체계가 서로 어떻게 맞물리는지 폭로하는 데 관심이 있다. 나는 비장애중심주의ableism에서 영향을 받고, 그것으로 유지되는 체계를 이야기한다. 비장애중심주의란 장애인, 그리고 장애라는 관념에 대한 차별과 억압의 한 유형을 일컫기도 하지만 비장애 신체성ablebodiedness, 비장애 정신성ablemindedness이라는 관념들을 영속하고 떠받드는 과정에서 그 관념들이 자연스럽고 정상적인 게 되어가는 방식을 가리키기도 한다. 장애학자들이 보여주었듯이, 비장애중심주의라는 영향력은 장애인의 범위를 넘어서 뻗어나간다. **모든** 신체는 비장애중심주의의 억압에 종속된다. 비장애중심주의는 문화적 견해와 가치는 물론이고, 독립적이라는 게 어떤 의미인지, 어떻게 생산성과 효율성을 측정하는지, 무엇이 정상이고, 심지어 무엇이 자연스러우냐 하는 관념까지도 형성하도록 돕는다. 이 같은 가치들은 장애가 있는 개인과 비장애 신체를 가진 인구에게만 영향을 주는 게 아니라, 우리와 지구를 공유하는 비인간 동물에게도 영향을 미친다. 왜냐하면 비장애중심주의가 영속하고 특권을 부여하는 유능한 몸이란 언제나 비장애 신체일 뿐만 아니라 인간의 몸이기 때문이다.

내 작업에서는 대부분 몸 전체에 영향을 미치는 비장애중심주의의 폭력, 그리고 이런 비장애중심주의와 종차별주의의 관계를 고찰하긴 하지만, 나는 장애 공동체라는 공간들 그리고 종을 가로지르는 친족관계kinship

를 생각하는 데도 관심이 있다. 요컨대 취약성, 의존성, 그리고 상호의존성이라는 공간들을 통해 구축하는 동맹 관계들에도 주목한다. 이 책에 실은 두 작품 〈닭과 함께 행군하는 자화상〉과 〈정육점 그림 자화상〉에서는 내 시각 작업에 매번 반복 등장하는 희화화한 이미지인 나 자신의 작은 캐리커처를, 장애가 있는 나의 몸과 특히 '식용' 동물의 몸이 얽히는 공간 속에 그려 넣었다. 이 이미지는 부조리를 희화화해 해학을 안겨주면서도 진정으로 폭력과 대치하며, 친족에게 헌신하는 모습을 보여주려고 한다. 한편에서 나는 발가벗은 몸에 구부정한 자세를 한 채, 공장식 축산 산란계들과 나란히 자유를 향해 행군한다. 다른 편에서는 내 비정상적인 몸이, 관습적으로 사용되는 정육점 그림 속 양의 몸을 대신한다. 이 같은 이미지에서 나는 공동의 취약성이라는 공간뿐만 아니라, 연대가 종과 능력을 가로질러 어떤 의미를 띠는지에 관심이 있다.

—수나우라 테일러*

•   [옮긴이] 수나우라 테일러의 더 자세한 논의는 『짐을 끄는 짐승들: 동물해방과 장애해방(Beasts of Burden: Animal and Disability Liberation)』 이마즈 유리 옮김 (오월의봄, 2020)을 보라.

2부

"우리는 하나의 가르침이다"
: 페미니즘 이론을 탈바꿈시키다

한 여자아이와 엄마가 사나운 사자를 맨손으로 제압하는 어느 유럽 남성을 묘사한 조각상을 지나쳤다. 여자아이는 멈춰 서서 당황한 표정으로 물었다. "엄마, 저 조각상은 뭔가 잘못됐어요. 인간이 사자를 때릴 수는 없다는 걸 누구나 다 알아요." "하지만 애야," 엄마가 대답했다. "인간이 저 조각상을 만들었다는 걸 명심하렴."

—케이티 캐넌의 말[*]

[문제는] 정치적 변혁의 조건들이 혁명적인 실천을 통해 바꾸고자 하는 바로 그 질서가 내린 것일 때, 어떻게 그 정치적 변혁을 가져오느냐다.

—재클린 로즈, 『시각 영역의 섹슈얼리티』[**]

• 다음에서 케이티 캐넌(Katie Cannon)의 말을 재인용. Patricia Hill Collins, *Black Feminist Thought: Knowledge, Consciousness, and the Politics of Empowerment* (Boston: Unwin Hyman, 1990), p. 201.

•• Jacqueline Rose, *Sexuality in the Field of Vision* (London: New Left Books, 1986), p. 148.

5장

에코페미니즘과 육식

진: 강간 피해자가 당신이 아니고 다른 여성이라고 해서, 당신은 여성을 강간하는 것이 괜찮다고 느낄까요?

바비: 아뇨, 내가 강간당하는 것 같은 기분이 들 거예요.

진: 흠, 바로 그게 우리 가운데 어떤 이들이 동물에게 느끼는 바이지요.

—1976년, 페미니즘과 채식주의를 이야기하는 자리에서

에코페미니즘은 문화/자연, 남성/여성, 자아/타자, 백인/비백인, 이성/감정과 같은 일련의 이원론을 알아보게 한다. 어떤 이들은 여기에 인간/동물을 포함하기도 한다. 에코페미니즘 이론에 따르면 자연은 문화의, 여성은 남성의, 유색인은 백인의, 감정은 이성의 지배를 받아왔다. 그리고 동물은…

에코페미니즘 이론과 실천에서 **동물**은 어디쯤 있을까?

현대 에코페미니즘 담론은 동물 쟁점을 다룰 여지가 충분히 있음에도, 자연 지배의 중대한 양상으로서 동물 지배에 대해 일관성 있는 개념적 위치를 마련해주지 못하기 때문에 지금으로서는 동물 쟁점을 다루기에 충분하지 않다.[1] 왜 동물을 에코페미니즘의 분석에 명시적으로 포함하지 않았냐는 물음에 에코페미니스트들이 내놓을 법한 일곱 가지 해명을 검토하고, 동물을 도구로 간주하는 집요한 가부장적 이데올로기가 어떻게 동물의 경험을 에코페미니즘 내부로 완전히 통합하지 못하게 막았는지 보여주려 한다. 내 주장을 뒷받침하기 위해, 내가 1976년에 보스턴-케임브리지 여성 공동체 구성원 가운데 채식주의자 70명 이상을 대상으로 진행한 인터뷰에 일부 호소할 것이다.[2] 이 인터뷰의 의도는, 에코페미니즘이 이론적인 잠재성에서는 물론이고 역사적으로도 명백히 동물 편에 선

1. 이 글의 출발점은 에코페미니스트들이, 여성과 자연이 상호 연관된 종속을 초래한 악의적인 지배 논리를 끝내려고 노력한다는 점이다. 에코페미니즘이 자연을 분석할 때는, 그처럼 종속적인 자연의 일부분으로서 동물을 더욱 소리 높여 거론해야 할 필요가 있다. 에코페미니스트들과 환경이론가들은 일반적으로 자연 억압 문제를, 동물권 이론에서 제시하는 바보다도 더 생물학적인 방식으로 틀을 씌워 생각하길 좋아한다. 생물학적 방식의 환경론은 개별 동물을 먹기 적합한 몸으로 기꺼이 희생시킬 때마다 어떤 이데올로기를 지지하는데, 그 이데올로기가 바로 그 담론이 겉으로 저항하는 지배 논리의 일환이라는 점, 그리고 그러는 한편으로 인간-동물 이원론에 가담한다는 점이 문제다. 이런 점에서 보면, 개별 동물의 권리와 이해관계를 그토록 집요하게 주장하는 이유 또한 잘 알 수 있다.
2. 인터뷰 대상자로 보스턴여성건강서공동체(Boston Women's Health Book Collective)의 주디 노시지언(Judy Norsigian)과 웬디 샌퍼드(Wendy Sanford), 그리고 리사 레그혼(Lisa Leghorn), 케이트 클라우드(Kate Cloud), 캐런 린지(Karen Lindsey), 팻 하인즈(Pat Hynes), 메리 수 헤니핀(Mary Sue Henifin), 캐시 마이오(Kathy Maio), 수전 리 스타(Susan Leigh Starr)와 같은 활동가이자 작가들과 그 밖의 많은 이가 있다.

다는 사실을 보여주는 직접 증언을 제공하는 것이다. 이 인터뷰는 (에코)페미니즘 이론 정립에서 1인칭 내러티브의 중요성을 증명하기도 한다.

동물은 자연의 일부다. 에코페미니즘은 인간을 제외한 자연을 지배하는 일이 여성을 지배하는 일과 연결되어 있으며, 둘 다 완전히 없애야 한다고 주장한다. 동물이 자연의 일부라면, 어째서 동물은 처음부터 에코페미니즘 분석에 내재하지 않을까? 또, 동물이 인간의 도구 상태를 벗어나는 게 왜 에코페미니즘 이론을 구성하는 데 반드시 필요한 요소가 아닐까? 다음 일곱 가지 해명은 각각 시사하는 바가 있다. 하나씩 차례로 이야기해보겠다.

1. 에코페미니즘은 명시적으로 동물 지배에 도전한다.

에코페미니즘이 동물 착취 문제에 맞서며, 이를 자연계 학대라는 한층 더 큰 비평 내부로 통합한다는 주장은 충분히 근거가 있다. 1988년에 출간한 《힘을 가진 여성: 페미니즘, 영성, 그리고 정치에 관한 잡지》의 '자연Nature'호를 생각해보라. 여기서는 동물 옹호 관련 기사, 자식을 채식주의자로 양육하는 데 필요한 지침, 동물'권' 개념을 페미니즘 관점에서 비평하며 동물을 돕는 가장 좋은 방법은 에코페미니즘의 가치를 폭넓게 채택하는 것임을 주장하는 글, 풀뿌리 동물 옹호 단체의 책임자와 진행한 인터뷰, 인간 동물이 비인간 동물의 인격을 인식한다는 게 어떤 의미인지 감동적으로 묘사한 앨리스 워커의 글 등을 볼 수 있다.[3] 이 밖에도 참고자료 항목에서는 자사 제품을 두고 동물실험을 진행하므로 제품 구매와 사용을 거부해야 할 기업의 목록을 제공하고, 동물실험을 거치지 않는 제품들을 확인해주며, 채식주의자, 모피 반대 그리고 생체실험 반대 단체, 다면적인 쟁점들을 다루는 동물 옹호 단체들의 이름과 주소를 알려준다. 이 같은 참고자료 목록은 실천이 에코페미니즘의 중요한 부분임을 함축적으로 말한다.

아니면 에코페미니즘을 주제로 초창기에 나온 선집 한 권, 그리고 최근에 나온 책 두 권을 살펴보라. 1983년에 출간한 『지구를 되찾아라: 지구 생명체를 위해 여성이 목소리를 내다』는 환경파괴의 주요 양상 중 일부로서 여성의 건강, 화학 공장, 핵무기 시대와 공중 보건, 흑인 게토 생태론, 도시 녹화綠化, 칩코 안돌란Chipko Andolan 이라고 알려진 인도의 나무 껴안기 운동을 이야기하는 글을 실었다. 이 선집은 동물 착취를 주제로 한 글도 아우른다.[4] 좀 더 최근에 나온 선집은 1990년에 출간한 『세계를 다시 엮어내기: 에코페미니

3. Ingrid Newkirk with C. Burnett, "Animal Rights and the Feminist Connection," pp. 67-69; Victoria Moran, "Learning Love at an Early Age: Teaching Children Compassion for Animals," pp. 54-56; Donna Albino, "C.E.A.S.E: Building Animal Consciousness. An Interview with Jane Lidsky," pp. 64-66; and Alice Walker, "Why Did the Balinese Chicken Cross the Road?" p. 50. In *Woman of Power: A Magazine of Feminism, Spirituality, and Politics* 9 (1988).

4. Norma Benney, "All of One Flesh: The Rights of Animals." In *Reclaim the Earth: Women Speak Out for Life on Earth*, ed. Léonie Caldecott and Stephanie Leland (London: Women's Press, 1983), pp. 141-51.

즘의 출현』인데, "제의와 종교 자체가 동물 살해를 속죄해야 할 필요성 때문에 탄생했을 가능성이 있다"고 제안하는 글은[5] 물론, 인간 남성의 자기 인식 수단으로서 동물을 사냥에서 사용하는 방식을 탐구하는 마티 킬의 글도 실었다.[6] 뒤이어 1993년에는 동물을 에코페미니즘 이론의 중심부에 놓는 선집이 나왔는데, 바로 그레타 가드의 『에코페미니즘: 여성, 동물, 자연』이다.[7]

에코페미니즘이—도구로 사용해선 안 될 존재로서—동물에 관심을 쏟는다는 징후는 여전히 찾아볼 수 있다. 그레타 가드는 채식주의를 반군사주의, 지속 가능한 농업, 심신을 함께 치료하는 건강관리, 다양성 보존과 함께 에코페미니즘 실천의 한 가지 자질임을 밝힌다.[8] 에코페미니스트들은 1990년 워싱턴 D.C.에서 진행한 동물을 위한 행진에서 깃발을 내걸었다. 페미니스트 단체들 내부에서 에코페미니스트인 간부들이 동물 옹호 쟁점을 자신들의 활동에서 없어서는 안 될 부분임을 분명하게 밝히기 시작했다. 전미여성학회의 에

5. Sally Abbot, "The Origins of God in the Blood of the Lamb," in *Reweaving the World: The Emergence of Ecofeminism*, ed. Irene Diamond and Gloria Feman Orenstein (San Francisco: Sierra Club Books, 1990), p. 36.

6. Marti Kheel, "Ecofeminism and Deep Ecology: Reflections on Identity and Difference," in *Reweaving the World: The Emergence of Ecofeminism*, ed. Irene Diamond and Gloria Feman Orenstein (San Francisco: Sierra Club Books, 1990), pp. 128-37.

7. 다음을 보라. Greta Gaard, ed., *Ecofeminism: Women, Animals, Nature* (Philadelphia: Temple University Press, 1993).

8. 다음을 보라. Greta Gaard, "Feminists: Animals, and the Environment: The Transformative Potential of Feminist Theory." 1989년 6월 14일부터 18일까지 볼티모어 소재 토슨대학교(Towson University)에서 개최한 전미여성학회(National Women's Studies Association, NWSA) 연례 학술대회 발표 논문.

코페미니스트 대책 위원회는 1990년 학술대회에서, 생태·보건·인도적 문제를 언급하며 조정위원회가 향후 모든 대회에서 동물 관련 제품을 제공하지 않는다는 정책을 채택하도록 권고했다. 에코페미니스트가 전부 비건이어야 하는지 아닌지는 현재 에코페미니즘 내부적으로 논란을 불러일으키는 한 사안이다.[9]

이처럼 에코페미니즘이 동물의 안녕과 관련된 실천에 주목하는 것은 당연하다. 미국에서 에코페미니즘의 뿌리는 페미니스트-채식주의자 공동체들로 거슬러 올라간다. 샬린 스프레트낙은 1970년대 중반에 존재한 급진적 페미니스트 공동체들이 에코페미니즘에 다다르게 된 세 가지 경로를 밝힌다. 바로 정치 이론과 역사 연구를 통해, 그다음으로 특히 여신을 섬기는 종교처럼 자연에 기반을 둔 종교를 접하면서, 마지막으로 환경보호론을 통해서였다.[10] 이 같은 공동체의 한 좋은 사례가 보스턴-케임브리지 여성 공동체다. 최초의 에코페미니즘 저작 가운데 하나인 프랑수아즈 도본Francoise d'Eaubonne의 1974년작 『페미니즘이냐 죽음이냐Le féminisme ou la mort』를, 그해 보스턴대학교에서 메리 데일리의 페미니즘 윤리학 강의를 수강한 페미니스트 수십 명이 처음으로 접했다. 같은 해에 쉴라 콜린스의 『다른 하늘과 땅』이 나왔고, 보스턴-케임브리지 여성 공동체는 내부에서 흥미진진한 논의를 벌였다. 콜린스는 "인종주의, 성

---

9. Noël Sturgeon, "Editorial Statement," in *Ecofeminist Newsletter* 2, no. 1 (Spring 1991), p. 1.
10. Charlene Spretnak, "Ecofeminism: Our Roots and Flowering," in *Reweaving the World: The Emergence of Ecofeminism*, ed. Irene Diamond and Gloria Feman Orenstein (San Francisco: Sierra Club Books, 1990), pp. 5-6.

차별주의, 계급 착취, 생태 파괴"라는 "기둥들이 서로 맞물려 가부장제 구조를 떠받친다"고 봤다.[11] 1975년, 로즈메리 래드퍼드 류터의 『새 여성/새 세계New Woman/New Earth』 역시 열렬하게 환영받았다. 류터는 생태 위기를 여성의 지위와 연결하면서, 여성운동이 생태운동과 함께해야 한다고 주장했다. 여성과 동물을 연결하는 내용으로 책 두 권 분량에 달하는 에코페미니즘 저작들이 탄생하게 된 배경은 당시 보스턴-케임브리지 여성 공동체, 그리고 이 공동체와 데일리의 유대 관계에서 찾아볼 수 있다.[12]

보스턴-케임브리지 여성 공동체 구성원들과 진행한 인터뷰를 보면, 동물의 위치를 규명함으로써 분석을 해나가는 에코페미니즘의 원형이 드러난다. 한 페미니스트는 "동물과 지구와 여성은 다 대상화당하고, 똑같은 방식으로 대접받아왔다"라고 말했고, 또 다른 페미니스트는 자신이 "지구와는 자매처럼, 동물과는 대상화할 수 없는 주체로서 유대감을 갖게 됐다"라고 설명했다.

개념적인 차원에서 보자면, 이처럼 페미니스트-채식주의자의 연관성은 에코페미니즘의 틀 내부에서 발생한다고 볼 수 있다. 이를 이해하기 위해 캐런 워런이 말한 에코페미니즘의 최소 네 가지 주

---

11. Sheila Collins, *A Different Heaven and Earth* (Valley Forge: Judson Press, 1974), p. 161.
12. 나는 『육식의 성정치』를 데일리의 페미니즘 윤리학 수업 과제 논문에서 시작했고, 그 논문을 이듬해에 *Lesbian Reader*에 실었다. 데일리의 가까운 친구인 앙드레 콜라드(Andrée Collard)는 자신의 저작 *The Rape of the Wild: Man's Violence against Animals and the Earth* (London: Women's Press, 1988)에서 데일리의 페미니즘 철학인 바이오필리아(biophilia)를 동물에 적용한다. 콜라드는 1975년에 이미 여성 억압과 동물 억압의 교차성을 연구하고 있었다.

요 주장을 생각해보라.[13] 이 네 가지 주요 주장을 불러옴으로써, 에코페미니스트 활동가들이 1976년 인터뷰에서 채식주의에 몰두한다고 분명하게 밝혔던 사실이 1990년대에도 여전히 유의미함을 알 수 있다.

[먼저 첫째로,] 에코페미니즘은 여성을 지배하는 일과 자연을 지배하는 일 사이에 중요한 연관성이 존재한다고 주장한다. 내가 인터뷰한 여성들은 동물을 지배당하는 자연의 일부로 인식했고, 다른 이의 권위나 통제에 종속된다는, 즉 하위에 있다는 점에서 여성과 동물의 지위가 유사하다고 봤다.

여성이 어떻게 대접받아왔는지 보세요. 우리는 전적으로 통제받고, 강간당하고, 아무런 신임도 받지 못하며, 심각하게 받아들여지지 않았어요. 동물도 마찬가지죠. 우리는 그들을 완벽하게 불구로 만들고 길들였어요. 그들의 생애주기, 그들의 전 존재를 인간의 필요에 맞추죠. 그게 바로 남성이 여성과 지구에 해왔던 짓이에요.

에코페미니즘은 사회주의 페미니즘, 급진적 페미니즘, 혹은 영적 페미니즘 가운데 어디서 출발했느냐에 따라 구분할 수 있기 때문에, 1976년에 에코페미니스트 다수는 이 같은 범주 내에서 자신을 정체화하면서 그 범주를 동물을 아우르는 방향으로 확장해갔다. 사회주의 페미니스트들은 시체 섭취를 자본주의적 생산양식 그리고 시

---

13. 다음을 보라. Karen J. Warren, "Feminism and Ecology: Making Connections" *Environmental Ethics* 9, no. 1 (1987), pp. 3-20.

체 소비의 계급차별주의적인 속성과 연결했다. 영적 페미니스트들은 여신 숭배, 가모장제를 향한 신념, 환경과 조화롭게 사는 일, 그리고 동물을 온화하게 대하는 태도의 연관성을 강조했다. 급진적 페미니스트들은 여성 억압을 동물 억압과 결부했고, 일부는 여성의 본성을 드높이면서 여성은 타고나길 동물에게 더 민감하다고 여기는 자연주의 페미니즘의 입장을 취했다.

워런이 말하는 에코페미니즘의 두 번째 주요 주장은, 여성 억압과 자연 억압 사이의 연관성을 우리가 이해해야 한다는 것이다. 그러려면 "억압을 허용하는 사고 유형,"[14] 요컨대 워런이 밝히길, "우월성이 종속을 정당화하는"[15] 지배 논리에 따라 사람들이 합당하다고 주장하는 가부장적 사고를 비판적으로 평가해야 한다. 내가 인터뷰한 여성들은 동물을 죽이는 행위를 정당화하는 지배 논리를 거부했다 "진정으로 여성 중심적인 존재 방식은 지구 그리고 자기 몸과 조화를 이루는 것으로, 동물을 죽이는 행위는 당연히 포함하지 않아요."

내가 인터뷰한 여성들의 증언에서는 급진적 페미니즘 인식론을 발전시켜나갈 가능성을 엿볼 수 있다. 이 급진적 페미니즘 인식론에서는 직관과 체험이 가부장적 이데올로기의 왜곡에 도전할 수 있게 해주는 정보나 지식의 중요한 원천이 된다. 많은 여성이 자기 몸을 믿고 자기 몸에서 배움을 시작하는 일을 이야기했다. 그들은 "내

---

14. Warren, "Feminism and Ecology," p. 6.
15. 다음을 보라. 같은 책, 그리고 Karen J. Warren "The Power and the Promise of Ecological Feminism," *Environmental Ethics* 12 (Summer) 1990, pp. 128-33.

가 진정 누구이고 무엇을 좋아하는지 들여다보고 알아가는 일의 연장선상에서" 채식주의를 바라봤다. 이 과정에서 동물과 동일시하게 되었다. 동일시한다는 건 동물과 다시금 관계를 정립한다는 뜻이다. 동물은 더는 우리의 목적을 위한 도구, 수단이 아니라 인격체 persons다. 인격체로서 동물은 계속 삶을 영위해나갈 자격이 있으며, 우리는 그들과 우정을 나누는 것까지는 아니더라도 그들을 존중하는 자세로 대해야 한다.[16]

페미니스트들은 착취당하는 게 어떤 건지 알아요. 여성은 성적 대상으로, 동물은 음식으로 착취당하죠. 여성은 가부장적인 엄마, 젖소는 우유 기계가 되고요. 이건 같은 거예요. 내 생각에 여성은 타고나기를 육식성이 아니에요. 나는 쇠붙이를 먹지 않듯이 동물 살점을 먹지 않아요. 더는 동물 살점을 먹을 수 있는 대상으로 생각하지 않아요. 배고플 때 내 손을 우적우적 씹지 않는 것과 같죠.

또 다른 인터뷰 대상자는 동일시의 과정을 이렇게 묘사했다.

---

16. 여성해방 운동 초창기에는 이처럼 여성이 자신을 동물과 동일시하는 양상이 보이는데, 루스 블레이어(Ruth Bleier)는 영장류 연구를 논의하면서 이런 양상에 주목했다. 그는 세라 블래퍼 허디(Sarah Blaffer Hrdy)가 어떻게 여성 영장류학자들이 "자신들이 관찰하던 여성 영장류, 그리고 그 영장류가 겪던 문제점과 동일시하는지, 또 같은 시기 (1970년대)에 자기 분야에서 여성으로서 부닥친 문제점을 인식하고 분명하게 표현하기 시작하는지" 이야기한 내용을 요약한다. Ruth Bleier, ed., *Feminist Approaches to Science* (Elmsford, NY: Pergamon Press), p. 13.

여성을 대상화하고 고깃덩어리에 비유하죠. 즉, 착취당할 대상이 존재해요. 이 점이 화가 나요. 그게 특히 소와 닭이 실제로 착취당하는 방식과 동일하다고 봐요. 소와 닭에게 잔뜩 먹이고 그들의 몸을 망가뜨려 자본주의 시장에 내다 팔 수 있도록 하는 방식이요. 그런 방식이 불편해요. 제 자신이 착취당한다는 느낌과 마찬가지로요.

이처럼 도구적인 존재로서 동물이 체험하는 바와 동일시하는 과정을 거쳐야 동물의 편에 서는 에코페미니즘 논의를 시작할 수 있다. 말하자면, 단순히 우리가 인간을 동물 위에 두는 가치 위계에 가담하고 있으니 이제는 동물에게 권리를 부여해야 한다는 것이 아니라, 우리가 그동안 인간성이 어떤 의미인지 이해하지 못했다는 것이다. 이 같은 통찰에서 출발해 앨리스 워커는 몇 년 후 자신이 비인간 동물의 인격을 인식하는 내용을 글로 썼다. 동물의 인격을 인식하고, 동물과 자신을 동일시하면서 채식주의자가 된 공통의 경험을 워커는 글로 썼고, 1976년 인터뷰했던 여성은 이렇게 말했다. "이 동물이라는 존재가 살아 있고, 걸어 다니고, 하루를 맞이하고, 또 눈물을 글썽이고, 애착을 형성하고, 애정을 느끼며, 뭔가를 싫어하기도 했음을 떠올리자니, 그 동물을 살육하고 요리해 먹는다는 생각이 역겨웠어요." 여성들이 동물을 묘사하는 내용에서 알 수 있듯이, 여성은 동물을 단순히 다른 이의 목적을 위한 수단이 아니라, 그 자체로 목적이라고 인식했다.

캐런 워런이 밝히는 에코페미니즘의 세 번째 주장에 따르면, 페미니즘 이론과 실천은 생태적 관점을 아울러야 한다. 에코페미니즘은 실천에 바탕을 둔 윤리를 제시한다. 누군가의 행동은 그의 신념을 드러낸다. 여성이 종속되어 있다고 믿으면, 여성해방에 힘을 쏟게 될 터이다. 인간을 제외한 자연이 지배당하고 있다고 인식하면, 잠 재적으로 자연을 착취할 여지가 있는지 없는지에 따라 개인의 행동을 판단할 터이다. 이런 점에서 프랜시스 무어 라페Frances Moore Lappé의 강렬한 저서, 『작은 행성을 위한 식단Diet for a Small Planet』은 내가 인터뷰한 수많은 페미니스트에게 엄청난 영향을 끼쳤는데, 육식의 환경 비용을 이해할 수 있도록 해줬기 때문이었다. 한 인터뷰 대상자가 말하길, "난 생태론과 페미니즘을 주제로 논문을 쓰고 있었어요. 여성과 지구가 동일하다고 생각했죠. 남성이 여성을 착취해왔듯이 지구를 착취해왔고, 우린 육식을 함으로써 지구를 착취하고 있다고, 또 페미니스트가 된다는 것은 착취의 윤리를 받아들이지 않는다는 뜻이라고 생각했어요." 육식 옹호 문화가 육식의 **경험**에서 육식의 **결과**를 성공적으로 분리했음을 에코페미니스트들이 반드시 다뤄야 한다는 것. 이를 인터뷰 대상자는 인지한다.[17]

17. 워런의 네 번째 주장, 즉 생태운동은 페미니즘 관점을 아울러야 한다는 점이 1976년 인터뷰에서는 그다지 뚜렷하게 드러나지 않는다. 동물 옹호 운동의 기원은 피터 싱어의 1975년작 『동물해방』으로 거슬러 올라간다. 따라서 동물 옹호 운동을 페미니즘 관점에서 비평하는 작업은 1976년에는 선뜻 드러나지 않는데, 동물 운동 자체가 태동하는 시기였기 때문이다. 이후 페미니즘 관점의 여러 글에서는 동물 착취에 맞서야 한다는 전제에 동의하면서도, 그와 동시에 동물 옹호를 페미니즘 시각으로 비판한다. 예컨대 다음을 보라. Josephine Donovan, "Animal Rights and Feminist Theory," *Signs: Journal of Women in Culture and Society* 15, no. 2 (1990), pp. 350-75. 동일시의 정치는 지배적인 철학들에 바탕을 두고 동물을 대신해 주장하는 일을 사실상 비판하는데, 왜냐하면 동일시의 정치란 권리 기준을 정립하려는 게 아니라, 책임과 관계를 이야

2. 육식이 환경에 미치는 영향

에코페미니즘의 한 가지 특성은 인간이 지구를 지배함으로써 생기는 결과에 관심이 있다는 점이다. 에코페미니즘은 여성과 자연을 잇는 가부장적 철학이 눈에 띄게 부정적인 영향을 끼치며, 이를 밝혀내고 해결해야 한다고 인식한다. 시체 생산의 결과를—또 시체를 먹는 개개인이 어떤 방식으로 이러한 결과에 연루되는지—생각할 때, 에코페미니즘은 절실히 어느 한쪽 편에 서야만 한다. 에코페미니즘은 육식과 관련된 생태계 파괴와 환경 재앙을 택할 텐가, 아니면 채식주의의가 간직한 생태계의 지혜를 택할 텐가?[18]

기하기 때문이다. 『육식의 성정치』에서는 페미니즘 문학 비평을 출발점으로 삼아 동물 착취에 관한 페미니즘 이론을 발전시킨다. 이를 내 방법론으로 택함으로써, 나는 곧바로 여성의 삶, 사유, 경험 그리고 글쓰기 연구라는 내 지형을 발견했다. 이는 우리가 여성의 삶과 경험을 중심에 두고 동물 옹호를 이해할 때 근본적으로 다른 곳에서부터 다시 시작할 수 있다는 내 이론과도 부합했다.

18. 어떤 환경보호론자들은 채식주의로 완전히 전환하는 게 인구과잉에 따른 위기를 촉발할 터이므로 육식보다도 생태적으로 더 책임감 없는 태도라고 주장해왔다. 다음을 보라. J. Baird Callicott, *In Defense of the Land Ethic: Essays in Environmental Philosophy* (Albany: State University of New York Press, 1989), p. 35. 캘리콧은 이 중대한 논문의 견해 다수를 수정하고 고쳐 진술함으로써 동물권과 환경보호주의 간에 한층 더 회유적인 대화를 만들어내려고 하긴 하지만(pp. 49-59), "채식 인구는 따라서 생태적으로 재앙을 초래할 **공산이 크다**"(p. 35)라며 대담하게 진술한 견해를 부정하지는 않는다. 이런 견해는 당연히 우리가 죄다 이성애자이고 여성이 절대로 재생산의 자유를 가지지 못할 거라고 상정한다. (인구과잉과 관련한 환경보호론자들의 성차별주의에 대해서는 다음을 보라. Jennifer Sells, "An Eco-feminist Critique of Deep Ecology: A Question of Social Ethics," *Feminist Ethics*, Winter 1989-90, pp. 12-27.)

육식이 초래하는 환경 비용

시체 섭취와 환경 재앙 사이의 관계는 측정할 수 있다.[19] 실제로, 채식 옹호론자들은 시체 생산이 환경적으로 얼마나 방만한지 개별 소비자 차원에서 보여주는 이미지를 만들었다. 비건식을 하는 사람에게 필요한 하루 평균 물의 양은 300갤런이다.[20] 락토오보 채식을 하는 사람은 1200갤런이다. 하지만 미국에서 평균적인 정도로 시체

19. 고기 생산과 관련된 환경 문제에 대해서는 다음을 보라. Keith Akers, *A Vegetarian Sourcebook: The Nutrition, Ecology, and Ethics of a Natural Foods Diet* (New York: G. P. Putnam's Sons, 1983); John Robbins, *Diet for a New America* (Walpole: Stillpoint, 1987); David Pimental, "Energy and Land Constraints in Food Protein Production," *Science* 190 (1975), pp. 754-61; "Land Degradation: Effects on Food and Energy Resources," *Science* 194 (1976), pp. 149-55. *Vegetarian Times* 에서 이 주제를 다룬 다음 연속기획물을 보라. Robin Hur and Dr. David Fields, "Are High Fat-Diets Killing Our Forests?", February 1984, pp. 22-24; "America's Appetite for Meat Is Ruining Our Water," January 1985, pp. 16-18; "How Meat Robs America of Its Energy," April 1985, pp. 24-27; Judy Krizmanic, "Is a Burger Worth It?" *Vegetarian Times* 152 (April 1990), pp. 20-21; "Why Cutting Out Meat Can Cool Down the Earth," *Vegetarian Times* 152 (April 1990), pp. 18-19; Jeremy Rifkin, *Beyond Beef: The Rise and Fall of the Cattle Culture* (New York: Dutton, 1992); Alan Thein Durning and Holly B. Brough, "Reforming the Livestock Economy," in *State of the World: A Worldwatch Institute Report on Progress Toward a Sustainable Society* (New York: W. W. Norton & Co.), pp. 66-82.

20. 비건식은 (꿀, 달걀, 유제품을 포함해) 동물성 제품을 일절 쓰지 않는 채식주의 식단이다. 비건식이 갈수록 인기를 끄는 이유는 건강과 윤리의 교차 때문이다. 비건식은 동물성 제품은 모두 제외하기 때문에 보통 저지방식이며, 심장 질환이나 암을 일으킬 가능성이 더 낮다. 이 책 1장에서 시사했듯이, 비거니즘을 실천하도록 윤리적으로 동기를 부여하는 것은 젖소와 닭을 착취해 우유와 달걀이 생산된다는 인식이다. 연구자들은 이처럼 여성 동물의 삶이 내포한 비참한 성격을 가시화해왔다. 예컨대 다음을 보라. Jim Mason and Peter Singer, *Animal Factories* (New York: Crown Publishers, 1980); C. David Coats, *Old MacDonald's Factory Farm: The Myth of the Traditional Farm and the Shocking Truth about Animals Suffering in Today's Agribusiness* (New York: Continuum, 1989); Robbins, *Diet for a New America*. [1갤런은 약 3.78리터다.—옮긴이]

중심 식단을 따르는 사람은 4200갤런이다. 동물 살점 생산에 250일 동안 쓸 땅이 있을 때, 이 땅에 대신 대두를 심으면 2200일 동안 음식물을 얻을 수 있다. 미국에서 소비하는 물의 총량에서 절반은 가축 사료용 작물에 쓰며, 이 물은 "지하 호수에서 점점 더 많이 끌어오는데, 이런 지하호 일부는 강우로는 뚜렷이 드러날 정도로 재생시킬 수 없다."[21]

미국에서 축산업은 주요 오염 유발 산업이다. 사육장과 도살장은 다른 산업 그리고 가계를 몽땅 합친 것보다 물을 더 많이 오염시킨다. 수질 오염의 절반 이상이 축산업 폐기물(배설물, 침식된 토양, 합성 살충제와 비료 포함)과 관련이 있다. 동물 살점 1파운드는 가축 분뇨 100파운드를 처리해야 함을, 그것도 보통 우리 수로에다 버려야 함을 의미한다. 도살장에서 나오는 쓰레기—지방, 사체 폐기물, 대변—는 원 폐기물보다 700배나 더 농축되어 있지만, 시간당 2톤이 넘는 속도로 우리 강에 버려진다. 매 초 폐기물 125톤이, 인간이 소비할 목적으로 사육하는 동물에게서 나온다고 추산된다. 이 폐기물의 절반 이상은 재활용할 수 없다. "미국의 가축은 수질을 오염시키는 해로운 유기 폐기물을 사람이 배출하는 양보다 5배나 더 많이, 또 산업 활동으로 배출하는 양보다 2배 더 많이 내보낸다."[22] 농작물 수확량의 절반 이상을 가축 사료 생산에 쓰는데, 이는 우리 수자원을 괴롭히는 살충제, 영양제, 침출수, 침전물과 같은 오염 물

---

21. Frances Moore Lappé, *Diet for a Small Planet: Tenth Anniversary Edition* (New York: Ballantine Books, 1982), p. 10.

22. 같은 책, p. 84.

질 대부분의 근원이다.

물 공급량을 대폭 감소시키는 것 말고도 시체 생산은 에너지원도 요구한다. 스테이크 1파운드에서 나오는 식품 열량 500칼로리를 만들어내려면 화석연료 2만 칼로리가 필요하다. 미국 인구가 채식으로 전환하면 미국 석유 수입 요구량의 40%에서 60%가 줄어들 것이다.[23]

수백만 에이커에 이르는 삼림이 사라지고, 땅은 사육동물을 먹이기 위한 방목지와 농경지로 바뀐다. 그런 뒤 이 땅은 과도한 방목이나 집약적 경작 때문에 불모지가 된다. 표토 침식, 즉 작물에 양분과 수분을 제공해주는 유기 토양층 손실의 85%가 소 때문에 발생한다. 가축을 먹이는 용도로 땅을 전환하기 때문에 야생동물이 자기 서식지를 잃고 개척 작업을 진행하는 동안 으스러져 죽거나 상처를 입는다. 쇠고기 소비는 인간이 온실효과를 가속하는 부분 가운데 대략 5%에서 10%를 차지한다. 시체 생산으로 물과 토양과 공기를 훼손하는 데에는, 동물을 사육해 식품으로 만드는 행위에서 드러나지 않는 면이 존재한다. 즉, **우리가** 동물을 먹을 수 있으려면, 먼저 **동물이** 먹고, 살고, 물을 마시고, 똥을 눠야 한다(하다못해 트림도 해야 한다).[24] 동물 사료용 작물 생산은 자연계에 많은 부담을

---

23. 다음을 보라. Hur and Fields, "How Meat Robs America of Its Energy," p. 25.
24. 축산의 부산물인 메탄은 온실가스로서, 이산화탄소보다도 태양열을 20에서 30배나 더 많이 가둘 수 있다. 대체로 트림을 하므로 "반추동물은 메탄의 최대 생산자이며, 미국 환경보호청에 따르면 전체 배출량의 12%에서 15%를 차지한다." Molly O'Neill, "The Cow's Role in Life is Called into Question by a Crowded Planet," *New York Times*, May 6, 1990, section 4, p. 4.

지운다. 프랜시스 무어 라페는 이렇게 보고한다. **"가축에서 식품을 만들어내려고 소비하는 원자재의 값이 미국에서 소비하는 전체 석유, 가스, 석탄의 값보다도 더 크다.** ⋯ 미국에서 모든 용도로 소비하는 **전체** 원자잿값의 3분의 1은 가축 사료에 쓴다."[25] (목초지, 방목장, 농경지를 포함해) 미국 농지의 87%를 가축 생산에 쓴다.

소비, 유지 관리, 그리고 생산을 통합하기

자연 지배의 영향을 분석하는 일은 에코페미니즘 사유에서 중요한 부분이다. 그런데 여기서 그치는 게 아니라, 에코페미니스트들은 영향을 고려하지 않는 행위를 가부장적 문화의 특징인 이원론의 한 결과로 본다. 일반적으로 소비를 생산과 별개로 경험하고, 생산을 유지 관리보다 더 중시한다. 내 말은, 자본주의적 생산과 관계가 있는 상품 물신화의 결과로 우리는 소비 자체를 목적이라 여기며, 그 목적을 위해 어떤 수단을 써왔는지는 고려하지 않는다는 뜻이다. 패스트푸드점에서 (죽은) 닭을 먹는 행위를, 흑인 여성 "폐 총잡이"의[26] 경험 그리고 도살당한 닭의 경험과 분리한다. 흑인 여성 폐 총잡이 그리고 닭, 두 집단은 다 소비라는 목적을 위한 수단이다. 그러나 소비는 늘 실체가 없기 때문에, 흑인 여성 폐 총잡이 그리고 닭이, 노동자 그리고 소비 가능한 몸으로서 체험하는 억압은 눈에 보이지 않는다. 실체가 있는 상품을 만들어내는 이같이 실체가 없는 생산 활동은 긍정적인 경제 지표로 간주되지만, 환경을 지속

---

25. Lappé, Diet for a Small Planet, p. 66.
26. 이 책 4장 194쪽을 보라.

시키는 데 없어서는 안 될 행위인 유지 관리 활동은 측정되지도 평가되지도 않는다. 현재로서는 가사 공간이나 환경을 유지 관리하는 활동에는 경제적 가치를 매기지 않는다. 가사노동을 미국 국민총생산GNP에 반영하지 않으며, 우리가 중요하게 생각하는 환경 자원들도 마찬가지다.[27] 우리는 표토와 지하수 손실과 같이, 동물을 사육해 식품으로 만드는 행위가 환경에 미치는 부정적인 영향을 측정하지 않는다. 자원 유지 관리 활동은 시체 생산 활동에 희생된다.

유지 관리와 생산을 연결하는 윤리, 즉 생산한 상품을 그 생산 활동의 비용에서 분리하지 않는 윤리는, 표토와 물 손실과 시체 생산에 필요한 화석연료 수요를 밝히고, 이런 자연계의 부분들을 유지 관리하는 비용을 헤아려 최종 생산물인 시체에 반영하도록 할 것이다. 이 같은 윤리는 유지 관리와 생산을 강제로 갈라놓지 않을 것이다. 곡물 사료를 먹인 말단동물이 중심인 식단이 저렴한 까닭은 환경을 황폐화하는 비용을 포함하지 않기 때문이다. 동물 살점의 가격은 표토 손실, 수질 오염, 다른 환경적인 영향을 반영하지 않는다. 그뿐만이 아니다. 유제품과 육류 산업의 가격이 그대로 유지된다는 것은, 동물 살점으로 된 상품에 육식의 비용을 반영하지 못하도록 미국 정부가 적극적으로 막는다는 뜻이다. 유감스럽게도 내가 내는 세금이 전쟁 자금으로 쓰일 뿐만 아니라 육식도 지원한다. 예컨대 캘리포니아주만 해도 육류 산업에 물을 지원하는 데 드

27. 이 점에 대해서는 다음을 보라. Marilyn Warning, *If Women Counted: A New Feminist Economics* (San Francisco: Harper & Row, 1988).

는 예상 비용이 연간 260억 달러다.[28] 육류 산업에 드는 물이 미국 납세자들의 지원을 받지 않으면, '햄버거'는 파운드당 35달러, '소고기 스테이크'는 89달러가 될 터이다.

시체 생산의 환경 비용이 드러나지 않음으로써, 또 시체 생산에 정부가 보조금을 지급함으로써 이 같은 생산 과정의 실체는 계속 밝혀지지 않는다. 이는 환경에 관심이 있는 개인이 채식함으로써 시체 생산 과정을 거부하더라도 저도 모르게 그 과정에 연루된다는 뜻이기도 하다. 개인의 세금이 동물 몸을 계속 저렴한 식자재가 되도록 하고, 따라서 시체 먹는 사람은 시체 생산의 현실을 마주할 필요가 없다. 우리 세금으로 군수 산업을 먹여 살린다고 개탄하듯, 동물과 환경을 대상으로 전쟁을 벌이는 육류 산업을 우리 세금으로 지원한다며 탄식할지 모를 일이다. 세금을 소의 우유 생산량을 늘리려고 '소 소마토트로핀Bovine Somatotropin' 같은 성장 호르몬제를 개발하는 데 쓸지언정, 생태계를 파괴하지 않는 두유 같은 콩 식품의 유익함과 맛을 사람들에게 알리는 데는 쓰지 않는다.

유지 관리는 생산적이다: 개인 차원에서

유지 관리를 생산적인 활동으로 바라보는 문제는 개인 차원에서도 발생한다. 일반적으로 정치 활동은 생산적이라고 여기지만, 요리와 같은 유지 관리 활동, 특히나 채식 요리 같은 경우는 시간을 잡

---

28. 다음을 보라. Hur and Fields, "America's Appetite for Meat Is Ruining Our Water," p. 17.

아먹는 일이라고 생각한다. "채식 요리를 하고 있을 시간이 없어요. 그런 일을 하고 있으면 정치 활동을 할 수가 없어요" 하고 많은 페미니스트가 항변한다. 유지 관리를 생산적인 활동으로 바라보지 않음으로써, 비건식이 우리를 어떻게 보호하는지 미처 파악하지 못한다. 『비건도 죽는다』에서 쓰고 있듯이,

예컨대 동물성 식품을 비가공 식물성 식품과 건강한 지방 식품으로 대체하면, 포화지방 섭취를 확실하게 줄여 결과적으로 심장 질환을 예방할 수 있다. 콜레스테롤이 높아 고민이라면, 비건식이 콜레스테롤을 낮춰주는 탁월한 길잡이가 된다. 식단에서 고기를 콩으로 바꾸면 칼륨 섭취가 증가해 혈압을 낮추는 데 도움이 된다. 그렇다, 연구에 따르면 건강한 식물성 식단을 섭취함으로써 피부와 면역 체계를 더욱 보호할 수도 있다. 노화 작용을 늦추고 바이러스에 맞서 몸을 지키는 힘을 상당히 키워줄 수도 있다.

비건의 건강 관련 정보는 오랫동안 충분하지 않았다. 그렇지만 현재 진행하는 두 가지 대규모 연구 덕분에 어느 정도 통찰력을 지닐 수 있게 됐다. 영국의 에픽옥스퍼드 연구EPIC-Oxford Study에는 비건 2600여 명이 참여한다. 북미 지역의 제7일안식일교인 건강 연구Adventist Health Study-2 대상에는 비건 8000여 명이 포함된다.

이 두 연구 다 비건뿐 아니라 연구에 등록한 육식인, 락토오보 채식주의자, 준 채식주의자(고기를 주 1회 이하 섭취하는 사람)의 식이 섭취를 평가했다. 연구자들은 모든 집단을 주의 깊게 관찰하며 갖가지 질환의 발병률을 추적한다. … 당연히 비건은 제2형 당뇨

병과 고혈압 발병 위험도 더 낮다. 비건은 특정 암에 걸릴 확률이 더 낮아 보인다.[29]

패스트푸드점에서 음식을 주문하거나 정육점 판매대에서 동물 살점을 구매하는 행동 역시 환경보호가 중요하지 않다는 메시지를 전달한다. 환경파괴를 사적 차원과 정치, 경제적 차원에서 다 같은 이유로, 말하자면 시체 먹는 행위의 숨은 비용으로 계속 되풀이하고 있다.

여성의 경우에는 동물성 지방 함량이 높은 식단을 섭취하면 월경 연령이 낮아지며, 그 결과 유방암을 비롯한 생식기 암 발병률이 증가한다. 한편 가임 연령도 낮아져 임신 가능성이 있는 어린 10대의 수도 늘어난다.[30]

유지 관리를 생산적인 활동으로 평가해야 함을 내가 깨달은 순간은 채식 요리를 하면서였다. 그러니까 나는 일반적으로 유지 관리 활동으로 여기는 일을 하고 있었던 셈이다. 문제는 이처럼 채식 요리를 유지 관리 활동이라고 생각하여, 혹은 어떤 '생산적인' 사유를 하려고 유지 관리 활동을 회피하는 것이다. 유지 관리를 생산적인 활동으로 바라보는 일은, 달리 말하자면 우리 행동이 초래한 결

29. Carol J. Adams, Patti Breitman, and Virginia Messina, *Even Vegans Die: A Practical Guide to Caregiving, Acceptance, and Protecting Your Legacy of Compassion* (New York: Lantern Books, 2017), pp. 4와 5.
30. Jane E. Brody, "Huge Study Indicts Fat and Meat;" "Leaps Forward: Postpatriarchal Eating," *Ms.*, July-August 1990, p. 59; Nathaniel Mead, "Special Report: 6,500 Chinese Can't Be Wrong," *Vegetarian Times* 158 (October 1990), pp. 15-17.

과의 윤리적 중요성을 깨닫는 일이다.

3. 보이지 않는 동물 기계들

'외양간Barn'이라는 아동용 퍼즐에는 자유롭게 돌아다니는 닭, 농장 앞마당 문밖을 내다보는 소, 진흙에서 즐겁게 뛰어놀며 웃는 돼지가 그려져 있다. 하지만 이 같은 묘사는 요즘 농장의 생활상을 정확하게 보여주지 않는다. 이처럼 소박한 방식으로 농장을 운영하지는 않는 기업농 때문에 이미지와 현실 사이의 간극은 영원히 지속된다. 집약적 사육 시설의 동물을 촬영하는 행위를 금지하는 법을 여러 주에서 통과시키고 있다. ('집약적 사육 환경'이라는 표현 자체가 전형적으로 이미지와 현실의 문제를 보여준다. '집약적 사육 환경'이란 보통 창문이 없는 건물에 감금한다는 의미다.) 피터 싱어가 지적하듯이, 동물을 주제로 한 텔레비전 프로그램은 '공장식 축산' 동물보다는 야생동물에 초점을 맞춘다. 종종 이 '동물 기계들'과 관련된 유일한 정보는 유료 광고를 보고 얻는다. "일반적으로 시청자는 닭이나 식육용 송아지의 삶보다 치타나 상어의 삶에 관해 더 많이 알아야만 한다."[31] 인간에게 지배받는 동물 대다수가 더는 자연의 일부처럼 보이지 않는다. 그들은 도살당하거나 소비될 때까지 집약적 사육 환경에서 생명을 유지하는 가축화한 말단동물이거나, 아니면

---

31. Peter Singer, *Animal Liberation*, 2d ed. (New York: New York Review Book, 1990), p. 216.

쥐, 고양이, 개와 같은 실험실 동물이다. 그렇기 때문에 아마도 일부 에코페미니스트와 대다수 육식인이 농장 동물을 말 그대로 전혀 **못 보고**, 따라서 그들을 자연의 일부로 생각할 수 없는 것이리라.

그렇다면 개별 동물의 삶을 떠올려보는 건 유익한 일일 것이다. 돼지를 생각해보라. 한 육류 업체 관리자가 말하길, 번식용 암돼지는 "소시지 기계처럼 새끼 돼지를 쏟아내는 기능을 하는 값비싼 한 대의 기계"로 간주된다.[32] 실제로도 그렇다. 번식용 암돼지는 새끼 돼지 100여 마리를 낳으며, 평균 "연간 2.5회, 또 평생 10회" 출산한다.[33] 미국에서 매년 돼지 약 8000만 마리를 도살하므로, 적어도 350만 마리의 "어미 돼지 기계"가 어느 특정 해 두 번 임신하는 셈이다. 매년 최소 10개월간 임신 및 수유 상태인 암돼지는 활동에 제약을 받아 돌아다닐 수가 없다. 돼지는 지극히 사회적인 존재지만, 암돼지는 "보통 몸을 돌릴 수도 없이 비좁은 개별 우리에 격리된다."[34] 암돼지는 신체를 구속당한 채, 수돼지가 올라타거나, 인공 수정을 하거나, 묶인 상태에서 강제로 수정을 하거나, 아니면 "다산성 암돼지'에서 일반 암돼지로 배아를 외과적으로 이식함"으로써 강제로 임신을 당한다.[35]

막 임신을 당한 암돼지는 대략 가로 2피트, 세로 6피트(60cm ×

---

32. Coats, *Old MacDonald's Factory Farm*, p. 32.
33. 같은 책, p. 34.
34. James Serpell, *In the Company of Animals: A Study of Human-Animal Relationships* (Oxford: Basil Blackwell, 1986), p. 9.
35. Coats, *Old MacDonald's Factory Farm*, p. 34.

182cm) 크기의 분만틀 안에서 지낸다.[36] '아이언 메이든'으로 알려진 이 좁은 철제 우리에서 "암퇘지는 일어서거나 드러눕는 것 말고는 할 수 있는 게 별로 없다. 그럼에도 암퇘지는 보금자리를 만들려는 헛된 시도를 계속하는 것 같다."[37] 분만을 유도하려고 암퇘지에게 투여하는 프로스타글란딘prostaglandin 호르몬 역시 "보금자리 만들기 욕구를 더 강하게 키운다."[38] 새끼를 낳은 후 "암퇘지는 보통 가죽끈으로 바닥에 묶여 있거나, 아니면 젖꼭지가 계속 노출되도록 철창 옆에서 드러누운 자세를 취하게끔 강제된다."[39]

갓 태어난 새끼 돼지는 감금당한 어미의 젖을 몇 시간에서 몇 주까지 빨 수 있다. "최대로 집약적인 체계에서는 새끼 돼지를 일반적으로 출생한 지 몇 시간 안에 층층이 끝도 없이 쌓은 작은 개별 우리에 격리한다. … 1~2주가 되면 새끼 돼지를 새로운 구역으로 옮겨

36. 다음을 보라. 같은 책, p. 36.
37. Serpell, *In the Company of Animals*, p. 7.
38. Michael W. Fox, *Farm Animals: Husbandry, Behavior, and Veterinary Practice (Viewpoints of a Critic)* (Baltimore: University Park Press, 1984), p. 66. 데이비드 프레이저(David Fraser)는 이렇게 보고한다. "좁은 공간에 갇혀 지내는 암퇘지가 분만 전 보이는 불안 증세로는 자주 자세를 바꾸기, 드문드문 꿀꿀거리는 소리를 내기, 이갈이, 우리 고정 장치를 물어뜯고 파 헤집기 등이 있다. 짐작건대, 이런 행동은 덜 제한적인 환경에서는 보금자리 만들기의 형태를 취했을 것이다. 그러나 신체적 불편감 그리고 정상적인 보금자리를 만들 수 없다는 좌절감이 갇혀 지내는 동물을 특히 불안하게 하는지도 모른다. 분만틀 안에서 새끼를 낳는 암퇘지는 우리 안의 암퇘지보다 더 자주 앉았다 일어섰다 한다." 암퇘지의 임신, 분만, 수유를 이야기하면서 저자는 뻔히 "그녀들(shes)"이 맞는데도 암퇘지를 가리켜 "그것들(its)"이라고 한다. David Fraser, "The Role of Behavior in Swine Production: A Review of Research," *Applied Animal Ethology* 11 (1983-84), p. 318.
39. Coats, *Old MacDonald's Factory Farm*, p. 39.

살짝 더 큰 우리에 집단으로 수용한다."[40] 농장주들은 종종 출생 직후 돼지 꼬리를 자르는데, 돼지한테서 광범위하게 나타나는 꼬리물기 현상을 방지하기 위해서이다.[41] 꼬리물기 현상의 원인은 아마도 단조로운 식단 그리고 주변 환경에서 발견하는 사물들을 코로 파서 헤집고 물어뜯는 돼지의 본능, 둘 다일 가능성이 크다. 근본적으로 "돼지의 목적인目的因은 파 헤집으려는 의지"인데, 밀폐 우리에 가둠으로써 이 의지를 좌절시킨다.[42]

단단한 먹이를 먹기 시작하면 … '젖을 갓 뗀 어린 새끼들은' 도살 체중에 도달하는 대략 생후 6개월에서 8개월이 될 때까지 우리에서 작게 무리를 지어 자란다. 우리 바닥은 청소하기 쉽도록 콘크리트나 틈새가 있는 금속판으로 되어 있고, 잠자리에 깔아주는 짚

40. Serpell, *In the Company of Animals*, p. 8.
41. 다음을 보라. David Fraser, "Attraction to Blood as a Factor in Tail-Biting by Pigs," *Applied Animal Behaviour Science* 17 (1987), pp. 61-68.
42. "아리스토텔레스의 생각에 따르면, 동물 각각은 자신이 지향하는 목적인 혹은 의도, 즉 자신이 존재하는 '목적'을 가지고 있다. 만약 헤지페스(William Hedgepeth)가 [『돼지책The Hog Book』에서 말한 바가] 옳다면, 돼지의 목적인은 파 헤집으려는 의지, 먹이를 찾으려고 최소 3인치는 땅을 파고, 가닿을 수 있는 주변의 트랙터 바퀴, 구덩이, 틈새마다 코를 들이대려는 의지다. 잠자기, 탐색하기, 먹고 짝짓기하고 놀이하기를 포함해 파 헤집기는 신이 돼지를 만든 하나의 목적임이 틀림없다." Gary Comstock, "Pigs and Piety: A Theocentric Perspective on Food Animals," *Good News for Animals? Christian Approaches to Animal Well-Being*, ed. Charles Pinches and Jay B. McDaniel (Maryknoll: Orbis Books, 1993), p. 108. "바닥이 평평한 갑판형 우리에 소독한 흙을 담은 여물통을 갖다 놓음으로써 환경의 질을 높였을" 때 무슨 일이 일어나는지는 다음을 보라. D. G. M. Wood-Gush and R. G. Beilharz, "The Enrichment of a Bare Environment for Animals in Confined Conditions," *Applied Animal Ethology* 10 (1983), pp. 209-17.

은 제공하지 않는다. … 부드러운 곳에서 잠잘 기회 없이 딱딱한 바닥에서 사육하는 동물들에게서는 발 기형과 절뚝거림 현상이 공통으로 나타난다.[43]

현재 전체 돼지의 90%를 창문이 없어 거의 암흑에 가까운 밀폐 우리에서 사육하는데,[44] 영양이 부족하고[45] (무기력감을 유발하도록) 공기 중 습도가 사우나처럼 높아서 스트레스를 받는다. 인간의 심장 발작과 유사하게 갑작스러운 사망에 이르는 돼지스트레스증후군Porcine Stress Syndrome과 마이코플라즈마폐렴mycoplasma pneumonia이 자주 나타난다. 적당한 크기와 무게가 되면 가축 트럭에 빽빽이 실려 도살장으로 옮겨져 죽임을 당한다.

이처럼 돼지의 생애주기를 알면 우리는 각자 어떤 방식으로든 응답할 수밖에 없고, 우리 각자의 응답은 여러 층위에서 의미가 있다. 내 경우에 정서적인 층위에서 말하자면, 돼지가 펫으로 점점 더 각광받는다는 점에서 사회성이 높은 동물이라는 사실을 입증한 만큼, 각각의 돼지가 놓인 상황에 경악을 금치 못하며, 돼지 한 마리 한 마리에게 연민을 느낀다.[46] 지적인 층위에서 말하자면, 자동화, 공장식 축산, 첨단 생산의 언어에 놀라움을 금치 못한다. 이러한 언

43. Serpell, *In the Company of Animals*, pp. 8-9.
44. 다음을 보라. Mason and Singer, *Animal Factories*, p. 8.
45. 다음을 보라. A. B. Lawrence, M. C. Appleby, and H. A. Macleod, "Measuring Hunger in the Pig Using Operant Conditioning: The Effect of Food Restriction," *Animal Production* 47 (1988), pp. 131-37.
46. John Elson, "This Little Piggy Ate Roast Beef: Domesticated Porkers Are Becoming the Latest Pet Craze," *Times*, January 22, 1990, p. 54.

어가 수단과 면허로 작용해 우리는 이 동물을 살아 숨 쉬며 감정을 느끼는 개인으로, 자신을 대우하는 방식에 좌절과 공포를 경험하는 존재로 바라보지 못한다. 수유를 하는 엄마로서 나는, 재생산의 자유를 부정당해온, 새끼에게 젖을 먹이는 경험이 너무나 끔찍해 보이는 어미 돼지에게 공감한다. 소비자이면서 채식주의자로서 나는, 사람들이 '햄,' '베이컨,' '소시지'를 사거나 먹는 것을 목격할 때 암돼지와 새끼 돼지의 이 생애주기 정보를 마음속에 떠올린다.

미국의 집약적 공장식 축산은 해마다 70억이 넘는 존재를 부정한다. 그 존재들에게 부여한—식품 생산 단위, 풍부한 단백질 공급원, 공장식 환경에서 컴퓨터로 처리하는 단위, 달걀 생산 기계, 변환 기계, 생체 기계, 무리 등—비인격적인 명칭을 보면, 그들을 자연계에서 제거했음을 분명하게 알 수 있다. 하지만 이는 에코페미니즘이 농장 동물을 이 억압적인 체제에서 탈환하지 못할 핑계가 될 수 없다. 다만 일부 에코페미니스트가 그렇게 하지 못하는 한 가지 이유를 설명할 수 있을 뿐이다.

4. 먹기 적합한 몸이라는 사회적 구성물, 그리고 포식자 인간이라는 문화적 신화

에코페미니즘은 때때로 인간 본성을 둘러싼 혼란스러움을 뚜렷이 보여준다. 우리는 포식자일까, 아닐까? 우리 자신을 자연스러운 존재로 바라보려는 시도로서 어떤 이들은 일부 비인간 동물과 마찬가지로 인간도 순전히 포식자라고 주장한다. 그러면 채식주의는 부자연스럽게 보이지만, 일부 비인간 동물의 육식성은 그들을 가장 잘 나타내주는 특징이 된다. 동물 옹호론자들은 "어떤 종이 다른 종을 잡아먹거나 잡아먹힘을 당하는 게 생명을 지속하는 자연의 방식"이라는[47] 사실을 이해하지 못한다고 비난을 받는다. 한층 더 깊이 들어가 인간이 육식동물과 같지는 않음을 세세하게 살펴보지 않는 까닭은, 포식자 인간이라는 관념이 우리 인간은 고기를 먹어야만 한다는 발상과 부합하기 때문이다. 실제로 비인간 동물의 약 20%만이 육식성이다. 과연 이를 일반화해 "자연의 방식"이 뭔지 정확하게 안다고 주장할 수 있을까? 아니면, 이런 전형에 따라서 인간의 구실을 추론할 수 있을까?

어떤 페미니스트들은 육식이 자연스럽다고 주장해왔는데, 우리에게 초식동물처럼 이중으로 된 위나 넓적한 어금니가 없고, 또 침팬지가 동물 살점을 별미로 여기며 먹는다는 게 그 근거다.[48] 해부학에 근거를 둔 이런 주장은 정보를 선별하는 행위를 내포한다. 실제 모든 영장류는 일차적으로 초식성이다. 비록 일부 침팬지가—기껏해야 한 달에 여섯 번—죽은 동물 살점을 먹는 걸 관찰하기는 했지만, 어떤 침팬지들은 절대로 동물 살점을 먹지 않는다. 죽은 동물의 살점은 침팬지의 식단에서 4% 미만을 차지한다. 많은 침팬지가 곤

---

47. Julia Ahlers, "Thinking like a Mountain: Toward a Sensible Land Ethic," *Christian Century*, April 25, 1990, p. 433.
48. 한 예로 다음을 보라. Bettyann Kevles, "Meat, Morality, and Masculinity," *Women's Review of Books*, May 1990, pp. 11-12.

충을 먹으며, 또 유제품은 먹지 않는다.[49] 이게 인간의 식단과 같아 보이는지?

육식동물 대부분이 그렇듯, 침팬지는 동물을 포획하는 데 확실히 인간보다 훨씬 더 적합하다. 우리는 침팬지보다 훨씬 더 느리다. 침팬지는 길게 돌출한 송곳니가 있어 가죽을 물어뜯을 수 있다. 모든 유인원에게서 길게 돌출한 송곳니는 350만 년 전에 사라졌고, 그 결과 씹어 먹는 행위는 확실히 과일, 잎사귀, 채소, 견과류, 새싹 채소, 콩류 식단에 더욱 적합하게 되었다. 우리가 어떻게든 동물을 먹이로 잡는다고 해도, 동물의 가죽을 잡아 찢을 수는 없다. 동물 살점이 마치 별미인 듯 침팬지가 행동하는 것은 사실이다. 인간이 수렵 채집을 하며 살고 기름이 귀했을 때는 죽은 동물의 살점이 우수한 열량 공급원이었다. 아마도 동물 살점을 '별미'로 여긴다는 요소는 열량의 집중적인 공급원을 알아보는 능력과 관계가 있을 것이다. 하지만 우리는 그런 열량 공급원이 더는 필요하지 않은데, 지방이 부족하기보다는 오히려 너무 많은 게 문제이기 때문이다.

육식이 자연스럽다는 논증을 할 때 전제는, 계속 동물을 소비해야만 하며, 그래야만 생존할 수 있다는 것이다. 여기서 생존한다고 함은, 마치 아무 영향도 받지 않는 절대적인 자연 상태라는 게 있다는 듯, 우리가 우리의 진짜 모습대로 살 수 없게 하는 인위적인 문화적 제약에 방해받지 않고 살아간다는 것이다. 육식동물의 전형은

49. 다음을 보라. Neal Barnard, "The Evolution of the Human Diet," in *The Power of Your Plate* (Summertown, TN: Book Publishing Co., 1990), pp. 165-75.

육식이 '자연스럽다'는 확신을 심어준다. 하지만 현실이란 사회적 구성물이라는 점, 우리 역사가 육식을 두고 대단히 엇갈리는 메시지를 내비친다는 점을 생각해본다면, 먹는 행위에 관한 한 무엇이 자연스러운지 어떻게 알 수 있을까? 일부는 알았고, 대다수는 알지 못했다. 적어도 어느 정도로 결정적일 만큼까지는.

무엇이 자연스러운가—요컨대 이 말의 한 가지 뜻에 따르자면, 문화적으로 구성하지 않고, 인위적이지 않으며, 우리를 우리의 진짜 모습으로 되돌리는 어떤 것—하는 논증은 서로 다른 맥락에서 모습을 드러내는데, 늘 페미니스트들에게 의혹을 불러일으킨다. 여성이 남성에게 종속되는 편이 자연스럽다고 논증을 하는 때가 자주 있다. 이런 논증은 '자연스러운 것'에 호소함으로써 사회 현실을 부정하려고 한다. '자연스러운' 포식자라는 논증 역시 사회적인 구성을 무시한다. 우리가 비인간 동물과는 아주 다른 방식으로 시체를 먹는데—절단해 먹고, 죽인 후에 바로 먹거나 생으로 먹지 않고, 다른 음식과 함께 먹는데—어째서 우리 방식이 자연스러운 게 될까?

동물 살점은 자연스럽고 당연하게 여기도록 만든 문화적 구성물이다. 인간과 육식동물의 비유에 근거를 둔 논증을 할 때쯤이면, 그런 논증을 하는 사람 개인은 아마도 말을 떼기 전부터 죽 동물을 먹어왔을 것이다. 동물을 먹는 행위가 합리화를 거치는 시점은 아마도 너댓 살 무렵에 죽은 동물한테서 살점이 나온다는 사실을 알고는 불편함을 느꼈을 때이리라. 죽은 동물 살점 맛은 합리화보다 앞섰고, 그 합리화가 옳다고 믿을 강력한 토대를 제공했다. 더구나 베이비붐 세대는 성장 과정에서 고기와 유제품을 네 가지 기초식품군 중 두 가지로서 신성시했다는 문제가 더 있다. 그러므로 개인 한 명 한 명은 육식을 하며 미각의 만족감을 경험했을 뿐만 아니라, 어린 시절부터 끝도 없이 들어온—죽은 동물은 인간의 생존에 꼭 필요하다는—말을 진심으로 믿을지도 모른다. 시체 섭취가 자연스럽다는 생각은 이런 맥락 속에서 발전한다. 이데올로기가 인공물을 자연스러우며 이미 정해진 것으로 보이게 한다. 사실상 이데올로기 자체가 이것은 '식품' 문제라는 허울 뒤로 사라져버린다.

동물을 먹을 때 우리는 그 개별 동물과 일상에서 상호작용한다. 하지만 이 같은 진술과 그 함의는 부재 지시 대상이라는 구조를 거쳐 다시 자리 잡는다. 그리하여 동물은 사라지고, 우리는 '고기'라고 이름 붙은 음식 형태와 영향을 주고받는 게 된다. 부재 지시 대상은 동물을 드러내려는 노력에 우리가 저항하게 해주면서 수단-목적의 위계질서를 영속한다.

부재 지시 대상은 이데올로기적 예속에서 비롯하고 또 이를 강화한다. 인종주의적이며 가부장적인 이데올로기가 인간/동물이라는 문화적 쌍을 정립하고, 누가 수단이 되며 누가 목적이 되냐를 고려하는 중요 요소로서 종차별을 상정하는 기준을 만들어낸 다음, 우리가 동물을 먹어야만 한다고 믿게끔 세뇌한다. 그와 동시에 부재 지시 대상이라는 구조는 우리가 가부장적 이데올로기를 이해하려고 할 때 계속 동물을 보이지 않게 하고, 동물을 드러내는 일에 저항감을 느끼게 만든다. 이는 우리가 계속 동물을 인간의 필요와 이해관계라는 관점에서 해석한다는 뜻이다. 우리는 동물을 사용하고 소비할 대상으로 바라본다. 많은 페미니즘 담론이 동물을 가시화하지 못하면서 이런 구조에 가담한다.

존재론은 이데올로기를 요약해 표현한다. 달리 말해, 이데올로기는 존재론적으로 보이는 것을 만들어낸다. 여성을 존재론적으로 성적 대상 (혹은 어떤 페미니스트들이 주장하듯이 강간해도 되는 대상)으로 그린다면, 동물은 살점을 제공하는 수단으로 그린다. 여성과 동물을 존재론적 관점에서 대상으로 표현할 때, 지배적인 언어는 다른 누군가가 폭력의 주체/행위자/가해자로서 행동하고 있다는 사실을 지운다. 세라 호글랜드는 어떻게 이런 일이 일어나는지 보여준다.

"존이 메리를 때린다"는

"메리가 존에게 맞았다"가 된 다음,

"메리가 맞았다"가 되고, 마침내

"여성이 맞는다" 그러므로

"매 맞는 여성"이 된다.[50]

여성 대상 폭력, 그리고 **매 맞는 여성**이라는 용어의 창안과 관련해 호글랜드는 "이제는 **남성이 여성에게 하는** 어떤 행동이 도리어 **여성이 지닌 본성**의 일부가 되었다. 그렇게 우리는 존은 완전히 생각하지 않게 됐다"라고 말한다.[51]

---

50. Sarah Lucia Hoagland, *Lesbian Ethics: Toward New Values* (Palo Alto: Institute for Lesbian Studies, 1988), pp. 17-18.

51. [옮긴이] 전통적으로 가정폭력(domestic violence, domestic abuse, family violence)은 대부분 신체적 폭력과 관련이 있었다. 아내 학대(wife abuse), 아내 구타(wife beating, wife battering), 매 맞는 여성(battered women) 등의 용어가 사용되었지만, 혼인하지 않은 파트너, 신체적 학대 이외의 학대, 여성 가해자, 동성 관계 등을 포함하려고 노력하면서 위와 같은 용어 사용은 감소했다. 현재 가정폭력은 일반적으로 가족 구성원이나

동물 몸을 먹기 적합하다고 보는 관념도 비슷한 방식으로 작동하며, 죽은 동물을 구매하고 소비하는 인간의 행위성을 제거한다.

"누군가가 동물을 죽이고, 따라서 내가 그 시체를 고기로 먹을 수 있다"가

"동물은 죽임을 당한 후 고기로 먹힌다"가 되고, 그런 다음

"동물은 고기다"가 되고, 마침내

"고기용 동물" 그러므로

"고기"가 된다.

인간이 동물에게 하는 어떤 행위가 도리어 동물이 지닌 본성의 일부가 되고, 그렇게 우리는 동물을 먹는 자로서 인간의 구실은 완전히 생각하지 않게 됐다. '고기'라는 질량명사가 등장함으로써 소비자의 행위성을 보기 좋게 지운다. 동물이 부재 지시 대상이긴 해도 우리는 결국 포식자가 될 수밖에 없다고 에코페미니즘이 인정할 때, 이는 여전히 존재론적인 관점에서 동물을 소비해도 되는 몸으로 보는 인식을 영속화한다.

친밀한 파트너가 저지를 수 있는 모든 신체적, 성적, 심리적 또는 경제적 폭력 행위를 포함하는 것으로 광범위하게 정의한다. '매 맞는 여성' 용어 사용에 대해서는 8장 334쪽 참조.

5. 사냥은 에코페미니즘 윤리와
조화를 이룰 수 있을까?

에코페미니즘은 동물과 채식주의를 모두 자신의 이론과 실천 안으로 끌어와 자리 잡게 할 잠재력이 있다. 그런데 채식주의가 에코페미니즘의 고유한 양상이 되어야 할까? 일부 사냥 유형이 집약적 사육에 맞서 에코페미니즘적 대안이 될 수 있을까? 이 질문에 답하려면, 많은 에코페미니스트가(이를테면 캐런 워런) 절대화를 거부해야 한다고 생각한다는 점을 알아야 한다. 즉, 권위주의와 위력에 저항하는 태도와 일관된 입장을 취해야 한다고 생각한다. 그렇기 때문에 죽이는 행위를 싸잡아서 단정적으로 비난하는 것은 거부하는 태도를 볼 수 있다. 쟁점은 저마다 특수한 맥락 속에 놓여 있다. 이처럼 구체성을 보편성보다 강조하는 관점을 '우발성의 철학philosophy of contingency'이라고 부르겠다.

에코페미니즘이 말하는 우발성의 철학을 에코페미니즘의 한 방법론이 보완해주는데, 바로 맥락화contextualization다. "죽이는 행위는 다 잘못됐다"라고 말하길 거부하고, 인간의 경우 살인을 허용하는 사례들, 예컨대 안락사, 임신중절술(임신중절술을 살해로 본다면), 식민 지배를 받는 이들이 압제자를 타도하려고 벌이는 투쟁을 든다면, 이는 전적으로 타당할 것이다. 이와 비슷하게, 어떤 방식으로 동물을 죽여서 식품으로 만드느냐에 따라 그 죽이는 행위와 죽은 동물을 소비하는 행위를 허용할 수 있기도 하고 없기도 하다는 주장이 있다. 이 주장에 따르면, 동물의 희생을 고맙게 여기고 존중하는 태도로 동물을 죽이는 행위는 동물을 수단화하지 않는다. 그 대신, 이 같은 동물 살해 방식은 관계를 특징으로 하며, 인간과 사냥당한 동물 사이의 호혜를 반영한다. 여기서는 근본적으로 부재 지시 대상이 없다. 동물을 죽이는 행위를 이처럼 해석하는 관점을 '관계적 사냥relational hunt'이라고 부르겠다.

방법론이라는 문제는 관계적 사냥 논증을 비판적으로 바라볼 길을 제시한다. 그런데 먼저 관계적 사냥의 이데올로기적 전제는, 동물을 먹기 적합한 존재로 여기는 태도를 포함한다는 사실을 인정하자. 방법이 다를지는 모르지만—"나는 나 자신을 위해 내가 고기 형태로 먹고 싶은 어떤 동물을 죽인다"—행위의 폭력성도, 목적이 되는 결과물인 시체도, 행위자와 방법이 바뀜으로써 없어지지는 않는다.[52] 앞서 주장했듯이, 동물을 먹기 적합한 존재로 보는 태도는 동물을 인간의 도구로 만든다. 따라서 동물의 생명은, 일반적으로 육식이 필요하지 않은데도 동물을 먹고 싶어 하는 인간의 욕망에 종속된다. 우발성의 철학을 존중하면서도 동물을 먹기 적합한 존재로 보는 태도에 저항하고 싶은 에코페미니스트들은 다음과 같이 말하

52. 어떤 이들은 관계적 사냥이라는 방법이 여타의 육식 유형에 내재한 폭력을 배제한다고 주장할지도 모르겠으나, 오늘날 흔히 쓰는 그 폭력이라는 용어를 내가 여기서 문맥에 맞지 않게 잘못 적용한다고 생각하는 까닭을 이해할 수가 없다. 나는 '폭력적'이라는 말을 다음과 같이 『아메리칸 헤리티지 영어 사전』에서 정의한 의미로 사용한다. "자연적인 원인보다는 예기치 못한 물리력이나 침해로 발생함." 동물이 자기 죽음에 동조하는지 우리는 그야말로 알 수 없다고 나는 주장하지만, 비록 동물이 자기 죽음을 순순히 받아들인다고 해도, 이 죽음은 여전히 자연적인 원인의 결과가 아니라 기구 사용 그리고 치명상을 입히겠다는 의도가 있어야만 하는 외부적인 물리력의 결과다. 바로 이것이 폭력으로서, 다른 때라면 계속 삶을 영위했을 어떤 존재를 다치게 해 죽이는 것이다.

면서 대안적인 입장을 취할 수 있다. "비상 상황 시 식인 풍습처럼, 성공적으로 사냥을 한 후에 동물을 먹는 행위는 때때로 불가피하지만, 식인 풍습이 그러하듯이 도덕적으로는 혐오스럽다." 이런 태도는 (인간을 포함해) 동물의 살을 먹는 행위가 드물게 발생할 수 있다고 인정하면서도, (일부) 동물을 먹기 적합한 존재로 보는 태도에는 저항한다.

맥락화라는 방법론을 관계적 사냥이라는 이상에 적용하면 모순점이 드러난다. 에코페미니즘 이론은 진행 중인 이론이기 때문에 나는 호의적인 마음으로 비평하고 있다.[53] 관계적 사냥은 아직 이론적으로 충분히 발전하지 않았다. 에코페미니즘은 관계적 사냥을 아직도 여전히 다소 부정확하게 규정하고, 다수가 잘해낼 실천 방안으로 설명하지도 않는다. 에코페미니즘 담론답지 않은 이런 부정확성이 시사하는 바는, 맥락화라는 방법론이 실질적으로는 관계적 사냥과 상충한다는 점, 그리고 입증을 하지 않은 일화적인 차원에서 논의를 지속함으로써 이런 사실을 부정한다는 점이다. 더구나 관계

---

53. 의심컨대, 환경보호 운동에서 유래한 에코페미니즘 이론의 면면은, 그 환경보호 담론의 남성중심주의(androcentrism) 때문에 개념상의 결함을 드러내 보일 것이다. 관계적 사냥이 그 한 사례다. 그러므로 관계적 사냥에 뒤따르는 비판은, 환경보호 운동이 관계적 사냥을 드높이는 행태를 겨냥한다고 봐야 한다. 대체로 인간 남성이 중심인 환경보호 담론에서 이 관계적 사냥이라는 방법을 선호하는 동기는, 에코페미니스트들이 관계적 사냥 논증을 채택하는 동기와는 대단히 다를 수 있다. 이에 대해서는 다음을 보라. Marti Kheel, "Ecofeminism and Deep Ecology: Reflections on Identity and Difference," in *Reweaving the World: The Emergence of Ecofeminism*, ed. Irene Diamond and Gloria Feman Orenstein (San Francisco: Sierra Club Books, 1990), pp. 128-37.

적 사냥은 대다수 사람이 죽은 동물에게서 식품을 취득하는 방식이 **아니라는** 점도 결코 지적한 바가 없다. 에코페미니즘 윤리가 맥락화의 윤리이긴 하지만, 우리가 어떻게 동물과 관계를 맺는지 설명하는 맥락은 제시하지 않는다. 환경보호론자들이 여성 억압을 직접적으로 다루지 못할 때 그것을 혼란스러운 것으로 만들듯이, 에코페미니스트들도 인간이 동물과 맺는 관계를 정확하게 설명하지 못할 때 그것을 불가해한 것으로 만든다.

에코페미니즘은 현재의 동물 처우를 비판하기 위해 종차별주의라는 관념에 기대지 않았다. 비록 명시적, 암시적으로 자연차별주의를 비난함으로써 대체로 비슷한 비판을 제시하긴 한다. **종차별주의**라는 용어는 일부 에코페미니스트가 보기에는, 그 용어에 저항하는 운동인 동물 옹호 운동과 긴밀하게 관계를 맺음으로써 오염됐다. 이 에코페미니스트들은 동물 옹호 운동이 권리와 관련된 가부장적 담론을 영속한다고 본다. 그럼에도 동물 옹호는 개별 동물이 삶을 계속 영위할 권리를 인식하며, 이는 이 운동의 미덕이다. 반자연차별적antinaturist 입장은 이와 유사한 인식을 제시해주지 않는다. 그 결과, 사냥당해 죽은 개별 동물을 보고 '관계를 맺고 있다'고 해석한다. 반자연차별주의자 입장에서는 사냥을 모순으로 여기지 않지만, 반종차별주의자 입장에서는 모순이라고 판단할 것이다.

반자연차별적 입장은 개인이 아니라 관계를 강조한다. 그래서 관계적 사냥은 호혜 관계라고 말한다. 하지만 호혜란 호의나 특권을 상호 혹은 협력적으로 교환하기다. 죽임을 당하는 동물이 이 교환 활동에서 얻는 게 뭘까?

희생이라는 경험? 상대편이 인간처럼 말을 할 수 없고, 더욱이 죽임을 당함으로써 자기 목소리를 낼 수 없는데, 관계적 사냥의 호혜성을 어떻게 확인할 수 있지? 침묵하고 또 침묵을 당한 상대편의 자발성에 의문을 제기하기 시작하면, 관계적 사냥과 앞으로 '공격적 사냥aggressive hunt'이라고 부를 것 사이의 관련성을 두고서도 마찬가지로 의문을 품게 된다. 표면적으로는 관계적 사냥은 공격적 사냥과 다르다. 공격적 사냥은 사냥을 당하는 동물과 어떤 식으로든 맺는 관계를 중시하기보다, 사냥꾼의 (인간 남성) 자아 감각을 격상하는 것으로 보인다. 그럼에도 관계적 사냥과 공격적 사냥 논의에서 공통 현상을 발견할 수 있는데, 바로 책임감이나 행위성을 지운다는 점이다. 공격적인 사냥꾼의 경전인 『사냥 명상록』을 생각해보라.[54] 이 책에서 호세 오르테가 이 가세트는 이렇게 쓴다.

스포츠맨에게 사냥감의 죽음은 관심의 대상이 아니다. 사냥감의 죽음은 그가 사냥하는 목적이 아니다. 그가 관심이 있는 것은 사냥감을 죽이려고 해야만 한 모든 것, 곧 사냥 그 자체다. 그러므로 이전에는 목적을 이루기 위한 수단에 지나지 않던 게 이제는 그 자체로 목적이다. 죽음은 없어서는 안 될 요소인데, 죽음 없이 진정한 사냥이란 있을 수 없기 때문이다. 동물 살해는 사냥의 자연스러운 결말이자 사냥 그 자체의 목적이지, 사냥꾼의 목적은

54. 존 스코우(John Skow)는 호세 오르테가 이 가세트(José Ortega y Gasset)의 사냥 옹호론을 흔히 사냥꾼들이 비사냥꾼들에게 전해준다는 점에 주목한다. 다음을 보라. John Skow, "Heroes, Bears and True Baloney," *Time*, November 13, 1989, p. 122.

아니다.[55]

위 구절에서 주체를 지운 점이 굉장히 흥미롭다. 최종적으로 동물의 죽음을 의도한 것에 사냥꾼에게는 사실상 책임이 없는데, 이는 마치 아동이나 배우자를 학대하는 이들은 전형적으로 어느 시점에서부터인가 학대를 멈출 수 없다고 간주하는 것과 같다. 학대하는 인간은 전형적으로 행위성을 싹 다 잃는다고 한다. 공격적인 사냥을 구성하는 과정에서는, 살해가 사냥꾼이 의도해서가 아니라, 사냥 그 자체에 필요하기 때문에 일어난다고 한다. 이것이 가해자 모형이다. 관계적인 사냥을 구성하는 과정에서는, 어느 지점에서부터인가 동물이 기꺼이 목숨을 포기함으로써 인간이 삶을 계속 영위할 수 있도록 한다고 주장한다. 이것이 바로 강간범 모형이다. 어느 경우에서건 폭력은 사소하게 여겨진다. 범죄로 다루지 않는 부부 사이의 강간에서도 그렇듯이 강간범 모형의 전제는, 일단 사귀는 관계로 들어섬으로써 여성이 단 한 번의 확실한 승낙을 이미 했다는 것이다. 마찬가지로 관계적 사냥에서도 사냥꾼이 찾아낸 동물 역시 어느 지점에서부터는 말로 한 건 아니지만 그와 똑같이 구속력이 있는 확실한 승낙을 이미 했다고 상정한다. 관계적 사냥과 공격적 사냥은 행위성을 지우고 침해 행위를 부인하는 대안적인 수단을 마련해줄 뿐이다.

아직 다루지 않은 사실이 있다. 바로 관계적 사냥이, 일부 아메리

55. José Ortega y Gasset, *Meditations on Hunting*, Howard B. Wescott, trans. (New York: Charles Scribner's Sons, 1985), p. 96.

카 원주민의 사냥 관행과 신념을 에코페미니스트들이 이해하는 방식에 바탕을 둔다는 점이다. 붉은국가여성의[56] 회원인 앤드리아 스미스Andrea Smith는 다음과 같이 우려한다.

원주민 문화의 다른 부분은 몽땅 배제할 정도로 아메리카 원주민의 사냥에 관심을 가지는 것은, 아메리카 원주민을 계속 야만인으로 그리는 또 다른 방식입니다. 나아가 이는 원주민이 주로 농경 위주의 발전한 문명 생활이 아니라, 드문드문 모여 살면서 죄다 사냥 생활을 하는 유형이었다는 오해에 일조합니다. 그런 다음에는 이런 오해가, 원주민을 '발견해서' 다행이었다, 그렇지 않았다면 이런 스파르타식 사냥꾼의 생활 방식을 지금껏 유지했을 터이기 때문이라는 이데올로기에 이바지하지요. 더구나, 원주민 문화에 적용할 수 있다고 해서 미국 주류 문화에도 그대로 옮겨올 수 있는 건 아니죠. 그렇게 생각하는 이들은 원주민 문화를 전유하기보다는 원주민의 권리를 지키는 데 시간을 쓰는 게 더 나을 겁니다.[57]

---

56. [옮긴이] 붉은국가여성(Women of All Red Nations, WARN)은 1974년에 결성한 아메리카 원주민 여성단체로, 30개의 부족 공동체 출신 여성 300명 이상이 참여해 아메리카 원주민 여성의 건강, 조약 권리 회복과 확보, 스포츠 팀에서 아메리카 원주민 마스코트 제거, 인디언 문화의 상업화 방지를 옹호했다. 원주민의 땅에서 핵물질을 채굴하고 저장함으로써 선천적 결함, 유산, 사망과 같이 건강상의 문제가 발생하는 비율이 높음을 강조했으며, 원주민 여성에 대한 강제 불임 수술과 비원주민에 의한 원주민 아동 입양에 우려를 표명했다.

57. 1994년 2월에 나눈 대화에서. 원주민 문화를 잘못 전유하는 문제에 대해서는 다음을 보라. Andrea Smith, "For All Those Who Were Indian in a Former Life," in *Ecofeminism and the Sacred*, ed. Carol J. Adams (New York: Continuum, 1993), pp. 168-71.

많은 토착 문화에서 사람이 동물과 관계를 맺는 양상은 오늘날 우리가 동물과 관계를 맺는 양상과는 매우 다르지만, 환경보호론자들은 아메리카 원주민의 사냥 문화에서 나온 일화들에 호소하며 사욕을 추구할 뿐이다. 아메리카 원주민 사회를, 생태계를 파괴하는 사육 채집 사회에 맞서 동물 몸에 식품을 의존하지 않고도 인간이 잘 살 수 있음을 보여주는 한 대항 사례로 제시할 수는 없을까?[58] 또, 아메리카 원주민의 사냥 모형이라고 간주하는 것을 떼어내 가져오기보다 그 원주민들과 연대해 일할 수는 없을까?

더구나, 어떤 방법을 써야 관계적 사냥을 대규모로 실행할 수 있을까? 오늘날보다 인구가 훨씬 적은 대륙에서 발전한 이상적인 방법을 창안한 다음, 그것을 아메리카 원주민 문화가 번성한 야생 환경을 전반적으로 없애버린 도시 인구에 강요할 수 있을까? 똑같은 상황을 재현할 야생 환경이란 더는 존재하지 않는다. 로즈메리 류터가 의문을 제기하듯이, "현재 56억 명에서 어쩌면 100만 명 내외로 엄청나게 인구를 줄이지 않고서는 관리하지 않은 야생 환경, 즉 다

---

58. 레이나 그린은 아메리카 원주민 문화를 향한 선택적 관심이라는 문제를 제기하면서, "원주민 전쟁, 평원의 기수들, 그리고 '길 끝에 다다른'(End of the Trail) 추장들에게 미국 학자들이 보이는 거의 병적인 수준의 집착"을 언급한다. Rayna Green, "Review Essay: Native American Women," *Signs*, 6, no. 2 (1980), p. 249. [미국 정부는 1830년부터 1850년까지 아메리카 원주민을 강제로 이주시켰다. 이 강제 이주를 '눈물의 행로'(Trail of Tears)라 일컫는데, 조각가 제임스 얼 프레이저(James Earle Fraser)는 이를 형상화해 '길 끝에 다다른'(End of the Trail)이라는 조각상을 1915년에 전시한다. 조각상은 지친 아메리카 원주민이 온몸을 축 늘어뜨린 채 마찬가지로 고단해하는 말을 타고서 태평양 자락에 다다른 모습을 하고 있다.—옮긴이] "부족이나 주제를 선정하는 방식을 보면, 인류학자들은 이미 관심이 있는 것을 뚜렷이 선호하지, 낡은 사상과 모순되는 지점을 제시해줄 수도 있는 것은 선호하지 않"(266)듯이, 사냥을 향한 관심 역시 동물을 먹기 적합한 존재로 여길 권리를 공고히 하는 활동을 채택하는 것으로 보인다.

른 여러 종 가운데 하나로서 인간이 동물과 경쟁하는 환경으로 되돌아갈 수는 없으므로, 과연 어떤 식으로 인류를 대량 살상해야 이 목표를 달성할 수 있을지 궁금하다."[59]

사냥과 관련된 다른 쟁점, 이를테면 사냥꾼으로서 남성의 구실, 사냥 옹호론자들, 사냥과 여성 대상 폭력의 연관성(8장을 보라), 큰 동물을 사냥하는 행위와 여성 종속 사이의 인류학적 관계도 떠오른다.[60] 심지어 전통 방식으로 사냥-채집 생활을 하는 집단에서도 열량의 대부분은 여성이 (주당 3.5일에 해당하는 만큼만 일해도) 마련한다.

관계적인 사냥의 문제점은, 공동의 문제를 대단히 감상적이고 개별적인 차원에서 해결하려는 방책이라는 것이다. 동물을 먹는 행위와 관련해 우리는 무엇을 해야 할까? 동물을 먹기 적합한 몸으로 바라보거나, 그러지 않거나, 둘 중 하나다. 그러므로 사냥 쟁점은 궁극적으로 방법론을 둘러싼 한 가지 논쟁이다.

59. Rosemary Radford Ruether, "Men, Women, and Beasts: Relations to Animals in Western Culture," in *Good News for Animals? Christian Approaches to Animal Well-being*, ed. Charles Pinches and Jay B. McDaniel (Maryknoll: Orbis Books, 1993), p. 22. [2021년 기준 세계 인구는 대략 78억 7500만 명이다.—옮긴이]

60. 다음을 보라. Peggy Sanday, *Female Power and Male Dominance: On the Origins of Sexual Inequality* (Cambridge and New York: Cambridge University Press, 1981) 그리고 Richard E. Leakey and Roger Lewin, *People of the Lake: Mankind and Its Beginnings* (New York: Doubleday, 1978).

6. 그런데 식물도 생명이 있지 않냐고

식물도 생명이 있다는 주장은 윤리적 채식주의자가 보기에 주의를 딴 데로 돌리게 만들고, 집약적 사육동물의 고통을 끔찍하리만치 하찮게 보이도록 한다. 그럼에도 이런 주장을 살펴봄으로써 에코페미니즘 윤리가 육식 문제에서 필요하다는 게 드러난다. 이런 입장은 본질적으로 "식물을 먹어도 된다면, 동물 역시 먹어도 된다," 그러니 거꾸로, "동물은 안 된다면서 식물은 왜 된다는 거야?" 하고 말하는 듯하다. 여기서는 명백히 보편성 추구가 작동하면서 에코페미니즘이 맥락에 부여하는 가치는 무시한다.[61] 에코페미니즘이 다양성과 차이를 강조하는 반면, 식물 논증의 정립은 보편화에 의존한다. 에코페미니즘은 연대를 포용하고, 동물과 연대할 때에는 식물계와 연대할 때와는 다른 행동이 필요함을 인식하지만, 식물의 생명을 주장하는 입장은 동일성을 상정한다. 에코페미니즘적 채식주의 윤리에서 식물의 위치를 가장 잘 이해할 길은, 에코페미니즘이 말하는 우연성의 철학, 또 이에 함께 따라오는 맥락화의 방법으로 되돌아가는 것이다.

---

61. 생각건대, '식물도 생명이 있다'는 주장이 나오는 근본 원인은 두 가지다. 첫째는 시체 먹는 이가 동물 먹기를 포기하는 걸 두려워하기 때문이다. 사안을 분열시키려고 식물 쟁점을 채택한 것이다. 둘째는 자연계 전체를 향한 환경보호주의적인 존중, 그리고 이에 따라오는, 인간 중심적인 성향이 특정 동물한테로 확장할 뿐이며 환경보호 윤리와 관련해 아무런 가치 변화도 일어나지 않으리라는 우려 때문이다. 두 번째 우려를 제기하는 이들 자신도 첫 번째와 같은 반발을 살 가능성은 충분히 존재하며, 따라서 아무런 맥락화도 제시해주지 못하는 명백한 모순이라 풀이할 수 있겠다.

오늘날 현실은 이렇다. 엄청난 양의 식물성 먹이를 이용하고, 이와 함께 살충제와 화학 비료를 활용하며, 땅의 요구를 무시한 채 단일재배 작물을 생산하는데, 이는 전부 인간이 식물을 먹어야 해서가 **아니라**, 죽어서 고기가 될 때까지 말단동물이 먹고 살 먹이를 만들어내야 하기 때문이다. 식물계를 광범위하게 착취하는 일은 동물을 방대하게 착취하기 때문에 일어난다.

인간이 섭취하는 식물은 어떤 것들일까? 인간이 섭취하는 식물성 식품 대부분이 선천적으로 재생 가능한 자원에서 나온다.[62] 한해살이 작물이 여기에 해당한다. 또는 해초류처럼 파도를 따라 해안에 떠밀려 오지 않을 때는 가지치기를 함으로써 더 잘 자라나는 부류도 여기에 해당한다. 해초류는 "모체에서 떨어져 나온 조각이나 홀씨에서 재생함으로써" 번식한다.[63] 채식주의자의 식단에서 큰 부분을 차지하는 또 다른 식물성 식품 범주는 식물의 산물이지, 식물 그 자체가 아니다. 예컨대 일반 콩, 렌틸콩, 병아리콩과 같은 콩류는 사실 "콩과 식물의 열매"다.[64] 과일류 전체, 그리고 채소류 다수와 마찬가지로, 견과류와 씨앗은 식물 자체를 훼손하지 않고도

---

62. 나는 선천적으로 재생 가능한 자원인 식물, 즉 스스로 재생하는 것과, 외부 영향에 따라 재생 가능한 자원이 되는 동물의 속성을 구분한다. 죽은 소는 자기 자신을 재생할 수 없다. 열매를 수확하는 식물 대부분은 할 수 있다. 동물을 재생 가능한 자원으로 여기는 건 순전히 그들의 재산산 체계를 조작하고 그들의 후손을 대상화하기 때문이다.

63. Sharon Ann Rhoads, *Cooking with Sea Vegetables* (Brookline, MA: Autumn Press, 1978), p. 19; Alice Walker, "Not Only Will Your Teachers Appear, They Will Cook New Foods for You," *Living by the Word: Selected Writings*, 1973-1987 (San Diego: Harcourt Brace Jovanovich, 1988), pp. 134-38.

64. Marlene Anne Bumgarner, *The Book of Whole Grains* (New York: St. Martin's Press, 1976), p. 259.

식물에서 떼어낼 수 있다. 마지막으로, 누구나 창가에 두고 키울 수 있는 새싹과 풀이 있다.

채식주의자가 정확히 무엇을 먹는지(먹어야 하는지) 고려할 때 좀 더 적절한 질문은 어떻게 하면 이 세상에 미치는 해악을 최소화할 수 있느냐다.[65] "유기체를 향한 연민"을[66] 지니고 식물계에 접근함으로써 얻을 것은 많다. 그렇다고 해서 영양분은 식물에서 얻을 수 없다는 말이 아니다. 유기체를 향한 연민을 지니고 식물계에 접근한다고 함은, 음식을 대할 때 이런 의문을 품는다는 것이다. 우리는 생명 과

65. 좀 더 관습적으로 표현하자면, "중추 신경계가 없는 존재에 대해 통증과 고통이라는 측면에서 우리는 어떤 직접적인 책임이 있나"이다. 제이 맥대니얼(Jay McDaniel)은 이 질문을 추구하면서 상충하는 주장들에 (복합적 신경계가 있는 존재를 묘사하는) 군주제와 민주주의("중심이 되는 정신이 부재한 에너지 맥동 체계")라는 은유를 제시한다. Jay B. McDaniel, *Of Gods and Pelicans: A Theology of Reverence for Life* (Louisville, KY: Westminster/John Knox Press, 1989), pp. 77-78. 빅 서스먼(Vic Sussman)과 피터 싱어(『동물해방』)는 동일한 물음을 탐구하면서 식물이 자기 자신을 방어하거나 통증을 피하는 방식으로 진화하지 않았다고 논한다. Vic Sussman, *The Vegetarian Alternative: A Guide to a Healthful and Humane Diet* (Emmaus, PA: Rodale Press, 1978), pp. 227-30. 이에 상응하는 분석으로는 다음을 보라. Daniel A. Dombrowski, *Hartshorne and the Metaphysics of Animal Rights* (Albany, NY: State University of New York Press, 1988): "간추리자면, 동물은 두 가지 의미에서 쾌고감수능력이 있다. (1) 동물은 미시적인 차원에서 보아 각각의 구체적인 개체가 겪는 일 속에서 쾌고감수능력을 보이며, 동물이 겪는 사건은 식물과 광물에도 일어난다. 이를 쾌고감수능력1(S1)이라고 부르겠다. (2) 동물은 본디 쾌고감수능력 자체를 가지고 있는데, 꿈도 꾸지 않을 만큼 깊고 편안하게 잠에 빠져 있어도 대체로 통증을 느끼거나, 때때로 통증을 기억하거나 예측하는 것, 다시 말해 괴로워하는 것을 보면 알 수 있다. 이것이 쾌고감수능력2(S2)이다. S1만으로도 충분히 실체론자들(materialists)에게 논박할 수 있지만, 통증이나 고통을 식물의 고유한 속성으로 보기에는 충분하지 않다는—그러려면 S2가 필요하다—점에서, 비록 식물 역시 어떤 타고난 가치를 가지고 있음에도 우리는 식물을 먹으면서 평정을 유지할 수 있다"(p. 43).

66. 다음을 보라. Evelyn Fox Keller, *A Feeling for the Organism: The Life and Work of Barbara McClintock* (San Francisco: W. H. Freeman and Co., 1983).

정, 즉 식물의 성장을 긍정할까, 아니면 고통과 죽음의 과정, 즉 동물 살해를 확고히 할까?[67] 채집 과정을 살해 과정과 동일시한다면, 이는 폭력에 관해 그야말로 거짓을 말하고, 여성의 과거를 왜곡한다. 식물 채집은 역사적으로 여성의 활동이었다. 자연의 재생 능력에 의존하는 지속가능한 유기농업은 여성이 공헌한 영역이었다.[68] 아닌 게 아니라, 여성들이 역사적으로 해온 채집 모형은 식물을 수확하고 소비하는 게 반드시 식물을 지배하는 건 아님을 시사한다.

"식물도 생명이 있으니, 동물을 먹어도 된다"는 입장은 암묵적으로 가부장적이라고 할 수 있을 것이다. 이 같은 육식 옹호는 경계선이 있어서는 안 될 곳에 경계선을 긋는다(즉, 동물을 먹는 행위가 인간을 먹는 행위와는 본질이 다르다고 주장한다). 그런데 그렇다고 해서 경계선을 아예 그을 수 없다는 뜻은 아니다(즉, 소를 먹는 것과 당근을 먹는 것을 구분할 수 있다). 그런 경계선을 긋는 게 타당하냐를 묻는 게 데카르트적 회의懷疑의 한 예시다. 캐서린 매키넌이 주장하듯, 데카르트적 회의는 인간 남성의 특권으로 기능한다. 이 특권은 만물이 관념으로 만들어진다고 생각하는 관점을 가능하게 해준다.[69] 이런 관점은 인식론과 존재론을 무너뜨린다. 당근이 착취를 당

---

67. 스타호크의 용어를 사용하자면, 동물 살해는 힘을 행사하는 것인 반면 채집 과정은 내부에서 힘이 나오는 것이라 주장할 수 있겠다. Starhawk, *Dreaming the Dark: Magic, Sex and Politics*, (Boston: Beacon Press, 1982). 혹은 매릴린 프라이의 범주를 활용해, 동물을 소비해도 된다고 여기려면 반드시 '오만한 눈길'로 바라봐야 하지만, 식물을 식품으로 삼으려면 반드시 '애정 어린 눈길'로 바라봐야 한다고 말할 수 있겠다.

68. 다음을 보라. Vandana Shiva, *Staying Alive: Women, Ecology and Development* (London: Zed Books, 1988), pp. 41-48, 그리고 Sanday, *Female Power and Male Dominance*.

하는지 아닌지 이론적으로는 질문할 수 있을지 모르지만, 우리가 이 세계라고 아는, 우리가 직접 살아가는 현실 속에 우리 자신을 놓고 생각해보면, 말, 소, 돼지 혹은 닭을 먹는 게 당근을 먹는 것과는 다름을 틀림없이 알거나 직관할 것이다. 환경보호론자들은 이 점을 규정하는 데 명백하게 실패함으로써 체화한 지식embodied knowledge에 참여하지 못한다. 그럼으로써 우리가 추상적 개념에 따라 살아간다는 생각을 강하게 한다. 추상적 개념 그리고 체화한 지식의 부재는, 육식에서만큼이나 지배 논리에서 큰 부분을 차지하는 남성적 추론에 치우침으로써 발생한다. 시체를 시체 생산 과정에서 분리하고 대신 식물계와 관련짓는 이들은, 에코페미니즘이 없애고자 하는 정신/육체, 이성/감성 이원론을 영속화한다.

7. 자율성 그리고 에코페미니즘적인 채식주의

문화적인 차원에서 동물을 먹기 적합한 것으로 구성하는 한, 채식주의 쟁점은 (동물을 먹지 말라는 소리를 듣느냐, 아니면 무엇을 먹을지 스스로 결정하느냐와 같이) 자율성을 둘러싼 충돌로 비칠 것이다. "동물이 음식이라고, 혹은 음식이어야만 한다고 누가 결정했지?" 라는 의문은 여전히 논의하지 않는다.

1976년, 보스턴에서 여성영성학회Women Spirituality Conference를 개

69. Catharine A. MacKinnon, *Feminism Unmodified: Discourses on Life and Law* (Cambridge: Harvard University Press, 1987), pp. 57-58.

최했는데, 학회 현장에서 채식주의자용 식사만 제공했다. 이후 《오프 아워 백스》에[70] 분개하는 내용의 편지들이 도착했는데, 편지에서는 분노한 페미니스트들이 학회에서 동물 살점이 부족해 근처 패스트푸드 햄버거 가게를 장악할 수밖에 없었다고 말했다. 에코페미니스트-채식주의자가 의식 있는 행위자로서 정당한 문제를 제기한다고 바라보기보다는 자기만족을 위해 타인의 권리를 침해한다고 여긴다. 이것이야말로 진짜 '딸의 유혹'을 보여주는지도 모른다.[71] 즉, 쾌락은 비정치적이라고 믿으면서 지배에서 파생했지만 특정 개인의 문제로 여기는 자율성을 영속화한다. 지금 이 사례에서 자율성은 다음처럼 작동하는 듯하다. "육식을 택함으로써 나는 나의 '나다움'을 획득해. 만약 **내가** 육식을 **할 수 없다고** 당신이 말한다면, 나는 나의 '나다움'을 잃어." 자율성이 젠더 중립적이라고 가정하는 기본 전제는 쉽게 받아들여지며, 자율성 개념과 동물이라는 사회적 구

---

70. [옮긴이] 《오프 아워 백스(off our backs)》는 1970년부터 2008년까지 발행한 미국의 급진적 페미니즘 잡지다.

71. [옮긴이] 프로이트(Sigmund Freud)는 신경증 발병 원인으로 처음에는 유년기의 성적 외상을 들었으나(유혹설), 차츰 실제 일어난 사건이 아니라 어떤 사건을 성적인 사건으로 해석하게 하는 환상으로 전환하고(환상설), 환상을 가지게 되는 심리적 기제로서 오이디푸스 콤플렉스(Oedipus complex) 개념을 창안한다. 그러나 1970년대 이후 페미니즘이 사회적으로 영향력을 미침에 따라, 프로이트의 설명과는 달리 여성이 아동기에 아버지나 친족에게 성폭력을 당하는 것이 환상이 아니라 실제 빈번히 일어나는 일임이 드러난다. 친족 성폭력은 명백히 지배구조 속에서 일어나는 범죄다. 그런데 마치 피해자가 가해자를 '유혹'할 수 있는 양, 즉 자기 쾌락을 위해서 자율성을 가지고 행동할 수 있는 양 이야기한다면, 이는 지배구조, 가해자와 피해자를 알아보지 못하고 범죄를 무마한다. 마찬가지로 육식을 자율성의 영역으로 이야기한다면, 육식을 둘러싼 지배구조, 가해자와 피해자를 드러내지 못하고 덮어버림을 저자는 '딸의 유혹'이라는 어구를 이용해 꼬집고 있는 듯하다.

성물은 둘 다 검토되지 않는다. 결과적으로 동물은 계속 부재 지시 대상으로 남는다.

이 같은 자율성 개념에 에코페미니스트-채식주의자는 이렇게 답한다. "우리의 '나다움'을 다시 정의하자. 나답기 위해 다른 이를 지배해야만 해? 시체가 음식이라고 누가 결정했지? 이 세계에서 우리 자신을 한 명 한 명의 '나'로 구성하는 방법은 뭘까?"

개별 동물의 중요성에 개념적인 자리를 마련함으로써 부재 지시 대상을 복원할 수 있다. 이 같은 에코페미니즘의 응답은 권리에 기반을 둔 철학에서가 아니라, 관계에서 피어나는 철학에서 나온다. 동일시, 그러므로 연대를 가져오는 관계 말이다. 우리는 우리 자신을 동물과 어떻게 관계 맺느냐 하는 맥락에서 바라봐야 한다. 동물을 먹을 때, 우리는 그들을 도구로 만든다. 이는 지배와 위력의 표시다. 동물의 종속은 기정사실이 아니라 어떤 이데올로기, 에코페미니즘이 없애려고 애쓰는 바로 그 이원론에 가담하는 이데올로기에 기인한 결정이다. 우리는 그와 같은 이데올로기에 지배받지 않고 독립적으로 행동함으로써 자율성을 성취한다.

에코페미니즘은 개인이 변화할 수 있다고, 변화 과정에서 우리가 환경과 맺는 관계를 다시 정립한다고 주저 없이 말한다. 이런 형태의 자율권이야말로 우리 삶에서 동물의 지위를 다투는 쟁점에 다가갈 때 필요한 것이다. 우리의 음식과 환경, 우리의 정치 활동과 사생활 사이에는 많은 연관성이 있을 수 있다. 지구는 언제 숨이 끊어질지 모른다. 근본적으로 말해, 말단동물의 존재는 시한부 지구의 전형적인 모습일 뿐만 아니라, 지구를 그렇게 만드는 데 기여한다.

〈그림12〉 나바 아틀라스(Nava Atlas), 〈엘시 해체하기(Deconstructing Elsie)〉(2014, 한정판) 복사본.

(말풍선) 그 후로 엘머는 접착제 마스코트가 됐지. 그래도 난 계속 물어보고 싶더군. "이봐, 왜 그렇게 항상 화가 나 있나?"

(제목) "바보같이 굴지 마, 엘머. 난 아직도 뼛속까지 가정적인 여자라고!"

왜냐하면 엘시는 주기적으로 반복되는 강제 재생산에서 빠져나갈 수 없으므로.

당연히 엘시는 '가정적인 여자'다. 엘시가 어딜 갈 수 있을까? 젖소에게 임신, 출산, 수유를 주기적으로 끝없이 반복하는 일을 빠져나갈 방법은 없다. 다른 포유류와 마찬가지로 젖소가 젖을 만들어내려면 성공적으로 임신을 해야 한다. 인간 엄마들처럼 젖소의 임신 기간은 아홉 달이다. 그러나 당신이 지금껏 무엇을 믿어왔거나 믿고 싶어 하든, 젖소의 유방을 가득 채운 젖은 자기가 낳은 새끼가 아니라 인간에게 돌아간다. 인간은 자신보다 몇 배나 더 큰 동물의 유방에서 나오는 액체를 먹는 소비자가 된다.

젖소가 어떻게 임신을 할 것 같은가? 건장한 번식용 황소와 건초더미에서 뒹굴기라도 할까? 그렇게 생각한다면 완전히 헛짚었다. 젖소는 인위적으로 임신을 당하며, 이때 신체를 속박하는 장치의 힘을 빌린다.

젖소의 임신은 전부 강제로 이뤄진다. 이 일을 하는 사람은 한쪽 팔을 젖소의 항문에서 직장까지 쑤셔 넣어 자궁의 위치를 제대로 잡은 다음, 다른 팔로 정액이 든 도구를 삽입한다. (이런 일을 하는 이의 직함이 뭔지, 그가 그 직함을 자기 이력에 기재하는지 아닌지 궁금하다.)

1940년 이래로 연간 우유 생산량은 젖소 한 마리당 평생 2.3톤에서 10톤이 넘게 증가했다. 달리 말해 젖소 한 마리당 매일 우유 100파운드가량을 생산한다. 이렇게 된 데는 많은 요인이 작용했다. 기계화한 착유, 고단백질 사료(그런데 이는 젖소가 원래 먹는 먹이가 아니다), 그리고 무엇보다도 소 소마토트로핀, 곧 BGH(Bovine Growth Hormone)로도 알려진 소 성장호르몬 때문이다. 이는 뒤에서 더 자세히 이야기하겠다. 젖소 한 마리당 우유 생산량이 증가하게 된 다른 두드러진 요인은 착유 기계들인데, 이는 젖소 자체를 진정한 우유 기계로 바꿔놓았다.

〈그림13〉 나바 아틀라스(Nava Atlas), 〈엘시 해체하기(Deconstructing Elsie)〉(2014, 한정판) 복사본

(제목) "아이에게 얼마만큼 솔직해야 할까?"

보든 사社의 젖소 엘시에게 물었다

진짜 솔직하게 말해, 유제품 산업 없이는 식육용 송아지 산업도 없지

(말풍선) 바지 단단히 붙잡아라, 꼬마야. 네 미래 모습이 설마 이렇기야 하겠니!

젖소의 일생이란 죽음보다도 더 끔찍할 수밖에 없다는 사실에 덧붙이건대, 우유 생산은 또 하나의 의미심장한 방식으로 진짜 죽음과 직결된다. 젖소의 끊임없는 번식으로 송아지가 과도하게 태어난다. 보통 여자 송아지는 노예 상태의 어미가 기진맥진해지면 그 어미를 대체하는 데 쓴다.

남자 송아지 일부는 번식 목적으로 따로 관리하지만, 고기소로 키우기에 적당한 품종이 아닐 때가 많아 다수가 식육용 송아지가 된다. 식육용 송아지 산업이 일차적으로 유제품 산업의 부산물임은 명백한 사실이다. 요점을 말하자면, 유제품 산업 없이는 식육용 송아지 산업도 없다.

식육용 송아지의 수명은 18주에서 20주로 짧으며, 그동안 식육용 송아지는 처음부터 끝까지 철저히 잔인하게 다뤄진다. 그들을 이 지옥 길에 들어서게 하려고 비통해하는 어미한테서 낚아채 보통 다리나 꼬리를 잡아끌고 가거나, 발길질하거나, 전류가 흐르는 가축 몰이용 막대기로 찔러 움직이게 한다.

그런 뒤 송아지는 목줄에 묶여 거의 자기 몸만 한 크기의 나무틀 속에 갇힌다. 틀은 너무 작아서 몸을 뻗거나 돌리거나 심지어 제대로 누울 수도

없다. 그래야만 근육이 발달하지 않는다. 설상가상으로 철분을 결핍한 액상유 대체재를 먹음으로써 빈혈에 걸린다. 그 결과 송아지고기의 특징인 부드럽고 창백한 살점이 나온다.

동물의 새끼가 다 그렇다시피, 송아지도 장난기가 많고 사교적이다. 식육용 송아지들은 틀 안에 4∼5개월을 갇혀 지내면서 신체적으로도 정신적으로도 고통받는다. 송아지들은 놀 수도, 털을 다듬을 수도, 서로 어울릴 수도 없으며, 편히 쉴 수조차 없다. 송아지들은 질병, 특히 설사와 폐렴에 취약한데, 이에 감염된 송아지는 도살당하기 전에도 죽을 수 있다.

(네모 속) 다음에 송아지 스칼로피네, 피카타, 아니면 파머산을 주문할 땐, 이 날것의 진실 덩어리를 씹어 잡수시오.[*]

---

* [옮긴이] 스칼로피네와 피카타는 이탈리아 요리다. 스칼로피네는 주로 쇠고기, 송아지고기, 닭고기를 얇게 썬 조각에 밀가루를 묻혀, 졸인 소스와 함께 센 불에서 재빨리 지져낸다. 피카타는 송아지고기 등을 얇게 썰어 겉면만 살짝 구운 후, 센 불에서 재빨리 튀겨 소스와 함께 낸다. 파르미자노 레자노(Parmigiano Reggiano)는 이탈리아 파르마와 레조에밀리아 지역에서 생산하는 치즈로, 영어로는 파머산이라고 한다. 우유, 해염, 천연 레넷(송아지의 제4위(胃) 점막에 존재하는 응유효소로, 천연 치즈 응고제 역할을 함)을 이용해 만든다.

작가의 말: 〈엘시 해체하기〉

디지털 오프셋 방식으로 인쇄한 북아트, 스프링 제본
Edition of 200, © 2014

〈엘시 해체하기〉를 시작했을 때 내 목적은 (유기하고 방치해 결국 식육용이 되는 송아지들은 물론) 젖소를 처참하게 학대하는 데서부터 땅과 물의 오염, 허위 정보 유포, 그리고 이런 일들 사이 어디쯤에선가 일어나는 더 많은 일에 이르기까지, 유제품 산업의 어두운 면을 다루는 한 시각적 탐사물을 만드는 것이었다. 예기치 않게도, 거대 유제품 산업과 관련된 극명한 사실들 그리고 가부장제 및 여성 혐오와 결부된 억압과 관계가 있는 생각들이 이토록 광범위하게 교차하고 있음을 발견했다. 20세기 중반에 나온 젖소 엘시* 광고 다시 만들기는 이같이 서로 뒤얽힌 문제들 속에 자리 잡은, 우리를 불쾌하게 만드는 주제들을 약간 경박스러운 방식으로 표현하기에 더할 나위 없는 수단 같았다.

페미니즘 고전인 『육식의 성정치』 서문에서 캐럴 J. 애덤스는 이렇게 쓴다. "우리가 무엇을, 아니 더 정확히 말해 누구를 먹느냐는 우리 문화의 가부장적 정치가 결정하며, 육식에 결부된 의미들은 정력에 얽힌 의미들을 포함한다." 엘시 광고는 이런 관념을 시각적으로 거의 확연하게 드러낸다.

* [옮긴이] 보든(Borden)은 1857년에 세워진 미국의 식음료 제품, 소비재, 산업 제품 생산 업체로, 한때 미국 최대 유제품 생산 업체였다. 보든의 뒤를 이어 2009년에 설립된 Borden Dairy Company가 유제품 가공과 유통 사업을 계속했으나, 원유 가격 상승과 시장의 어려움을 사유로 2020년에 파산 신청을 했다. 젖소 엘시(Elsie the Cow)는 1936년에 보든에서 '완벽한 유제품'을 상징하기 위해 마스코트로 개발한 만화 캐릭터인데, 20세기의 유명한 마케팅 마스코트로 꼽힌다. 젖소 엘시의 짝인 황소 엘머(Elmer the Bull)는 1940년에 만들어져, 당시 보든의 화학제품 브랜드인 엘머스(Elmer's)의 마스코트로 쓰였다.

엘시의 '남편'인 황소 엘머는 엘시에게 끊임없이 큰소리치고, 혹독하리만치 빈정거리면서 엘시를 업신여긴다. 그리고 유순한 주부를 비유적으로 나타내는 엘시는 비위를 맞추고 달래려고만 한다.

〈엘시 해체하기〉는 보건, 환경, 정치, 그리고 윤리라는 유제품 산업의 특수한 쟁점들을 젠더, 동물 억압, 그리고 남성 지배라는 개념들과 함께 엮어낸다.

—나바 아틀라스

6장

페미니스트의 동물 거래

에코페미니즘이 가부장적인 자연차별, 요컨대 동물 착취를 포함한 자연차별에 온 힘을 다해 도전한다는 점을 생각한다면, 에코페미니즘은 이론적으로나 실천적으로나 채식주의를 통합해야 마땅하다. 그런데 에코페미니즘 관점을 채택하지 않은 페미니스트들도 채식주의자여야만 할까? 이런 물음이 최근 점점 더 자주 제기된다. 클로디아 카드의 견해는 이러하다. "그래서 우리가 다 같이 채식주의자, 평화주의자, 약물을 사용하지 않는 사람이 되어 경쟁과 위계에 반대하고 목적이 같은 집단들은 옹호하며, 여성들과 상대를 가리지 않고 성적인 관계를 맺고, 성적 흥분이라는 편협함은 벗어던져야 할까? 너무 구체적이라고? 이런 가치관들이 여성 억압을 분석할 때 주변적인 것들은 아니다."[1]

---

1. Claudia Card, "Pluralist Lesbian Separatism," in *Lesbian Philosophies and Cultures*, ed. Jeffner Allen (Albany: State University of New York Press, 1990), p. 139.

조앤 콕스 같은 또 다른 페미니스트는 자신이 보기에 페미니즘의 문화적 실천에 영향을 미치는 생각들을 들면서 비판한다. "정치 전략이란 대체로 비폭력, 적절한 요리법, 채식주의자 되기다."[2] 페미니스트들의 믿음에 따르면 개인적인 것이 정치적인 것이기에, 채식주의를 둘러싸고 소용돌이치듯 전개되어온 논쟁을 보면, 많은 이가 동물성 식품을 고르는 자신의 사적인 행동이 페미니즘 정치를 반영한다고 생각하지 않는다는 점을 알 수 있다. 그런데 동물을 먹겠다는 선택에 내재한 가치관과 신념이 페미니즘과 상반되며, 그리하여 시체 섭취를 이야기할 때 개인적인 것이 **정말로** 정치적인 것이라면? 실제로 페미니즘 이론은 동물을 먹는 행위를 곰곰이 따져보고 이해할 길을 제시하며, 그럼으로써 채식주의를 '라이프스타일'상의 선택지로 축소하지 않는다.

이번 장에서는 해석상의 틀을 제시함으로써 페미니즘이 비인간 동물 편에서 주장하는 도덕적 요구를 탈정치화하는 일을 인식하게 한다. 그러기 위해 '정치적인 것'과 '자연적인 것' 사이의 변증법을 페미니즘 철학 관점에서 검토하며, 그 결과 페미니즘 학회가 채식주의를 택해야 한다고 주장한다. 페미니즘 학회가 채식주의를 택할 필요성에 초점을 맞춤으로써, 한 문화 전체가 채식주의를 채택하기 위해 반드시 필요한 물질적 조건, 또 우리 사회의 전 구성원이 채식주의자가 되기 위한 경제적 선택지가 있는지 없는지는 지금으로서는 다루지 않는다. 아닌 게 아니라, 세금으로 보조금을 지급하고, 자연

---

2. Joan Cocks, *The Oppositional Imagination* (London: Routledge, 1989), p. 223, n. 3.

자원을 무상으로 사용하며, 또 미국 정부가 동물산업복합체에[3] 재정을 지원하기 때문에 동물 살점 가격은 인위적으로 낮게 유지하는 반면, 가난한 사람은 흔히 식품과 관련해 채식하는 것 말고는 다른 선택지를 가질 수 없었다. 생산자가 정부 지원을 받을 수 없다면, 동물 살점은 채식 관련 식품보다 더 비쌀 것이다. 정부가 중립성이 없는 상황에서 풀뿌리 저항이 분명하게 보여주는 바는, 점점 더 많은 사람이 채식주의를 채택할수록, 그리하여 시체 산업의 상품을 사실상 소비하지 않을수록, 식물 단백질이 더 널리 퍼지고 값도 저렴해진다는 점이다. 덧붙이자면, 시체 섭취를 강제하는 정부 정책의 실상을 인식함으로써 대안적인 정치적 협의를 한층 더 잘 실현할 수 있게 될 것이다.[4]

페미니즘 행사에서 완전 채식주의를 실천하도록 만드는 데 초점을 맞추는 또 다른 이유는, 자연이 지배받고 있다는 인식 속에 동물을 포함하는 에코페미니스트 대부분이 완전 채식주의라는 견해를 밝히고 있기 때문이다.[5] 더욱이, 페미니즘 학회에서 채식주의를 실천하자는 제안은 채식주의 논쟁을 사적 결정이라는 영역에서 옮겨 옴으로써 정서적 방어 심리를 일부 경감시키며, 그리하여 개인은 자신이 소중히 여기는 실천을 면밀하게 검토할 수 있다. 이게 다는

---

3. 바버라 노스케가 '동물산업복합체(animal industrial complex)'라는 용어를 다음에서 사용한다. *Humans and Other Animals* (London: Pluto Press, 1989), p.24.
4. 정부가 네 가지 기초식품군을 통해 동물 살점을 옹호함으로써 육식을 강제하는 것에 대해서는 이 책 1장을 보라.
5. 전미여성학회 에코페미니스트 대책위원회는 1990년 학술대회에서 학회를 비건으로 진행하도록 권고했다. 다음 발췌문을 보라. 1990 NWSA Ecofeminist Task Force Resolution, *Ecofeminism Newsletter* 2, no. 1 (Spring 1991), p. 3.

아니다. 동물을 먹는 행위는 서구에서 가장 널리 퍼져 있는 동물 억압으로서, 서구인 대부분이 동물과 상호작용하는 가장 흔한 방식이기도 하다. 그렇지만 미국에 사는 이가 반드시 동물 살점이 있어야만 적절하게 영양분을 확보할 수 있는 건 아니다. 끝으로, 이 같은 주제는 동물 옹호 운동에 이의를 제기하는 페미니스트들에게 대응할 좋은 기회다.

동물 거래를 정의하기

페미니스트의 동물 거래feminist traffic in animals라는 용어를 사용함으로써, 나는 동물 몸을 상품으로 사용하는 일을 정치화하고자 한다. 페미니즘 학회에서 동물 살점을 제공하려면 페미니스트들이 동물 거래를 해야만 한다. 말하자면, 동물 조각조각을 사고 소비해야 한다. 이는 말 그대로 동물 거래, 즉 동물 몸을 생산·도살·포장·운송하는 것에 찬성한다는 표시다.

동물 거래는 지배적인 물질적 관계를 드러낸다. 이미 살펴봤듯이, 동물산업복합체는 미국에서 두 번째로 규모가 큰 산업이자 최대 식품산업이다. 현재 미국 식품의 60%가 동물에게서 나오며, 그중에는 달걀과 유제품 혹은 **여성화한 단백질**feminized protein, 그리고 동물 시체 혹은 **동물화한 단백질**animalized protein도 있다.[6] 이런 용어들이 폭

---

6. 다음을 보라. Carol J. Adams, *The Sexual Politics of Meat* (New York: Continuum, 1990), pp. 80-81.

로하는 것은, 단백질이 가공에 앞서 존재한다는 점, 아니면 동물로서는 식물 단백질이 본래의 단백질이라는 점이다. 동물 거래는 이 식물 단백질에도 의존하고 있지만, 식물 단백질은 동물과 마찬가지로 동물 거래 제품의 원재료여야만 한다.

페미니스트로서 우리가 동물을 거래하려면, 말단동물과 관련해 관념이나 이데올로기상에서 하는 거래를 받아들여야만 한다. 말단동물과 관련된 생각은 우리 일상의 상부구조를 이루며, 결과적으로 우리는 일상적으로 이런 거래를 자연스레 용인한다. 난처하게도, 이데올로기적 상부구조의 강압적인 본성은 눈에 보이지 않으며, 또 거래를 지속하려면 계속 보이지 않는 채로 있어야 한다.

'동물 거래'라는 표현을 사용함으로써, 엠마 골드만의 「여성 거래」, 게일 루빈의 「여성 거래: 성의 '정치경제' 노트」와 같은 저작에서 등장하는 페미니즘의 고전적인 어구를 의도적으로 불러낸다.[7] '거래'라는 단어를 고름으로써 나는, 몸을 '쓰고 버리는 것'이나 '써도 되는 것'으로 다루는 태도에 유사점이 있음을 암시한다.

동물 거래를 하려면 생산자**와** 소비자가 있어야 한다. 우리가 구매할 가치가 있다고 판단하는 '물건'은 무엇이든 간에 우리의 도덕적 틀 내부로 편입되며, 이 같은 물품의 생산 역시 그러한 틀의 일부분

[7.] Emma Goldman, "The Traffic in Women," *The Traffic in Women and Other Essays on Feminism* (New York: Times Change Press, 1970); Gayle Rubin, "The Traffic in Women: Notes on the 'Political Economy' of Sex,' in *Toward an Anthropology of Women*, ed. Rayna R. Reiter (New York and London: Monthly Review Press, 1975), pp. 157-210. 다음도 보라. Janice Raymond, "The International Traffic in Women," *Reproductive and Genetic Engineering* 2, no. 1 (1989), pp. 51-70.

이 된다. 비록 이런 양상이 눈에 보이지 않더라도 그렇다. 동물산업 복합체를 주제로 무수히 많은 책이 나와 있는데도[8] 채식주의자들이 쓴 것 이외에 페미니스트들의 저술에서 인용하는 경우는 드문데, 이는 동물 거래를 하는 이들이 드러나지 않게 그 일을 하고 있음을 방증한다. '동물 거래'라는 표현은, 거래가 수반하는 것들을 알고 싶어 하지 않는 이들에게서 담론 지배권을 빼앗아 오려는 하나의 시도다.

담론 지배권과 무지

1장에서 주장했듯이, 동물 거래를 들여다보는 데 객관적인 입장이란 없다. 우리는 동물을 먹거나 아니면 먹지 않거나 둘 중 하나다. 이 쟁점을 논의할 때에는 아무 이해관계가 없는 관찰자도, 공평한 의미론적 장도 존재하지 않는다. 육식 옹호 문화에서, 의미상의 갈등은 시체 섭취 문화에 우호적인 방향으로 해소된다. 우리 개개인이 어떤 행동을 하든지 간에, 동물을 먹는 행위를 들여다보기 위해 우리가 선 자리는 '고기'라는 규범적 상태, 또 '고기'라는 용어의 중

---

8. 다음을 보라. C. David Coats, *Old MacDonald's Factory Farm: The Myth of the Traditional Farm and the Shocking Truth about Animal Suffering in Today's Agribusiness* (New York: Continuum, 1989); Jim Mason and Peter Singer, *Animal Factories* (New York: Crown Publishers, 1980); John Robbins, *Diet for a New America* (Walpole: Stillpoint, 1987); Jeremy Rifkin, *Beyond Beef: The Rise and Fall of the Cattle Culture* (New York: Dutton, 1992).

립성(이라고 하는 것)에 압도당한다.

다른 종을 먹는 문제를 논의할 담론 공간의 오염이 한층 더 복잡해지는 것은 무지 때문이다. 시체 섭취를 가능하게 하는 물질적 조건에 관해 채식하는 사람이 시체 먹는 사람보다 훨씬 더 많이 알지만, 담론 권력은 그럼에도 전자가 아니라 후자에게 있다. 주제와 관련해 구체적인 정보가 없는, 가장 무지한 이들이 여전히 논의의 한계를 정할 자격을 가진다.[9] 따라서 엘런 굿맨이 "사람은 처음 의도적으로 햄버거를 먹거나 물고기를 잡을 때부터 이런 [동물 옹호] 문제에서 선택을 한다"라고 강조할 때, 그는 인식론적인 주장을 하고 있다.[10] 시체 섭취자는 정확히 무엇을 알지? 햄버거가 죽은 동물한테서 나온다는 것? 죽은 동물을 소비자의 두 손에 가져다주는, 말 그대로 동물 거래의 세세한 사항? 굿맨은 사람들이 진짜로 가지고 있지도 않고 보통은 원하지도 않는, 시체 생산과 관련된 구체적인 지식을 그들이 가지고 있다고 암시한다. 또한 이런 주장 때문에 동물 옹호론자들이 당면한 어려움이 흐지부지됨을 당연시하고 있기도 하다.

9. 이브 코소프스키 세지윅(Eve Kosofsky Sedgwick)이 *Epistemology of the Closet* (Berkeley and Los Angeles: University of California Press, 1990)에서 말하듯이, "정말로 단순하고 완고하게 무지한 것이나 무지한 척하는 것 … 만으로도 때때로 담론 권력을 행사하기에 충분할 수 있다"(p. 6).

10. Ellen Goodman, "Debate Rages over Animals: Where Do Ethics End and Human Needs Begin?" *Buffalo News*, December 20, 1989.

담론적 사생활 지대

'거래'와 같은 용어를 사용함으로써 동물 몸을 입수해 식품화하는 과정을 정치화할 필요가 있는데, 그 이유는 지배문화에서 두드러지게 나타나는 개념적 분리 때문이다. 동물화, 여성화한 단백질 사용을 어떤 맥락에서 이야기하는지 보면, 정치·경제·가계·개인 영역을 엄격하게 분리해놓는다는 점을 알 수 있다. 낸시 프레이저가 『제멋대로 실천하기: 현대 사회 이론의 권력, 담론, 젠더』에서 설명하듯이, "가계와 관련된 제도는 특정 문제를 개인 문제로 국한하고/하거나 익숙하게 만듦으로써 그 문제를 탈정치화한다. 즉, 이 문제를 사생활이나 가계와 관련된, 혹은 개인이나 가족과 관련된 문제로 만들어 공적이며 정치적인 문제와 대비시킨다."[11]

이 같은 사회적 분리의 결과로, 특정 쟁점을 보편적인 논쟁의 중심에 놓고 보기보다는 담론적 사생활 지대Discursive Privacy로 추방한다. 예컨대, 식품을 구매하고 다듬고 섭취하는 행위를 사적이고 가계와 관련된 문제로 그린다. 이와 유사한 분리가 경제적인 것과 정치적인 것 사이에도 존재한다.

공적 자본주의 경제체제의 제도는 다른 한편으로 특정 문제를 경제적인 문제로 국한함으로써 그 문제를 탈정치화한다. 여기서 문

---

11. Nancy Fraser, *Unruly Practices: Power, Discourse, and Gender in Contemporary Social Theory* (Minneapolis: University of Minnesota Press, 1989), p. 168.

제가 되는 쟁점은 개인과는 상관없는 시장의 명령으로, 혹은 '사적' 소유권으로, 혹은 관리자와 설계자를 위한 기술적인 문제로 그려져, 죄다 정치적 문제와 대비된다.[12]

그리하여 죽은 동물 **판매와 구매** 쟁점이 각자의 선택에 달린 가계의 영역으로 사생활화하는 한편으로, '공장식 축산농가'의 증가가 오로지 시장의 수요 때문이라거나, 우리가 동물 '소유주'의 권리에 간섭할 수 없다고 주장할 때처럼, 동물 **생산** 쟁점은 **경제 문제로 국한된다.**

가계와 관련이 있다거나 경제와 관계가 있다는 꼬리표를 붙일 때, 우리는 쟁점을 보편적인 논쟁에서 고립시키고 감추며, 그리하여 막상 쟁점의 **해석**에 지나지 않는 것들이 **권위가 있는 것**으로 단단히 자리를 잡는다. 더구나 "가계 경제 그리고 공적 경제 제도는 다 지배와 복종 관계를 지지하므로, 그 제도가 자연스러운 것으로 만들어내는 특정 해석은 대체로 지배집단이나 개인에게는 유리하고, 지배층에 종속된 이에게는 불리한 경향이 있다."[13] 이것이야말로 동물 몸을 먹을 때 벌어지는 일이다. 요컨대, 동물 살점을 먹는 사람들인 지배집단에게는 유리하고, 먹힘을 당하는 동물한테는 불리한 게 자

12. 같은 책, p. 168. 프레이저가 분석한 바에 따르면 동물 옹호 담론은 지나친 요구를 대변한다는 주장이 나올 수도 있겠으나, 동물 옹호가 어떤 식으로 프레이저의 분석을 따르는지 규명하는 것은 이 장의 범위를 넘어서는 일이다. 이제부터 잇따르는 논증에서는 쟁점을 어떻게 정치화하고 나서 다시 사생활화하는지를(reprivatize) 두고 프레이저의 분석을 활용하지만, 프레이저의 범주와 동물 옹호 담론 사이에 직접적인 관련성을 입증하지는 않겠다. 프레이저의 저술에 주의를 환기해준 낸시 투아나에게 고마움을 전한다.
13. Fraser, *Unruly Practices*, p. 168.

연스러운 상황이 됐다.

페미니즘이 잘 보여주는 바와 같이, 정치·경제·가계와 관련된 쟁점들을 서로 구분하는 일은 그릇됐다. 내 작업과 같은 분석이 당면하는 문제는, 동물이 쟁점이 되면 페미니스트조차 다수가 이런 식의 구분을 계속 받아들인다는 점이다. 또, 지배집단이 그 쟁점을 다시 담론적 사생활 지대로 추방하는 것으로 대응한다는 점도 문제다. 인간이 비인간 동물을 억압하는 게 쟁점일 때는 쟁점이 정치화하는 순간, 담론적 사생활 지대를 강제하는 경향이 한층 더 복잡해진다. 또 다른 사회적 구분, 즉 자연과 문화라는 구분이 존재하기 때문이다.

우리는 비인간 동물이 사회적으로 무언가를 요구한다고 생각하지 않는다. 동물은 이데올로기적으로 자연 영역에 갇혀 있기 때문에, 그들 편에서 사회적으로 어떤 요구를 한다 한들 기존 담론 내부에 시작부터 불협화음을 일으킨다. 우리가 자연과 문화라는 범주들을 혼란스럽게 만드는 것 같은데, 이는 그 자체로 문화적 분류를 반영하며, 이런 문화적 분류가 가능한 것은 편협한, 맥락을 벗어난 논점을 지속하는 기정 이데올로기 때문이다. 그러므로 페미니즘 관점에서 동물을 옹호하는 입장이라면 반드시, 지배문화가 '자연스럽다'고 꼬리표를 붙인 것에 의문을 제기해야만 한다.

이데올로기
: 자연스러움이 사회적으로 구성됨을 감추기

동물이 인간 사회에서 어떤 위상을 차지하느냐와 관련된 논쟁은 무엇이 됐든 문화적 맥락과 문화적 실천 속에서 일어난다. 여기서 이데올로기가 선재하며, 그 이데올로기가 개개인의 인식에 작용해, 실제로는―우리가 동물을 어떻게 바라보느냐 하는―의식의 문제를 개개인의 선택의 한 부분으로 여기며, 우리가 인간으로서 영위하는 삶의 '자연스러운' 양상으로 제시한다. 인간이 (일부) 비인간 동물과 마찬가지로 포식자임을 주장하는 것은, (포식자에 해당하는 동물은 막상 20% 미만임을 기억하자) 정치적인 것을 자연스러운 것으로 만들어내는 한 사례다. 그와 같은 주장은 인간의 육식성과 육식동물의 포식이 여러 면에서 구별된다는 점은 무시한다. 요컨대, 인간이 포식자여야만 할 필요가 없다는 점, 또 인간 세계와 같이 동물산업 복합체라는 지독하게 비인도적인 기관이 영속하는 것과 맞먹는 게 동물 세계에는 없다는 점을 간과한다. 넬 노딩스가 자연스러운 작용을 언급하며 "잡아먹히는 것은 살아 있는 전 생명체의 운명"이라고 서술할 때,[14] 그는 부패라는 '자연스러운' 작용과 도살장에서 일어나는 (이름 붙이지 않은) 활동이 유사하다고 암시한다. 인간의 진화에서 빠질 수 없다든가, 혹은 토착민과 동물 사이의 '진정한' 종족 연관성을 대변한다든가 하며 사냥을 미화함으로써 동물을 먹는

---

14. Nel Noddings, "Comment on Donovan's 'Animal Rights and Feminist Theory,'" *Signs* 16, no. 2 (1991), p. 420.

행위를 자연스러운 것으로 만들기도 한다. 결과적으로 동물 착취는 인간이 비인간 동물과 맺는 관계에 자연스럽게 내재하는 게 된다. 우리가 동물을 바라보는 사회화한 방식의 '자연화'는, 우리가 동물을 대하는 방식에도 영향을 미친다. 요컨대, 우리가 동물을 '고기'로 바라보면, 우리는 그들을 먹는다. 그렇기 때문에 '정치적 올바름'을 이야기하는 한 기사 앞으로 다음 서신이 당도한다. "우리 누구도 큰 그림을 다 보지는 못합니다. 어떤 여성에게는 채식주의가 윤리적 규범이지만, 또 다른 여성에게는 육식이 자연계에서 일어나는 교환과 타협의 일환이죠."[15]

시체 생산의 이데올로기와 물리적 현실을 가시화하려는, 즉 시체 생산을 탈자연화하려는 시도에 어떤 페미니스트들은 상부구조와 그것이 페미니스트 개개인이나 특정 페미니스트 집단에 의미하는 바를 한층 더 강력히 주장함으로써 동물과 관련한 (관습적인) 발상을 거래하고, 실제 동물 살점 거래를 옹호하는 방식으로 대응한다. 따라서 우리는 '고기'란 하나의 **발상**임에도 **대상**으로 체험하고, 인간과 비인간 동물 사이의 **관계**임에도 그보다는 '식품 선택지'와 관련된 **물리적 현실**로 그리며, 하나의 사회적 구성물임에도 자연스럽고 규범적이라고 여긴다. 종 개념을 사회적 구성물로 보아야만 동물을 이용 대상이 아니라 사회적으로 종속된 집단으로 인식하는 대안적인 사회적 구성 작용이 분명해진다.

페미니스트들이 동물 거래를 변호하는 이유를 이해하려면, 정치

---

15. Susanna J. Sturgis, "Arsenal of Silencers," *Sojourner: The Women's Forum,* December 1991, p. 5.

적인 것과 자연적인 것 사이에 작용하는 변증법을 반드시 파악해야
만 한다.

정치적인 것을 자연화하기: 1

육식 옹호 문화는 어떤 결정이 막상 정치적인 것임에도 '자연스럽
고' '불가피한' 것으로 제시한다. "우리 자신이 자연의 피조물임을 인
정하면서" "의도적으로" 햄버거를 먹거나 물고기를 잡는 행동을 한
다고 엘런 굿맨이 주장할 때, 그는 당연히 독자들도 '자연의 피조
물'은 시체를 먹는다는 생각을 한다고 여긴다. 굿맨은 또한 동물 살
점을 먹는 게 문제일 때는 우리 자신을 비인간 동물과 비유하는 것
을 당연히 용납할 거라고 간주한다. 비록 인간 본성의 대부분(과 동
물 살점 섭취의 정당화)이야말로 정확히 인간과 비인간 동물을 엄격
히 구별하는 관념들을 정립함으로써 규정하지만 말이다. 동물을 식
품으로 사용하는 정치적인 선택이 자연스러운 게 되는 데에는 널리
받아들여지는 두 가지 개념화가 힘을 보탠다. 동물을 식품으로 사
용하는 행동을 자신 있게 변호하는 굿맨의 입장은 이 두 가지 개념
화로 설명할 수 있다.

질량명사인 고기
'고기'가 질량명사로 존재함으로써, 동물 몸을 먹는 현상을 자연
스러운 것으로 만들어내는 데 기여한다. 1장에서 (콰인이 말하다시

피) 질량명사로 지칭하는 사물은 개성도 유일성도 없으며, 어떤 동물을 '고기'로 만들어버릴 때, 대단히 독특한 방식으로, 또 특수한 상황에서 살아가는 누군가가 독자성도 유일성도 개성도 없는 것으로 바뀐다고 했음을 떠올려보라. **고기**가 질량명사로 존재함으로써 동물을 먹는 행위를 자연스러운 것으로 만들어내고, 그리하여 소비자는 '지금 어떤 동물과 상호작용을 한다'고 생각하기보다는 식품을 선택한다고 여긴다.

동물을 '당연히' 소비해도 되는 존재로 만들기

지배 이데올로기는 동물을 소비해도 되는 존재로, 질량명사로 만든다. 이 같은 존재론은 사회적으로 구성된다. 요컨대 젖소라는 존재에게는 장차 햄버거가 될 운명이거나, 당장 우유 기계가 될 숙명이라는 아무런 필연성도 내재하지 않는다. 그럼에도 인간이 손에 쥐고 있는 말단동물의 운명을 두고 우리가 책임을 회피하는 주요한 방법은, 그들에게 그 밖의 운명이란 없다고, 음식이 되는 게 그들의 '타고난' 존재 방식이라고 믿는 것이다. 그 결과, 시체 섭취를 정상화하는 이 같은 동물의 존재론적 자리매김을 인종·계급·성별 구분 없이 누구나 수용하는 것인지도 모르겠다. 어떤 요인이 이런 입장을 몰아내고 시체 섭취와 관련해 비판 의식을 불러오지 않는 한, 이런 입장은 계속 자리를 지키고, 공격을 받을 시 사람들은 이러한 입장이 자연스럽고 불가피하다며 혹은 유익하다며 맹렬하게 변호할 것이다.

고기가 질량명사로 존재함으로써, 동물은 '자연스럽게' 소비해도 되는 존재로 자리매김한다. 이데올로기는 수상쩍고 변덕스럽기보다는, 변치 않거나 바꿀 수 없다고 인정받는다. 돼지가 되는 것은 돼지고기가 되는 것이다. 닭이 되는 것은 닭고기가 되는 것이다. 인간이 특정 가축 섭취를 멈추면 그들이 대량 소멸할 수도 있다고 넬 노딩스가 문제 제기할 때, 그는 방금 말한 존재론을 되풀이한다. 노딩스는 계속해서 동물이 우리 인간과 맺는 관계에 의존한다고, 말 그대로 (오직) 우리를 위해 존재한다고 여긴다. 우리 인간이 동물을 이용하지(먹지) 않고도 동물이 살 수 있느냐 없느냐를 우려함으로써, 동물을 계속해서 존재론적인 관점에서 착취해도 되는 지위에 놓는다. 아닌 게 아니라, 이는 우리가 그들을 이용하지 않고, 또 무조건 그들을 음식으로 사용하지 않으면 그들은 존재하지 않으리라는 존재론을 분명히 환기한다.

지금의 존재론에서는 인간을 동물 위에 두면서 '인간'과 '동물'을 정반대가 되게 정의하는 위계적인 구조를 묵인해야만 한다. 지금의 존재론은 계속 비인간 자연—여기서는 비인간 동물—을 인간의 변덕에 묶어둔다. 집약적 공장식 축산은 육식을 옹호하는 자본주의 문화에서 불가피하다. 집약적 공장식 축산은 현재 고기 제품의 수요를 충족하고 유지하는 유일한 길이 되었으며, 지금 이야기하는 존재론의 **필연적인 결과**로 봐야 한다. 창고에서 사육하는 동물이 미국에서 소비하는 동물 고기의 90%에서 97%까지 차지한다. 그러므로 창고에 대량으로 몰아넣는 사육은 비도덕적이지만 동물 살점을 입수할 대안은 허용할 수 있다고 주장하는 이들은 우리를 지금 여기에 이르게 한 역사적 진실을 부정한다. 그들은 역사적 영향도 받

지 않고, 근본적으로 시공을 초월하며, 따라서 정치와 무관한, 시체
섭취라는 '자연스러운' 관행을 생각해낸다. 그리하여 비인간 동물을
먹는다는 정치적인 결정을 자연스러운 것으로 만들어낸다.

자연적인 것을 정치화하기: 1

동물 옹호 담론은 죽은 동물을 먹는 것을 자연스러운 행위로 바라
보길 거부하며, 그것이 정치적인 행위임을 적극적으로 주장한다. 이
를 위해 자연스럽다거나 개인적이라며 쟁점을 덮어버리는 담론적
경계를 받아들이지 않는다. 동물을 먹는 행위를 정치화하기 위해
동물 옹호 담론은 보통 간과하거나 암묵적으로 허용하는 관계들의
그물망(내가 동물 거래라고 부르는 그물망)을 폭로하며, 그 방법으로
써 상호 관련된 세 가지 논거를 제시한다. 곧, 종 특이적인 철학은
제한적이다, 지금 우리가 동물을 이야기하는 존재론은 용납할 수
없다, 그리고 현재 우리의 실천은 억압적이다, 라고 말한다.

종 특이적인 철학의 한계점

4장에서 주장했듯이, 인간/비인간 변증법을 통틀어 '인간'이란 실
상 유럽계 미국인 남성다움을, '비인간'이란 백인 남성다움이 부정
하는 것, 즉 다른 인종, 성별, 혹은 종을 대변한다. 이 같은 방식으
로 타자다움을 재현하고, 또 그 타자다움을 동물다움과 동일시하
는 게 정치적인 것을 '자연화'하는 과정의 핵심이다. 억압받는 인간

집단은 누구건 동물다움과 동일시하는 일에 페미니즘이 전통적으로 제시한 해결 방식은, 그러한 연관성을 끊어내기, 자연이 아닌 문화를 대변하는 것으로서 여성의 일과 삶을 다양하게 주장하기였다. 동물이 자연적인 것을 대변한다는 생각은 대개 흔들리지 않은 채 그대로였다. 페미니즘은 노력을 기울여 백인 여성과 유색인을 동물 그리고 타자다움과 동일시하는 부담을 덜어내기는 했지만, 동물과 타자다움의 동일시를 뒤흔들지는 않았다.

페미니즘에서 대체로 보이는 것은 종 특이적인 철학 체계로서, 이런 체계 안에서는 (어떤 방식으로 확장한) 인간성이 비인간 동물을, 그들의 타자다움이 자연계에 자리 잡고 있다는 바로 그 이유로 계속 부정한다. 그럼에도 비인간 동물을 인정하는 페미니즘 철학이 목소리를 내고 있다. 엘리자베스 스펠먼은 "몸으로서의 여성"에 관해 쓴 중요한 논문에서 어떻게 여성, 노예, 노동자, 아동, 그리고 동물을 몸과 동일시하는지, 또 이 같은 동일시가 어떻게 이 존재들을 더욱 쉽게 탄압할 수 있게 하는지 논의한다.[16] 바버라 노스케가 지적하길, "아직 우리 사유 안에는 비인간 주체라는 개념, 또 이것이 무엇을 의미할지 생각할 자그마한 여지가 존재한다."[17] 낸시 하트삭은 "어째서 인간과 [비인간] 동물 사이에 급격한 단절이 존재해야만 할까? 이 역시 남성 우위 기획의 산물일까?"하는 의문을 품는다.[18]

---

16. Elizabeth V. Spelman, "Woman as Body: Ancient and Contemporary Views," *Feminist Studies* 8, no. 1 (1982), pp. 109-31.
17. Noske, *Humans and Other Animals*, p. 157.
18. Nancy C. M. Hartsock, *Money, Sex, and Power: Toward a Feminist Historical Materialism* (Boston: Northeastern University Press, 1983, 1985), p. 302, n. 9.

마치 이에 응답하기라도 하듯, 노스케는 이렇게 제안한다. "우리 자신과 **전체** 동물 사이에 종의 경계 같은 게 있다고 하더라도, 이 같은 단절은 수직적이고 위계적이라기보다는 수평적으로 존재하지 않을까?"[19]

동물에 대한 현재의 존재론은 용납할 수 없다

동물을 소비해도 된다고 보는 지금의 존재론에 저항하는 게 동물 옹호의 핵심이다. 페미니즘이 면밀하게 검토하는 다른 이원론과 마찬가지로 인간-동물 구분이 비도덕적이며 부정확하다고 인식하면, 즉각 동물을 다시 주체화하고 탈자연화할 수 있다. 그렇게 하면, 존재론적인 관점에서 동물을 우리 인간의 이해관계에 기초를 두고서가 아니라, 동물 자신의 방식대로 받아들일 수 있다.

동물 옹호론과 함께 가는 동물 존재론은, 동물을 사용할 수 있다고 용인하는 특정 관행을 개혁하는 것과 이러한 관행 자체를 철폐하는 것을 구분한다. 목표는 단지 우리cage가 더 커지는 게 아니라 우리가 **없어지는 것**, 식육용 송아지 외양간이 더 커지는 게 아니라 식육용 송아지가 **없어지는 것**, 휴게 정차를 의무화하는 게 아니라 운송을 **하지 않는 것**, 주저앉는 동물(질병, 골절, 암, 탈진, 굶주림, 탈수 혹은 기생충 등 무엇 때문이든 간에 일어서지 못하는 동물)을 (쇠사슬이나 밧줄을 다리에 감아서 질질 끌고 가는 대신) 트랙터 버킷에 조심스럽게 놓고 운반해 도살하는 게 아니라 주저앉는 동물을 양

---

19. Noske, *Humans and Other Animals*, p. 125.

산하는 체계가 **없어지는 것**,[20] '인도적인' 도살이 아니라 도살 자체가 **없어지는 것**이다. 현행 체계를 개혁하는 것은 동물을 여전히 인간에 종속시킨다. 개혁은 동물 옹호라기보다는 동물**복지** 쟁점 내부에 자리 잡고 있으며, 인간이 동물을 사용하는 관행을 없애기보다는 동물을 **적절하게** 사용하는 데 관심이 있다.

페미니스트들이 동물 옹호에 대응할 때는 주로 동물 옹호의 존재론적 주장을 몰아내고 동물 착취를 용인하는 개혁주의적인 입장을 지지하려고 한다. 엘런 굿맨은 "똑똑하고 책임감 있는 동물 사용"을 주장한다. 메리 자이스 스탠지는 사냥인들이 "동물 보호주의와는 반대로, 동물 사용과 복지에 관해 대중에게 긍정적인 이미지를 고취하길" 바란다.[21] 지배적인 존재론을 떠받든 채 동물을 책임감 있게 이용하자고 촉진함으로써, 자유가 있어야 할 곳에 자선이 들어오게 한다. 혹은 파울루 프레이리의 표현대로, 이처럼 말단동물을 더 잘 보살피자는 온정주의는 "압제자들의 자기중심적인 이익을" 실현한다.[22]

피억압자의 연약함을 존중해 억압자의 권력을 '누그러뜨리려는' 시도는 뭐가 됐든 대개 그릇된 관용이라는 모습으로 드러난다. 아

---

20. 주저앉은 동물과 관련된 정보가 필요하다면 이곳으로 연락하라. Farm Sanctuary, P. O. Box 150, Watkins Glen, New York 14891, 607-583-2225, 혹은 fax 607-583-2041. 이곳에서 "가축 마케팅의 문제점"(The Down Side of Livestock Marketing)이라는 제목의 비디오를 15달러에 구매할 수 있다.

21. Mary Zeiss Stange, "Hunting—an American Tradition," *American Hunter*, January 1991, p. 27.

22. Paulo Freire, *Pedagogy of the Oppressed* (New York: Continuum, 1970, 1993), p. 36.

닌 게 아니라, 그런 시도는 절대로 이 선을 넘어서지 않는다. 자신의 '너그러움'을 계속 드러낼 수 있으려면, 억압자는 불의 역시 영속시켜야 한다. 부당한 사회질서는 이 '너그러움'의 영원한 원천이며, 이 '너그러움'은 죽음, 절망 그리고 빈곤을 양분으로 삼는다. 바로 그 때문에 그릇된 아량을 베푸는 자들은 그 아량의 근원이 아주 조금이라도 위협받을라치면 필사적이 된다.[23]

'규범적인' 인간과 같지 않은 이의 존재론적 온전함을 받아들여야 함은 물론, 동물의 의식과 문화를 인정해야 한다. 남성이 여성의 삶을 불완전하며 사실과 어긋나게, 혹은 악의적으로 꾸며내 진술한 만큼이나, 인간도 비인간 동물의 삶을 그와 동일하게 진술한다. 노스케가 주장하듯이, 우리는 동물의 자연화에 저항하면서 비인간 동물과 그들의 방식대로 마주하는 인류학을 발전시켜야 한다. 그릇된 관용은 동물을 자연의 영역에 제한해 그들을 사용해도 되는 존재로 만드는 기능을 할 뿐이다.

'포식'은 억압적이다

인간이 비인간 동물을 먹는 게 육식동물의 포식과 같은 행위라는 주장은 인간의 포식을 자연스러운 것으로 만들어낸다. 그런데 인간의 포식 행위가 사회적으로 구성된다면, 그 행위가 인간-동물 관계에서 반드시 있어야 할 양상은 아니다. 인간이 비인간 동물을

23. 같은 책, p. 26.

먹는 것은 필연적인 양상이기는커녕 지속적인 탄압으로서, 동물산업복합체는 이를 실제 행동으로 옮긴다.

앨리슨 재거는 세 가지 점에서 억압을 정의하는데,[24] 이를 동물거래 피해자들의 경험에도 적용할 수 있다.

첫 번째로, "피억압자는 어떤 방식이든 간에 자유를 제한받는다."[25] 말단동물은 말 그대로 자유에 제약을 받는다. 예컨대, 말단동물은 대부분 걸을 수 없고, 맑은 공기를 숨 쉴 수 없고, 날개를 쭉 펼 수 없으며, 코로 땅을 파헤쳐 먹이를 찾을 수 없고, 부리로 먹이를 쪼아 먹을 수 없고, 새끼에게 젖을 물릴 수 없으며, 성적 학대를 피할 수 없다. 창고에서 대량으로 사육하든 그렇지 않든, 모조리 죽임을 당한다. 말단동물은 그들에게 중요한 일을 할 수가 없으며, 자기 행동을 스스로 결정할 수도 없다.

두 번째로, "억압은 인간의 행위성, 곧 인간이 부과한 제한의 결과물이다."[26] 인간은 동물을 먹거나 먹지 않기로 선택한다. 슈퍼마켓에서 동물 살점을 구매하거나 그 살점을 학회에 내놓기로 선택함으로써 인간은 행위성을 드러낸다. 그와 같은 인간의 행위성을 위해 비인간 동물은 인간과 관계없이 독립적으로 존재할 자유를 잃어야만 한다.

세 번째로, "억압은 부당해야 한다."[27] 억압은 착취의 표적이 되어

24. 다음을 보라. Alison M. Jaggar, *Feminist Politics and Human Nature* (Totowa, NJ: Rowman & Littlefield Publisher, 1988), pp. 6-7.
25. 같은 책, pp. 6-7.
26. 같은 책.
27. 같은 책.

온 집단 소속이라는 이유로 한 개인의 자유를 저해하는 행위를 포함한다. 인간의 껍데기를 쓰고 있으므로 특권을 누리는 위치에서 보자면, 비인간 동물 억압은 특정 집단―여기서는 비인간 동물―을 착취하기 위해 발생하는데도 정당해 보인다. 하지만 어째서 인간의 껍데기를 하고 있다는 게 무엇이 도덕적인지를 가르는 유일한 준거일까? 인간/동물 그리고 주체/대상이 뒤얽힌 이원론을 거부하는 철학 체계에서 보자면, 인간은 말단동물을 부당하게 대우한다. 베벌리 해리슨이 제안하길, "그 누구도 다른 이의 기초적인 안녕과 상반되는 '자유'를 가지기 위해 다른 이가 안녕을 누릴 기본 조건들 위에 올라앉을 도덕적 권리는 없다."[28] 이게 바로 인간이 동물 거래를 할 때 하는 일이다. 앨리스 워커가 밝히길, "남아프리카공화국 흑인이 겪는―그리고 전 세계의 유색인과 아동이 당면하는―탄압과 동일한 것을 동물은 하루하루 더 많이 견뎌낸다."[29]

정치적인 것을 자연화하기: 2

비인간 동물을 다시 주체화하고, 우리가 그들을 대하는 행태에 억압이라는 딱지를 붙이려고 노력할 때, 인간의 껍데기를 썼다는 특

28. Beverly Harrison, *Making the Connections: Essays in Feminist Social Ethics*, ed. Carol S. Robb (Boston: Beacon Press, 1985), p. 255.
29. Ellen Bring, "Moving towards Coexistence: An Interview with Alice Walker," *Animals' Agenda* 8 (April 1988), pp. 6-9.

권을 포기하고 싶어 하지 않는 이들은 동물 옹호 담론을 정치 영역에서 추방해 다시 사생활화하고, 그리하여 다시 '자연스러운 것으로' 만들어낼 방법을 찾는다. 다시 사생활화하기는 이미 확립한 담론의 사회적 구분, 다시 말해 개인적인 것은 정치적인 것이 아니다, 자연적인 것은 사회적인 것이 아니다, 가정과 관련된 것은 경제와 관계가 없다, 라는 주장을 옹호하며, 그리하여 동물 옹호의 정치적 위상을 인정하지 않는다. 예컨대, 엘런 굿맨이 동물 옹호가 "부자연스럽다"고 주장할 때, 그는 다른 상황이라면 불편하게 생각했을 담론적 경계를 암묵적으로 받아들인다. 동물 옹호가 부자연스럽다면, 동물 억압은 자연스럽다, 동물 억압이 자연스럽다면, 그건 정치적인 게 아니다. 굿맨은 논쟁을 다시 담론적 사생활 지대에 넣어 가두려고 한다. 또 다른 경우에 어떤 페미니스트는 "이른바 동물해방 운동" 운운하면서[30] 이 운동의 정치적 함의를 은근히 부정한다. 넬 노딩스가 가축은 다른 성인 동물과 유의미한 관계를 맺지도, "자기 죽음을 예상하지도" 못한다고 주장할 때,[31] 그는 동물이 살아가는 경계를 정해 그들을 사회가 아니라 '자연계'라는 신성함 속에 두고는 당연히 우리가 그 자연계를 파악(하고 통제)할 수 있다고 생각한다. 동물이 사회적 관계망도 없고, 자기 죽음에 반대하지도 않는다고 믿는 게 속 편할지도 모르겠다. 하지만 이런 믿음은 동물이 주체로서 어떻게 살아가는지 세밀하게 캐묻지 않는 한에서만 가능하다. 주체로서 동물의 삶을 정밀하게 들여다보면, 특정 문화적 구조

---

30. Stange, "Hunting," p. 26.
31. Noddings, "Comment," p. 421.

가 동물 억압을 탈정치화하고 재자연화하려는 이 같은 노력을 용이
하게 함을 알 수 있다.

특이성에서 이탈하기

페미니스트 이론가 낸시 하트삭이 지적하길, 지배계급의 사고는
"현실을 부정확하게, 말하자면 현실의 겉모습만을 진술한다."[32] 동물
과 관련된 지배적인 이야기는 동물 살점이 시장성 있는 형태를 한
것처럼 보이느냐에 따라 크게 결정되어왔다. 티본, 램 찹, 햄버거, '싱
싱한' 닭고기라는 겉모양을 이야기함으로써, '고기'란 조지 엘리엇
George Eliot의 행복한 여성들처럼 역사를 가지고 있지 않다고 단정한
다. 어떤 시체에 과거가 없는 한, 그것의 정체성은 식욕과 겉모양이
라는 만들어낸 맥락에서만 생길 것이다. 이 때문에 특이성에서 이
탈할 수 있게 된다.

특이성에서 이탈함으로써 참여적 지식engaged knowledg 대신에 일반
론을, 개별 독립체보다는 질량명사를 선호한다. 구체적이 되려면 현
실 세계의 관행 그리고 우리가 동물에게 하는 일의 의미와 정면으
로 부딪쳐야 한다. 일반론은 우리를 이런 지식에서 안전하게 격리하
며, 이미 답을 정해놓은 채 피를 흘리지 않는 선에서 논의를 지속한
다. 일반론에서 가장 흔한 일은 피해자, 가해자 혹은 방법을 정확히
집어내지 않는 것이다. 페미니스트 대부분이 "어떤 사람은 다른 사
람을 때리기도 한다"는 진술이라든가 **가정폭력**이라는 용어를 부정

---

32. Hartsock, *Money, Sex, and Power*, p. 9.

확하다고 생각할 터이듯이—누가, 그리고 어떻게를 규정하지 않은 채 남겨뒀기 때문에—"우리는 '고기'를 먹는다"라는 진술도 마찬가지다.

예컨대 육식을 옹호하면서 넬 노딩스가 가축이 "신체적으로나 심리적으로 고통스럽지 않게 죽는다"고 확신할 때,[33] 그는 고통 없는 도살이라는 게 있고, 또 그가 말하는 바를 우리가 다 충분히 이해하며, 따라서 우리가 그런 도살이 말단동물을 위해 존재하거나 가능하다는 사실에 **동의한다고** 생각한다. 이런 점에서, 비록 까발리지 않아도 도살 행위를 둘러싼 무지가 만연함을 알 수 있다.[34] 실상 그런 도살은 존재하지도, 가능하지도 않다.

특이성으로부터의 이탈을 보여주는 또 다른 사례는, **육식**이라는 용어를 역사와 문화를 초월해 적용하면서, 동물 살점을 입수하는 수단이 다르게 명명해야 할 만큼 그렇게 바뀌지는 않았다거나, 혹은 생산수단의 변화는 논쟁에서 중요하지 않다고 넌지시 말하는 것이다. 조상이 원하는 게 동물 살점이라면 그것을 차려내라고 격려하는 루이자 티시의 말을 생각해보라.

조상에게 바칠 요리는 간단하다. 간단한데, 한 가지 예외가 있다. 당신이 먹는 것을 조상에게 **강요할** 수 있다고 생각하지 마라. 그건

---

33. Noddings, "Comment," p. 421.
34. 아닌 게 아니라, 도너번을 향한 노딩스의 대응 전체가 이처럼 실제 쟁점에 개입하지 않으려는 태도로 오염되어 있다. 자신과 도너번의 가장 큰 차이가 동물을 먹는 행위를 바라보는 입장임을 인정하면서도, 노딩스는 끊임없이 그 쟁점에서 빗나간다. 주의를 딴 데로 돌리게 하는 쟁점, 예컨대 고래와 돌고래 (미국인이 먹는 경우는 드물다) 관련 논쟁, 또자신이 기르는 고양이의 포식성 (인간의 동물 거래와는 아무런 유사성이 없다) 관련 논쟁은 동물 살점 섭취라는 사회적 구성물과 아무 관계가 없다.

오래 못 갈 것이다.

내가 아는 한 여성은 조상에게 계속 채식을 하게 하려고 애썼다. 영매는 조상이 만족스러워하지 않는다고 반복해서 말했다. 나는 미트볼을 좀 만들어서 조상에게 올리라고 제안했다. 그는 그렇게 했고 영매에게 '큰 복'을 받았다. 그와 같이 조언할 수 있는 까닭은, 나도 돼지고기가 들어가지 않은 요리를 조상한테 강요하려고 했지만, 그들이 돼지갈비에 푸른 채소, 참마, 옥수수빵을 곁들여 먹겠다며 정나미가 떨어질 만큼 고집을 피웠기 때문이다.[35]

어떻게 대량생산한, 창고에서 사육한 말단동물에게서 얻은 살점이 조상이 살아 있을 당시, 즉 지금과는 다른 물리적 현실에서 '미트볼'을 정의한 때에 뭐가 됐든 그들이 먹던 살점을 똑같이 흉내 낼 수 있단 말인지? **고기**란 몰역사적인 용어가 아닌데도 여기서는 마치 그런 용어로, 재현으로 기능한다. 당연히 조상은 21세기에—화학약품으로 잔뜩 배를 채운 채 도살하려고 운송할 때까지 햇빛은 보지도 못하고, 어미 그리고/혹은 새끼를 포함해 다른 동물과 관계도 맺을 수 없으며, 먹이를 찾아 코로 흙을 파헤치는 행동은 절대 할 수 없는—창고에서 사육한 동물에게서 얻은 '돼지고기'가 자신이 먹던 '돼지고기'가 전혀 아님을 안다.

지금껏 말한 내용에서 **고통스럽지 않다**거나 **미트볼**이나 **돼지고기** 같은 용어는 동물 살점 생산에 관해 구체적인 지식을 거의 알려주

---

35. Luisah Teish, *Jambalaya: The Natural Woman's Book of Personal Charms and Practical Rituals* (San Francisco: Harper & Row, 1985), pp. 92-93.

지 않는다. 그래서 확인하지 않았거나 잘못 확인한 사실을, 당연히 문제가 되지 않거나 중요하지 않다고 생각한다. 이 같은 담론 지배권의 결과, 시체 섭취와 관련해 어떤 유형의 정보를 논의에 받아들일지를 두고 시체 섭취자가 한계를 정할 자격을 갖는다.[36] 샐리 매코널 지넷이 담론의 성정치에 관해 지적한 바는 동물 옹호를 둘러싼 논쟁에서도 유효하다. 요컨대, "담론의 성정치는 **누가 무엇을** 의미할 수 있는지, 또 **누구의** 의미가 우리 사회에서 통용하는 것으로 자리 잡는지에 영향을 미친다."[37]

동물 살점과 관련해 확립한 의미들은 거의 언제나 일반적이며, 구체적인 경우는 드물다. 그런 의미들로는 식품이 되기 위해 죽임을 당하는 특정 동물도, 이 동물을 기르고 옮기고 죽이기 위한 특정 수단도 알아챌 수 없다. 시체 생산과 관련해 이처럼 특이성에서 이탈함으로써, 그 밖의 페미니즘 이론 영역에서라면 윤리적 의사결정의 근거로 여기는 문제, 바로 물질적 현실과 물질적 관계를 담론에서 차단한다.

---

36. 다음에서 이 문제를 상세히 논의한다. Adams, *Sexual Politics of Meat*, pp. 63-82.
37. Sally McConnell-Ginet, "Review Article on Language and Sex," *Language* 59, no. 2 (1983), pp. 387-88, 이를 다음이 인용함. *A Feminist Dictionary*, ed. Cheris Kramarae and Paula A. Treichler (Boston: Pandora, 1985), p. 264.

페미니스트의 동물 거래 옹호

페미니스트가 동물 거래를 옹호하는 구체적인 사례를 살펴보기 전에, 추가로 담론 지배권의 문제 몇 가지를 분명히 밝혀야 한다. 대체로 페미니스트들은 비페미니스트들과 마찬가지로 동물과 관련된 결정들을 다시 사생활화하고, 동물의 삶이 인간에게 종속된 것을 자연스러운 일로 만들어냄으로써 동물 옹호를 없애버리려고 한다. 여기서 몇 가지 요인이 이들에게 유리하게 작용한다. 페미니스트들은 이 쟁점을 두고 자신들이 이미 규정해놓은 인식이 적절하다고 당연하게 생각한다. 한 예로, 동물 옹호를 다원주의에 반하는 것으로 분류하는 게 옳다고 여기는데, 왜냐하면 그들이 정의하는 다원주의는 동물 옹호를 포함하지 않기 때문이다. 동물 옹호와 상반되는 것으로 자리 잡은, 이미 정해놓은 페미니즘 원칙이 있다면, 이를 더 엄밀하게 살펴봐야 한다. 그 원칙은 이 문제를 가지고 토론을 할 때 우리가 가져오는 사회적으로 인정한 형태의 페미니즘 논의가 당연히 적절하며 공정하다고 여기는지? 프레이저의 표현을 바꿔보자면, 그 원칙은 이런 형태의 공적 담론이 (인간 여성을 포함해) 지배 집단의 이해관계와 자기중심적 해석에 치우쳐 있는지 아닌지를 의심하지 못하는지? 공적 담론이라는 수단 자체가 문제일지도 모른다는 점은 가린 채?[38]

쉽게 드러나지 않는 윤리적 입장들이 다원적인 페미니즘 내부에

---

38. Fraser, *Unruly Practices*, p. 164.

서조차도 팽배하다. 계속 발전해나가는 공동체, 생각과 목표를 공유하면서 인종주의적인 가부장제를 바꾸려고 하는 개인들의 공동체 안에서도 어떤 가치는 기정사실화하고 당연하게 여겨 우리는 절대로 그 가치를 검토하지 않는다. 예컨대, 비록 인간의 살점이 대단히 맛 좋을 수 있다고 해도 식인이 정당하게 영양분을 얻는 길이 아니라는 데 우리는 동의한다. 식인은 개인의 입맛, 식욕, 자율이나 제의의 문제가 아니다. 식인은 금지된 행위이고, 식인이 금기임은 대다수에게 자명해 보이며, 따라서 이 금기가 불편한 사람은 극소수다. 비인간 동물 살점을 먹는 문제는 꼭 그렇지 않다. 이때 살점은 맛있고, 또 받아들여도 된다고 여기며, 이는 개인과 문화 전통이 영양과 윤리에 관해 어떤 결정을 해왔는지에 근거를 둔다. 비인간 동물 살점을 금지해야 한다는 제안은 다수를 불편하게 한다.

인간 동물 살점 대 비인간 동물 살점과 관련된 서로 다른 윤리적 입장을 보면, 문제는 한 공동체가 어떤 행동을 금지하느냐 하지 않느냐가 아니라, 누구를 보호해 먹히지 않도록 하느냐임을 알 수 있다. 공동체 전반이 채식주의를 채택하는 것은 문제가 있다고 보면서도 공동체가 식인을 금지하는 것은 당연한 일이기 때문에, 지금으로서는 종을 이론화하는 일이 인종, 계급, 젠더, 그리고 이성애를 이론화하는 일과는 다른 담론 공간을 획득하고 있음이 분명하다.

특권을 자율성과 혼동하다

자율성에 호소하는 입장—학회에서 억지로 채식을 하게 함으로써 개인의 자율성을 제한한다는 주장—을 보면, 식품 선택 문제에서 다른 이의 자유는 당연히 문제가 되지 않는다고 여김을 알 수 있다. 이는 전혀 그렇지 않다. 동물 억압은 눈에 잘 보이지 않기 때문에, 동물 억압을 눈에 보이게 드러내는 일에 대해서보다는 인간 개개인의 자유에 대해 논쟁을 하기 쉽다. 자율성이라는 최상의 권리를 주장하기는 문제를 다시 사생활화하려는 한 시도다. 루비 세일즈Ruby Sales가 1990년 전미여성학회 학술대회에서 언급하길, "특권은 상태가 아니다. … 그것은 억압이라는 상태의 한 결과다."[39] 이처럼 정치화한 관점에서 보면, 동물을 먹는 것은 인간이 자기 자신에게 부여한 하나의 특권이며, 이 특권을 '자율성'이라고 부른다. 동물을 소비해도 되는 존재로 만드는 이데올로기가 선재하고, 이런 토대 위에서 우리는 특권을 자율성과 쉬이 혼동한다.

다원주의

페미니즘 학회(와 이론)가 다원적이어야 한다는 의견 역시 채식주의를 주장하는 정치적 입장과 불화한다고 여겨진다. 음식 관련 결정을 전 인종 혹은 민족 집단에 강요하는 것은 인종주의적이라고 여기는데, 왜냐하면 개개인이 식품 선택권을 행사할 수 없는 상태에서는 개인이 자신의 인종적/민족적 전통과 단절되기 때문이다. 나는 비지배적인 문화를 보존할 필요성을 깊이 존중한다. 다만, 다원주의가 인간 껍질을 쓰고 있다는 특권의 편을 들어야만 하얀색 껍질을 쓰고 있다는 특권을 피해갈 수 있다고 생각하지는 않는다. 우

---

[39]. Jennie Ruby, Farar Elliot, and Carol Anne Douglas, "NWSA: Troubles Surface at Conference," *off our backs*, August-September 1990, p. 11.

리는 예컨대 여성을 억압하는 비지배적인 문화 전통은 포용하지 않는다. '~하려면'이라는 무언의 전제가, 다원주의와 관련된 가정들 속에 파묻혀 있다. 요컨대, 우리는 페미니즘이 다원적이길 바라고, 그러려면 우리의 이론이 좀 배타적이어야 한다는 식이다. 이런 맥락에서 보면, 다원주의라는 한 정치화한 쟁점이 동물 거래라는 아직은 정치화하지 않은 쟁점과 서로 다투는 입장에 놓이게 된다. 게다가 우리는 다원주의를 다른 인간들에게만 적용하는 방식으로 규정하는 것을 볼 수 있다. 한 쟁점이 우세하려면 다른 쟁점은 담론적 사생활 영역에 머물러 있어야 한다고 통념은 넌지시 말한다. 다원주의는 경계를 뒤흔들기보다는 경계를 강하게 하는 기능을 한다. 죽은 동물을 먹는 것을 포함해 식품 선택의 다원주의는, 지금의 지배문화에서 동물을 이야기하는 존재론이 아무런 도전을 받지 않고 계속되는 한 지금까지와 동일하게 주장될 것이다.

문제를 다시 사생활화하는 과정을 거치면서, 채식주의는 백인 여성이 '음식과 관련된' 자신의 관심사를 유색인 여성에게 강요하는 것으로 여겨진다. 그러나 나는 지금 페미니즘적이면서 채식주의를 지향하는 학회 편에서 주장을 하고 있으므로, 현재 대부분의 학회에서 제공하는 음식은 지배문화를 대변한다는 점에 동의하도록 하자. 학회 대부분은 음식을 둘러싼 민족적, 인종적 전통들을 애초에 무시한다.

인종적, 민족적 집단들이 고기를 먹을 권리를 다룰 때, 우리는 영양분 공급원인 음식이 아니라 제의 음식을 이야기한다. 시인 팻 파커는 자신에게 '고기'를 먹는 것은 말 그대로 소울 푸드soul food라고 주장한다.[40] 하지만 식사의 제의적 의미란 담론적 사생활 지대에서 빠져나온 뭔가를 다시 사생활화하는 기능을 하는지도 모른다. 앨리스 워커는 "고기가 중심이던" 어린 시절의 식생활에서 야만성을 알아차리면서도,[41] 예컨대 어머니의 텃밭 가꾸기처럼 야만적이지 않던 제의는 여전히 존중할 수 있었다.

비인간 동물을 먹어도 된다는 인식을 '자연스러운 것으로 만들어내는 일'은 페미니즘적 다원주의, 요컨대 타자를 대상이 아니라 주체로 인식하려고 노력하는 진실한 다원주의에 반한다. 이 같은 다원주의는 인종, 계급, 그리고 성별이라는 사회적 구성물이 종이라는 사회적 구성물과 관련이 있으며, 그런 점에서 도전받아야만 함을 인정할 것이다.

자연적인 것을 정치화하기: 2

종 배타적인 철학은 **인간**과 **동물**을 정반대가 되는 범주로 확립하고는 인간이 비인간 동물을 사용하는 것을 자연스러운 일로 만들어낸다. 이와는 대조적으로, 종 중립적인 철학은 인간과 비인간 동물

---

40. Pat Parker, "To a Vegetarian Friend," *Womanslaughter* (Oakland, CA: Diana Press, 1978), p. 14. [노예제 시대 미국 남부에서 아프리카계 미국인들이 차려 먹었던 전통 요리를 말한다. '소울 푸드'란 표현은 1960년대 들어 '소울'이라는 말을 아프리카계 미국인 문화를 설명하는 데 공통으로 사용하면서 생겼다. 한국에 들어오면서 용어의 의미가 변용돼 '영혼의 음식,' '추억의 음식' 정도로 통용된다.—옮긴이]

41. Alice Walker, *Living by the Word: Selected Writings, 1973-1987* (San Diego: Harcourt Brace Jovanovich, 1987), p. 172.

사이의 차이점을 과장하지 않을 것이다. 또는, 동물을 창고에 몰아 넣어 사육하는 것이나 강간을 하는 것과 같은 인간의 이례적인 악행을 두고 어떤 '자연스러운' 혹은 '동물과 유사한' 성향이 남아 있어서라고 넌지시 말하지도 않을 것이다. '자연적인' 것을 정치화해 억압이라는 꼬리표를 붙이면, 우리는 '고기'라는 발상을 더는 하나의 대상으로 경험하지 않을 것이다. 의식과 연대가 거래를 뒤흔들 것이다.

의식consciousness의 정치

억압을 의식하면, 대응해야만 한다. 앨리슨 재거는 "억압을 이야기할 때 페미니스트들은 이해관계가 상충하는 최소 두 집단, 즉 억압자와 피억압자를 포함한 세계관에 몰두하는 것 같다"고 언급하는데,[42] 그 두 집단을 이 책의 관점에서 좀 더 직설적으로 표현하자면, 시체 먹는 사람 그리고 그가 먹는 동물 살점이 되겠다. 파울루 프레이리의 제안에 따르면, 우리는 이 충돌하는 이해관계에 "현실을 지속해서 바꿔나가는 게 중요하다"고 보는 비평가/급진론자로서 대응할 수도, 아니면 "지금과 같이 정상화한 '오늘'"을 수용하는 단순한 사색가/파벌주의자로서 대응할 수도 있다.[43] 단순한 사색가/파벌주의자는 지배적인 이데올로기적 장벽과 담론적 경계를 받아들인다. 여기서는 비판 의식이 자리 잡을 수 없다. "파벌주의는 신화를 만들어내며 비이성적이라는 점에서 현실을 허위의 (따라서 불변의)

---

42. Jaggar, *Feminist Politics and Human Nature*, p. 6.
43. Freire, *Pedagogy of the Oppressed*, p. 73.

'현실'로 바꾼다." 엘런 굿맨은 바꿀 수 없는 '현실'을 받아들이면서 이렇게 주장한다.

> 환경적인 순수성, 자연에 단 하나의 가혹 행위도 하지 않고 살아 갈 능력이란 있을 수 없다. … 유일한 해법은 어떤 종도 이용하거 나 착취하지 말라는 것이다 … 우리가 생각하기에 우리 자신은 자연의 피조물이다. … 모피를 반대하는 극단주의자들은 협박해 서 이기는 편을 좋아한다. 그들이 분명하게 밝히는 도덕적 입장은 우리가 살아가는 방식에 일말의 여지도 남기지 않는다. 그것은 그 나름으로 부자연스러운 일이다.[44]

굿맨은 정상화한 '오늘'을 다시 사생활화하고, 다시 자연스러운 일로 만든다. 어째서 굿맨은 다른 종 착취를 피한다는 해법을 부자연스 럽고 달성할 수도 없다고 생각할까? 그렇게 생각하는 이유를 굿맨 은 말하지 않는다. 이처럼 현실을 수용하고 신화화하는 일의 대안 은 급진화라는 과정을 받아들이기, 즉 구체적으로 현실을 바꾸어 나가는 노력에 실제로 참여하기다. 이 같은 변혁은 억압자가 아니라 피억압자, 곧 시체 먹는 사람이 아니라 동물 살점 편에 나란히 선다.

이데올로기적 경계를 무너뜨리려면 억압자에 해당하는 이가 더 는 "피억압자를 추상적인 범주로 여기지" 않고,[45] **고기**를 더는 질량 명사로 바라보지 않으며, 우리 삶의 방식을 꼼꼼히 살펴보고 그 방

---

44. Goodman, "Debate Rages over Animals."
45. Freire, *Pedagogy of the Oppressed*, p. 32.

식에 도전할 준비가 되어 있어야만 한다.

연대의 정치

비판 의식을 가지고 있을 때, 우리는 우리 자신이 억압자임을 자각한다. 비판 의식을 가지고 있을 때, 정치적인 것을 자연화해온 현실을 우리는 완전히 다르게 인식한다. 하지만 그다음은 어찌 될까? 프레이리는 이렇게 말한다.

> 자기 자신이 억압자임을 알게 되면 상당히 고통스러울 수 있지만, 그렇다고 해서 반드시 피억압자와 연대하지는 않는다. 피억압자를 온정주의적으로 대우함으로써 자신의 죄책감을 합리화하면서도 그를 시종일관 의존적인 위치에 잡아둔다면 아무 소용이 없을 것이다. 연대하려면 누군가가 자신이 동일시하는 이의 상황 속으로 들어가야만 한다. 이는 급진적인 태도다. … 피억압자와 진실하게 연대한다고 함은 피억압자의 편에 서서 그를 이처럼 '다른 이를 위한 존재'로 만들어버린 객관적 현실을 바꾸려고 싸운다는 뜻이다.[46]

동물을 거래함으로써 동물은 '다른 이를 위한 존재'로, 시체 먹는 사람은 동물의 억압자로 자리매김한다.

동물이 자유롭기 위한 전제 조건은 동물 몸을 거래하지 않는 것

---

46. 같은 책, p. 31.

이다. 존재론은 그 존재론이 떠받드는 행동, 예컨대 시체 섭취가 멈추기 전에는, 또 우리가 동물의 억압자가 되길 그만두기 전에는 저절로 무너지지 않을 것이다.

의식, 연대, 그리고 페미니즘적이면서 채식주의를 지향하는 학회

페미니즘 학회는 하나의 행동, 곧 함께 모여 여성을 위한 정의라는 쟁점을 둘러싸고 기획하고, 교육하며, 관계망을 만드는 행위다. 앨리스 워커는 페미니스트로서 자신의 의식이 발전해나가는 과정을 이렇게 밝힌다. "살해당한 살점의 잔해가 내 몸속에 있는 채로 당장에 뭐가 됐든 정의와 평화를 외치는 행동에 참여한다는 게 얼마나 어려울지를 생각해본다."[47] 워커의 생각은 한 가지 질문을 던진다. 페미니즘 학회에서 살해당한 살점의 잔해를 식사용으로 내놓아야만 할까? 우리는 육식 옹호 문화에서 살아간다. 그렇다고 해서 페미니즘 학회가 육식을 옹호해야만 할까? 내 기억이 맞는다면, 몇 해 전 한 페미니즘 간행물 앞으로 온 편지에서는 "왜 우리는 명절에 집에 가서 우리 가족이 죽은 동물을 먹는 모습을 지켜보는 걸까요?" 하고 문제를 제기했다. 아무도 명절에 집에 가서 죽은 동물 거래를 지켜볼 필요는 없다. 그런 이들은 대개 페미니즘 학회에 오면 된다.

---

47. Walker, *Living by the Word*, pp. 182-83.

페미니즘 학회에서 제공하는 메뉴는 모든 걸 다 포함해야 한다는 가정은 암묵적인, 기정사실화한, 그러므로 이론화하지 않은 생각이다. 페미니즘 학회 조직자들은 채식주의자를 위한 선택지를 제공하고 원하면 직접 고를 수 있게 함으로써, 동물 소비 논쟁에서 중립적인 기능을 하고 있다고 쉽게 생각한다. 프레이리에 따르자면 이들은 단순한 사색가다. 그들은 중립성 같은 게 존재한다고, 그들이 실질적으로 취하는 존재론적 입장은 지배문화에 동조하지 않는다고 잘못 판단한다. 채식주의자를 위한 선택권을 포함하는 페미니즘 학회는 육식을 규범으로 여긴다. 낸시 프레이저가 주장하길, "중립적이고 사심이 없다고 주장하는 권위 있는 관점은 막상 지배적인 사회 집단의 이해관계를 반영한 편파적인 시각을 드러낸다."[48] 완전 채식을 채택하는 학회는 따라서 중립적이고 포괄적이라고 자처하는 주장을 뒤흔들며, 그런 게 도리어 편파적임을 입증한다. 완전 채식을 제공하는 학회는, 페미니스트들이 동물의 몸을 거래하고 싶으면 의도를 가지고 해야지 수동적이어서는 안 된다고 말한다. 완전 채식을 제공하는 학회는 정치적인 것의 자연화를 거부한다.

학회에서 채식주의자 개개인에게 선택권을 주는 것은 부적절한 조치인데, 그 이유는 우리가 무엇을 먹고, 또 우리가 동물에게 무슨 짓을 하는지가(우리가 죽은 동물을 거래한다면, 이 두 가지 행위를 동시에 하는 것인데) 오로지 개인사일 뿐이라는 생각을 영속시키기 때문이다. 개별 채식주의자를 위한 선택권은 한 정치적인 사안

---

48. Fraser, *Unruly Practices*, p. 181.

을 다시 사생활화하고, 동물 살점을 식사의 기본값으로 설정한다. 이는 한 공동체의 행동을 그 공동체의 의식에서 분리한다. 환경, 여성의 건강, 그리고 상충하는 존재론들의 정치학 그리고 윤리학과 같이, 시체 섭취와 관련된 쟁점들이 눈에 보이지 않게 된다. 1990년 전미여성학회에서 에코페미니스트 대책위원회가 권고한 내용은 이런 부분들을 고려하면서 환경에 미치는 결과(삼림 파괴, 토양 침식, 과도한 물 소비, 재활용 불가한 동물의 배설물 배출, 엄청난 에너지와 원자재 수요), 또 건강에 끼치는 영향(시체 섭취와 심장마비, 유방암, 대장암, 난소암, 골다공증 사이의 관련성 확인)에 주의를 환기했다.[49]

페미니즘 학회에서 채식주의를 시도하는 것은 동물을 향한 의식 변화의 촉매제가 된다. 채식이 주는 영양을 체험할 유일한 길은 채식 관련 음식을 먹는 것이다. 페미니즘적이면서 채식주의를 지향하는 학회를 하자는 제안은 육식에서 멀어지기 위해서는 현실적으로 장애물이 존재함을 인정한다. 이를테면 많은 이가 채식을 하면 배가 부르지 않을 텐데, 채식 요리는 맛이 없어, 아니면 단백질 섭취가 부족할 텐데, 라며 걱정한다. 채식은 그러므로 실제적인 두려움에 말을 건넨다. 채식하고도 배가 부를 수 **있다고**, 음식이 맛있을 수 **있다고**, 채식주의자가 시체 먹는 사람과 매일 동일한 양의 단백질을, 우리 몸에 필요한 양의 두 배만큼을 **실제로** 섭취한다고. 에코페미니스트 대책위원회가 촉구하길, 학회 조직자들은 "모든 노력을 다

---

49. 다음에서 요약한다. *Ecofeminist Newsletter*, Spring 1991, p. 3. 이 같은 권고 사항 작성에 힘써준 바티야 바우먼(Batya Bauman)에게 감사를 표한다.

해 건강·양심·미각을 충족시키는 식사를 제공해야 한다."[50]

쟁점을 다시 사생활화하는 이들은 동물을 먹는 행위가 페미니즘 담론의 주제로 합당하지 않다고, 개인 판단에 해당할 뿐이라고 주장한다. 우리가 피와 살을 먹느냐, 먹지 않느냐는 공동의 행위라기보다는 전적으로 개인의 행위라고 여겨진다. 육식을 순전히 개인적인 것으로 간주하는 이 같은 관점은 식사와 관련해 경쟁하는 선택지들을 고를 권리를 개개인에게 줌으로써 실현된다. 쟁점을 다시 사생활화하는 이들은 사적인 차원에서 논쟁을 지속하며, 그와 동시에 논쟁의 쟁점을 **식품**에 맞춘다. 동물 옹호 담론은 이 논쟁이 정치적이라고, 쟁점은 **존재론**이라고 주장한다. 동물 살점이 끼니에 들어 있음으로써 자동적으로 채식주의 논의를 저해하는데, 그 이유는 동물을 바라보는 지배적인 의식, 즉 그들을 먹기 적합한 존재로 자리매김하게 하는 의식이 말 그대로 현존하기 때문이다.

이 같은 존재론의 부적절함, 그 존재론을 인간의 사리사욕에 따라 자연스러운 것으로 만들어내는 일, 그리고 그 일이 우리 건강과 환경에 끼치는 영향 등 채식주의가 대변하는 대항 담론은 모두 동물을 존중하는 분위기 속에서만 뚜렷이 드러날 수 있다. 지금의 존재론은 결코 그런 분위기를 마련해줄 수 없을 것이다. 지금의 존재론은 페미니즘과 불화한다.

50. 같은 글.

7장

침팬지 스트립쇼를 고찰하다

: 페미니즘, 동물 옹호, 그리고 환경보호론을 통합할 필요성

나는 한 [인간] 남성 친구를 위한 깜짝 생일 파티에 손님으로 초대를 받았다. 한창 축하 행사를 하고 있는데 음악 연주를 시작하더니 스트리퍼 차림의 한 침팬지를 방으로 들여왔다. 그 가여운 동물이 주인에게 떠밀려 움직이기 시작했을 때, 이 애처로운 광경을 목격하고 있는 이들의 면면을 나는 쳐다봤다. 손님 대부분은 당혹스러워하는 기색이 역력했다. 민망해서 도무지 무슨 말을 해야 할지 모를 때 나올 법한, 초조하게 피식거리는 소리가 간간이 들렸다. 축하 파티의 주인공은 너무나 불편한 나머지 방을 나가버렸다. 파티는 한심한 실패작이었다. 이 '여흥'을 주선한 사람은 사과하며 "이렇게 될 줄 꿈에도 몰랐다"라고 반복해서 말했다. 그는 한 경이롭고 총명한 동물이 존엄을 송두리째 박탈당하는 모습을 지켜보려고 100달러를 낸 셈이다.[1]

동물 옹호 운동 구성원의 최소 75%가 여성이라는 건 페미니즘에
서 어떤 의미일까? 또, 동물 옹호 운동의 구성원 일부가 운동을 "여
성화하고"[2] 싶어 하는 건 무슨 뜻일까? 캐나다 모피 산업과 일부 페
미니스트가 모피 반대 운동을 향해 성차별적이라고 비난하는 건
어떻게 이해해야 할까?[3] 한 야구 선수의 배우자는 아니지만 그 선
수와 성적인 관계를 맺은 어떤 여성을, 수년간 그 선수의 '짐승'이라
부르는 건 무엇을 시사할까? 어째서 누군가가 침팬지에게 스트립쇼
를 하도록 훈련을 할까? 동물 옹호를 환경과 관련이 있는 쟁점으로
여기지 않는 건 왜일까? 전통적인 철학을 향한 페미니즘의 비평을
동물 옹호와 관련해 전개되고 있는 정치 담론에 적용함으로써 위와
같은 질문에 답할 수 있다.

1. Judy Romero, 편집자에게 보낸 편지에서, *Dallas Times Herald*, August 11, 1989.
2. 다음을 보라. Kim Bartlett, "Editorial: A Patriarchal World," *Animal Agenda*, October 1990, p. 2.
3. 다음을 보라. Mary Zeiss Stange, "Religious Ethics and Fur," *Fur Age Weekly* 140, no. 2 (1990), n.p.; Sherrie Hicks, "Accessory to Ignorance," *Fur Age Weekly* September 24, 1990; Fred Le Brun, "Warm, Furry Thoughts at Dawn," *Albany Times-Union*, November 12, 1990; Holly Cheever의 답변들, 편집자에게 쓴 편지, *Albany Times-Union*, November 1990, 그리고 캐나다모피반대연맹(Canadian Anti-Fur Alliance)이, 성차별 비난에 대항하면서 "Shame of Fur" 광고를 옹호한 언론 보도 자료, November 30, 1990. 주소: 11 River Street, Toronto, Ontario, Canada M5A 4C2.

동물 옹호, 페미니즘,
그리고 환경보호론을 통합할 필요성

우리는 동물 옹호 그리고 환경 페미니즘이나 에코페미니즘을 포함한 페미니즘을 흔히 (상호의존적이라기보다는) 서로 관련이 없다고, 심지어 상충한다고까지 여긴다. 이미 살펴봤듯이, 페미니즘은 크게 보아 동물 옹호 관심사들을 페미니즘의 실천이나 이론에 명시적으로 포함하지 않았다. 오히려 어떤 페미니스트들은 동물 옹호 운동을 공공연하게 비판해왔는데, 여기에는 동물 옹호 운동이 성차별이라는 비난도 있다.[4] 다른 페미니스트들은 1980년대에 동물 옹호 운동을 이론적으로 뒷받침한, 권리에 근거를 둔 담론을 단호하게 거부한다.[5] 동물 옹호론은 동물이 한낱 도구가 아니라고 생각하므로

---

4. 다음을 보라. Stange, "Religious Ethics and Fur"; Germaine Greer, "Home Thoughts: Germaine Greer on the Fallacy of Animal Rights," *Independent*, January 1990; Carol J. Adams의 답변, "On the Fallacy of Germaine Greer," *Newsletter of the International Association against Painful Experiments on Animals*, Fall 1990, pp. 6-7.

5. 이처럼 권리에 근거를 둔 담론에 의존한다는 이유로 동물 옹호를 거부하는 입장에는 대안이 존재한다. 1980년대 중반 이후로 몇몇 페미니스트가 권리에 근거를 두지 않으면서도 비인간 동물을 대변하는 논증을 제시해왔다. 특히 다음을 보라. Barbara Noske, *Humans and Other Animals* (London: Pluto Press, 1989); Josephine Donovan, "Animal Rights and Feminist Theory," *Signs* 15, no. 2 (1990), pp. 350-75; Marti Kheel, "Ecofeminism and Deep Ecology: Reflections on Identity and Difference," in *Reweaving the World: The Emergence of Ecofeminism*, ed. Irene Diamond and Gloria Feman Orenstein (San Francisco: Sierra Club Books, 1990), pp. 128-37; Greta Gaard, ed., *Ecofeminism, Women, Animals, Nature* (Philadelphia: Temple University Press, 1993); 그리고 *Hypatia: A Journal of Feminist Philosophy*, 생태학적 페미니즘을 다룬 특집호, 6, no. 1 (1991)에 실린 다음 논문들, Deane Curtin, "Toward an Ecological Ethics of Care," pp. 60-74; Roger J.

페미니스트 과학자들이 동물 연구를 아무런 의심 없이 활용하는 데 이의를 제기하며, 또 과학의 성차별적 편향성이 동물실험에서 비롯한다고 보아 이를 심각하게 우려한다. 동물 옹호론은 페미니스트들이 동물을 마땅히 도덕적 고려의 대상으로 여기도록 요구한다. 많은 이가 (종 보존 그리고 동물뿐만 아니라 그 밖의 생명체를 향한 '전체론적'[6] 관심이라고 피상적으로 생각하는) 환경보호론의 문제와 (개별 동물, 즉 벌레보다는 보통 포유류 보호를 향한 '개별적' 관심이라고 피상적으로 생각하는) 동물 옹호를 하나로 합치려고 노력했음에도, 지난 10년간 나온 철학 논문 다수는 이 둘의 간극을 좁히기보다는 넓혀왔다.[7] 이는 내가 보기에 바람직한 방향이 아니다.

다음 세 가지 고려 사항은 도리어 환경보호론, 동물 옹호론, 그리고 페미니즘, 그중에서도 특히 에코페미니즘의 관심사들이 같이 갈 수 있고, 또 같이 가야만 한다고 제안한다.

동물의 지위에 대한 페미니즘의 분석

첫째, 페미니즘 학계와 동물 옹호 학계가 서로 대화함으로써 성

H. King, "Caring about Nature: Feminist Ethics and the Environment," pp. 75-89; Deborah Slicer, "Your Daughter or Your Dog?," pp. 108-24.

6. [옮긴이] 전체론(holism)이라는 용어는 예컨대 물리적, 생물학적, 사회적 체계와 같은 다양한 체계를 단지 부분의 집합이 아니라 전체로 바라봐야 한다는 견해다. 일반적으로 전체는 부분의 합보다 크다는 생각을 말하며, 환원주의(reductionism)나 원자론(atomism)과 대비된다.

7. 다음을 보라. Susan Finsen, "Making Ends Meet: Reconciling Ecoholism and Animal Rights Individualism," *Between the Species: A Journal of Ethics*, 4, no. 1 (1988), pp. 11-20. 핀센은 논쟁이 있는 지점을 두고 경탄할 만한 논의를 보여주면서 이 지점을 해소하려고 시도한다.

차별적, 자본주의적 가부장제 속 여성의 경험, 페미니즘 이론, 그리고 동물의 지위를 논의할 새로운 길들이 열린다.[8] 침팬지에게 스트립쇼를 시키는 것처럼, 동물 착취의 범주는 다 젠더 문제를 드러낸다. 이를테면, 동물 사냥을 묘사하면서 흔히 무해하게 보이는 방식으로 강간을 형상화한다든지, 동물을 죽었거나 살아 있는 포획물로서 포르노그래피에 포함한다든지, 육식을 인간의 남성다움과 동일시함으로써 육식 문화를 '혈기 왕성한' 문화로 부른다든지, 아동이나 배우자를 때리는 이들이 동물을 죽이는 사건이 이에 해당한다. 몇몇 페미니스트가 주장하다시피, 여성은 착취를 경험해왔기 때문에 동물이 겪는 일을 이해하는지도 모른다. "인간이 동물과 맺는 관계에서 나타나는 지배/복종이라는 양식을 보며, 인간이 동물을 대

8. 앞서 언급한 킬, 슬라이서(Slicer), 도너번, 가드의 글 이외에도, 다음 글을 보라. Andrée Collard, with Joyce Contrucci, *Rape of the Wild: Man's Violence against Animals and the Earth* (London: Women's Press, 1988); Connie Salamone, "The Prevalence of the Natural Law within Women: Women and Animal Rights," in *Reweaving the Web of Life: Feminism and Nonviolence*, ed. Pam McAllister (Philadelphia: New Society Publishers, 1982); Genoveffa Corea, "Dominance and Control: How Our Culture Sees Women, Nature and Animals," *Animals' Agenda*, May/June 1984, p. 37; Karen Davis, "Farm Animals and the Feminine Connection," *Animals' Agenda*, January/February 1988, pp. 38-39; Zoe Weil, "Feminism and Animal Rights," *Labyrinth: The Philadelphia Women's Newspaper*, February 1990; Sally Abbott, "The Origins of God in the Blood of the Lamb," in *Reweaving the World: The Emergence of Ecofeminism*, ed. Irene Diamond and Gloria Feman Orenstein (San Francisco: Sierra Club Books, 1990), pp. 35-40; Norma Benney, "All of One Flesh: The Rights of Animals," in *Reclaim the Earth: Women Speak Out for Life on Earth*, ed. Léonie Caldecott and Stephanie Leland (London: Women's Press, 1983); Aviva Cantor, "The Club, the Yoke, and the Leash: What We Can Learn from the Way a Culture Treats Animals," *Ms. magazine* 4, August 1980, pp. 27-29.

상으로, 즉 자신이 사용하기 위한 도구로 끌어내리는 방식을 보며, 그런 패턴이 지배당하는 '대상'에게 얼마나 무서울지 이해한다. 나는 그 패턴을 직접 살아냈고, 지금도 살아내고 있다."[9]

자연, 여성, 그리고 식민지인을 지배해온 역사를 재구성하면서 로즈메리 래드퍼드 류터 같은 에코페미니스트들은 동물 가축화, 도심지 발달, 노예제 탄생, 남녀 불평등 확립 사이에 연관성을 정립해온 반면,[10] 어떤 인류학자들은 인간 남성의 지배를 동물에 기반을 둔 경제, 즉 채집 사회보다는 수렵 사회와 관련지어왔다.[11] 낸시 제이의 제안에 따르면, 종교 제의 다수에서 동물을 제물로 삼는 까닭은, 여성에게서 태어났다는 사실에서 가부장제 문화가 자기 자신을 정화해야 하기 때문이다. 동물은 피를 흘림으로써—이는 출산만큼이나 심각한 행동이다—인간 남성이 지배하는 사회질서를 유지하기 위한 "제의적 도구"가 된다.[12] 희생양 노릇을 할 필요가 완전히 없어질 때까지 동물은 자신을 억압하는 종교에서 벗어날 수 없을 것이다. 동물의 지위와 여성의 지위는 상호의존적이다.

9. Corea, "Dominance and Control," p. 37.
10. 다음을 보라. Rosemary Radford Ruether, "Men, Women, and Beasts: Relations to Animals in Western Culture," in *Good News for Animals? Christian Approaches to Animal Well-Being*, ed. Charles Pinches and Jay B. McDaniel (Maryknoll: Orbis Books, 1993).
11. Peggy Sanday, *Female Power and Male Dominance: On the Origins of Sexual Inequality* (Cambridge and New York: Cambridge University Press, 1981).
12. 다음을 보라. Nancy Jay, "Sacrifice as Remedy for Having Been Born of Woman," in *Immaculate and Powerful: The Female in Sacred Image and Social Reality*, ed. Clarissa W. Atkinson, Constance H. Buchanan, and Margaret R. Miles (Boston: Beacon Press, 1985).

동물 옹호와 환경보호론

둘째, 동물 옹호 운동은 환경 문제를 다룬다고 봐야 한다. 그렇게 생각해야 하는 몇 가지 이유가 있다. 우리는 식품 생산 그리고 소비와 관련해 가축 생산이 불러온 뜻밖의 **결과**를 "우리 시대 주요 생태 재앙의 하나"로 일컬어왔고,[13] 가축화한 '식용' 동물은 자연이 놓인 운명—통제되고, 자원으로 쓰이며, 말살되는—의 전형으로서 **상징적** 기능을 한다. 가축 생산의 결과와 가축 동물의 상징적 기능, 두 가지는 모두 환경 쟁점으로서 동물 옹호론자들의 연구 대상이다.[14] 이른바 야생에 관해서는 다른 문제를 제기하긴 하지만, 야생을 보호하고 보존할 필요성, 타당성, 그리고 정당성과 관련된 환경

---

13. Marti Kheel, "Animal Liberation and Environmental Ethics: Can Ecofeminism Bridge the Gap?" 1988년 서부정치학회(Western Political Science Association, WPSA)의 연례 학술대회 발표 글, March 10-12, 1988, p. 14. 이 책 5장에서 이야기한 주장들을 보라.

14. 아닌 게 아니라, 어떤 환경보호론자들은 가축화한 동물의 문제를 절박한 걱정거리로, 혹은 환경적 관심사라는 기준에 부합하는 문제로 보지 않는다. J. 베어드 캘리콧은 농가 동물이란 "온순하고, 다루기 쉽고, 우둔하며, 의존하도록 사육해왔다. 그들을 해방하자고 제안하는 것은 말 그대로 무의미하다"라고 주장한다. J. Baird Callicott, *In Defense of the Land Ethic: Essays in Environmental Philosophy* (Albany: State University of New York Press), 1989. 야생에서 살고, 독립적이며, 귀중한 동물과 온순하고, 가축화했으며, 변변찮은 동물이라는 이분법을 만들어냄으로써, 캐런 데이비스가 지적하듯이 남성과 여성을 바라보는 전통적인 관점을 환경이라는 차원에서 실연한다("Farm Animals and the Feminine Connection," p. 38). 데이비스 그리고 특히 1985년에 캘리콧에게 한 대응에서 킬이 입증한 에코페미니즘적 동물해방 입장의 한 가지 강점은 '가축화했든,' '야생에서 살든,' 모든 동물이 이론적 관심을 받을 가치가 있다고 분석한 점이다. Marti Kheel, "The Liberation of Nature: A Circular Affair," *Environmental Ethics* 7, no. 2 (1985), pp. 135-49; Harriet Schleifer, "Images of Death and Life: Food Animal Production and the Vegetarian Option," in *In Defense of Animals*, ed. Peter Singer (New York: Basil Blackwell, 1985), pp. 63-73.

쟁점은 동물 옹호 운동에서 다룬다.[15] 특히 수전 핀센, 마티 킬 같은 에코페미니스트들의 연구는 '개인주의자'와 '전체론자' 사이에서 감지되는 간극을 해소하려고 시도한다.

동물 옹호 운동 내부에서 나온 목소리들은 동물 옹호론을 환경 그리고 페미니즘 이론들과 결합함으로써 생명 중심 신학이라고 하는 것을 만들어낸다.[16] 환경보호론자들이 종종 개별 동물을 희생시키는 것과는 달리, 페미니즘 이론은 개별 동물을 희생시키지 않고도 환경 쟁점들을 들여다볼 길을 제시한다. 더욱이, 환경 쟁점은 보통 유색인에게 생존의 문제다. 그렇기 때문에 환경 쟁점이 다른 사회적 억압에 대처할 방법, 특히 인종차별적 환경보호 정책에 이의를 제기할 방안을 제안하기도 한다. 마지막으로, 동물 살점으로 만든 식품은 자본주의적 수요를 충족시킴으로써 소비지상주의를 끊임없이 확장하는 만큼, 자본주의적 상품의 전형이다. 시체 생산보다 더 낭비적인 것은 거의 없다. 동물 살점 생산은 너무 많은 자원을 소모하기 때문에, 동물 기반 농업은 무한히 뻗어나갈 수 있다. 사회주의 페미니즘이 이 문제에 접근하는 방식은 환경 착취의 물질적인

---

15. 그러므로 비록 일부 동물권 **철학**이 외연을 확장함으로써—말하자면, 어떤 동물군을 선별해 그들이 현재로서는 오직 (일부) 인간만이 소유한 권리를 가져야 한다고 주장함으로써—오류에 빠진 것 같긴 하지만, 동물 옹호 **운동**은 이보다 목표에서나 행동에서 훨씬 더 큰 움직임으로서, 그 안에 환경 악화를 아우른다. 이는 한 선두적인 동물 옹호 잡지인 《동물 의제》가 1990년대 초에 부제를 바꾼 데서 잘 드러났는데, 이전에는 동물권 잡지로 부르다가 동물권과 생태를 다루는 국제 잡지로 새롭게 명칭을 바꿨다. 또, 영국 잡지인 《짐승: 반격하는 잡지(The Beast: The Magazine that Bites Back)》는 1980년대 초반에 단기간 활약한 매체로, 역시 환경 관련 내용을 광범위하게 보도했다.

16. 예컨대 Jay B. McDaniel의 글, 특히 다음을 보라. *Of Gods and Pelicans: A Theology of Reverence for Life* (Louisville, KY: Westminster/John Knox Press, 1989).

특성에 관해 귀중한 통찰을 제시한다.[17]

생태학적 페미니즘의 기여

셋째, 생태학적 페미니즘은 비인간 동물 지배를 포함한 자연 지배를 분석할 해석상의 틀을 제시한다. 이미 살펴봤듯이, 생태학적 페미니스트들은 여성 지배와 자연 지배가 밀접하게 연결되어 있으며, 적절한 페미니즘, 환경보호론, 혹은 환경 윤리라면 이러한 연관성을 인정해야 한다고 주장한다.[18] 에코페미니즘은 사회적으로 '지배적인 ~주의', 이를테면 성차별주의, 인종주의, 계급주의, 그리고 자연차별주의를, 또 이런 것들이 (일부) 인간을 우월하다고 (잘못) 상정하는 '지배의 논리'를 승인하고 영속하는 방식을 꿰뚫어보는 데 이바지했고, 그럼으로써 억압의 교차적인 특성을 인식할 이론적 근거를 제시한다.[19] 게다가, 다양한 갈래의 페미니즘 윤리가 제시하는 통찰을 끌어옴으로써 에코페미니즘은 엄격한 철학적 권리론을 비판하는데, 이는 많은 환경보호론자를 불편하게 만들기도 한다. 그리하여 생태학적 페미니즘은 페미니즘, 환경보호론, 그리고 동물 옹호 사이의 관련성을 분석할 철학적 틀을 제시한다. 또한 사회적 지배와 자연 지배의 양상들이 밀접하게 관련 있음을 인정하며, 전 지

---

17. 예컨대 다음을 보라. Noske, *Humans and Other Animals*.
18. 예컨대 다음을 보라. Carol J. Adams, ed., *Ecofeminism and the Sacred* (New York: Continuum, 1993); Karen J. Warren, "Feminism and Ecology: Making Connections," *Environmental Ethics* 9, no. 1 (1987), pp. 3-20, "The Power and the Promise of Ecological Feminism," *Environmental Ethics* 12 (Summer) 1990, pp. 128-33.
19. 이 책 4장을 보라.

구적으로 목소리를 냄으로써 다문화적인 이론과 행동의 가능성을 분명하게 보여준다.

다섯 가지 물음 혹은 다섯 군데의 조망 지점

페미니스트들이 전 분야에서 지적해온 바에 따르면, 누군가가 하는 질문은 흔히 그가 쟁점에서 중요하게 여기는 것, 그가 답안을 정하는 데 사용하는 방법론, 또 그가 도출하거나 지지하는 답안에까지도 영향을 미친다. 지금 상황에서도 당연히 그렇다. 페미니스트, 환경보호론자, 그리고 동물 옹호 운동이 제기하는 쟁점의 상호 연관성을 시사하는 다섯 가지 질문을 찬찬히 살펴보자.

동물과 인간의 관계는 여성과 남성의 관계와 같은가?
다양한 문화적 이원론 탐구

앞 장들에서 보여주고 있듯이, 다수의 동시대 페미니즘 이론은 다양한 개념적 쌍을 다루는데, 이 다양한 개념 쌍은 역사적으로 주체/대상, 자아/타자, 지배/행위성, 문화/자연, 동일성/차이, 남성/여성, 백인/비백인, 인간/동물 같이 서로 대립하는 용어로 규정된다는 특징이 있다. 우리는 이 같은 이원론이 어떻게 권력과 지배의 가치 위계를 조정하는지 살펴봤다. 예컨대 남성이 여성을, 문화가 자연을 지배한다. 백인은 자신이 '비백인' 딱지를 붙인 유색인을 지배한다. 주체가 대상을, 인간이 동물을 지배한다. 지배의 논리는 이 같은 문화적 개념 쌍을 통해 존속하고, 영속하며, 실제로 수행되는 만큼, 이런 논리를 완전히 없애는 것이 에코페미니즘의 한 가지 목표가 되었다.[20]

인간/동물이라는 문화적 쌍과 그 의미를 명확하게 밝히는 것은 이원론과 이원론이 제도화하는 방식을 다루는 모든 페미니즘 논의와 논리적으로 연장선상에 있다. 이때 논의는 동물을 인격화해 바라보는 관점 그리고 인간의 이익을 증진하려고 '열등하거나' '종속적인' 존재로서 동물을 사용하는 일, 이 두 가지 면을 다 고려한다. 게다가, 침팬지가 전통적으로 여성이 하는 행위를 수행하도록 강요받는 것처럼, 동물 억압은 그 동물을 여성의 열등한 지위와 관련짓거나 그 반대로 하는 방식을 취한다. 말하자면, 가부장적 이원론에서 (동물/여성이라는) 종속적인 지점을 서로 연결함으로써 각각의 예속을 강하게 한다. (이처럼 종속의 교차적인 강화를 보여주는 한 사례로, 〈그림14〉를 보라. 이 그림은 수의대 졸업생을 위해 제작한 티셔츠 이미지로, 이 티셔츠는 학생들이 만든 "식용 동물 동아리"에서 판매했다.)

동물 착취는 몇 가지 이원론을 동시에 압축해 보여주는데, 이를테면 동물실험에서 인간의 '정신'이 동물의 '신체'를 탐구한다든지, 인간 '남성'이 사냥을 하면서 사냥감으로 여기는 동물을 '여성'으로 부른다든지, 인간의 '자아'를 동물이라는 '타자'에 반해 규정하고 이때 그 동물을 '짐승'이라고 한다든지, '문화적인' 인간이 '자연 상태의' 동물을 동물원, 서커스, 로데오 같은 환경에서 관찰한다든지, 시

---

20. 다음을 보라. Warren, "The Power and the Promise of Ecological Feminism," pp. 128-33.

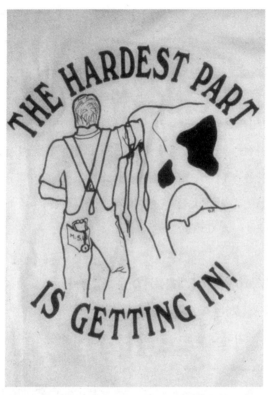

〈그림14〉 〈제일 힘든 건 들어가는 거야(The Hardest Part Is Getting In)〉. 1990년 초반에 등장한 수의대 티셔츠로서, 젖소가 강제로 임신을 당할 준비가 됐는지 보려고 사람이 한쪽 팔을 젖소의 항문에서 직장까지 쑤셔 넣어 자궁의 위치를 제대로 잡고 있는 모습을 그림.

체 섭취, 동물실험, 혹은 그 밖의 착취 유형을 바라보는 윤리적 입장을 우리가 동물에게 느끼는 '감정'으로 결정해서는 안 된다고 '이성'의 목소리가 말한다든지 하는 것들이다.

"종차가 성차와 마찬가지로 사회적으로 구성되고 경험되는지? 만약 그렇다면, 어떻게 해서 그렇게 될까?" 이러한 물음은 종의 범주화가 동반하는 것과 관련해 수많은 쟁점을 제기한다.[21] 또, 그런 범주화가 어떤 방식으로 권력 관계, 인간의 자기 인식, 그리고 누군가의 인종·민족성·성별·계급이 종의 사회적 구성에서 하는 기능과 관련된 가정을 반영하는지를 두고도 무수한 쟁점을 야기한다. 이 같은 질문은 페미니즘이 인종주의적 가부장제에 도전하는 과정에서 논리적으로 거쳐야 할 한 단계이며, 페미니즘 이론에 하나의 중요한 방향성을 제시한다.

서양철학에서 이성과 합리성은 여성과 동물의 위치를 결정하는 데 어떤 기능을 할까?

토머스 테일러Thomas Taylor가 메리 울스턴크래프트의 『여성의 권리 옹호A Vindication of the Rights of Woman』를 패러디하면서 『짐승의 권리 옹호A Vindication of the Rights of Brutes』를 썼을 때, 순전히 '여성에게 권리를 준다면, 그다음은 누가 될까? **동물**?'이라 말하고자 한 건 아니었다. 울스턴크래프트의 글은 여성이 동물과는 **달리** 이성적 존재임을 입증한다는 목표에 깊이 몰두했다. 울스턴크래프트는 여성과 비이성

---

21. 다음을 보라. Mary Midgley, *Animals and Why They Matter* (Athens: University of Georgia Press, 1983), pp. 98-111.

적 동물, 즉 아리스토텔레스가 말하는 존재의 역사적 상관관계를 깨뜨리고 싶었다. 이 책 서문의 제언에서 기술하는 아리스토텔레스의 입장을 떠올려보라. "아리스토텔레스는 단순히 여성이 전반적으로 열등하다고 상정하는 게 아니라, 여성이 '불완전하다'고 묘사한다. … [여성은] 짐승과 인간 사이의 잿빛 영역에 속하는 피조물이다."[22] 어떤 의미로 테일러는 여성이 **진짜로** 동물보다 더 합리적이지 않음을 드러냄으로써, 아리스토텔레스의 입장을 확고히 하고 싶어했다.[23]

여성이 얼마만큼 동물과 다르거나 다르지 않은가라는 쟁점은 몇 가지 적절한 질문을 야기한다. 요컨대, '이성' 그리고 '합리성'은 무엇을 의미할까? "여성은, 적어도 남성과 같은 방식으로 이성적이지는 않음"을 선구적인 철학자들은 주장해왔다.[24] 서구 사상에서는 "빈약한, 미숙한, 혹은 불완전한 합리성을 한결같이 여성의 자질로 여겼다."[25] 젠더 은유는 필연적으로 합리성을 둘러싼 가부장적 인식에 내재한다.

22. Wendy Brown, *Manhood and Politics: A Feminist Reading in Political Theory* (Totowa, New Jersey: Rowman & Littlefield, 1988), p. 56.
23. 울스턴크래프트-테일러 논란을 둘러싼 흥미로운 논의, 그리고 이 논란을 싱어가 『동물해방』에서 활용한 것이 왜 오류인지는 다음을 보라. Mary Ann Elston, "Women and Anti-vivisection in Victorian England, 1870-1900," in *Vivisection in Historical Perspective*, ed. Nicolaas Rupke (London: Croom Helm, 1987), pp. 260-61.
24. Ruth Ginzberg, "Feminism, Rationality, and Logic," *American Philosophical Association Newsletter on Feminism and Philosophy*, 88, no. 2 (March 1989), p. 35.
25. Sandra Harding, "Is Gender a Variable in Conception of Rationality? A Survey of Issues," in *Beyond Domination: New Perspectives on Women and Philosophy*, ed. Carol C. Gould (Totowa, New Jersey: Rowman & Littlefield Publishers, Inc., 1983), p. 43.

동물 옹호 운동은 여성을 비하하는 합리주의적 편견을 때로 강화했다. 이는 특히 모피 반대 운동에서 볼 수 있다. 여성이 모피 코트를 입는다는 사실은 남성 지배적 주류 문화가 만든 여성다움의 이미지에 내재한다. 여기서 우리는 '오만한 눈'이 완전히 승리했음을 발견한다. 모피 코트 광고에서는 여성을 응시당하는 사물로 그린다. 그럼에도 광고에서 '약속하길', 모피 코트를 입는 여성은 주체가 된다고 한다("무엇이 전설이 되는가? 블랙글라마What becomes a legend most? Blackglama" 혹은 "그 작은 모피 숄은 비파노한테 가서 유명인이 됐다The Little Fur Stole That Went to Bifano's and Became a Star").[26] 여성의 주체성을 암시하는 까닭은 실상 동물을 대상화하기 때문인데, 이처럼 동물 대상화가 동기, 요컨대 동물의 몸 조각조각을 팔겠다는 동기의 틀로 기능한다. 그렇지만 여성은 절대로 주체성을 성취할 수 없다. 유명인이나 전설이 될 뿐이다.

모피 코트는 포르노그래피나 스트립쇼처럼 교환이라는 인간 남성의 언어를 쓴다. 모피 반대 운동도 마찬가지다. 아니면 적어도 인간 남성의 언어에서 한 가지 두드러진 사실을 보여준다. 모피 반대 운동의 실례가 바로 '모피 코트 한 벌을 만들려면 말 못 하는 짐승이 40마리나 들지만, 그걸 입는 데에는 한 명이면 충분하다'는 광고다. 광고 속 여성은 핏자국이 선명한 모피 코트 한 벌을 쥐고 있다.

---

26. [옮긴이] 블랙글라마(Blackglama)는 미국과 캐나다 밍크 모피 농가의 농업 마케팅 협동조합인 아메리칸레전드모피조합(American Legend Cooperative)에서 만든 모피 브랜드다. 장기 광고 캠페인, '무엇이 전설이 되는가? 블랙글라마'는 당대 최고의 유명 인사들을 모델로 등장시켜 화제가 되었다.

물론 모피 코트를 입는 사람이 대부분 여성이긴 하지만, 여성이 모피 코트를 입는 이유가 뭘까? 모피 코트를 구매하는 이들은 누구일까? 여성에게 모피 코트를 입으라고 요구하는, 여성스러운 외모를 만들어내는 데 남성 지배적 주류 문화는 어떤 기능을 할까? 이 광고가 암묵적으로 전하고 있듯이, 모피 코트를 입는 것, 그리고 옷을 벗겨 여성의 몸을 전시하는 것은 연속선상에 있다. 광고에서는 오직 여성의 하반신만이 보이고, 여성은 모피 코트를 방금 벗은 것처럼 들고 있다. 여기서 여성은 순수한 육체로서, 하이힐을 신고, 기장이 무릎 위까지 올라오는 치마를 입고서는 한쪽 엉덩이를 내밀면서 성적으로 유혹하는 자세를 하고 있다. 이 광고판은 '오만한 눈'에 힘을 실어준다. 여성을 '말 못 하는 짐승'이라 부르는 것은, 여성을 정확히 말 못 하는 짐승으로 여겼던 서구의 정치적 전통을 연상시킨다. 그리고 딱 봐도 머리가 없는 여성이 이성을 갖춘 남성이 될 리는 없다.[27]

---

27. 1920년, 깃털 법안 캠페인을 활발하게 펼치던 한 페미니스트 친구의 간청으로, 버지니아 울프(Virginia Woolf)는 《여성의 리더(Woman's Leader)》에 짧은 글 한 편을 썼다. [1908년 영국 의회에 깃털수입금지법(Importation of Plumage (Prohibition) Act)이 발의되었고, 1921년 통과되었다. 왕립조류보호협회(Royal Society for the Protection of Birds)는 이 법안을 주제로 단호하게 캠페인을 벌였다. 여성의 모자를 장식하는 데에 깃털을 다량 사용해왔는데, 법안 통과가 난항을 겪자 언론에서 여성을 비난하는 논조의 사설을 실었다.—옮긴이] 깃털 법안을 둘러싸고 소용돌이치듯 전개된 정치적 역학관계는 모피 반대 캠페인과 유사하다. 요컨대, 동물에게서 나온 의류를 착용한다며 여성을 비난한다. 하지만 이 의류를 어떻게 입수할까? 울프는 깃털을 빼앗긴 새들을 두고 이렇게 썼다. "그렇다면 그 새들이 남성들에게 죽임을 당하고, 남성들에게 굶김을 당하고, 또 남성들에게 고문을 당한다고 충분히 짐작할 수 있습니다." 울프의 말을 메아리처럼 따라 하듯, 페미니스트들은 지금 이야기하는 광고에 화답하며 한 광고판에 이렇게 페인트칠을 했다. "**남성들이야말로** 동물을 죽인다. **남성들이야말로** 이익을 취한다. … 또, **남성들이**

페미니즘의 인식론적 통찰에 따르면, 이성이나 합리성을 논의할 수 있기 이전에 먼저 "누구의 지식을 이야기하느냐"고 물어야 한다.[28] 철학, 정치 담론을 남성이 지배해왔음을 본다면 잇따르는 물음은 "인간 남성의 경험이 어떻게 사회계약 그리고 도덕 질서 내부로 편입하기와 관련해 경계에 있는 쟁점을 구조화하고 한정해왔을까?" 여야만 한다.[29] 무엇이 인간성을, 또 이성적임을 구성하느냐를 향한 관심은, 기본값으로 삼지만 검증하지 않은 유럽 그리고/혹은 미국 엘리트 인간 남성의 경험에서 비롯하는 게 아닐까? 쟁점을 이런 방식으로 놓고 보면, 유럽 그리고/혹은 미국 엘리트 인간 남성의 경험에 근거를 둔 사회계약이라는 부적절한 이론이 적절한 것으로 받아들여져왔음을 알 수 있다. 그 이론의 결점은 (여성을) 누락하는 것만이 아니라 대리한다(말하자면, 남성다운 방식으로 젠더화한 사람의 관점에서 이론을 발전시킴)는 것이다. 누락하고 대리함으로써 오류를 범하는 모피 반대 운동 역시 똑같이 논평할 수 있겠다.

야말로 성차별적인 광고를 만든다! 그린피스(Greenpeace)같은 친구들과 함께라면 적이 따로 필요한가?" Virginia Woolf, "The Plumage Bill," *Woman's Leader*, July 23, 1920, in *The Diary of Virginia Woolf*, vol. 2: 1920-24, ed. Anne Olivier Bell (New York and London: Harcourt Brace Jovanovich, 1978), pp. 337-38.

28. Lorraine Code, "The Impact of Feminism on Epistemology," *American Philosophical Association Newsletter on Feminism and Philosophy*, 88, no. 2 (March 1989), p. 25.

29. 예컨대 다음을 보라. Jane Flax, "Political Philosophy and the Patriarchal Unconscious: A Psychoanalytic Perspective on Epistemology and Metaphysics," in *Discovering Reality: Feminist Perspectives on Epistemology, Metaphysics, Methodology, and Philosophy of Science*, ed. S. Harding and M. Hintakka (Dordrecht: Reidel, 1983).

도덕에서 정서와 감정은 어떤 지위를 차지할까?

페미니즘 철학자들은 데카르트적 사유의 기본 발상과 역사를 붙들고 씨름해왔고, 그것의 남성 중심성androcentricity을 예리하게 지적했다.[30] 데카르트적 사유는 동물 옹호 철학의 주요 관심사이기도 한데, 동물을 대상으로 한 침략적인 과학 실험이 가능하도록,[31] 또 현행 시체 생산의 특징인 동물 '기계'와 '공장식' 축산이 가능하도록 전권을 위임한다고 여겨지기 때문이다.

페미니즘 이론은 엄격한 논리를 강조하는 동시에 의사 결정의 타당한 근거인 정서를 깎아내리는 서구 철학 전통에 중대한 의문을 제기해왔다. 정서를 폄하하는 것은 여성을 폄하하는 것과 긴밀하게 연결되어 있다고 여겨졌다. 그런데도 동물권 담론은 지금 합리성과 이성을 강조하면서 비인간 동물의 도덕적 권리와 쾌고감수능력을 옹호하는 주장을 펼치고 있다.[32] 한편, 19세기와 20세기를 통틀어 동물 옹호 운동을 향한 반응이란 모두 **반지성주의, 반계몽주의적, 비이성적, 반인간적** 같은 용어들로 점철됐다. 로버타 칼레촙스키가 지적하길, 이와 똑같은 단어들은 "19세기 여성, 특히 생식 기능

---

30. 배경 설명으로는 다음을 보라. Genevieve Lloyd, *The Man of Reason: "Male" and "Female" in Western Philosophy* (Minneapolis: University of Minnesota Press, 1984); Susan Bordo, *The Flight to Objectivity: Essays on Cartesianism and Culture* (Albany: SUNY Press, 1987).
31. 다음을 보라. Tom Regan, *The Case for Animal Rights* (Berkeley and Los Angeles: University of California Press, 1983); Donovan, "Feminist Theory and Animal Rights," pp. 364-65.
32. 다음을 보라. Regan, *The Case for Animal Rights*, p. xii; Peter Singer, *Animal Liberation* 2nd ed. (New York: New York Review Book, 1990), pp. ix-x; Donovan, "Feminist Theory and Animal Rights," pp. 350-52.

을 잃었다고 여겼던 지적인 여성을 묘사하는 데 사용되었다."[33] 동물을 염려하는 이들은 한낱 감상적이라는 비난을 받았는데, 이는 정서적인 것을 감상적인 것, 비이성적인 것, 여성적인 것, 그리고 여성스러운 것과 동일시하는 데 입각한다. 이성/감성 이원론을 옹호함으로써, 동물권 이론은 인간이 비인간 동물에게 느끼는 감정을 윤리적 의사 결정이라는 영역에 허용하지 않는 **듯하다.**

만약 동물권 이론이—어쩌면 간혹 방어적으로—감정적, 여성적이라는 비난을 피하려고 엄격한 합리성을 옹호한다면, 이는 감정과 이성이라는 데카르트의 이원론이 젠더에 기반을 둔 합리성 개념에, 그리고 동물의 쾌고감수능력을 쟁점으로 보고 싶어 하지 않는 태도에 모두 얼마나 깊이 영향을 주고 있는지 눈치채지 못한다는 신호일지도 모른다. 그런데 일반적으로 우리가 동물의 곤경이나 복지에 공감할 때, 이는 우리가 그들의 쾌고감수능력을 알아챈다는 점에 근거를 둔다. 일부 에코페미니스트나 환경보호론자가—어쩌면 간혹 방어적으로—동물의 쾌고감수능력을 지지하는 동물 옹호 주장이 이성과 권리라는 전통적으로 남성이 규정한 관념에 의존한다

---

33. Roberta Kalechofsky, "Descartes' Niece." 1990년 10월 6일, 노스캐롤라이나주 롤리에서 개최한, 동물을 위한 스폴레토 페스티벌(Spoleto Festival for the Animals) 발표 논문. 실제로 동물복지 연구 분야는 여성의 비율이 훨씬 높다. 여성이 동물 편에서 싸우게 되는 정서적, 지적, 그리고 정치적 사유들은 남성의 그것과는 여러 면에서 다르다. 코럴 랜스베리의 제안에 따르면, 여성은 동물과 동질감을 느끼기 때문에 혹은 동물과 공동으로 탄압을 받기 때문에 동물 편에 서서 행동한다. 다음을 보라. Coral Lansbury, *The Old Brown Dog: Women, Workers, and Vivisection in Edwardian England* (Madison: Wisconsin, 1985); R. D. French, *Antivivisection and Medical Science in Victorian Society* (Princeton: Princeton University Press, 1975).

는 점을 근거로 그런 주장을 묵살하는 사이, 이것의 대안이 되는 어떤 논의가 분명하게 드러났다.

우선, 체화embodiment를 이론적으로 발전시키는 페미니스트 윤리학자들을 출발점으로 삼아 생각을 발전시킬 수 있겠다. 예컨대 베벌리 해리슨은 "페미니스트라면 마땅히 그래야 하듯이 우리가 '우리 몸, 우리 자신'에게서 시작할 때, 우리는 도덕과 관련된 지식을 포함해 우리 지식이 전부 몸을 매개로 한 지식임을 알아차린다"라고 쓴다. 계속해서 그는, "우리가 세계를 알고 그 세계를 소중히 여긴다고 함은, 그러니까 우리가 정말로 그렇게 한다면, 이는 그 세계를 만지고 듣고 보는 우리의 능력을 통해서다"라고[34] 말한다. 동물이 부재 지시 대상임을 주장할 때, 그 용어를 통해 하려는 말은 어떤 의미에서 동물이 형체가 없는disembodied 실체, 즉 절대 만지거나 듣거나 볼 수 없는 존재라는 것이다. 형체가 없는 지식은 말 그대로 형체가 없는 동물, 우리의 목적을 위한 수단이 아니고서는 만지거나 듣거나 볼 가능성이 거의 없는 존재를 만들어낸다.

싱어나 리건의 저술과 같은 글은 동물에게 정확히 무슨 일이 일어나는지 묘사하는 데, 즉 부재 지시 대상을 복원하는 데 논의를 일부 할애한다는 강점이 있다. 그렇다고 해서 독자인 우리가 그 동물을 만지고 듣고 본다는 뜻은 아니지만, 우리의 상상 속에서 지금 동물이 겪는 광범위한 고통과 관련해 알게 된 바를, 우리가 알고, 들었고, 봤던 동물과 관련시키고, 나아가 이것이 무엇을 의미하는

---

34. Beverly Harrison, *Making the Connections: Essays in Feminist Social Ethics,* ed. Carol S. Robb (Boston: Beacon Press, 1985), p. 13.

지 곰곰이 생각할 기회가 생긴다. 싱어나 리건이 자신의 책 서문에서 이성과 관련해 부인하는 말을 하긴 했지만, 현재 동물의 존재 상태를 두고 정확한 정보를 확립해야 함을 인정함으로써 체화한 지식을 긍정한다. 이렇게 물어볼 수도 있겠다. 리건, 싱어, 그리고 그 외 동물 옹호론자들은 정확하게 분석하면서도—동물의 도구성이라는 문제를 이해하고 행동하면서도—그 정확한 분석을 인간 남성의 편견에 따라 한계지어진 틀에 끼워 맞추려고 잘못 시도하는 걸까?

해리슨이 말하는 체화를 현대 사회의 동물 문제와 통합하려면 우리는 우리 자신의 위치를 정해야만 한다. 앨리스 워커가 동물과 교감하는 내용을 쓴 글이 도전적이고 효과적인 시작점을 마련해주며, 여기서부터 우리 각자는 이렇게 질문할 수 있다. 나는 동물을 두고 어떻게 느끼는가? 동물은 내 삶에서 어떻게 존재하는지, 예컨대 (반려자, '야생동물'로서) 살아 숨 쉬는지, 아니면 (식품, 의복으로서) 죽었는지? 동물의 고통에 관해 읽으면서 내가 어떤 감정을 느끼는지, 또 이 감정을 두고 윤리적, 철학적 관점에서 어떻게 반응해야 하는지? 동물의 종류에 따라 내가 느끼는 감정도 달라지는가? 동물을 대하는 방식을 나는 개인적으로 어떻게 결정하는가? 동물의 삶에 관해 내가 알게 된 것은 무엇이고, 동물의 삶에서 적극적으로 억압을 받는 게 무엇인가? 동물이 쟁점일 때 내가 느끼는 것과 내가 아는 것 사이의 갈등을 나는 어떻게 해결하는가?

자기 생각이나 감정을 들여다보는 데서 출발해 동물의 경험이 이론적인 차원에서 시사하는 바로 옮겨가면, 다른 질문들이 떠오른다. 페미니즘이 도덕적 추론이라는 남성 지배적 주류의 관념에 각

양각색의 방식으로 도전함으로써 동물 논쟁에도 영향을 미치고 논쟁을 탈바꿈시킬까? 이성과 감정의 관계, 그리고 각각이 도덕 이론과 의사 결정에서 하는 기능을 다시금 규정해야 비로소 동물 사용을 둘러싼 의문이 정당성을 획득할까?

지식이란 무엇이며 우리는 그것을 어떻게 얻을까?

페미니즘 철학자들은 과학적 방법론이 인간 남성의 경험에서 발원한다는 점, 그리고 그 인간 남성의 경험을 가치 있다고 드높이는 방식을 밝혀왔다. 에벌린 폭스 켈러, 샌드라 하딩, 그리고 캐럴린 머천트의 주장처럼, 과학은 가치중립적이지 않으며, 객관성이라는 과학 개념은 그 자체가 하나의 가치, 곧 과학이 가치중립을 표방하기 때문에 검토하지 않은 채로 남아 있는 가치다.[35] 또한 페미니즘 철학자들이 과학을 묘사해온 바에 따르면, 과학은 개인과 과학자의 특징을 들면서, 일반적으로 개인은 자율적이고 독립적이며 고립되어 있다고, 과학자는 사심 없는 인간 관찰자이고 또 그래야만 한다고 말한다.

과학자들은 세 가지 이유를 들어 동물실험으로 얻은 지식을 정당화한다. 요컨대, 그 지식이 가치가 있다, 동물을 사용하지 않고서는 그 지식을 재현할 수 없다, 쟁점이 복잡해 일반인은 이해하기 어

35. Evelyn Fox Keller, *Reflections on Gender and Science* (New Haven: Yale University Press, 1985); Sandra Harding, *The Science Question in Feminism* (Ithaca: Cornell University Press, 1986); Carolyn Merchant, *The Death of Nature: Women, Ecology, and the Scientific Revolution* (New York: Harper & Row, 1980).

렵다는 것이다. 이 같은 이유는 동물실험 쟁점이 일차적으로는 인식론의 문제이며, 그다음으로는 해석학의 문제라는 사실을 넌지시 내비친다. 동물실험 쟁점이 인식론의 문제인 까닭은, 지식 획득과 관련된 문제들이 주된 논의 대상이기 때문이다. 여기서 지식이란 무엇일까? 우리는 그것을 어떻게 얻을까? 동물실험 쟁점이 해석학의 문제인 까닭은, 의미와 관련된 문제들도 관계가 있기 때문이다. 지식을 어떻게 해석하거나 적용할까? 페미니즘을 거치면서 인식론의 문제, 또 나아가 해석학의 문제는 고정된 것, 본질적으로 비정치적인 것이라기보다는 해결되지 않은 것, 불안정한 것이 된다.

과학을 향한 페미니즘 비평이 옳다면, 동물실험은 과학 문제라기보다는 현행 남성 지배적 주류의 권력 담론을 투과한 힘의 문제인 듯하다. 지식 획득이라는 젠더화한 관념이 의미하는 바는 권리를 박탈당한 몸이 지식 획득에 쓰인다는 것이다.

'권리'란 옳은가?

현대 동물 옹호론은 지배적인 철학 전통에 깊이 의존해왔으며, 페미니즘은 이 지배적인 철학 전통의 정체를 드러내려고 애쓴다. 어떤 페미니즘 철학자들은 권리론의 근거인 사회계약론이 최소한 부적절하고 치우쳐 있다고 주장해왔다.[36] 많은 에코페미니스트가 권리 개

---

36. 다음을 보라. Lorenne M. G. Clark and Lynda Lange, *The Sexism of Social and Political Theory: Women and Reproduction from Plato to Nietzsche* (Toronto: University of Toronto Press, 1979); Carole Pateman, *The Sexual Contract* (Stanford: Stanford University Press, 1988); Pateman, *The Disorder of Women: Democracy, Feminism, and Political Theory* (Stanford: Stanford University

넘에 이중으로 불안을 느낀다. 요컨대, 일부 페미니스트 이론가들이 표현하는 보편적인 불안감이 있는데, 이는 권리, 이해관계, 타자와 대립하는 개인의 지위는 물론이고 무엇이 인간성을 구성하는지 우리가 철학적으로 탐구할 때, 여성의 경험보다는 전통적으로 남성의 경험에서 시작하기 때문이다. 권리 개념은 또한 자유주의적인 주체를 상정하는데, 이런 발상은 탈근대 이론에서는 더는 이치에 맞지 않는다. 그다음으로, 동물을 대변하는 권리 담론이란 윤리적 외연 확장의 한 형태로서, 어떤 동물만 (특히 여타 포유류) 인정하고 그 밖의 동물과 환경 전체는 모른 척한다는 환경보호론자들의 우려에 공감하는 목소리가 있다.

'권리' 개념이 오염됨으로써 페미니스트들이 동물 옹호를 묵살하는 경향이 있기 때문에, 불행히도 동물 자체가 부재 지시 대상이 된다. 동물권 이론의 미덕은 개별 동물을 인식하고 그들의 도구성에 반대하는 주장을 한다는 점이다. 권리를 이야기하는 언어를 페미니즘이 비판한다는 점에 비춰보자면, 개별 동물의 삶이 소중하다고, 사람들은 자신이 동물을 대하는 태도를 윤리 문제로 바라봐야만 한다고, 권리 언어만큼이나 똑같이 효과적으로 말할 언어를 찾는 것이 우리의 과제다.

페미니스트, 환경보호론자, 동물 옹호론자, 그리고 그 밖의 사람들이 대화를 계속 이어감에 따라, 체화한 지식이 하나의 대안으로 떠오르고 있다. 이를테면 베벌리 해리슨이 주장하길, 페미니즘적

Press, 1989).

인 행동이란 ('동물에게 권리가 있을까?' 같은 물음이 시사하듯) 추상적인 지식에 근거를 둔 진리에서 비롯하는 게 아니라, 파괴적인 사회 세력에 공모하길 거부하고, 또 생명을 부정하는 환경을 영속하는 구조에 저항함으로써 시작될 것이다.[37] 그렇다면 문제는 보이지 않는 것을 보이게 만드는 일, 즉 오늘날 동물 처우가 어째서 파괴적인 사회 세력인지 설명하는 일이 될 터이다. "서로 다른 목소리"(길리건), "모성적 사유"(세라 러딕Sara Ruddick), 그리고 연결적 자아(켈러)를 이야기하는 페미니즘 이론들을 토양으로 삼아, 우리가 비인간 동물과 이어져 있음의 의미를, 또 이러한 이어짐이나 이어짐의 결핍에 관해 어떻게 도덕적으로 행동할지 탐구할 수 있겠다.[38]

상호 관련이 있는 억압들은 각각 따로 공격해 없앨 수는 없다. 스트립쇼를 하는 침팬지, 여성스러운 외모를 떠받들기 위해 필요한 털 가진 동물, '정력에 좋은' 식품이 되어야만 하는 죽은 동물, 그리고 이들이 대변하는 동물 모두가 자유롭기 위해서는, 여성, 유색인, 비지배적인 남성, 그리고 아동이 자유로워야만 하리라.

서구 이론이 유럽 그리고/혹은 미국 엘리트 남성에게 치우쳐 있음을 인정할 때, 우리가 할 질문은 다음과 같다. 남성의 경험이라

---

37. 다음을 보라. Harrison, *Making the Connections*, pp. 235-36. 이 책 9장에서는 이 같은 통찰을 더욱 전적으로 끌어들여 이야기한다.
38. 다음을 보라. Carol Gilligan, *In a Different Voice* (Cambridge: Harvard University Press, 1982); Sara Ruddick, *Maternal Thinking: Toward a Politics of Peace* (New York: Ballantine Books, 1989); Catherine Keller, *From a Broken Web: Separation, Sexism, and Self* (Boston: Beacon Press, 1986).

는 이 치우친 위치에서 시작할 텐가, 아니면 먼저 경계에 있는 쟁점을 다시금 규정하면서 여성의 경험을 의식적으로 아우르는 (또한 여성의 경험에 비춰 보는) 인간의 경험을 기반으로 삼을 텐가? 그러면 우리는 우리도 모르는 사이에 다른 출발점에서 동물의 지위를 논의하게 될까? 다시 말해, 동물을 아우르는 문화 속에 있는 게 가능할까? 이런 제안을 함으로써 나는 이론가로서 여성에 관해 본질주의적인 태도를 내세우는 게 아니다. 여성의 정신이라든가 여성의 생물학적 성질 같은 것이 대안 이론의 발전을 결정하지는 않는다. 서구 문화 속 힘 있는 위치에서 대부분 배제해왔던 존재들의 경험에서 발달한 담론이야말로 대안 이론을 발전시킬 것이다.

페미니즘과 환경보호론은 단순히 동물 옹호와 그것이 동반하는 이론을, 권리 그리고 이해관계라는 철학 개념에 의존한다는 이유로 묵살해서는 안 된다. 그보다는 한층 더 정교하게 대응해야 한다. 즉, 이처럼 권리와 이해관계 같은 철학 개념에 의존하는 해법, 그리고 동물을 향한 파괴적인 사회 세력을 조명해주는 동물 옹호의 분석을 따로 떼어놓고 생각할 수 있어야 한다. 이 같은 파괴적인 사회 세력을 명확하게 밝혀 "비인간 생명체들"을 존중하는, "비제국주의적이며 생명을 긍정하는"[39] 윤리 편에서 자세히 따져 묻는 것은, 페미니즘, 동물 옹호, 그리고 환경보호론 통합으로 나아가는 중요한 과정이다. 나는 이 책의 결말 부분에서 그와 같은 통합을 시도한다.

39. 다음을 보라. Donovan, "Feminist Theory and Animal Rights," p. 374.

〈그림15〉 이벳 와트(Yvette Watt), 〈오리의 호수(Duck Lake)〉, 미셸 파월(Michelle Powell) 촬영.

〈그림16〉 〈오리의 호수〉 퍼포먼스에 대해 제기된 소송이 기각된 후 이벳 와트와 다른 피고들이 법원을 나서는 모습, 2017년 6월, 캐서린 라이트(Catherine Wright) 촬영.

작가의 말

〈오리의 호수〉 프로젝트는 예술과 행동이 만나는 행사로서, 2016년 3월, 호주 태즈메이니아주 몰팅 라군Moulting Lagoon에서 오리 사냥철이 시작되는 아침에 열렸다. 몰팅 라군이라는 이름은 백조가 매년 털갈이를 하러 찾아오는 데서 유래한다.* 퍼포먼스는 늪에 둥둥 떠 있는 무대 위에서 열렸는데, 무용수 여섯 명이 강렬한 분홍빛 발레 치마를 입고, 안전모를 쓰고, 군복 문양이 있는 분홍 레깅스를 입고서 차이콥스키의 〈백조의 호수〉를 소재로 한 안무를 해보였다. 이 행사의 목적은 오리 사냥꾼들의 과잉 남성다움hypermasculinity에 대항하는 한편,** 오리 사냥 쟁점에 언론의 관심을 불러일으키는 것이었다. 사냥철이 시작되는 주말에 더 많은 오리 구조대를 불러 모으는 건 총을 맞고 죽는 오리가 줄어든다는 뜻이다. 공연은 모든 면에서 대성공이었다. 언론 보도는 극히 긍정적이면서도 빈틈이 없었고, 30명이 넘는 구조대 무리가 늪에서 반짝이는 분홍 깃발을 들고 있거나 카약을 타고 분홍색 '유인용 새 모형들'을 끌고 다니며 많은 오리가 겁을 먹고 도망가 사냥꾼의 총을 용케 피할 수 있도록 했다. 열 달쯤 후에 나는 태즈메이니아주 공원과 야생동식물보호 관리공단으로부터 허가 조건을 위반했다는 사유로 고발당했다. 소송의 심리가 2017년 6월 2일 금요일에 열

• [옮긴이] 태즈메이니아주에서 가장 복합적이고 광범위한 습지대로, 희귀하고 중요성이 큰 동식물 다수의 서식지다. 람사르협약에 따라 국제적으로 중요한 습지로 지정됐다.
•• [옮긴이] 과잉 남성성, 초남성성이라고도 하며, 남성답다고 정형화한 행위, 예컨대 체력이나 공격성, 섹슈얼리티를 강조하는 행위를 과시적으로 함을 일컫는 심리학 용어다. 1984년에 도널드 모셔(Donald L. Mosher)와 마크 서킨(Mark Sirkin)이 남자다움을 과시하는(macho) 성격 특성 측정 연구를 수행하면서 쓰기 시작한 후로 여러 분야에서 사용한다.

렸다. 법정 심리에서 소송은 기각되었다. 검찰이 아무 증거도 제출하지 않아서 치안판사가 사건을 기각했다. 우리는 법정 대리인을 통해, 싸우지도 않고 패배를 치르지는 않을 것을 분명히 했다. 법정 소송은 언론이 오리에게 더욱 관심을 쏟는 계기가 되기도 했다.

대규모 자원봉사단이 도와주지 않았다면, 많은 이가 너그럽게 모금 운동을 지원해주지 않았다면, 〈오리의 호수〉 행사는 가능하지 않았으리라.

운동가 단체 두 곳 설립을 포함해 나는 오랫동안 동물 옹호에 관여해왔다. 30년이란 세월에 걸친 내 예술적 실천은 내 운동에서 지대한 영향을 받았다. 실질적으로 화가로서 이력을 가지고 있긴 하지만, 현재 내 예술 작업은 매체가 무엇이냐보다는 주제가 되는 문제가 무엇이냐에 더 큰 동력을 얻는다. 그런 작업으로 내 또 다른 대규모 프로젝트인 〈동물 공장Animal Factories〉이 있다. 〈동물 공장〉은 산업화한 축산농가들을 담은 대형 기록사진들로 구성된다. 1980년대 이래로 동물과 인간 동물의 관계를 주제로 삼아 작업을 해오기는 했지만, 해가 갈수록 예술과 행동 사이의 경계선이 점점 흐려지고 있다. 〈오리의 호수〉 프로젝트는 이를 완전히 새로운 경지로 옮겨놓았다.

—이벳 와트

3부

고통에서 은총으로

무슨 종류가 됐든 다시는 고기를 먹지 않겠다고 다짐한다. … 이제부
터 굶어 죽는 한이 있더라도 채식주의자가 되겠다고 조용히 맹세한다.
그러는 편이 자기 벗을, 또 자신과 마찬가지로 고통받는 이를 먹을지도
모르는 것보다는 낫다. … 푸치는* 의문을 품는다. 우리가 정확히 우리
자신을 구하려 하는 만큼이나 우리 모두에게는 세상을 구하려는 본연
의 욕구가 존재하지 않을까. 왜냐하면 세상을 이루는 다른 어떤 구성
요소만큼이나 우리도 '세상' 그 자체이므로. 아마도 우리가 한층 더 동
물로 존재할수록 … 즉, 지적인 존재가 되어가는 (혹은 되길 희망하는)
와중에도 내 천성을 지킨다면 … 내 동물적인 과거와 강한 유대를 유
지할 수 있다면. 내가 무엇이고 어디서 왔는지 절대로 잊지 않으리라.
—캐럴 엠쉬윌러, 『카르멘 독』**

단지 육식을 중단하는 것만으로도, 오로지 자제력을 발휘하는 것만으
로도 우리에게는 고통스러운 산업을 끝장낼 힘이 생긴다. 이 해악을 끝
내려고 무장을 할 필요도, 돈을 기부할 필요도, 교도소에 수감되거나,
회의 혹은 시위에 나가거나, 시민불복종 행동에 참여할 필요도 없다.
세상을 바로잡고 도덕적인 상처들을 치유하는 행동은 흔히 영웅과 차
딕,*** 성자와 비범한 규율을 가진 이들의 몫이다. 그렇지만 여기, 모든
인간이 할 수 있는 행동이 있다. 그건 당연히 그리 어렵지 않다!
—로버타 칼레촙스키****

•   [옮긴이] 푸치(Pooch)는 소설 『카르멘 독』의 주인공으로, 소설에서 영국 원산 사냥개인
    세터(Setter) 푸치가 여성으로 변한다.
•• Carol Emshwiller, *Carmen Dog* (San Francisco: Mercury House, Inc. 1990), pp. 16,
    63.
••• [옮긴이] 유대교에서 성경의 인물이나 이후 영적 스승과 같이 의롭다고 여긴 사람들에
    게 내린 칭호.
•••• Roberta Kalechofsky, "Introduction," in *Haggadah for the Liberated Lamb*, ed.
    by Roberta Kalechofsky (Marblehead, MA: Micah Productions, 1988), p. v.

8장

가정에 평화를

: 페미니즘 철학 관점에서 여성, 아동, 펫 학대를 바라보다

나는 1974년부터 채식을 해왔다. 1978년, 나는 당시 거주한 뉴욕주 북부 소도시에서 매 맞는 여성을 위한 상담 전화를 개설했다. 내가 채식을 하게 된 동기는 동물을 향한 관심에서 비롯했기 때문에 나는—가정폭력 가해자의 성적 파트너인 여성은 물론이고—동물이 폭력적인 남성에게 자주 희생된다는 점을 간파하기 시작했다. 예컨대, 폭력적인 남편을 떠날 수 있도록 우리가 도와주던 한 여성은 어느 날 전화를 걸어와, 남편이 아이들과 면접을 끝낸 후 아이들을 데려왔을 때 무슨 일이 일어났는지 알려줬다. 아이들과 남편과 부인이 모두 남편의 픽업트럭에 탑승해 차도에 있었다. 뭔가에 남편이 격분했고, 그때 그 가족의 개가 차도에 나타났다. 남편이 트럭을 앞으로 돌진해 개를 쳤다. 그러고 나서 트럭을 거칠게 후진해 다시 개를 밟았다. 그는 이렇게 전진, 후진 동작을 수차례 반복했다. 그런 뒤 트럭에서 내려 산탄총을 잡아채고는 충격에 빠진 가족 앞에서 개를

향해 여러 번 썼다.

경험적 증거에서 알 수 있듯이, 성적 파트너에게 신체적 폭력을 행사하는 것을 비롯한 성 착취는 종종 비인간 동물 대상 폭력도 동반한다. 나는 캐런 워런이 제시하는 모형을[1] 활용해, 성폭력 그리고 동물에게 상해를 입히는 것 사이의 여러 관련성을 명확히 하고자 한다. 그런 다음 페미니즘과 동물 옹호가 이 같은 경험적 연관성을 심각하게 받아들이는 게 중요함을 보여줄 텐데, 그 이유는 이런 경험적 연관성이 개념적 분석, 인식론, 정치철학, 환경철학, 그리고 응용 철학 관점에서 던지는 시사점 때문이다. 그럼으로써 적절한 페미니즘 평화 정치라면 무엇을 아울러야 하는지를 두고 하나의 기준을 세우고 일련의 제안을 하고자 한다. 내 목표는 동물 학대 사례들을 이용해 순전히 여성과 아동이 어떻게 고통받는지 자세히 보여주는 게 아니다. 그보다는 가해자가 실제로 하는 일, 곧 동물을 도구적으로 이용하는 행위를 철학적인 차원에서 개괄하려고 한다. 그럼으로써 '페미니즘 평화 문제'로 간주하는 것과 관련해 독자의 세계관을 넓혀 동물과 여성 학대 사이의 연관성을 향한 관심을 아우르고, 동물의 경험이 그 자체로 관심을 받아 마땅함을 알게 하고자 한다.

이 글에서는 엘리자베스 스펠먼이 시사하듯 신체 혐오증

---

1. 다음을 보라. Karen J. Warren, "Women, Nature, and Technology: An Ecofeminist Philosophical Perspective," *Research in Philosophy and Technology* 특집호 "Technology and Feminism," 객원 편집자 Joan Rothschild, vol. 13 (1992); *Ecofeminism: Multidisciplinary Perspectives* (Bloomington: Indiana University Press, 1997).

somatophobia―몸을 향한 적의―이 성차별주의, 인종주의, 계급차별주의, **그리고** 종차별주의의 징후라는 견해를 받아들여, 업신여김을 받고 권리를 박탈당한 몸을 향한 적의, 즉 동물, 아동, 여성, 그리고 젠더 규범을 따르지 않는 남성의 몸을 향한 적대감이 어떻게 뒤엉키게 되는지 실례를 들어 보여준다.[2] 신체 혐오증을 피하려면, 페미니즘 철학이 동물 학대와 여성 학대 사이의 연관성을 반드시 진지하게 받아들여야만 한다.

용어

먼저 내 주장에서 중요한 기능을 하는 몇 가지 용어를 살펴볼 필요가 있다.

나는 종래와 같이 펫pet이라는 용어를 사용해 한 가정의 일원인 동물을 이야기하겠다.[3] 동물 옹호 운동에 관여하는 이들은 **반려동**

2. 다음을 보라. Elizabeth V. Spelman, "Woman as Body: Ancient and Contemporary Views," *Feminist Studies* 8, no. 1 (1982), pp. 109-31.
3. 인간이 비인간 동물과 어떻게 친밀한 방식으로 관계를 맺어야 하는지, 다시 말해 '펫' 기르기가 페미니즘 관점에서 무엇을 시사하는지, 또 동물을 길들이는 게 탈위계적인 페미니즘 이론과 합치하는지 아닌지는 이 책의 범위를 벗어나지만, 다음을 참고하라. Barbara Noske, *Humans and Other Animals: Beyond the Boundaries of Anthropology* (London: Pluto Press, 1989); Yi-Fu Tuan, *Dominance and Affection: The Making of Pets* (New Haven: Yale University Press, 1984); James Serpell, *In the Company of Animals: A Study of Human-Animal Relationships* (Oxford: Basil Blackwell, 1986); Jim Mason, *An Unnatural Order: Uncovering the Roots of Our Domination of Nature and Each Other* (New York: Simon and Schuster, 1993).

물companion animal이라는 용어를 선호한다. 나는 반려동물이라는 용어가 유용하다고는 생각하지만, **펫**이라는 말은 성애화한 행동과 동물 사이의 공통성을 암시한다. **펫**이라는 용어는 성적 활동, 특히 어루만지고 쓰다듬는다는 뜻 역시 내포하기 때문이다.

구타 행위battering는 성폭력의 구성 요소 혹은 일종인데, 성적 파트너를 대상으로 발생하기 때문이다. 이 쟁점에서 캐서린 매키넌의 통찰은 유용하다. 구타 행위는 "성적인 방식으로 여성에게 행해진다. 그 행위가 일어나는 장소나―사건의 절반 이상이 침실에서 일어남―그 행위를 둘러싼 일들―성적 질투심 촉발―측면에서만 그런 게 아니다. … 만약 젠더가 여성인 이를 성적 존재로 규정하고, 또 폭력이 성적인 욕망이나 감정을 자극하는 게 되면, 이때 여성을 해치는 남성에게는 성적 요소가 있다."[4]

여성 대상 폭력 반대 운동이 **매 맞는 여성**이라는 용어를 채택하긴 했지만, 나는 이 용어가 불편하다. 나는 (5장에서 인용한) 사라 호글랜드에게 동의하는데, 호글랜드에 따르면 이 용어는 때리는 사람의 행위성을 지우는 한편 피해자에게 고정불변의 지위를 부여하기도 한다.[5] 그렇지만 일반적으로 채택한 용어이기도 하고, 내가 경험적 자료를 끌어오는 학자들이나 활동가들이 사용하는 용어이기 때문에 매 맞는 여성이라는 용어를 쓰겠다.

이 장에서 살펴보는 폭력이 실제로는 '남성의male 폭력'이라고 생

---

4. Catharine MacKinnon, *Feminism Unmodified: Discourses on Life and Law* (Cambridge: Harvard University Press, 1987), p. 92.
5. 이 책 234~235쪽에서 호글랜드의 분석을 논하는 부분을 보라.

각할지도 모르겠다. 그런데 비인간 동물을 아우를 만큼 연구의 범위를 넓히는 순간, 언어가 부정확할 수도 있다는 점에 민감하게 반응하면서 논의를 진행해야만 한다. '남성male'과 '여성female'을 '남자men'와 '여자women'로 서로 바꿔가며 쓸 수 있다는 인간 중심적인 가정은 잘못됐다. 지금 실제 논의하는 건 **인간** 남성의human-male 폭력이다. 앞으로 전개할 내용에서는 주의를 기울여 형용사 **인간의**human를 사용해 남성male을 수식하지만, 동물 학대를 논의할 때는 인간 동물은 배제하는 의미로 그냥 남성male을 사용하는 관습을 따를 것이다.

경험적 증거

캐런 워런은 경험적 차원에서 여성과 자연 사이의 연관성을 인식함으로써 우리가 여성의 종속을 더 잘 이해하는 동시에, 실천적 차원에서 에코페미니즘 철학의 의의를 확립할 수 있다고 주장한다.[6] 경험적 차원의 연관성은 동물 학대와 여성 학대가 교차함을 폭로하며, 폭력적인 남성이 의도적으로 고통을 유발하는 행위의 또 다른 층위, 말하자면 성폭력의 현상학을 이해할 또 다른 방법을 드러내 보인다. 내가 관심 있는 것은 이 같은 통제와 공포가 여성과 여성의

6. Warren, "Women, Nature, and Technology: An Ecofeminist Philosophical Perspective."

종속 **그리고** 동물과 동물의 종속에서 의미하는 바다.

생존자들 그리고 그들을 지지하는 이들의 증언을 보면, 성적으로 폭력적인 남성이 여성, 아동, 그리고 동물을 해치는 두 가지 중요 외형이 있다. 하나는 동물, 일반적으로 펫을 위협하거나 실제로 죽임으로써 성폭력 피해 여성과 아동에 대해 통제권을 확립하거나 유지한다. 그리고 다른 하나는 여성이나 아동에게 성폭력을 가하는 데 동물을 이용하거나, 동물을 이용해 어떤 부류의 성적 만족감을 얻는다. 우려스러운 세 번째 외형은 성 착취가 동물에게 하는 행동에 영향을 주는 것이다. 개인의 증언을 보자면 성 학대 피해자 아동이 동물을 해치는 경우가 왕왕 있다. 여기서 말한 외형들을 성 착취의 구체적인 현상학적 형태, 즉 구타 행위, 부부 사이 강간, 포르노그래피, 아동 성 학대, 제의적 학대, 연쇄 살인 그리고 성적 괴롭힘이라는 유형에 따라 논의하겠다. 모든 점에서 미뤄보자면, 지금 이야기하는 증언들은 앞으로 살펴보겠지만 페미니즘 철학 연구에 주목할 만한 시사점을 던진다.

구타 행위는 인간 남성이 가해자인 성폭력의 한 형태로, 여성, 아동, 동물이 동시에 피해자가 된다. 여성의 성적 파트너가 펫을 위협하고 (종종 치명적으로) 학대하는 것은 통제권을 확고히 하려는 시도로 일어난다. 다른 구타 유형과 마찬가지로, 펫을 살해하는 이유는 "통제와 지배를 전시하기 위해서"다.[7] 레노어 워커는 "파트너인

---

7. Anne L. Ganley, *Court-Mandated Counseling for Men Who Batter: A Three-Day Workshop for Mental Health Professionals* (Washington, DC: Center for Women Policy Studies, 1985), p. 16.

여성을 공포에 떨게 하고 꼼짝 못 하게 할 방법으로 가해 남성이 펫을 인질로 잡는다고 알려져 있음"을 지적한다.[8] 매 맞는 여성을 위한 지침에 따르면, 가해 남성이 일반적으로 보이는 행동으로 사냥, 총기 소지, 펫을 위협하거나 다치게 하거나 죽이기가 있다.[9] "가해자는 보통 동물에게 잔인하다. 다수가 재미 삼아 동물을 죽이는데, 이를 얕봐서는 안 된다. 개나 다른 펫을 때리는 이는 잠재적 가해자로 간주해야 한다."[10] 급진적 페미니스트 치료자인 보니 버스토는 이성애자 인간 남성 파트너가 펫을 죽이는 것은 "여성이 금방이라도 목숨이 위태로우며 당장 조치가 필요하다"는 한 신호라고 경고한다.[11] 한 사례에서는 남자가 펫 고양이 두 마리를 난도질해 죽인 다음, 자기 부인과 부인의 개한테 식칼을 휘두르겠다고 위협했다.[12] 또 다른 사건에서는 몰리라는 여성이 남편에게 내리 몇 시간을 난

8. Lenore Walker, *Terrifying Love: Why Battered Women Kill and How Society Responds* (New York: Harper & Row, 1989), p. 76.
9. 다음을 보라. Jan Berliner Statman, "Life Doesn't Have to Be like This: How to Spot a Batterer before an Abusive Relationship Begins." in *The Battered Woman's Survival Guide: Breaking the Cycle* (Dallas: Taylor Publishing Co., 1990). 지금 언급하는 내용은 가해자 중에서도 특히 폭력성이 있는 이가 일반적으로 공유하는 몇 가지 요인이지만, 가해자에 해당하는 정해진 프로필은 없음에 유의하라.
10. Deborah J. Pope-Lance and Joan Chamberlain Engelsman, *A Guide for Clergy on the Problems of Domestic Violence* (Trenton, NJ: New Jersey Department of Community Affairs Division on Women, 1987), p. 40.
11. Bonnie Burstow, *Radical Feminist Therapy: Working in the Context of Violence* (Newbury Park, CA: Sage, 1992), p. 149. 이런 행위가 없으면 가해 남성의 행동이 생명을 위협하는 정도는 아니라는 뜻으로 이해해서는 안 된다. 매 맞는 여성의 안위를 예측하거나 위험성을 평가하기는 대단히 어려운데, 무슨 사건이 됐든 여성의 죽음을 초래할 수 있기 때문이다.
12. 1991년 6월 15일, *Dallas Times Herald*가 보도한 사건이다.

폭하게 맞은 후, "그가 웃고 있음을 알아챘다. 언젠가 한번은 그가 개를 그렇게 때리는 것을, 개가 천천히 죽어가는 것을 봤다. 그가 그때도 웃던 기억이 났다." 그러고 나서 바로 몰리는 정당방위로 남편을 죽였다.[13]

다이애나 러셀은 캘리포니아주에서 일어난 한 사건을 기술한다.

[마이클] 로우는 무심코 개를 향해 한 발 쐈다. 그 양치기 개가 가족이 타는 트럭 밑으로 뛰어 들어가 끙끙대며 움츠리고 있자, 로우는 집 안으로 들어가 30-30 윈체스터 라이플총을 가지고 돌아왔다. 그는 개를 불러내 자기 앞에 앉아 있도록 하고 다섯 발을 더 쏴 [가족 앞에서] 그 집 식구인 펫을 죽였다. 3개월 후 그는 자기 부인에게도 똑같이 했다. 그런 뒤 그는 자살했다.[14]

구타 행위의 가해자를 대상으로 삼아 피해자 기반 상담 치료를 개척한 심리학자 앤 갠리는 "소유물 그리고/또는 펫을 파괴하는 행위"를 (신체적, 성적, 심리적 구타 행위와 아울러) 구타 행위의 네 가지 유형의 하나로 간주한다. 그는 이렇게 말한다.

보통 가해자와 피해자는 소유물/펫을 파괴하는 행위를 구타 행위

13. Angela Browne, *When Battered Women Kill* (New York: Free Press, 1987), p. 133; 다음도 보라. Walker, *Terrifying Love*, pp. 20-21.
14. Diana E. H. Russell, *Rape in Marriage*, rev. ed. (Bloomington and Indianapolis: Indiana University Press, 1990), p. 296.

의 일환으로 여기지 않지만, 그것은 구타 행위의 일환이 맞다. 가해자가 소유물/펫을 망가뜨릴 때 의도하는 바는 파트너를 신체적으로 공격할 때 하고자 하는 바와 동일하다. 가해자는 순전히 또다른 대상을 공격함으로써 피해자를 향한 폭행을 완수하려는 것이다. 우리는 종종 이런 구타 행위 유형의 심각성을 축소하면서 최소한 피해자를 때리는 것보다야 낫다고 이야기한다. 불행히도 이런 유형은 피해자에게 흔히 신체 공격과 심리적으로 동일한 영향을 준다.[15]

(동물을 구타하면, 누군가가 **진짜로** 다친다는 점도 잊지 말아야 한다.)

앤절라 브라운은 정당방위로 남편을 죽인 여성들을 인터뷰했는데, 다수가 동물이 살해당하는 이야기를 자주 한다는 점을 발견했다. "이런 사건이 일반적으로 여성에게는 자신의 죽음을 나타내는 것처럼 보였다."[16] 펫이 죽임을 당함으로써 매 맞는 여성은 보통 최후의 희망마저 잃는다.

새끼 고양이는 마당에 앉아 있었다. 빌리는 라이플총을 들고 걸어가 새끼 고양이를 쐈다. 그런 뒤 다른 고양이 두 마리를 쫓아가 쐈다. 킴은 히스테리 상태에 빠졌고, 빌리를 따라 다니면서 잡아당기고 펄쩍펄쩍 뛰며 비명을 질렀다. 킴은 빌리에게 고양이를 죽이지

15. Ganley, *Court-Mandated Counseling for Men who Batter*, p. 15.
16. Browne, *When Battered Women Kill*, p. 157.

말라고 빌었고, 빌리가 고양이를 죽인 후에는 거기 그렇게 내버려
두지 말라고 애원했다. 그래서 빌리는 죽은 고양이들을 집어 들어
울타리 너머로 던져버렸다. 그날 밤 빌리가 자러 간 뒤, 킴은 몰래
빠져나와 고양이들을 찾아서 묻어주었다. 그러고 나서 벌판에 엎
드려 울었다.[17]

남편이 펫을 살해할 때는 여성에게 위안과 애정을 주는 유일한 원
천을 파괴하는 것일 수 있다.[18]

구타 행위 가운데 연구가 거의 이뤄지지 않은 형태로서, 구타 행
위 가해자 그리고/또는 부부 강간범이 모욕감을 주거나 성 착취를
하려고 동물을 이용하기가 있다. 이는 여성과 동물이 동시에 피해
자가 되는 성폭력의 두 번째 유형이다. 구타 행위 가해자와 **부부 강**

---

17. 같은 책, pp. 153-54.
18. 이와 동일한 구타 행위는 일부 여성 동성애 관계에서도 발생한다. 구타 행위 경우에 여
성과 비인간 동물이 입는 피해는 대부분 인간 남성 가해자 때문에 발생하지만, 가부장
적이고 위계적인 문화에서는 이 같은 폭력 형태가 여성 동성애 관계 일부에서도 표출될
것이다. 가부장적인 가치 위계를 수용하는 곳에서, 어떤 이들은 폭력을 통해 통제권을
확립하려고 (또 위계 면에서 장악하는 위치에 있으려고) 할 것이다. 클레어 렌제티(Claire
Renzetti)는 여성 동성애 관계 내 폭행을 주제로 한 자신의 연구에서, "펫이 있는 응답
자의 38%는 파트너가 동물을 학대했다고 알렸음"을 알게 됐다고 보고한다. Claire M.
Renzetti, *Violent Betrayal: Partner Abuse in Lesbian Relationships* (Newbury
Park, CA: Sage, 1992), p. 21. 이 같은 구타 행위는 이성애 관계 내 구타 행위와 마찬
가지로 폭력적이고 강압적인 행위로 간주한다. 다음을 보라. Barbara Hart, "Lesbian
Battering: An Examination," in *Naming the Violence: Speaking Out about
Lesbian Battering*, ed. Kerry Lobel (Seattle: Seal Press, 1986), p. 188. 매 맞는 여성
동성애자의 파트너가 펫을 해치거나 죽이면, 피해 여성은 삼중고에 직면한다. 요컨대, 여
성 동성애 관계 내 구타 행위의 비가시성 혹은 그것을 대수롭지 않게 대하는 문제, 동
물 학대의 비가시성 혹은 그것을 대수롭지 않게 여기는 문제, 그리고 도움을 구할 때 동
성애 혐오를 극복하는 문제를 마주해야 한다.

간범(이 두 집단은 상호 배타적이지도 않고, 서로 완전히 포개지지도 않는다)이 개를 길들여 자기 아내와 "성관계를 맺도록" 하거나,[19] 혹은 자기 아내에게 강제로 개와 성관계를 맺도록 하는 경우가 있다. "나를 묶어놓고 강제로 우리 집 개와 성교를 하게 했어요. … 개를 붙들고 내 위에 올라타, 개가 성기를 내 몸속에 넣고 있는 동안 개에게 삽입하고 싶어 했어요."[20] 구타 행위 가해자/강간범의 통제 감각은 자기 희생양에게 모욕적인 행동을 하도록 요구함으로써 커진다. 이는 고문의 한 형태이다. 린다 수전 보어만(혹은 린다 마치아노, 린다 "러브레이스")는 가해자 척에게 살해 위협을 받아 강제로 개와 성관계를 맺었다.[21] "이제 난 완전히 무너졌다. 이보다 더 큰 모욕은 없었다." 마치아노가 설명하길, "그때부터는 척이 원하는 것을 하지 않으면 그는 펫, 즉 개를 데려왔다."[22] 앞서 이야기한 상황들과 마찬가지로 펫을 위협하거나 실제로 이용해 여성을 협박하고, 강압하며, 통제하거나 유린하는 것은 남성이 여성을 성적으로 지배하거나 장악하는 한 형태다. 그뿐 아니라 학대하는 남성이, 비인간 동물과 맺고 있는 관계까지 포함해 자기 행위를 얼마나 광범위하게 성애화하

19. 다음을 보라. Russell, *Rape in Marriage*, p. xii.
20. Lenore Walker, *The Battered Woman* (New York: Harper and Row, 1979), p. 120.
21. [옮긴이] 린다 수전 보어먼(Linda Susan Boreman, Linda Marchiano, 1949~2002)은 린다 러브레이스(Linda "Lovelace")라는 예명으로 잘 알려진 미국의 포르노 배우다. 1972년에 출연작 〈목구멍 깊숙이(Deep Throat)〉가 포르노 영화로서는 엄청난 성공을 거뒀으나, 남편 척 트레이너의 협박과 강압으로 영화를 찍었음을 이후에 밝혔다. 1980년에 자서전 『시련(Ordeal)』을 출간하면서 카메라 뒤의 실상을 드러내 알렸으며, 포르노 배우를 그만두고 반포르노 운동에 앞장섰다.
22. Linda "Lovelace" [Linda Marchiano], with Mike McGrady, *Ordeal* (New York: Berkley Books, 1980), pp. 105-13; 특히 113, 112쪽과 206쪽도 보라.

는지 드러내주는 표시이기도 하다.

여성, 아동, 그리고 동물 대상 폭력과 인간 남성의 성폭력이 맞닿는 세 번째 지점은 **포르노그래피**다. 어떤 포르노그래피 장르는 인간과 동물 '사이의' 성적 활동을 주요하게 다룬다. (이처럼 '사이'라는 말에 단서를 다는 까닭은 이런 활동이 강압적으로 일어난다고 생각하기 때문이다) 곰, 뱀, 그리고 개—포르노물에 편입되는 동물종 몇 가지만 들자면—가 여성과 함께 온갖 성적이고 성애화한 자세를 한 모습으로 나타난다. 린다 "러브레이스"가 개와 함께 성폭행당하는 모습은 촬영되어 포르노 루프loop, 즉 짧은 영화로 만들어졌고, 많은 이가 이를 공유했다. 이 루프에서는—기자들이나 그 밖의 사람들이 마르시아노의 책, 『시련』에 대한 반응으로 이 영상을 자주 든다. "〈목구멍 깊숙이〉나 다른 것, 즉 개와 함께 출연한 훨씬 더 지저분한 영상을 본 이라면 대부분 린다 러브레이스가 자신이 하던 짓을 마음에 들어했다고, 아주 많이 좋아했다고 주장할 것이다."[23]—마치아노가 "내 인생 최악의 순간"으로 여기는 것이 그려진다.[24] 포르노그래피를 보는 사람 일부가 방금 언급한 것과 같은 장면들을 똑같이 따라 함으로써 자기 파트너를 학대하려 한 몇몇 증거가 있다.[25]

네 번째로 이야기할 사례는 **아동 성 학대**에 관한 것이다. 아동 성 학대 생존자 증언을 보면, 아동을 확고하게 통제하려고 아동의 펫

---

23. Linda "Lovelace" [Linda Marchiano], *Out of Bondage* (Secaucus, NJ: Lyle Stuart Inc., 1986), p. 141,

24. "Lovelace," *Out of Bondage*, p. 194.

25. 다음을 보라. Diana E. H. Russell, *Sexual Exploitation: Rape, Child Sexual Abuse, and Workplace Harassment* (Newbury Park, CA: Sage, 1984), p. 126.

을 위협하거나 학대하는 방법을 자주 사용하는 한편, 그와 동시에 아동 자신이 피해를 보느냐 펫이 죽느냐 중에 하나를 고르도록 강요함으로써 아동을 침묵하게 한다는 점도 드러난다. 실비아 프레이저는 어린 시절 자신을 강간한 아버지의 이 같은 협박 때문에 어린 자신이 겪은 가슴 아픈 딜레마를 쓴다.

> 필사적이 되자 대담해진다. 마침내 해선 안 되는 말을 한다. "엄마한테 당신이 한 짓을 이를 거야!" …
> 아버지는 내 입술을 영원히 봉인할, 내 반항을 싹 죽여버릴 방법이 필요하다. "한 번만 더 일러바친다고 하면, 네 고양이를 다 보호소로 보내 독가스로 죽인다!"
> "난… 난… 난 …"
> 주먹으로 한 대 맞은 것처럼 몸에서 바람이 쉭 빠져나온다. 마음은 무너져 내리고, 내 저항은 산산조각이 난다. 스모키의 목숨이 내 손에 달렸다. 아무리 절박해도 이건 더는 장난이 아니다. 우리의 거래는 피로 봉인된다.[26]

이 같은 유형의 협박이 아버지가 딸을 강간하는 때에만 국한되는 것은 아니다. 전직 성범죄 담당 검사인 앨리스 박스는 『성범죄』에서 이 같은 현상을 보고한다. 아동은 "만약 입을 열면 아동 자신이 엄

---

26. Sylvia Fraser, *My Father's House: A Memoir of Incest and of Healing* (New York: Harper and Row, 1987), pp. 11-12.

청난 결과를 맞게 된다는 협박을 당한다. 아동을 괴롭히는 자는 새끼 고양이를 죽이고서 똑같은 일이 그 아동에게도 일어날 거라고 말한다."[27] 한 소름 끼치는 사례를 보자면, 두 살 반 여자아이를 학대한 자가 펫 토끼를 죽였다면서, 죽은 토끼를 요리해 여아에게 살점 일부를 억지로 먹이고는, 여아가 학대를 알리면 토끼와 같은 운명에 놓일 거라고 경고했다.[28]

아동 성범죄자가 동물을 물리적으로 학대하는 것 말고도 동물을 성적으로 이용할 때도 일부 있다. 이때는 동물을 성적으로 이용함으로써 진실로 무력하고 의심할 줄 모르는 피해자를 더 강하게 학대하거나, 그 학대를 확대 혹은 연장하는 듯이 보인다. 예컨대 한 동료가 보고한 사례를 보자면, 개가 성병에 걸린 것을 한 수의사가 발견하고는 전문 기관에 정보를 넘긴 결과, 아버지가 아직 사춘기가 되지 않은 두 딸도 성적으로 학대하고 있었다는 사실이 드러났다. 그리고 그 밖의 사례도 있다.[29]

아동이 동물이나 펫이나 '박제된 동물'을 해치는 일은, 뭔가 대단히 잘못됐다는 징후나 신호, 또는 그런 상태의 표출일 가능성이 있다.[30] 동물 학대는 미국정신의학회가 발행하는 『정신질환 진단과 통

---

27. Alice Vachss, *Sex Crimes* (New York: Random House, 1993), p. 46.
28. 다음을 보라. Kathleen Coulborn Faller, *Understanding Child Sexual Maltreatment* (Newbury Park, CA: Sage, 1990), p. 196.
29. 다음을 보라. Faller, *Understanding Child Sexual Maltreatment*, pp. 56-57.
30. 다음을 보라. Frank R. Ascione, "Children Who Are Cruel to Animals: A Review of Research and Implications for Developmental Psychopathology." *Anthrozoos* 6, no. 4 (1993), pp. 226-47.

계 편람』 최신 개정판(DSM-III-R)에서[31] 품행 장애Conduct Disorder에 해당하는 한 증상으로 인정된다. 아버지한테 잔인하게 강간을 당한 사춘기 이전의 한 소년은 어떻게 자신이 고양이에게 폭죽을 매달고 그 폭죽이 터지는 것을 지켜봤는지 묘사했다. 캐스린 브롤은 "성인이 된 한 생존자가 일곱 살 때 자신이 기르던 고양이를 익사시켰다고 울먹이며 들려줬다"고 전한다.[32] 이 같은 쟁점을 두고 광범위하게 연구를 수행해온 프랭크 아시온은 "아동 성 학대 그리고 아동이 동물에게 잔혹한 행위를 하는 것의 관계에 관해 우리가 가진 정보는 대부분 회고에 기반을 둔 연구에서 나왔다"고 주의를 주면서도, 더 신뢰가 가는 방법론에서 얻은 몇 가지 정보를 내놓기도 한다.

(1992년 4월, 사적으로 나눈 대화에서) 윌리엄 프리드리히William Frie-drich가 제공한 자료는 2~12세 아동 대상 성 학대 실증 사례를 대규모로 연구해 얻었다. 이 같은 아동 대다수한테서 피해를 본 지 12개월 이내에 아동행동평가척도Child Behavior Checklist(Achenbach 1988) 작성을 비롯하여 자료를 수집했다. 부모들이 보고한 바에 따르면, 동물 대상 잔학 행위가 학대를 경험한 남아에게서 35%, 학대를 경험한 여아에게서 27%로 나타났다. 학대를 경험하지 않

---

31. 다음을 보라. American Psychiatric Association, *Diagnostic and Statistical Manual of Mental Disorders*, 3rd ed. rev. (Washington, DC: American Psychiatric Association, 1987), p. 53. [『정신질환 진단과 통계 편람』은 정신질환을 진단하는 데 가장 널리 사용되며, 처음 출판한 후 II, III, III-R, IV, IV-TR, 5판 등으로 개정되었다.―옮긴이]
32. Kathryn Brohl, *Pockets of Craziness: Examining Suspected Incest* (Lexington, MA: Lexington Books, 1991), p. 24.

은 남아에게서는 5%, 학대를 경험하지 않은 여아에게서는 3% 비율로 나타나, 임상 상태에 따라 대단히 중대한 차이를 보였다.[33]

여성, 아동, 젠더 규범을 따르지 않는 남성, 그리고 동물 대상 폭력이 인간 남성의 성폭력과 연결되는 다섯 번째 지점은 강간하고 사체를 훼손하는 **연쇄 살인범들** 그리고 그 밖의 살인범들이 동물을 살해하는 경우다. 연쇄 살인범들에게는 몇 가지 공통점이 있다. 자기 범죄 사실을 신고하는 경향이 있고, 거의 항상 남성이며, 보통 35세 미만으로, "가학적인 충동을 행동으로 옮기는 최초의 사건이 흔히 10대 때 고양이와 개 같은 동물을 고문하고 죽이는 형태로 발생한다."[34] 이를테면 연쇄 살인범 제프리 다머Jeffrey Dahmer는 어렸을 때 동네를 뒤져 자동차에 치여 죽은 동물을 찾아 공구 창고에 보관했다. 너구리, 개, 고양이, 마멋, 청솔모, 줄무늬다람쥐 뼈를 포르말린이 가득한 피클 병 속에 넣어뒀다. 동물을 묻은 묘지를 만들고 십자가 꼭대기에 해골을 놓았다. 그리고 박제한 올빼미, 토끼, 작은 새를 수집했다. 심리학자 데이비드 실버David Silber에 따르면, "다머의 행동은 바뀌지 않았다. 대상이 바뀌었다."[35] 아동기에 동물에게 잔학 행위를 하는 것은, 가해자가 되기 전 자신도 학대를 겪은 성범죄 살인범, 그리고 그와 같은 이력이 없는 살인범 사이에서 행동 지표

---

33. Ascione, "Children Who Are Cruel to Animals," p. 238-39.
34. Donald T. Lunde, *Murder and Madness* (San Francisco: San Francisco Book Co., 1976), p. 53.
35. 다음을 재인용. Robert Dvorchak, "Dahmer's Troubled Childhood Offers Clues but No Simple Answers," *Dallas Times Herald*, August 11, 1991.

의 한 가지 유의미한 차이점이었다.[36]

마지막으로, **성적 괴롭힘**에서 인간과 동물 사이의 성적 활동을 명시적으로 그리는 포르노물을 포함하거나 이런 포르노물을 언급할 때가 종종 있다. 이 장에서는 성적 괴롭힘을 충분하게 논의할 수 없으므로, 인간 남성의 성폭력이 여성, 아동, 동물을 상호 연계적으로 종속시키기 위해 작동해온 방식의 형태 속에 이 같은 성적 괴롭힘이 포함된다는 점만 확실히 하고자 한다. 피해자 증언에 따르면, 성적 괴롭힘을 가하는 사람은 동물과 여성이 함께 등장하는 포르노물을 가져와 피해자를 괴롭히는 행위에 사용했다. 더욱이 다시 한번 피해자에 따르면, 또 마치아노의 경험과 유사하게도, 바로 이 점이 성적 괴롭힘에서 가장 모욕적인 대목이다. 이를테면 1991년 10월, 미국 상원 사법위원회에서 열린 클래런스 토머스 대법관 후보자 인사 청문회에서, 우리는 토머스가 포르노물을 언급했다는 아니타 힐의 증언을 들었다. "제 생각에 가장 당황스러웠던 점은, 그가 가슴 큰 여성들이 서로 다른 사람이나 동물과 갖가지 방법으로 성관계를 맺는 포르노물에 대해 이야기한 것이었습니다. 바로 그 점이 가장 당혹스럽고 가장 모욕적이었습니다."[37]

---

36. 다음을 보라. Robert K. Ressler, Ann W. Burgess, Carol R. Hartman, John E. Douglas, and Arlene McCormack, "Murderers Who Rape and Mutilate," *Journal of Interpersonal Violence* 1, no. 3 (1986), pp. 273-87.

37. Timothy M. Phelps and Helen Winternitz, *Capitol Games: The Inside Story of Clarence Thomas, Anita Hill, and a Supreme Court Nomination* (New York: Harper Perennial, 1993), p. 315.

경험적 연관성의 철학적 함의

우리는 다양한 성폭력과 성 착취 행위에서 어떻게 동물도 피해자로 존재하는지 살펴봤다. 여성, 아동, 젠더 규범을 따르지 않는 남성 학대와 동물 학대 사이의 연관성을 보여주는 자료를 똑바로 바라보는 일은 실로 고통스럽다. 하지만 이 같은 내용을 진지하게 받아들여야만 우리는 성폭력을 폭넓게 이해할 수 있다. 여성 학대와 동물 학대의 교차점은 구체적으로 개념적 분석, 인식론, 정치철학, 환경철학, 그리고 응용철학 영역에서 페미니즘 철학에 시사점을 던진다.

개념적 분석

앞서 언급한 경험적 증거들에서는 권리를 박탈당한 타자—여성, 아동, 젠더 규범을 따르지 않는 남성, 그리고 동물—의 몸을 향한 지독한 적대감이 상세하게 드러난다. 엘리자베스 스펠먼이 신체 혐오증(몸을 향한 적의) 개념을 제시하면서 인식했듯이, 페미니스트들이 신체 혐오증을 알아채는 한 중요한 이유는 여성 억압의 맥락 그리고 여성 억압이 다른 억압 유형과 맺는 관계를 살펴보기 때문이다. 분명 여성 억압은 동물 억압과 서로 얽혀 있으며, 따라서 여성과 동물 둘 다 자기 몸 **그리고** 상대방의 몸을 통제하는 지배권의 덫에 걸려 있다(예컨대, 여성과 아동이 침묵을 지키는 이유가 자기 펫을 가해자가 위협하기 때문일 때, 펫을 죽임으로써 공포 분위기를 조성할 때).

스펠먼은 페미니스트들이 정신/육체 구분이 남긴 유산, 또 그런 구분을 이용해 여성, 아동, 동물, 그리고 "자연적인 것"이 서로서로 관련이 있거나 몸과 결부됨으로써 죄가 있다고 모욕하는 일을 알아차리는 게 중요하다고 생각한다.[38] 문제는 포르노그래피처럼 여성을 동물의 몸과 동일시하기뿐 아니라, **동물 역시 동물 자신의 몸과 동일시하기다.** 스펠먼이 서구 철학 전통의 일부로 인식하고 우려하는 정신/육체 분할은 동물은 영혼이 없다는 관념, 또 현재와 같이 세속화한 시대에서 동물은 의식이 없다는 관념 속에 뚜렷이 드러나며, 동물을 사용해도 되는 것으로 보는 도구적 존재론을 뒷받침한다.

스펠먼은 신체 혐오증이 남성이 여성과, 주인이 노예와, 아버지가 아이들과, 인간이 동물과 맺는 것과 같은 관계 속에서 실행된다고 인식했다.[39] 이제 우리는 신체 혐오증이 실제로 남성이 여성 **및** 동물과, 아버지가 아이들 **및** 동물과 맺는 관계 속에서 자주 실행됨을 알 수 있다. 여성 학대와 동물 학대 사이의 연관성은 신체 혐오증이 젠더, 인종, 계급의 상호작용은 물론이고 종에도 적용됨을 명확히 보여준다. 이는 또한 성적 대상화sexual objectification의 해악을 인간 중심적으로 바라보는 관념에 기댄 철학적 주장을 재고해야 한다고 요구한다.[40]

아니타 힐이 모욕적인 경험을 증언하면서 여성과 동물을 함께 그린 포르노그래피에 관해 들었다고 한 점은 스펠먼이 신체 혐오증으로 공식화한 내용을 명료하게 설명해주는데, 특히 신체 혐오증이 젠

---

38. Spelman, "Woman as Body," pp. 120, 127.
39. 같은 책, p. 127.
40. 예컨대 다음을 보라. Linda LeMoncheck, *Dehumanizing Women: Treating Persons as Sex Objects* (Totowa, NJ: Rowman & Allanheld, 1985), 특히 14-21쪽.

더, 인종, 계급 그리고 종에 적용되며 억압이 뒤엉켜 있다는 통찰을 보여준다. 이를테면 어떻게 페미니즘적이고 반인종주의적인 서사들이 아니타 힐과 같은 흑인 여성의 경험에 대한 이해를 배제하는 방식으로 구조화하는지를 다룬 킴벌리 크렌쇼의 뛰어난 논문을 생각해보라. 크렌쇼는 인종과 성별이 뒤엉킨 억압이 작용함으로써 성적 괴롭힘을 인종화하는 현상을 기술한다. "흑인 여성은 백인 여성과 마찬가지로 '여자 성기,' '음부,' 혹은 '계집'으로 대상화당하는 경험을 하지만, 흑인 여성이 대상인 이런 모욕 앞에는 보통 '흑인,' '깜둥이,' 혹은 '정글'이 덧붙는다."[41] 유색인 여성이 경험하는 성폭력에서는 흔히 그들의 종속적인 인종적 지위도 동시에 드러날 것이다. (로린 캐리의 회고록, 『살얼음판』에 등장하는 고기의 성정치를 인종화하는 사례를 생각해보라. 캐리가 종업원으로 일한 곳에는 백인 여성 종업원들과 흑인 요리사들이 있었다. "몇몇 손님은 음흉한 시선을 보내면서 어두운 빛깔의 고기를 더 좋아한다고 말했다.")[42]

아프리카계 미국인 여성을 포르노그래피에서 어떻게 재현하는지, 또 어떻게 그와 같은 재현을 바탕으로 해 백인 여성을 포르노그래피에서 다룰 수 있었는지 논의하면서, 퍼트리샤 힐 콜린스는 흑인 여성 대상 성폭력의 인종화 그리고 흑인 여성을 동물과 동일시하는 인종주의적 시선을 결부한다.

---

41. Kimberlé Crenshaw, "Whose Story Is It Anyway? Feminist and Antiracist Appropriations of Anita Hill," in *Race-ing Justice, Engendering Power: Essays on Anita Hill, Clarence Thomas, and the Construction of Social Reality*, ed. Toni Morrison (New York: Pantheon Books, 1992), p. 412.
42. Lorene Cary, *Black Ice* (New York: Vintage Books, 1991), p. 156.

서구 사회의 사고방식에 존재하는 정신/육체, 문화/자연, 남성/여성이라는 대립적 이분법 안에서 대상은 불확실한 잠정적 위치를 차지한다. 대상으로서 백인 여성은, 자연이라는 질료—제멋대로인 여성의 섹슈얼리티—를 갖다 쓴 문화—백인 남성의 정신—의 창조물이 된다. 그에 반해, 동물에 해당하는 흑인 여성은 그처럼 결점을 보완해줄 만큼의 문화를 투여받지 못해, 자연 전반을 대상으로 처벌하듯이 저지르는 유형의 착취에 그대로 노출된다. 인종은 여성이 마주할 대상화의 부류를 결정짓는 특징이 된다. 백인다움은 문명과 문화를 모두 상징하며, 대상을 동물에게서 떨어뜨려놓는 데 이용된다. … 현대 포르노그래피에서 모든 여성을 다루는 방식은 흑인 여성을 동물로 묘사하는 것과 관련이 깊다. … 포르노그래피에서 동물과 백인 여성을 관련지을 수 있게 된 배경에는 흑인 여성을 동물이라며 비하한 과거가 있다.[43]

콜린스가 지적하다시피, 인종과 젠더는 종에 아로새겨져 있다. 포르노그래피가 자기 이미지를 강요할 기반으로 삼는 기존의 구분은, 동물—짐승, 즉 영혼이 구원하지 못하는 몸—과 동물적인 본성, 즉 사회적으로 구성되지 않는 어떤 순수한, 중간자가 없는 즉각적인 신체적 섹슈얼리티가 있다는 생각과 관련이 있다. 이를테면 샌더 길먼은 뷔퐁 백작이 "이처럼 동물을 닮은 성욕 때문에 흑인 여성은 유인

---

43. Patricia Hill Collins, *Black Feminist Thought: Knowledge, Consciousness, and the Politics of Empowerment* (Boston: Unwin Hyman, 1990), pp. 170-71, 172.

원과 성교를 하는 데까지 이르게 됐다고 진술했다"고 쓴다.[44] 흑인 여성과 동물을 함께 보여주는 포르노그래피는 특별히 성별과 종 위계질서를 둘 다 인종화하는 기능을 할 수도 있다. 실제로 수간을 보여주는 포르노그래피에서는 유색인 여성을 사용할 가능성이 더 크다고 할 수 있다.[45] 따라서 그와 같은 포르노물을 언급함으로써 유색인 여성을 성적으로 괴롭히는 행위는 그 포르노물이 전달하는 모욕적이고 통제적인 메시지에 한층 더 큰 의미를 부여할 것이다. 흑인 여성을 동물로 보는 관점, 또 흑인 여성이 동물과 성관계를 맺는다고 묘사하는 백인의 포르노그래피적 상상력을 생각해본다면, 아니타 힐은 클래런스 토머스가 수간을 언급할 때 특정 형태의 인종화한 성적 괴롭힘을 경험했을 것이다. 동물을 페미니즘 분석이라는 렌즈 안에 포함해야만 한 문화 속에 존재하는 신체 혐오증의 정도와 영향을 가시화할 수 있다.

44. Sander L. Gilman, "Black Bodies, White Bodies: Toward an Iconography of Female Sexuality in Late Nineteenth-Century Art, Medicine, and Literature," *Critical Inquiry* 12 (1985), p. 212. 벨 훅스는 다음 글에서 길먼의 분석을 확장한다. "Selling Hot Pussy," *Black Looks: Race and Representation* (Boston, South End Press, 1992), pp. 61-77. [뷔퐁 백작(Georges-Louis Leclerc, Comte de Buffon, 1707~1788)은 프랑스의 박물학자, 수학자, 우주론자, 철학자로서, 장바티스트 라마르크 (Jean-Baptiste Lamarck, 1744~1829)와 조르주 퀴비에(Georges Cuvier, 1769~1832)를 비롯해 후대 자연 과학자들에게 영향을 미쳤다. 초기 진화론자 가운데 한 명으로 종의 변화를 퇴화 관점에서 설명했다.—옮긴이]

45. 다음을 보라. Alice Mayall and Diana E. H. Russell, "Racism in Pornography," in *Making Violence Sexy*, ed. Diana E. H. Russell (New York: Teachers College, 1992).

인식론적 쟁점들

뭔가가 눈에 보이지 않으면 접근해서 알아낼 수 없다. 여성, 아동과 동물이 함께 성적으로 피해를 보는 일은 대부분 대다수에게 보이지 않는 방식으로 일어난다. 더욱이, 문화적으로 용인한 형태의 동물 학대는 일반적으로 눈에 잘 보이지 않는 특성이 있는데, 시체 섭취, 사냥, 동물실험이 이에 해당한다. 어떻게 해야 동물 학대, 또 동물 학대와 여성 학대 사이의 관련성이 눈에 잘 드러나지 않는 상황을 극복할 수 있을까? 관계적 인식론relational epistemology은 이처럼 문화적으로 구조화한 비가시성을 넘어설 수 있게 해준다. 동물 학대는 관계적 인식론을 가진 이, 즉 동물과 유의미한 관계를 맺고 **있으면서** 이처럼 서로 영향을 주고받는 관계를 중요시하는 이의 눈에 더 잘 띄리라.

또한 관계적 인식론은 학대를 경험하는 여성이 자기 경험을 고립시키지 않으며, 한 사람의 경험이 다른 누군가의 경험과 철저히 다르다기보다는 비슷하다고 공감하며 바라볼 수도 있음을 의미한다.

페미니즘을 이야기하는 사람으로서 동물 옹호 운동에 몸담으면서 전국의 수많은 성 학대 생존자에게 연락을 받았는데, 이들은 어떻게 자신이 경험한 성적 학대와 동물 이용 그리고 학대를 관련짓게 되었는지 말해준다. 1990년에 한 여성은 폭력적인 남편에게 목졸린 일이 어떻게 여성인 자신과 동물의 관계를 바꿔놓았는지 들려줬다. 남편이 여성을 사랑한다고 주장하면서도 여성을 죽이려 하는 것처럼, 여성 자신은 동물을 사랑한다고 내세우면서도 동물을 먹었다는 사실을 불현듯 깨달았다고 한다. 여성은 남편의 공격을 받고도 살아남았고, 결혼 생활을 정리했으며, 지역사회의 채식주의 그리고 동물 옹호 활동에 적극적으로 참여하게 되었다.

관계적 인식론 자체가 자동적으로 동물을 향한 관심을 불러오진 않는다. 동물이 영위하는 삶, 경험하는 억압의 모습은, 동물을 도구적으로 바라보고 가치 위계를 수용하는 지배적인 형이상학 때문에 계속 눈에 보이지 않을지도 모른다. 하지만 관계적 인식론을 확장하기 시작하면, 이 같은 가치 위계는 조금씩 더 무너져 내려 형이상학적 전환이 일어날 수도 있다.[46]

2인칭 관계second-person relationships는 그와 같은 형이상학적 전환의 토대를 마련해준다. 아네트 바이어가 도입하고 로레인 코드가 더 자세히 설명한 2인칭 개념은, 우리의 지식이 별개로 독립된 것, 개인만의 것이거나 '혼자 힘으로 만들어낸' 게 결코 아님을 인식한다. 그러기는커녕 우리는 다른 사람들에게 의존해 그들한테서 "인격의 본질이 되는 기술을 터득함으로써" 사람이 된다.[47] 삶이란 연대감과 상호의존에서 시작된다. 그러므로 우리가 지식을 습득할 때에도 "사람

---

46. 이 같은 인식론적 쟁점을 둘러싼 논의는 낸시 투아나가 자신의 통찰로 나를 지지해주고, 또 끈질기게 재촉해주어서 풀어나갈 수 있었다.

47. Lorraine Code, *What Can She Know? Feminist Theory and the Construction of Knowledge* (Ithaca: Cornell University Press, 1991), p. 82에서 다음을 인용. Annette Baier, "Cartesian Persons," in *Postures of the Mind: Essays on Mind and Morals* (Minneapolis: University of Minnesota Press, 1985). 바이어가 인간과 동물의 의식을 구분하는 만큼, 2인칭 개념을 도입한 논문에서는 동물을 이 과정에 참여하지 못하게 배제하는 것 같다는 데 나는 동의한다. 따라서 바이어 혹은 아마 코드까지도 허용하지 않겠냐고 내가 생각하는 경계 이상으로 나는 그 개념을 확장하고 있는지도 모른다. 그럼에도 그와 같은 확장이 정당하다고 생각하며, 동물은 특정 유형의 의식이 없다는 주장을 뒷받침하는 인식론적 가정에 의문을 제기한다.

은 근본적으로 2인칭이다."[48] 동물 학대와 여성 학대의 관련성은 인간과 인간 사이에서뿐 아니라 인간과 동물 사이에서도 2인칭 관계가 존재한다고 넌지시 말한다. 가해자에게 피해를 본 여성과 아동에게서는 인간뿐만 아니라 동물과도 진지하게 2인칭 관계를 맺는 모습이 나타난다. 그렇지 않다면, 어떻게 펫을 잔인하게 다룸으로써 그토록 가차 없이 여성과 아동을 통제할 수 있을까? 어떻게 여성과 아동이 펫의 죽음에서 자기 죽음을 미리 볼 수 있을까?

이 같은 2인칭 관계는 어떤 이가 비인간 동물을 대하는 형이상학적 관점을 바꾸는 촉매제가 된다. 남편이 목 졸랐을 때, 여성은 2인칭 관계를 통해 자신이 동물을 보호하거나 중요하게 여기지 못하는 가치 위계를 수용했었다는 사실을 불현듯 인식했다. 코드가 설명하길, "다른 누군가의 존재에 의미를 부여하면서 그 존재에게서 동떨어진, 또 그 존재의 특이성에 무지하거나 무관심한 위치에 있다면, 규범적 차원에서 2인칭 관계와 가장 거리가 멀다."[49] 2인칭 관계는 2인칭 사고를 가능하게 하고, 그 2인칭 사고에서부터 형이상학적 전환이 발전한다. 2인칭 사고를 할 때 "지식 주장knowledge claims은 다른 한 주체, 혹은 다른 여러 주체의 참여를 상정하며, 그렇게 참여함으로써 발생하는 순간순간의 대화, 발화 행위, 연설이라는 형태를 띤다."[50] 의미심장하게도, 매 맞는 여성과 그 밖의 많은 이에게 이 다른 주체란 동물이거나 동물을 포함한다.

48. Code, What Can She Know?, p. 85.
49. 같은 책, p. 86.
50. 같은 책, p. 121.

관계적 인식론이 형이상학적 전환을 용이하게 하는 까닭은 관계의 가치를, 또 관계적으로 사고하는 것의 가치를 관계적 인식론이 인정하기 때문이다. 이 같은 입장에서 본다면, 우리가 맺는 관계의 상대가 오로지 인간밖에 없다고 말하기는 더욱 힘든데, 우리 가운데 많은 이가 동물과 의미 있는 관계를 맺고 있기 때문이다. 따라서 우리 자신을 별개로 독립한, 혼자 힘으로 만든 개인이라기보다는 태어나면서부터 관계를 맺는 존재로 바라봄으로써 중요한 형이상학적 전환도 일어날 수 있다. 요컨대, 더는 인간을 비인간 생명체와 완전히 다른 존재로 여기지 않으며, '혼자 힘으로 만들어졌다고 하는 인간'과 '자연적으로 만들어졌다고 하는 동물' 사이에 더는 경계를 세우지 않으리라. 관계적 인식론이 있는 이가 선 자리에서는 지배문화가 형이상학적 차원에서 무엇을 눈에 보이지 않도록, 또 무엇을 받아들이도록 만들어왔는지 알아본다. 관계적 인식론은 신체 혐오증의 작용을, 또 신체 혐오증이 뒷받침하는 동물 억압을 무력하게 한다. 이 같은 형이상학적 전환이 일어나면, 동물을 대상이나 몸으로 평가하지 않고, 존중이 아닌 지배를 전제로 한 주체-대상 관계를 거부하게 된다. 그러면 동물에게 단지 생명 작용만 있는 게 아니라 전기傳記가 있음을, 우리에게 필요한 것은 동물행동학이 아니라 동물인류학임을 인정하게 된다.[51]

---

51. 동물에게 전기가 있다는 점에 대해서는 다음을 보라. Tom Regan, *The Case for Animal Rights* (Berkeley and Los Angeles: University of California Press, 1983). 또, 동물인류학의 필요성에 대해서는 다음을 보라. Barbara Noske, *Humans and Other Animals*.

페미니즘 철학자들은 동물권 철학이 관계적 인식론에 바탕을 두지 않기 때문에 동물 옹호론자들의 활동을 신뢰하지 않는지도 모른다. 그런데 동물 옹호론자 다수가(동물 옹호론자의 75%를 여성으로 추산한다는 점을 떠올리자) 관계적 인식론이 기초가 된 동물 옹호에 헌신하며, 그럼으로써 신체 혐오증을 거부하는 형이상학적 전환을 가능케 할 수도 있다. 그럼에도 관계론적 인식론에 근거를 둔, 대중이 받아들일 만큼 잘 다듬은 동물 옹호론이 없는 상황에서, 동물 지지자들은 이어진 적 없는 것, 즉 지식 차원에서 자기 입장 그리고 행동하는 사람으로서 자기 언어를 연결해 또렷하게 표현할 길을 모색하고 있다. 톰 리건의 동물권이나 피터 싱어의 동물해방에 기댄 동물 옹호 철학을 이제껏 동물 옹호 운동에서 활동가의 적절한 언어로 통용해왔다. 그 결과, 동물 옹호 운동이 운동의 '아버지들'(리건과 싱어)의 모습을 하고 있다고 생각해왔기 때문에 페미니즘은 지금의 인식론적 변화를 잘못 읽었을 수도 있다.

정치철학

젠더에 따른 공적/사적 구분은 개념적으로 잘못됐다. 역사적으로 서구 문화권에서는 여성 젠더의 특성이라고 여긴 것을 사적 영역('가정,' '집')과 관련짓지만, 남성 젠더의 특성이라고 여긴 것은 공적 영역('시민,' '정치')과 관련지었다. 캐서린 매키넌에 따르면, 사적 영역은 여성에게 "친밀한 폭력과 학대가 일어나는 독특한 영역으로서, 자유롭지도 특별히 사적이지도 않은 곳"이다.[53] 캐럴 페이트먼은 나아가 여성을 사적 영역에 종속시키는 것("성적 계약")이 현대 정치이론("사회계약")을 구성하게 해줬다고 주장한다.[54] 공적/사적 구분은 성적 차이와 지배를 아로새길뿐 아니라, 이 장에서 밝히는 인간 남성의 성폭력과 여성, 아동, 동물을 향한 폭력 사이의 경험적 연관성이 계속 눈에 드러나지 않게 만든다. 이 때문에 캐런 워런이 "여성-자연의 연관성"이라고 부른 것이 페미니즘 철학의 핵심이라는 에코페미니즘 통찰의 중요성을 페미니즘 철학은 인식하지 못한다.

워런이 밝혔던 억압 개념 틀의 특징을 다시 살펴본다면,[54] 여성 학대와 동물 학대에서 공적/사적 구분이 작동하는 방식이 한층 더 선명해질 것이다. 억압 개념 틀에서 보이는 특징으로 가치 위계적인 사고방식 혹은 '위압적인' 사고방식이 있는데, 이런 사고방식에서는 더 높은 가치, 지위, 혹은 위신을 아래쪽보다는 위쪽에 놓는다. 학대는 가치 위계를 실제 행동으로 옮기는 것으로, 학대 행위를 통해 누군가가 통제권을 확립하고 '아래쪽'보다는 '위쪽'에 있게 된다. 반면 가치 위계에서 유래한 바에 따라 (공적) 지위라는 면에서 '아래쪽'에 있는 이들인 여성, 아동, 젠더 규범을 따르지 않는 남성, 동물은 피해자가 될 가능성이 더 크다.

워런은 또한 가치 이원론을 억압 개념 틀의 일부로 본다. 인간/동

---

52. Catharine MacKinnon, *Toward a Feminist Theory of the State* (Cambridge: Harvard University Press, 1989), p. 168.
53. Carole Pateman, *The Sexual Contract* (Stanford: Stanford University Press, 1988).
54. 다음을 보라. Karen J. Warren, "Feminism and Ecology: Making Connections," *Environmental Ethics* 9, no. 1 (1987), pp. 3-20. 그리고 "The Power and the Promise of Ecological Feminism," *Environmental Ethics* 12 (Summer) 1990, pp. 125-46.

물, 남성/여성, 성인/아동, 백인/비백인 같은 분리적인 쌍은 보완하기보다는 대립하고, 포괄하기보다는 배척한다고 여긴다. 각각의 쌍에서 먼저 나오는 항목에 더 높은 가치를 부여한다. 최근까지도 '사적 공간'인 집에서 일어나는 폭력을 공적 영역이 세밀하게 조사하지 않았다(여성, 아동, 동물은 각각 남성, 성인, 인간보다 가치가 낮으므로). 페미니즘 평화 정치는 이 점을 바꾸고자 한다. 세라 러딕이 말하길, "가정, 시민 생활, 군대에서 발생하는 폭력을 선명하게 나눌 수 없듯이, 개인의 평화와 공공의 평화라는 실천과 사유를 분명하게 구분할 수 없다."[55] 인간/동물 이원론이 공적/사적 구분의 중심임을 페미니즘 평화 정치가 인식하는 게 극히 중요하다. 아리스토텔레스에서부터 '남성다움'이라는 개념—공적인 시민 남성—은 여성을 단지 '남성보다 덜 완성된 인간이 아니라 인간 이하'로 보는 관점에 크게 의존했다. 웬디 브라운이 상기시키다시피, "남성다움에 관해 아테네인이 품은 바로 그 선명한 관념 때문에, 그들은 필연적으로 여성을 비하하고 억압하며, 여성에게 '인간'이라는 지위를 부여하지 않았다."[56] 그리하여 여성을 평가절하당한 동물과 결부하고 폄하했다. 우리는 이처럼 여성을 동물과 이론적으로 동일시하지 않을 정도로는 진보했지만, 그와 같은 공적/사적 분리를 뒷받침하는 가치 이원론, 누가 '정신'이고 누가 '몸'인지를 생물학이 결정하면서 근거로 삼

55. Sara Ruddick, "Notes toward a Feminist Peace Politics," in *Gendering War Talk*, ed. Miriam Cooke and Angela Woollacott (Princeton: Princeton University Press, 1993), p. 118.
56. Wendy Brown, *Manhood and Politics: A Feminist Reading in Political Theory* (Totowa, NJ: Rowman & Littlefield, 1988), p. 56.

는 그 가치 이원론을 없애지는 못했다. 이 논쟁에서 막 인류를 제거했을 뿐이다. 더는 생물학을 이용해 인간의 가치를 결정짓지는 않지만, 인간 이하인 동물의 가치를 결정짓는 데는 여전히 생물학을 용인한다. 인간/동물 이원론을 영속하는 결정적인 요인으로서 생물학의 기능은 담론적 사생활 지대가 남성/여성 이원론을 영속하는 방식과 유사하며, 또 그 방식과 밀접하게 관계가 있다. 다시 말해, 생물학과 담론적 사생활 지대는 학대의 알리바이를 제공한다.[57]

결국, "모두를 하나로 묶는 접착제"는 지배의 논리다.[58] 요컨대, "각 집단의 열등함이나 우월함(이라고 하는 것)을 근거로 '우월한' 집단이 '열등한' 집단을 종속시키는 것을 변명하고 정당화하며 유지하는 가치 위계적인 사고방식"이다.[59] 사적/공적 구분이라는 발상은 사적 영역이 특정 윤리적, 정치적 관심사, 즉 정의와 같이 흔히 공적 영역에만 해당한다고 여기는 관심사의 초점이 되지 않도록 막는다.[60] 이 같은 사적/공적 구분은 지배 논리의 일환으로 작용한다.

57. 우리가 '인간'과 '동물' 사이에 선을 긋는 방식에 대한 이의제기는 다음에서 찾아볼 수 있다. Donna Haraway, *Simians, Cyborgs, and Women* (New York: Routledge, 1990) 그리고 *Primate Visions: Gender, Race, and Nature in the World of Modern Science* (New York: Routledge, 1989); Lynda Birke, "Science, Feminism, and Animal Natures I: Extending the Boundaries"; "Science, Feminism, and Animal Natures II: Feminist Critiques and the Place of Animals in Science," *Women's Studies International Forum* 14, no. 5 (1991), pp. 443-50, 451-58; Mary Midgley, *Animals and Why They Matter* (Athens: University of Georgia Press, 1983); *Beast and Man: The Roots of Human Nature* (Ithaca, New York: Cornell University Press, 1978); 그리고 무엇보다도 Noske, *Humans and Other Animals*.
58. Karen J. Warren과 주고받은 서신에서, July 1993.
59. Warren, "Feminism and Ecology," p. 6.
60. 다음을 보라. Susan Moller Okin, *Justice, Gender, and the Family* (New York:

다시 말해, '나는 내 집에서 내가 원하는 것을 할 권리가 있다'라는 가부장적 논리는 '열등한' 존재로 구성되는 이들, 즉 성인 여성 파트너, 아동, 동물 학대 행위를 정당화한다.

가치 위계, 가치 이원론, 그리고 지배의 논리를 작동시킴으로써 공적/사적 구분이 가부장적인 억압적 맥락 안에서 역사적으로 해 왔던 기능은 여성, 아동, 펫을 대상으로 한 인간 남성의 폭력이 더 높은 지위를 가지는 '정치' 영역에 들어가지 못하도록, 그리하여 더 열등한, 정치적 관심사에서 벗어난 사적 영역에 머물도록 하는 것이 었다. 이는 여성, 아동, 펫, 또 그 밖의 동물과 전체 문화에 해를 끼치면서 이뤄졌다.

환경철학

환경 남용을 신체 혐오증의 한 형태로, 지구 남용을 지구의 신체를 혐오하는 감정의 표출로 주장할 수도 있겠다. 이 같은 이유에서라도 환경철학은 동물 학대와 여성 학대 사이의 연관성이 제기하는 개념적인 쟁점에 주의를 기울여야만 한다. 더욱이, 또 대단히 명확하게도, 총기류, 사냥, 구타 행위가 서로 연관되어 있다는 정보에 비춰보자면, 사냥을 옹호하거나 사냥 모형을 제안하는 환경철학은 전부 재평가해야 함을 짐작할 수 있다.[61] 어떤 문화권이든 그 문화권

Basic Books, 1989).
61. 예컨대 다음을 보라. Lynne A. Foster, Christine Mann Veale, and Catherine Ingram Fogel, "Factors Present When Battered Women Kill," *Issues in Mental Health Nursing* 10 (1989), pp. 273-84. 이 글은 가정폭력이 살인으로 끝나는 사례에서 보이는 한 요인으로 집 안에 총기를 소지하는 것을 언급한다.

의 사냥 모형에 호소하는 환경철학자와 에코페미니즘 철학자는, 성인 여성이 상해를 입는 주요 원인이 구타 행위이면서 사냥과 총기 소지가 이 같은 구타 행위와 결부되어 있는 서구의 지배문화에 그와 같은 모형을 적용함으로써 불러올 파장을 다시 생각해봐야만 한다. 실제로, 매 맞는 여성을 지지하는 일부 사람은 구타 행위가 사냥철 직전에 증가한다고 주장한다. 덧붙이자면, 최소 한 군데의 가정폭력 가해자 치료 프로그램에서는 가해자가 자기 총기와 화기를 모두 버려야만 참가를 허용한다.[62]

응용철학

몇몇 응용철학 분야는 이처럼 여성, 아동, 동물을 대상으로 인간 남성이 저지르는 성폭력의 경험적 연관성에서 영향을 받는다. 이제부터는 이런 분야를 몇 가지만 짚어보겠다.

공공 정책: 보건부 규정과 책임 보험 요건 때문에 매 맞는 여성을 위한 보호소에서는 일반적으로 펫을 들이도록 허용할 수 없다. 매 맞는 여성 보호 운동은 지역 수의사 그리고 동물 권리 옹호론자와 관계를 맺어 펫이 보호를 받을 수 있도록 해야 한다. 보호소에서는 이렇게 물어야 한다. "함께 사는 펫이 있나요? 펫을 두고 떠나는 게 두렵나요? 펫을 위한 보호소가 필요한가요?"[63]

---

62. 다음을 보라. Richard A. Stordeur and Richard Stille, *Ending Men's Violence against Their Partners: One Road to Peace* (Newbury Park, CA: Sage, 1989).
63. 이 쟁점에서 제기하는 수송 문제, 그리고 여성이 잔인하거나 무감각해서가 아니라 자기 삶의 모습을 다시 잡아가느라 어찌할 바를 몰라서, 또 동물이 가해자에게서 멀리 떨어짐으로써 더 안전하다고 느끼기 때문에 동물을 유기할 수도 있다는 우려가 있

인도적 지원 활동가와 동물통제관을[64] 훈련해 동물 학대를 조사할 때 아동 학대를 확인하도록 하는 조치가 몇몇 지역에서 시작됐는데, 플로리다주, 오하이오주, 워싱턴 D.C., 그리고 캘리포니아주 몇몇 지역이 이에 해당한다. 그런데 인도적 지원 활동가와 동물통제관은 여성 구타 행위 관련해서도 훈련을 받아야 하는데, 펫에 상해를 입히는 일은 아동을 학대하거나 방임할 때만 일어나는 게 아니라, 여성을 구타하는 사건에서도 발생하기 때문이다. 수의사 역시 이런 방향으로 훈련을 받을 필요가 있으며, 동물 학대 신고 의무화 문제를 수의학계에서 다뤄야 한다. 그러나 이대로 남느냐, 아니면 떠나느냐를 한 여성이 결정할 때, 이 같은 전문가들이 개입함으로써 여성의 결정을 무시해야 한다고 주장하는 건 결코 아니다. 그러기는커녕 이 같은 전문가들은 협력자로서 확고하게 제구실을 해야 한다. 그리고 그 자체로 가정폭력의 한 형태인 펫 상해 행위도 널리 알려야 한다.

홈리스 보호시설과 매 맞는 여성 보호 시설은 종종 사냥꾼들에게서 남아도는 동물 살점을 받는다. 유명 연예인이면서 활사냥을

다는 걸 인정한다. 그래도 이 같은 조치가 여성과 동물을 보호하기 위해 필요한 중요 단계라고 생각한다. 나는 이 같은 프로그램을 지지해준 델로라 프레더릭슨(DeLora Frederickson)과 팸 윌호이트(Pam Wilhoite)에게 크게 힘입었다. 이러한 프로그램은 현재 동물권을 지지하는 페미니스트들이 주요 과제로 삼고 있는데, 프로그램 운영 정보가 필요한 이는 다음으로 문의하라. Feminists for Animal Rights at P.O. Box 16425, Chapel Hill, North Carolina 27516.

64. [옮긴이] 동물통제관(animal control officer)은 학대당하거나 유기되거나 무허가인 동물, 혹은 지역 사회에 위험을 줄 수 있는 동물을 구조하거나 포획하거나 돌보는 일을 하는 전문가를 말한다.

하는 테드 누젠트Ted Nugent를 비롯해 사냥꾼들은 실제로 종종 이런 보호 시설을 대상으로 무료 나눔 행사를 조직한다. (매 맞는 여성이 홈리스의 약 40%를 차지한다는 점을 떠올리자)[65] 그런데 사냥과 인간을 대상으로 한 폭력의 연관성, 또 가정폭력 가해자 치료 프로그램에서 가해자에게 총기 사용을 절대 중지하도록 요구한다는 점을 고려할 때, 사냥꾼에게서 동물 살점을 받아 매 맞는 여성과 그 밖의 홈리스 개인에게 식사로 제공하는 데는 윤리적인 문제가 있다. (내가 알기로 최소 한 군데의 매 맞는 여성 보호소에서는 사냥꾼이 제공하는 동물 살점을 받지 않으며, 일부 동물 활동가와 채식주의자 단체는 정기적으로 채식을 제공하는 보호소를 후원한다)

생명의료윤리: 채식 주장의 윤리적 정당성에 민감한 이들은 아동성폭력 생존자와 (현재 한층 더 주목을 받는) 거식증anorexia 사이의 관계를[66] 더 많이 탐구해야 한다. 독자적으로 일하는 한 영양사이자 상담사는 "고기와 유제품의 동물다움을 성폭력에서 회복 중인 환자들이 특별히 역겨워하는 것 같다"라고 말한다.[67] 이는 실제로 제의적 학대 생존자와 관련 있는 한 가지 증후군이다. "아동에게

---

65. 다음을 보라. Joan Zorza, "Woman-Battering: A Major Cause of Homelessness," *Clearinghouse Review* (특집호, 1991), pp. 421-29.

66. 다음을 보라. Maria P. Root, "Persistent, Disordered Eating as a Gender-Specific, Post-Traumatic Stress Response to Sexual Assault," *Psychotherapy* 28, no. 1 (1991), pp. 96-102. 그리고 G. Sloan and P. Leichner, "Is There a Relationship between Sexual Abuse or Incest and Eating Disorders?" *Canadian Journal of Psychiatry* 31, no. 7 (1986), pp. 656-60.

67. Judy Krizmanic, "Perfect Obsession: Can Vegetarianism Cover up an Eating Disorder?," *Vegetarian Times*, June 1992, p. 58.

섭식장애가 급작스럽게 나타났나? 이를테면 아동이 돌연 고기, 케첩, 스파게티, 토마토를 거부했나?"[68] 나는 다른 글에서 여자아이들이 윤리적인 이유로 채식주의자가 된 동안 먹는 것과 관련된 문제를 겪을 수 있다고 논했다.[69] 로스앤젤레스의 한 지역에서는 상담을 받는 거식증을 겪는 이의 90%가 채식주의자였으며(50%가 채식주의를 택한 합당한 이유가 있다고 보인다. 즉, 오로지 살을 빼거나 열량 섭취를 향한 '강박관념' 때문에 지방 섭취량을 제한하려고 채식을 하는 게 아니라는 뜻이다), 반면에 인디애나주에서 하는 또 다른 프로그램에서는 프로그램 참가 "환자"의 25%를 채식주의자로 추산한다. 흥미롭게도, "일부 영양사와 상담사는 고기 섭취가 회복에 필수적이라고 주장한다."[70] 거식증을 겪는 젊은 여성들은 자신이 채식주의를 택한 동기를 병리화하기보다는 관계적 인식론이 말단동물과 관련해 형이상학적 전환을 촉진했을 가능성이 있음을 인지함으로써 자신에게 도움이 될 수 있다.

심리철학: 어떤 프로그램은 이전에 가정폭력으로 피해를 입은 이를 비롯해 성폭력 피해 생존자를 '동물 매개 치료'를[71] 활용해 치유한다. 앨리스 박스는 성범죄 담당 검사로 일하면서 사무실에 개를 데려왔는데, 주변을 편안하게 만들어주는 그 개의 존재감을 이렇게

---

68. Hudson, Ritual Child Abuse, p. 32; Gould, "Diagnosis and Treatment of Ritually Abused Children," p. 214.
69. 다음을 보라. Carol J. Adams, *The Sexual Politics of Meat: A Feminist-Vegetarian Critical Theory* (New York: Continuum, 1990), pp. 159~62.
70. Krizmanic, "Perfect Obsession," p. 59.
71. [옮긴이] 동물 매개 치료(Animal Assisted Therapy)란 사람과 동물의 유대를 통해 내담자의 심리치료나 재활치료를 돕는 보완대체의학적 요법을 말한다.

기술한다. "곁에 시바가 있어 충분히 안전하다고 느꼈기 때문에 여자아이는 무슨 일을 당했는지 말할 수 있었다."[72] 보스턴 소재의 한 매 맞는 여성 보호 시설에서 일하는 사회복지사는 제이 맥대니얼에게 이렇게 말했다. "제 의뢰인들은 동물과 지구를 더 신뢰할수록 … 자기 자신을 더욱 믿기 시작했어요. 그리고 자기 자신을 더 신뢰할수록 착취적인 관계에서 더 잘 벗어날 수 있었고요."[73]

페미니즘 평화 정치에 던지는 시사점

동물 학대와 여성 학대 사이의 연관성은 페미니즘 평화 정치에서 중요한 의미를 지닌다.

동물 학대와 여성 학대 사이의 연관성은 전쟁과 가부장적 군사주의가 인간과 동물, 또 동물의 삶에 미치는 영향에 주의를 환기한다. 학대 가해자들과 마찬가지로 점령군들은 동물을 죽임으로써 자신들이 통제권을 가지고 있음을 드러내고, 공포감을 조성하며, 반드시 명령에 따르도록 만들 수 있다. 그런 이야기들을 들은 적이 있다. 1970년대에 발생한 일인데, 점령군이 한 집안의 성인 남성들을 잡아들인 뒤 가족이 다 모인 데서 매우 의도적으로 그 집 펫인 카나리아를 쏬다. 가정폭력과 마찬가지로 이 같은 행동은 상황 장악력

---

72. Vachss, *Sex Crimes*, p. 172.
73. Jay McDaniel, "Green Grace," *Earth Ethics: Evolving Values for an Earth Community* 3, no. 4 (1992), p. 1.

을 어떻게 조성하고 동시에 전시하는지 상기시킨다. 덧붙이자면, 동물 말살은 강간과 마찬가지로 전시에 취하는 행동의 일환이다.[74] 더욱이, 아시온이 (조너선 랜들Jonathan Randal과 노라 부스타니Nora Boustany의 저작을 이용해) 알려주듯이, 일화적 증거를 보면 "만성적인 전시 폭력에 노출된 아동이 동물에게 난폭하고 잔인한 행위를 한다"는 사실을 알 수 있다.[75]

동물 학대와 여성 학대 사이의 관련성에 비춰볼 때, 성폭력은 새로운 차원을 띤다. "가학적인 살인자는 자신의 희생자를 죽이고 훼손하거나 학대하는 데서 성적 쾌감을 얻는다. … 죽이는 행위 자체가 이런 사람들에게는 대단히 강력한 성적 자극을 일으킨다."[76] 따라서 성범죄 가해자는 동물을 인간의 대용물로 삼아 자신의 범죄를 재연할 수 있다. 아동 성범죄자이며 남자아이 다섯 명을 죽인 살인범 아서 게리 비숍Arthur Gary Bishop은 스무 마리에 이를 정도로 많은 강아지를 사서 죽임으로써 그가 한 최초의 살인 행위를 재연했다. (이런 움직임이 다른 방향으로 향하는 경우는 대단히 빈번하다.)

프랭크 아시온은 동물에게 잔혹한 아동에 관한 문헌을 광범위하게 검토한 후, "아동이 동물을 성적으로 학대해 죽일 때, (예컨대 닭

---

74. 예컨대 다음을 보라. Susan Brownmiller, *Against Our Will: Men, Women, and Rape* (New York: Simon and Schuster, 1975), p. 39.

75. Ascione, "Children Who Are Cruel to Animals," p. 232.

76. Lunde, *Murder and Madness*, pp. 53, 56. 제인 카푸티(Jane Caputi)는 이것이 드물게 개인한테서만 발생한다는 룬데(Donald T. Lunde)의 주장에 이의를 제기한다. 카푸티는 대신에 이것이 "성범죄 시대"를 구성하는 요소라고 본다. Jane Caputi, *The Age of Sex Crime* (Bowling Green, OH: Bowling Green State University Popular Press, 1987).

과 성교를 하는 남자아이들의 사례) 아동은 어떤 영향을 받을까?"를 묻는다.[77] 1980년대 중반 이후 잉글랜드 남부에서는 "말 잡아 찢기 horseripping "라고 부르는, 말을 대상으로 한 종종 생식기 절단을 포함한 가학적 공격 사건이 발생했는데, 이는 동물 학대의 성애화를 암시한다.[78]

동물 학대를 가시화하는 것은 페미니즘 평화 정치를 확장한다. 영웅적인 전쟁 서사에서 마주치는 엄청나게 많은 익명의 죽음을 찬양하는 대신, 동물 학대와 여성 학대 사이의 관련성은 우리에게 한 명 한 명의 죽음을 구체적으로 형상화하고, 또 그 각각의 죽음에 깃든 고통스러운 아픔을 떠올리게 한다. 익명의 군부대 대신 이름 있는 개인이 존재하며, 여기에는 동물도 포함된다. 모든 피해자에게는—군부대는 물론이고 펫에게도—전기가 있음을 이 이름들은 다시 한번 알려준다. 게다가 우리는 지금 생물학 결정론biologism이, 또 그러한 생물학 결정론이 낳은 인종주의가 "동물"과 "적"을 대하는 태도와 관련 맺는 상황을 목격한다.[79] 군사주의적 정체성은 학대 가해자의 통제력과 마찬가지로 타자를 주체가 아닌 대상으로 보는 데 의존한다. 더욱이, 지금껏 관찰한 바에 따르면 "동물을 잔인하게 대하는 사회에서는 여성이 남편에게 영구적으로 상해를 입거나, 외상

---

77. 1993년 9월에 나눈 대화에서.
78. 다음을 보라. Wendy Doniger, "Diary," *London Review of Books*, September 23, 1993, p. 25.
79. 다음을 보라. Susanne Kappeler, "Animal Conservationism and Human Conservationism," in Carol J. Adams and Josephine Donovan, eds., *Animals and Women: Feminist Theoretical Explorations* (Durham and London: Duke University Press, 1995).

을 입거나, 심지어 살해될 가능성이 더 크다."[80] 마지막으로, 군사주의와 결합한 몸 상품화를 더욱 깊이 이해하고자 할 때[81] 동물 몸의 상품화에 대한 통찰이 유용할 수 있다.[82] 신체 혐오증을 해체하는 일은 몸과 동일시해온 모든 존재의 신체적 완전성을 존중하는 것을 포함한다.

여성과 동물 사이의 개념적 연관성에 대응해 메리 울스턴크래프트와 시몬 드 보부아르Simone de Beauvoir 같은 여러 페미니스트가 이론적으로 이 같은 연관성을 끊어내려고 시도했다. 동물 학대와 여성 학대 사이의 연관성에 비춰보면 이러한 이론적 대응은 분명 부적절한데, 왜냐하면 인간/동물이라는 가치 이원론을 당연히 수용할 수 있다고 생각하면서 동시에 여성을 어떤 쌍의 무력한 쪽에서 우세한 쪽으로 옮겨놓기 때문이다. 우리가 받아들일 페미니즘 평화 정치는 인간 중심적이지 않으며, 인간/동물 이원론과 같이 대립적이고 위계적인 가치 이원론을 거부할 것이다.

페미니즘과 군사주의를 논하면서 벨 훅스는 "전쟁 문화, 평화 문화"를 이야기한다.[83] 우리는 여성 학대와 동물 학대 사이의 관련성

80. David Levinson, *Family Violence in Cross-cultural Perspective* (Newbury Park, CA: Sage, 1989), p. 45. 이를 다음이 인용함. Ascione, "Children Who Are Cruel to Animals."

81. 다음을 보라. Cynthia Enloe, *Bananas, Beaches, and Bases: Making Sense of International Politics* (Berkeley: University of California Press, 1989).

82. 다음을 보라. Noske, *Humans and Other Animals.*

83. bell hooks, "Feminism and Militarism: A Comment," in *Talking Back* (Boston: South End Press, 1989), p. 97. 훅스는 궁극적으로 패티 월튼(Patty Walton)의 "The Culture in Our Blood"를 인용하며 이야기한다.

이 어떻게 전쟁 문화 속에서 발생하고, 또 실행되는지 봐왔다. 어떻게 동물을 평화 문화 속으로 끌어올지 분명하고도 구체적으로 규정하는 일이 페미니스트들의 과제로 남아 있다.

9장

은총을 먹고 살기

: 제도적 폭력, 페미니즘 윤리, 그리고 채식주의

채소만 먹으면서도 서로 사랑하는 게
살찌운 소로 잔치를 벌이면서도 서로 미워하는 것보다 나으니라.
—잠언 15장 17절(새 개정표준판 성경NRSV)

예일 신학대학원 첫해를 마치고 집에 돌아온 다음 날, 다급하게 문을 두드리는 소리에 짐을 풀다 말고 불려 나갔다. 한 이웃이 괴로워하면서 누군가 막 우리 집 말 한 마리를 쐈다고 했다. 우리는 목장을 가로질러 달려갔고, 내가 키우던 말 한 마리가 정말로 쓰러져 죽은 것을 발견했다. 말 입에서 소량의 피가 뚝뚝 흘러내렸다. 근처 숲에서 여전히 총소리가 들렸다. 말 한 마리가 죽고, 다른 한 마리는 죽은 말 주변에서 미쳐 날뛰었다.

그날 밤, 속상하고 침울한 내 앞에 저녁 식사로 햄버거가 놓였다. 불현듯 눈앞에, 아침이 되어 굴착기가 정식으로 매장할 때까지 기다리며 목장 위쪽에 누워 있는 지미의 시체 이미지가 번뜩였다. 한 시체에는 이름이 있고, 그를 내가 하나의 주체로 인식한다는 사실을 포함해 과거가 있으며, 그는 곧 정중히 묻힐 참이었다. 다른 한 시체는 눈에 보이지 않고, 대상화당하고, 햄버거라는 현 상태를 제외하고는 이름이 없으며, 내 배 속에 묻힐 참이었다. 그때 나는 내 행동이 위선임을 깨달았다. 내게 닥친 질문은 이러했다. "지미가 고기라면, 난 그 고기를 먹을까? 먹을 수 있을까?" 그리고 대답은 "당연히 아니오"였다. 지미의 독자성, 지미의 주체성을 인식했으므로, 지미와 관계를 맺어왔으므로, 지미가 존재하지 않는 듯이 만들 수는 없었다. 그러므로 왜 이런 짓을 다른 동물, 즉 내가 아는 존재라면 당연히 비슷한 독자성과 주체성을 드러내 보일 누군가에게는 할 수 있을까?

눈에 보이지 않던 것이 보이게 되었다. 내가 어떻게 타자를 대상화했는지, 또 동물을 고기로 만든다는 게 무엇을 의미하는지 알게 되었다. 또한 내가 나 자신을 변화시킬 수 있음을 알아차렸다. 동물 살점의 실체를 깨닫자, 시체 섭취자가 될 필요는 없음을 알게 되었다. 관계적 인식론을 통해 형이상학적 전환을 경험했다.

1973년의 이 경험이 촉매제로 작용해, 앞 장에서 말한 대로 1년 남짓 후 나는 채식주의자가 되었다. 또한 이 경험을 계기로 왜 지배 사회가 이토록 많은 경제·환경·문화 자원을 투입해 먹기 적합한 대상으로서 동물에게 부여한 지금의 형이상학적 지위를 지키려고 하는지 이론적, 신학적으로 탐구해 이해하고자 했다.

동물을 먹는 행위는 제도적 폭력의 한 형태다. 제도적 폭력의 특징인 공동 의례corporate ritual는 동물을 먹는 행위가 착취적이라는 사실을 뒤바꾸거나 혹은 재규정한다. 양심적이고 윤리적인 개인이 시체 섭취를 문제로 바라보지 않는 것은 바로 이 때문이다. 이 책에서 지적한 바와 같이, 미국인 대다수가 비인간 동물을 접하는 가장 흔한 광경은 죽은 동물을 먹는 모습이다. 시체 섭취는 제도적 폭력이기 때문에 우리는 시체 섭취를 관계 맺기로도, 죽은 동물 소비하기로도 보지 않는다. 우리는 제도적 폭력을 분석함으로써, 페미니즘 윤리가 왜 시체 섭취를 재개념화해야 하는지 밝힐 필요가 있다. 이번 장에서는 그와 같은 분석과 재개념화를 제시한다.

육식이라는 제도적 폭력

제도적 폭력을 이해함으로써 우리는 비인간 동물 착취의 역학을 보게 되고, 그들의 고통이 우리 자신의 행동을 결정하는 데 윤리적으로 관련이 있음을 인식하기 시작할 것이다.

뭔가가 **제도적** 폭력이 되려면 한 사회 안에서 중대하고, 만연하며, 비윤리적인 관행이어야만 한다. 시체 생산은 미국에서 두 번째로 규모가 큰 산업으로서, 널리 퍼져 있는 동시에 경제에서 극히 중요한 위치를 차지한다. 시체 섭취는 지금으로서는 우리가 비인간 동물과 맺는 관계를 표현할 규범적인 용어이긴 하지만, 제도적 폭력의 작용을 면밀하게 들여다보면 내가 왜 시체 섭취를 비윤리적이라고 부르는지 드러날 것이다.

다음은 제도적 폭력의 특징이다.

1. 다른 이의 불가침성을 침해하거나 또는 인정하지 않는다.
2. 해치거나 학대하는 처우 그리고/또는 물리력을 수반한다.
3. 폭력에서 주의를 딴 데로 돌리게 하는, 부정否定이라는 일련의 방어기제를 동반한다.
4. '적합한' 피해자를 겨냥한다.
5. 사회 전반에 악영향을 끼친다.
6. 대중(이를테면 소비자)이 수동적이 되도록 조종한다.

시체 섭취는 위와 같은 제도적 폭력의 정의에 들어맞는다. 사실, **고기**라는 말 자체가 위의 요소 몇 가지를 전형적으로 드러낸다. 고기라는 말은 동물을 먹기 적합한 것으로 명명함으로써 적합한 피해자로 만들어내고, 또 동물을 죽여 음식으로 만드는 행위에 내재한 폭력에서 우리의 관심을 딴 데로 돌려버린다.

육식이라는 제도적 폭력은 다른 이의 불가침성을 침해하거나, 인정하지 않는다

어떤 이들은 동물의 불가침성을 인지한다. 이런 사람들은 동물이 우리가 이용하고 학대하거나 소비하기 위해 존재하는 게 아니라고 생각한다. 동물이 말을 할 수 있다면, 사육동물, 생체해부당한 동물, 모피 동물, 서커스·동물원·로데오 동물, 사냥당한 동물은 전부 똑같이 "날 건드리지 마!" 하고 말하리라. 하지만 동물은 자신의 불가침성을 우리 인간의 언어로 선언할 수 없다. 더구나 우리에게는 감정을 표현할 적절한 언어가 없기 때문에, 동물에게 상해를 입혀도 된다고 여기는 현 상황에서 우리가 느끼는 바를 정확히 담아낼 틀이 없다. 그와 같은 언어가 부재한 상황에서, 페미니즘 윤리 담론을 넓혀 동물 이용 문제를 고민하는 것은 중요하다.

거의 모든 경우에 시체 섭취는 다른 이를 부당하게 이용해 자기 이익이나 편의를 꾀하는 일이다. 시체 섭취가 부당한 이유는 **불필요하고**(사람이 생존하려고 동물을 먹을 필요는 없다), **잔인하며**, 사람 간에 또 사람과 비인간 동물 간에 진실하지 않은 관계를 영속하게 하기 때문이다. 이처럼 시체 섭취는 제도적 폭력의 첫 번째 요소를 실행한다. 요컨대 다른 이의 완전성을 존중하지 않고, 다른 이의 자기 결정권에 반하여 자기 의지대로 끼어든다. **불가침성**이라는 용어를 씀으로써 나는, 동물이 사람을 접할 때 "날 건드리지 마!"하고 말할 수 있는 지위를 가져야 한다고 주장한다. 제도적 폭력은 이 같은 주장을 짓밟고, 인간이 동물의 몸을 지배하고 침해할 권리를 휘두르게 해준다.

동물을 대상으로 한 제도적 폭력은, 동물을 침해해도 된다는 생각을 지지하고 그것을 행동으로 옮기게 하는 기능을 한다. 개인 차원에서 보자면 어떤 이의 윤리 의식에서 동물의 불가침성을 말하는 개념을 완전히 떼어낸다. 흔히 어린이가 동물 살점이 어디서 나오는지 알고는 반감을 표시해도 이를 존중하는 경우는 드물다. 또, 성인은 일부 동물 살점 유형이 불편하더라도—인간이 그 살점을 훔쳐온 동물이 개, 말, 쥐 같은 동물이기 때문이든, 뇌, 간 등 지금 먹고 있는 부위 때문이든—이 같은 반감이 자리할 윤리적 틀이 없다고 느낄 수 있다. 그와 같은 틀이 없다는 것은, 아동은 명시적으로, 성인은 암묵적으로 아는 사실, 즉 우리가 먹기 위해 동물이 죽임을 당해야만 한다는 그 사실을 떠올리게 하는 것은 뭐가 됐든 우리 안에서 동화하지 않은 채로 억눌려 있다는 뜻이다. 제도적 폭력은 불가침성의 윤리가 급속히 자라날 때 착취의 윤리를 개입시킨다.

제도적 폭력은 해치거나 학대하는 처우 그리고/또는 물리력을 수반한다

내가 말하는 처우란 **지속해서** 학대하거나 해를 입히는 환경이다. 공장식 축산은 그와 같은 처우를 동반한다. 집약적으로 사육하는 동물은 폐쇄되고 캄캄한 혹은 불빛이 어둑한 건물 안에서 먹여 기르므로 잘 자라지 못한다. 다음은 그들이 살아가는 모습의 특징이다. 외부 자극 부재, 움직임 제한, 사회적 상호작용을 선택할 자유 부재, 몸에서 나오는 강렬하고 불쾌한 가스, 인간과의 접촉 부재, 감금한 동물 전 개체에서 급속히 퍼질 가능성이 있는 질병을 막기 위해 치료에 필요한 복용량 이하로 항생제 섭취. 산란계는 이 책을 펼친 면적보다 약간 큰 우리에서 다른 산란계 둘 혹은 넷과 같이 산다. 닭은 살아 있을 때보다도 오븐에서 요리될 때 너댓 배 더 많은 공간을 누린다. 식육용 송아지는 뒤돌아설 수도 없는 아주 작은 틀에 갇혀 지내는데, 몸을 놀리면 근육이 더 발달해 살이 질겨지고 체중 증가가 둔화하기 때문이다. 틈새가 있는 널빤지형 바닥에 서서 지내기 때문에 몸에 지속해서 무리를 준다. 설사하는 것은 적절한 식사를 하지 못해 자주 발생하는 문제인데, 적절하게 먹이를 공급하지 않는 이유는 살갗을 계속 창백하게 유지해야 하기 때문이다. 설사 때문에 널빤지가 미끄럽고 축축해져, 송아지는 종종 넘어지면서 다리를 다친다. 도살장에 끌려갈 때는 이런 송아지 가운데 많은 수가 '주저앉는 소downers'가 되어 걷지 못한다.

6장에서 지적했듯이, 고기 옹호 문화에서 공장식 축산은 필연적인데, 육류 제품의 수요를 유지하고 충족시킬 유일한 길이기 때문이다. 게다가 도살할 동물은 어디에서 사육했든 간에 생애의 마지막 24시간 동안은 먹이를 주지 않는 게 관례다. 『성공적인 돼지 사육』의 저자들이 폭로하길, "먹이를 주지 않는 것은 보통 도살업자가 편하려고(내장과 위가 비어 있어야 덜 지저분하다), 또 사료 낭비를 줄이려고 행하는 관례다. 어떤 업자들은 그렇게 하지 않는데, 왜냐하면 동물이 밥 생각이 간절해 심사가 뒤틀리면 도살 당일 스트레스 정도가 심하기 때문이라고 한다."[1] 이는 명백히 학대다.

내가 말하는 물리력이란, 상해를 입히는 **특정** 행위, 즉 여기서는 폭력을 써서 죽이는 것을 말한다. 동물에게 애정을 쏟는 가족농 환경에서 기를 때는 반드시 방금 기술한 대로 하지 않을지도 모르지만, 이 같은 환경—상해를 입히거나 학대하는 힘—은 언제나 존재하리라. 왜냐하면 동물의 목숨을 난폭하게 빼앗지 않고서는 그 동물을 살점으로 만들 수 없기 때문이다. 이 같은 폭력은 세 가지 방식 가운데 하나로 나타날 수 있다. 가족농이 직접 죽이기, 총 쏘는

---

1. Kathy and Bob Kellogg, *Raising Pigs Successfully* (Charlotte, VT: Williamson Publishing, 1985), p. 110.

사람을 고용해 농가로 오게 해 죽이기, 혹은 집약적 사육동물처럼 도살장에서 죽이기. 마지막 방법을 택하면 동물을 운송해야 하는데,—동물은 보통 이때 유일하게 이동을 한다—이는 동물에게 두려움까지는 아니더라도 낯설고, 종종 불편하고, 또 당황스러운 경험이다. 도살장에 도착하면 동물은 냄새와 소리로 뭔가 무서운 일이 일어나고 있음을 눈치챈다.

분명 동물은 죽기보다는 살기를 원하고, 기회가 주어지면 우리에게 그렇게 말한다.

작은 마을에서 유년기를 보냈던 나는 마을 정육점이 있는 거리 아래쪽에 살았다. 정육점 주인은 자기가 동물을 잡아 도살하는 모습을 보게 해줬다. 동물은 즐겁게 죽으러 가지 않았다. 소는 정육점 주인의 총을 똑바로 바라보기는커녕, 트럭에서 빠져나와 거리를 내달린 적이 몇 번이나 됐다. 돼지는 꽥꽥대며 소리를 지르고 미친 듯이 움직였다. 목이 베이는 순간에도 끊임없이 몸부림을 치다, 피가 빠져나올 수 있도록 그 상태로 하늘을 향해 휙 잡아당겨졌다.

동물 살해라는 물리력은 동물의 의지에 반해 그 동물을 침해하고 학대한다.

제도적 폭력에는 부정이라는 일련의 방어기제가 필요하다

폭력의 범위와 속성을 부정하는 것은 제도적 폭력 유지에 중요한 하나의 보호 장치이다. 그것은 어떤 상품, 어떤 이윤의 일부분으로 내재하는 폭력이란 문제를 일으키지도, 심각하지도 않다고 이야기한다. '고기'와 '육식인'이라는 언어 속에서 동물의 고통과 살육이라는 쟁점은 중립적이 된다. 이 같은 언어를 보면, 폭력을 명명하는 것의 어려움이 드러난다. 왜 우리는 동물을 먹으면서도 언어를 통해 바로 이게 우리가 지금 하는 일임을 부정할까? 에이드리엔 리치는 한 가지 해답을 제시한다. "이름 없는 것, 이미지로 그려지지 않는 것은 무엇이든지 … 다른 이름으로 잘못 부르는 것, 들여다보기 어렵게 되어 있는 것은 무엇이든지, 부적절하거나 거짓을 말하는 언어 아래로 의미가 무너져 내림으로써 기억 속에 파묻혀버린 것은 무엇이든지 그저 입 밖에 내지 않는 게unspoken 아니라 입 밖으로 낼 수 없는 게unspeakable 되리라."[2]

동물 사육과 도살의 진실은 입 밖에 내지 않는 것이면서 동시에 입 밖으로 낼 수 없는 것이기도 하다. 동물의 몸을 먹는 중이라면 특히나 거론하지 않는다. 결과적으로 **그릇된 명명**은 제도적 폭력의 주요 요소다. 아닌 게 아니라 그릇된 명명은 동물이 살아 있을 때부터 시작된다. 동물을 가족농가에서 보든, 공장식 축산농가에서 보든, 사람들이 충고하는 내용은 같다. 인간에게 잡아먹힐 동물한테 개성을 부여하는 이름은 붙이지 말라. 가족농들은 이렇게 충고한다. "그것을[원문 그대로임] 잡아먹을 거라면 펫에게 붙일 만한 이름은 붙이지 마세요. 이름을 부르고 싶어 못 참겠다면, '뚱뚱이'라든지 '등심'이라든지 '갈비' 같은 것으로 부르세요."[3]

그릇된 명명이 의미하는 바는 우리가 책임을 회피할 수 있다는

2. Adrienne Rich, *On Lies, Secrets, and Silences* (New York: W. W. Norton and Co., 1979).
3. Kellogg, *Raising Pigs Successfully*, p. 13.

것이다. 그릇된 명명은 그릇된 의식을 만들어낸다. 우리가 우리와 동물의 관계를 두고 '고기'를 말하는 것은, 관계 맺기를 즐기는 살아 있는 동물을 이야기하거나, 아니면 도살하고 요리하고 양념한 절단된 동물 근육 그리고 피를 먹는 행위를 이야기하는 것과는 다르다.

그릇된 명명은 부재 지시 대상이라는 구조를 실행한다. 부재 지시 대상이라는 구조는 집약적 사육이나 공장식 축산에서 실현되지만 거기서 비롯하지는 않았다. 『육식의 성정치』에서 공장식 축산 그 자체에는 거의 주목하지 않았는데, 왜냐하면 문제는 동물 살점 식품을 생산하는 단일 관행이 아니라, 동물을 먹기 적합한 존재로 여기는 태도라고 생각했기 때문이다.

그릇된 명명이 뜻하는 바는 시체 먹는 사람이 거짓말쟁이라는 것이다. 그는 자기 행동을 두고 거짓을 말하는데, 언어라는 가림막 때문에 자기 행동을 행동으로 보지도 않는다. '고기'라고 부르는 이가 존재하려면, 다른 누군가는 실제로 폭력의 가해자로서 행위를 해야만 한다. 그릇된 명명은 동물을 먹는 것에는 책임을 물을 필요가 없다고 선언한다. 책임이 부재할 때, 학대는 계속된다.

도살장 폭력을 두고 인식이나 직접 개입이 부재함으로써 우리는 계속 아무것도 책임질 필요가 없다. 다시 한번 가족농들은 이렇게 털어놓는다.

보통은 돼지를 보내서 도살하는데, 순전히 고기 손질 작업을 직접 하고 싶지 않아서, 또 정서적으로 돼지한테 애착을 느끼는 경향이 있어서예요. 돼지가 트럭에 실려 떠날 때 쓰다듬으면서 작별 인사를 하고, 다시 그 돼지가 하얀 포장지에 싸여서 돌아오는 걸 맞이 하는 게 훨씬 더 쉬워요. 새끼 때부터 직접 키운 뭔가를[원문 그대로임] 죽이기는 쉬운 일이 아니에요.[4]

죽이는 행위는 사냥에서 의례적으로 할 때를 제외하면 소비자 대부분에게 여전히 불쾌감을 준다. 시체 섭취라는 제도적 폭력에는 죽이는 행위가 필요하고, 그 수치는 하루 최소 1900만 건에 달하므로, 구름같이 자욱한 부정否定이 이 같은 살해 행위를 에워싼다.

부정은 재정 차원에서도 일어난다. 5장에서 논의했듯이, 시체 섭취자는 자기가 먹는 동물 살점의 진짜 비용을 지불하지 않아도 된다. 연방정부가 시체 생산에, 예컨대 연방 토지에서 소를 놓아먹이도록 허락받은 '복지 카우보이'에게 주는 지원금 때문에 동물의 몸은 계속 값싼 식자재가 된다. 따라서 시체 섭취자는 부정하는 상태로 존재할 수 있다. 그는 시체 섭취를 '주머니 사정' 문제로 직면할 필요가 없다. 연방정부는 동물성 식단을 지원함으로써, 예산에 민감한 가계들이 그 식단을 깐깐히 따져보지 않아도 되게 한다.

제도적 폭력은 '적합한 피해자'를 겨냥한다

나 자신이 시체 섭취라는 폭력에 진저리를 쳤던 두 가지 서로 다른 경험을 언급했다. 한쪽에서는 동물이 도살당해 피를 흘리고, 끓는 물에 빠져 털이 제거되고, 가죽이 벗겨지고, 내장이 제거되고,

---

4. 같은 책, p. 109.

이등분되는 모습을 보며 얼이 빠지고 흥분했다. 다른 한쪽에서는 내가 키우던 말이 죽어 화가 났고, 그 죽음을 내가 먹으려던 '햄버거'와 관련시켰다. 어떻게 어렸을 때는 피가 낭자한 도살을 지켜본 후 집에 돌아와 만족스럽게 동물 살점 음식을 먹었으면서도, 청년이 되어서는 내가 동물을 먹는다는 게 모순이라는 인식을 받아들였을까? 몇 가지 답이 떠오르면서 적합한 피해자라는 개념을 축으로 빙빙 돈다. 소와 돼지를 잡는 모습을 봤을 때, 그 소와 돼지는 이름도 없었고, 이전에 나와 아무런 관계도 없었다. 나는 소와 돼지의 털을 다정하게 빗겨준 적도, 그들에게 관심을 기울인 적도, 그들의 개성과 성격을 알아본 적도, 혹은 나의 개성이 그들에게 인정받는다고 느낀 적도 없다. 소와 돼지의 죽음은 매우 생생했지만, 또 실제로 그게 바로 우리가 이 도살이라는 제의에 참석한 이유였지만, 소와 돼지는 여전히 부재 지시 대상이었다. 이미지는 돼지와 소를 적합한 피해자로 구성한다. 즉, 그들의 사회성을 부정하고, 우리가 그들을 알 수 있는 토대인 과거도, 현재도, 미래도 그들에게 주지 않는다. 돼지이고 소니까 죽임을 당하고 잡아먹힐 운명이었다는 점을 빼고는 그들을 다른 식으로 이해하지 못했다. 어린 시절 내 친구들과 나는 이 점을 인정하고 받아들였다. 우리가 도살 장면을 지켜본 날 집에서 저녁 식사로 차린 폭찹이나 티본스테이크를 보고 꺼림칙했던 기억은 솔직히 없다. 그만큼 어린 나이에 나는 이미 나 자신을 이 동물들과 동일시하거나 그들을 이해하는 것과는 분리했다.

그런데 미국 문화에서 말은 일반적으로 죽여 잡아먹지 않는다. 나는 어릴 때 말로 만든 개 사료를 우리 집에서 금지해달라고 사정한 적이 있다.

지미의 죽음이라는 사적인 상실을 겪으면서, 나는 제도적 폭력의 의미를 **소비자가 아니라 피해자 관점에서** 바라보게 되었다. 이 고통스러운 경험을 통해 불가침성의 윤리가 내 의식 속으로 들어올 수 있었다. 더는 적합한 피해자란 없었다.

이데올로기는 '적합한 피해자'라는 존재가 자연스럽고 불가피한 것처럼 보이게 만든다. 말단동물을 자기 삶의 주체로 바라보지 못하게 하려고, 살아 숨 쉬며 감정을 느끼는, 인간 동물이 아닌 존재와 우리가 관계를 맺고 있음을 보지 못하게 하려고 할 수 있는 모든 일을 동원한다. 그와 같은 동물은 살아서도 죽어서도 대상화당한다. 우리는 생물학적 차원에서 우리가 이 동물과 근본적으로 유사하다는 사실을 모른 척한다. 비인간 동물이 시체 섭취에 적합한 피해자가 되는 까닭은 단지 인간이 아니기 때문이다. 비인간 동물과 인간의 차이점에 도덕적인 의미를 부여하는 지배 논리가 비인간 동물을 열등하다고 규정하므로, 비인간 동물은 인간의 이해관계에 종속된다.

어린 시절 동물 도살 장면을 바라보던 내 오만한 눈의 응시와 지미의 죽음을 바라보는 내 애정 어린 눈길 사이에서 유의미한 차이점이—한쪽은 아이, 다른 한쪽은 청년이라는—연령만은 아니었다. 수년간 '적합한 피해자'라는 것의 기능, 구체적으로 말해 여성을 강간, 가정폭력, 성적 괴롭힘의 적합한 희생자로 만들어내는 일을 두고 경고해왔던 페미니스트로서의 의식도 중요한 차이점이었다. 덧붙이자면, 나와 지미의 관계는 앞장에서 2인칭 관계로 언급한 것에 해당했다. 이 같은 2인칭 관계 때문에, **그리고** 적합한 피해자를 만들어내는 일에 페미니스트로서 의문을 품었기 때문에, 성폭력에서 적합한 피해자가 없는 것과 마찬가지로 종차별적인 폭력에서도 적합한 피해자란 없다는 사실을 알 수 있었다.

남성 지배적 주류의 사고방식은 지배를 목적으로 지식을 추구한다. 이러한 사고방식은 탐구 '대상'이 자기 자신을 위해 발언할 기회를 박탈하고, 환원주의적인 성격을 띠며, 앎의 주체를 연구 대상에게 책임이 있는 위치에 놓지 않는다. 이와는 달리, 앞서 기술했듯이 이처럼 시체 섭취에 의문을 제기하는 과정은 "2인칭" 사고방식에 해당한다.[5] 이처럼 "2인칭" 사고가 가능한 이유는 비인간 동물과 나의 관계 때문이었다. 한 말과 우정을 나눔으로써, 햄버거가 더는 손에 넣고 맘대로 할 수 있는 하나의 대상이 아니게 되었다. 햄버거는 대상화 과정의 마지막 결과물이었다. 지미를 통해 햄버거가 나에게 뭐라고 말할지 상상하기 시작했고, 그러자 곧바로 이 섭취 대상에게 목소리와 독자성이 있었다는 사실을 생각하게 됐다. 지배문화가 강등시켜온 동물의 존재를 받아들이기보다 개별 동물의 복잡성을 되찾기 시작했다. 그리하여 마침내 나는 소비당하는 이들에 대한 책임이 나 자신에게 있음을 알게 되었다.

---

5. 남성 지배적 주류의 사고방식에 대한 이 같은 서술은 다음에서 나왔다. Lorraine Code, *What Can She Know? Feminist Theory and the Construction of Knowledge* (Ithaca: Cornell University Press, 1991), pp. 150-51.

제도적 폭력은 사회 전반에 뚜렷하게 악영향을 끼친다

우리는 제도적 폭력을 문화적으로 보호하며, 수십억 동물을 죽이는 일 말고도 몇 가지 점에서 실상 해로운데도 유익하다고 여긴다. 세 가지 우려스러운 지점은 환경에 미치는 영향, 동물을 먹는 이의 건강에 미치는 영향, 그리고 섭취를 위해 죽은 동물을 생산해내는 노동자에게 미치는 영향이다.

환경에 미치는 영향: 5장에서 살펴봤듯이, 시체 섭취는 환경 착취의 주요 원인 제공자인데, 그 이유는 제한된 물 공급량에 비해 수요가 엄청나게 크고, 수질오염, 토지 사막화, 표토와 서식지 유실, 삼림 벌채를 초래하며, 온실효과 그리고 화석연료와 기타 원재료의 지나친 소비에 기여하기 때문이다.

시체 섭취자의 건강에 미치는 영향: 조앤 울리엇 박사는 여성과 달리기를 다룬 책에서 건강 상태에 따라 사람들의 순위를 매겼다. 가장 건강한 이는 채식하면서 달리기를 하는 사람으로 나타났다. 놀랍게도 두 번째로 건강한 이는 달리기를 하는 사람이 아니라, 달리기는 하지 않지만 채식하는 사람이었다. 세 번째로 건강한 이는 달리기는 하지만 채식하지 않는 사람이었다.[6] 채식이 건강에 이로움을 보여주는 수많은 사례는 오늘날 주요 의학지에서 찾을 수 있다.

몸은 통제와 권위, 자율성과 독립, 쾌락과 고통, 억압과 해방의 장소다. 이는 전부 시체 섭취가 건강에 어떤 결과를 가져오느냐 하는 논의와 관련 있다. 채식이 건강에 좋다는 증거가 점점 더 늘어나고

---

6. Joan Ullyot, *Women's Running* (Mountain View, California: World Publications, 1976), p. 78.

있음에 비춰보면, 우리는 우리 자신의 물질적 현실과 몸 건강은 물론이고 정신 건강도 이야기해야 한다. 다른 이의 몸에서 나온 살점을 우리 자신의 몸에 집어넣으면 무슨 일이 일어날까? 우리가 먹는 살점과 우리 자신의 살점 사이에는 어떤 관계가 있을까? 우리가 우리와 비슷한 존재를 먹을 때, 즉 우리가 살점을 먹을 때, 자아라는 개념은 어떻게 될까?

동물 살점 식품을 생산하는 노동자에게 미치는 영향: 도살이라는 제도적 폭력이 존재함으로써 동물을 살아 숨 쉬며 감정을 느끼는 존재가 아닌, 움직이지 않는 물체로 다뤄야만 한다. 이와 유사하게 작업 라인의 노동자는 기력이 없는, 생각하지 않는 사물처럼 다뤄지고, 그들의 창조적·신체적·정서적 욕구도 무시당한다. 노동자는 아직 살아 있는 동물을 도살장 바깥에서 모든 이가 그렇게 하듯이 '고기'로 바라봐야만 한다. 동물이 아직 살아 있는데도 말이다. 한편 4장에서 살펴봤듯이, 노조에 반대하는 기업들은 그 노동자들 역시 산 고기로 여긴다.

제도적 폭력의 최종 조건은 소비자를 조종해 이러한 관행에 수동적이 되게 하는 것이다

이 같은 조종은 몇 가지 방식으로 일어난다. 아이들은 동물을 먹는 게 좋은 일이며 올바른 일임을 확신하게 된다. 반대 의사는 저녁 식사 자리에서 진압당한다. 1950년대부터 네 가지 기초식품군은 소비자가 시체 섭취라는 제도적 폭력의 수혜자로서 수동적인 태도를 보이는 데 기여했다. 네 가지 기초식품군, 그리고 동물 살점으로 만든 식품과 유제품 강조 때문에 많은 사람은 동물 살점을 먹어야만 살아남을 수 있다고 여전히 잘못 생각한다. 전미유제품협회National Dairy Council, 미국계란협회American Egg Board, 소고기 그리고 돼지고기 로비 단체들이 전국 언론에 무료 조리법을 배포함으로써 동물 그리고 그 동물에게서 나온 여성화한 제품을 섭취해야 한다는 생각을 확고하게 다지는데, 그와 같은 생각이 너무나 공고해 육식의 결함을 인식하는 많은 이가 식단 바꾸기를 체념한다.

다른 존재를 두고 우리가 먹을 살점(적합한 희생자)이 되는 게 당연하다고 생각할 때 우리는 어쩔 수 없이 시체 섭취자가 된다고 말하면, 동어반복처럼 들릴지도 모르겠다. 거꾸로 말해, 우리가 시체 섭취자가 될 수밖에 없다면 우리는 다른 누군가가 죽어 우리의 '고기'가 될 운명이라고 생각하리라. 이는 서로 맞물려 있는, 이미 주어진 상황이며, 존재론으로서 저절로 되풀이되며 수동성을 낳는다. 어느 쪽이 됐든 문제는 없다. 왜냐하면 상황은 바꿀 수 없거나 혹은 바꿀 수 있어도 그러기에는 그저 너무 어렵기 때문이다.

창세기 그리고 육식이라는 제도화한 폭력

지금껏 제도적 폭력의 속성을 서술하고 왜 시체 섭취가 제도적 폭력의 한 유형인지 설명했다. 이처럼 틀을 정립하고서 이제부터는 성경, 특히 창세기 초반부에서 동물 억압을 신성화하는 방식으로 넘어가자. 겉보기에는 세속적인 논의를 비롯해 많은 문화 담론 속에 기독교적인 해석이 자리 잡아온 미국의 맥락에서, 동물 먹기라는 제도적 폭력을 신성화하기 위해 창세기 초반부를 가져다 쓰는 방식을 페미니즘 윤리는 인지할 필요가 있다. 사람들은 창세기 초반부를 들면서 지배의 신화에 권위를 부여한다고 말한다. 미국 문화의 세속적인 속성에도 불구하고 창세기 초반부는 특히 기독교적 해석에 영향받아 육식 정당화를 제시하고, 그럼으로써 개개인이 곤경을 모면할 수 있게 해주는 듯하다. 즉, 기원신화로 기능하면서, 시체를 섭취하는 게 우리의 본성이라고 설명한다.

페미니스트 성서학자인 엘리자베스 쉬슬러 피오렌자는 성서를 "남성 중심적인 언어로 쓴 철저하게 가부장적인 책"인 동시에 "우리의 해방 투쟁에서 가능성과 역량의 원천"으로 바라보는 해방의 해석학을 서술한다. 이 같은 해석학에서는 "비판적인 독해 그리고 페미니즘적 평가라는 변증법적 과정"이 필요하다.[7] 그와 같은 변증법을 우리 인간이 비인간 동물, 특히 우리가 먹는 비인간 동물과 맺는 관계를 해석하거나 이해하는 데는 좀처럼 끌어들이지 않는다. 창세기 초반부 구절을 보면, 창세기 1장은 신이 우리에게 동물과 자연을 지배하도록 허락하고, 창세기 9장은 시체 섭취를 할 권한을 준다고 여기며, 이를 하나의 문화적 신화로서 보통 비판 없이 수용한다.

인간을 신의 형상으로 규정하는 구절이 비인간 동물 착취에 정당성을 부여하는 것 같다. 창세기 1장 26절은 이렇게 쓰여 있다. "하나님이 이르시되, 우리의 형상을 따라 우리의 모양대로 우리가 사람을 만들고 그들을 시켜 바다의 물고기와 하늘의 새와 가축과 땅의 온갖 야생동물과 땅 위를 기어 다니는 것을 모두 다스리게 하자

---

7. Elisabeth Schüssler Fiorenza, *Bread Not Stone: The Challenge of Feminist Biblical Interpretation* (Boston: Beacon Press, 1984), p. xiii.

하시고." 사람들은 창세기 1장 26절을 들어 인간이 비인간 동물을 지배해 인간 자신의 이익을 위한 도구로 만들도록 신이 허락함으로 써 사실상 시체 섭취를 허용한다고 여긴다. **다스린다는 것**을 '우리 가 우리 취향대로 동물을 착취하도록 신이 허락했다'는 의미로 해석함으로써 어떤 부정의 방어기제를 실행한다. 동물에게 살점이라 는 역을 맡긴 결정에서 책임을 면제받았다고 믿음으로써, 동물과 관련된 근심 걱정에서 비켜난다. 이 같은 확신은 위안을 주는 성질이 있는데, 이는 동물을 먹는다는 결정의 책임이 개인의 몫에서 신의 뜻으로 옮겨간다는 사실에서 비롯한다. (내가 아닌 누군가가 이 동물 의 죽음에 책임이 있다. 내 책임이 아니라면, 내 행동과 그것이 미치는 영향을 자세히 살펴보지 않아도 된다.) 이 같은 관점에서는, 우리 생명을 창시하고 그 생명에 권위를 가진 신이 우리를 시체 섭취자로 창조한 것이다. 권한을 부여한다는 하나의 행위 안에서 두 가지 존재론적 현실, 바로 시체 섭취자 그리고 동물 살점이 동시에 태어난 다. 『해석자의 성경』에서 해설자 월터 보위는 이 구절을 두고, "물고 기와 새와 동물은 그가[원문 그대로임] 먹어왔던 것이었다"고 언급한 다.[8]

창세기 1장 26절을 이렇게 해석하려면 다스린다는 것을 착취와 관련지어야 한다. 어떤 이들은 이러한 연관성의 단서를 이 구절의 단어 선택에서 발견할 수 있다고 생각한다. 다음은 게르하르트 폰 라트의 견해다. "이 같은 다스림의 실행을 표현하는 말이 눈에 띄게

---

8. Cuthbert Simpson and Walter Russell Bowie, *The Interpreter's Bible (Genesis)* (New York and Nashville: Abingdon Press, 1952).

강렬하다. 요컨대, '라다_rada', 즉 '짓밟다,' '밟아 뭉개다'(이를테면 포도즙 틀을 밟는 것처럼), 또 이와 비슷하게 '카바스_kabas', '밟아 으스러뜨리다'를 쓴다."[9] 그런데 다른 이들은 다스린다는 것의 개념적 의미가 그보다 덜 가혹하다고 본다. 환경신학의 성장 덕분에 변증법적인 해석학적 작용이 일어남으로써 이 구절을 전적으로 지배와 관련짓는 주장에 반발한다. 제임스 바는 '라다'가 일반적으로 특정 지역을 통치하는 왕들과 관련해 쓰였다는 의견을 내놓는다. "예컨대, 열왕기상 4장에서는 이 동사를 사용해 광대한 지역에 걸친 솔로몬의 다스림(명백히 평화로운 다스림)을 표현했다." 바는 '카바스', 즉 '굴복시키다'가 동물이 아니라 대지 경작과 관련이 있다고 생각한다.[10] 클라우스 베스터만_Claus Westermann은 '라다'('지배하다, 통치하다')를 사용한 것을 두고, "1장 16절에서 해와 달을 이야기하는 내용, 즉 낮과 밤을 '다스리기' 위해 존재한다는 부분에 비견할 수 있다"라는 견해를 밝힌다.[11] 이 관점에 따르면, 다스린다는 것에는 착취한다는 발상이 들어 있지 않으며, 아닌 게 아니라 "만약 인간에게 동물이 이용 대상이나 먹잇감에 해당한다면, 인간은 생물계에서 그가 점유하는 '제왕의' 지위를 잃으리라."[12]

9. Gerhard Von Rad, *Genesis: A Commentary* (Philadelphia: Westminster Press, 1961, 1972), p. 60.
10. James Barr, "Man and Nature—the Ecological Controversy and the Old Testament," *Bulletin of the John Rylands University Library of Manchester*, 1972, p. 22.
11. 다음을 재인용: Barr, "Man and Nature," p. 23. 바는 "실제 서로 다른 히브리어 표현을 썼으나, 그 때문에 크게 달라진다고 추정할 만한 이유는 없다"고 보완하듯이 덧붙인다.
12. 같은 책, p. 23.

다스린다는 것을 착취와 동일시할 때, 사람들은 자신과 동물의 관계를 두고 자신이 가진 선입관을 확인해주는 기원신화를 창세기 구절 속에서 찾아낸다. 그런데 이처럼 신성화한 지배에 자연스럽게 끌리는 경향은 그 자체가 모순을 드러내는데, 창세기 1장 26절을 바로 3절 뒤에 따라 나오는, 채식하라는 지시와 따로 떨어뜨려 생각하지 않으면 안 되기 때문이다. "하나님이 이르시되, 내가 땅 위의 모든 곳에서 씨를 맺는 모든 채소와 씨가 있으며 열매 맺는 모든 나무를 너희에게 주노니, 너희의 음식이 되리라." 『해석자의 성경』에서는 창세기 1장 29절을 해석하면서 이 두 구절을 양립시키는 것의 어려움을 특별히 언급한다. "인간은 따라서 채식을 하게 되어 있다. 이는 26절, 즉 인간이 모든 생명체를 **다스릴** 운명이라는 내용과는 모순된다."[13] 다른 이들이 보기에, "창세기 1장이 그리는 인간의 '다스림'은 동물을 고기로 이용한다는 발상과 동물계에 나타나는 섬뜩한 결과를 포함하지 않는다. 인간이 동물의 생명을 착취하는 것을 인간 존재에 불가피한 부분으로, 즉 천지창조라는 이상적인 조건에서 이미 주어진 것, 정말로 고무되는 것으로 보지 않는다."[14]

---

13. Simpson and Bowie, *The Interpreter's Bible (Genesis)*, p. 486. 커스버트 심슨 (Cuthbert Simpson)의 설명에 따르면, 29절은 사제계 전승(P)의 원 서사에 추가됐을 가능성이 있으며,─채식을 하고 인간과 동물이 평화롭게 공존한다고 여겼던─황금기를 고전적으로 개념화하고 있기 때문에 이사야서 11장 6-8절, 65장 25절, 그리고 호세아서 2장 18절에서 나타난 미래상과 더 관련이 있다. 따라서 29절은 현실성보다는 가능성을 내포한다.

14. Barr, "Man and Nature," p. 21. 장 솔레(Jean Soler)는 바의 결론에 동의하는데, "육식을 암시적으로 그러나 명백히 배제한다"면서, 그 이유는 창세기 1장 26절에서 신과 인간을 상호 관계에 따라 규정하는 방식과 관련이 있다고 말한다. Jean Soler, "The Dietary Prohibitions of the Hebrew," *New York Review of Books*, June 14, 1979, p. 24. 다

창세기 1장 26절로 창세기 1장 29절을 아우를 만큼 확장한 창조의 의미를 대신할 수는 없다. 창조의 의미 그리고 채식을 하라는 지시와 단절할 때, 창세기 1장 26절은 어떤 행동을 옹호하는 것을 역사적으로 정당화한다. 이는 신학적인 차원에서 일어나는 부정의 방어기제다.

이 같은 옹호는 창세기 9장 3절에서 신이 동물을 먹으라고 명시적으로 허락하는 부분을 이야기할 때에도 계속된다. "살아 움직이는 것은 모두 너희의 양식이 되리라. 내가 너희에게 푸른 채소를 주었듯이 이 모두를 너희에게 주리라." 창세기에서 제시하는 특정 관점에서 보자면, 시체 섭취를 타락의 결과로 주장하는 게 맞다. 채식주의의 종말은 "필요악"이며,[15] 시체 섭취의 시작은 "부정적인 뜻을 내포한다."[16] 새뮤얼 드레스너는 유대교 음식 율법을 논하면서, "[창세기 9장에서 허용하는] 육식은 그 자체가 **타협**의 일종이다." "**인간의 나약함과 인간적 욕구에 신이 양보**"했음을 주장한다.[17] 아담, 즉 완벽한 인간이란 "분명 채식주의자를 의미한다."[18] 이사야서가 말하는

음도 보라. Rabbi Alfred S. Cohen, "Vegetarianism from a Jewish Perspective," *Journal of Halacha and Contemporary Society* 1, no. 2 (1981), pp. 38-63.

15. Anthony Phillips, *Lower than the Angels: Questions Raised by Genesis 1-11* (Bible Reading Fellowship, 1983), p. 48.

16. Soler, "The Dietary Prohibitions of the Hebrews," p. 24. 다음도 보라. Abraham Isaac Kook, "Fragments of Light: A View as to the Reasons for the Commandments," in *Abraham Isaac Kook: The Lights of Penitence, The Moral Principles, Lights of Holiness, Essays, Letters, and Poems*, trans. Ben Zion Bokser (New York: Paulist Press).

17. Samuel H. Dresner, *The Jewish Dietary Laws. Their Meaning for Our Time*, 개정증보판 (New York: Rabbinical Assembly of America, 1982), pp. 21, 26.

18. 같은 책, p. 22.

미래의 완벽한 사회상에서도 채식주의를 가정한다는 점을 곰곰이 생각하면서 드레스너는 이렇게 말한다.

'태초'에 그리고 '종말'에 이상적인 상태의 인간이란 그러므로 초식성이다. 인간의 생명은 짐승의 생명을 희생해 유지되지 않는다. 지금 여기에서 일어나는, 인간이 자신의 모든 약점과 상대성에도 불구하고 운명을 헤치고 살아나가는 '역사' 속에서, 인간은 육식성으로 존재하는지도 모른다.[19]

창세기 1장 29절과 이사야서 사이에 삽입된 게 인류의 역사다. 이런 점에서, 역사란 구체적, 사회적 맥락으로서, 우리는 그 안에서 움직인다. 더구나 역사는 우리의 운명이 된다.

지배적인 기독교 문화는 공동의 신성한 신화를 통해 과거의 어떤 행위가 신이 너그럽게 봐주었고 따라서 당시 윤리적인 규범이었기 때문에 오늘날에도 변함없이, 아무런 문제없이 지속할 수 있다는 생각을 심어준다. 역사는 또 다른 권위가 되어 우리의 수동성을 조종하고 확장한다. 그럼으로써 채식주의 실천을 대상화할 수 있게 해준다. 요컨대, 채식주의는 하나의 이상이지만, 실현 가능하지는 않다, 채식주의는 시대성을 초월한다고 말한다. 창세기 9장을 이용해 거꾸로 창세기 1장을 해석하고, 다시 돌아와서 우리 자신의 육식을 이해할 때, 역사는 창조로 읽히고, 실천은 불완전성을 눈감아

19. 같은 책, p. 24.

주는 것으로 대체된다. 그러면 역사는 실천의 요구, 즉 고통을 멈추고, 제도적 폭력을 끝내며, 억압받는 동물 편에 서라는 요구를 정상적으로 움직이지 못하게 하리라. 채식주의를 시대를 초월한 것, 에덴동산에 존재하는 것으로 자리 잡게 하면, 우리는 그것에 신경 쓸 필요가 없다.

채식주의의 실천을 대상화할 때, 그것은 몰역사적인, 역사 밖에 있는, 그리고 **아무** 내력도 없는 게 된다. 이는 채식주의가 여러 시대를 거쳐 반복적으로 등장하는데도 일시적인 유행이라고 불려온 한 가지 이유이리라. 시체 섭취가 인류의 식단에서 큰 비중을 차지한 적은 없으며, 사람들은 대부분 어느 순간에 동물을 먹는 것을 약간 불편해한다. 더욱이 고기의 성정치에 따라 여성은 이등 시민으로서 가부장적 문화에서 이등 식품으로 여기는 것, 다시 말해 동물 살점보다는 채소, 과일, 곡물을 먹을 가능성이 더 크다는 사실에 비춰보면, 우리가 던져야 할 질문은 창세기 9장 이후로 과연 누가 동물 살점을 먹어왔는가 하는 것이다. 이를테면, 레위기 6장을 두고 19세기의 선구적인 페미니스트인 엘리자베스 케이디 스탠턴이 한 간결한 논평을 생각해보라. "사제들이 땔감과 숯을 제단에 놓고 깨끗한 아마포에 감싸 그토록 정성스럽게 요리한 고기를 맛볼 수 있게 허락받은 여성은 아무도 없었다. 아론의 자손 가운데 오직 남자들만이 그 고기를 먹을 수 있었다."[20]

페미니즘 윤리는 창세기 9장, 또 인간은 불가피하게 동물 살점을 먹는다는 생각에 질문을 던질 필요가 있다. 이것이 지금 우리에게도 맞을까? 페미니즘 신학이 남성에게 주장하는 바―"단념의 신학"[21]—를 동물 옹호론자들은 동물을 착취하는 인간에게 주장한다. 관계를 다시 바로 세우는 게 우리가 할 수 있는 가장 진실하고 윤리적인 대응이 아닐까?

제도화한 폭력에 저항하기

우리는 제도화한 폭력을 통해 동물과 소원해지고, 신성한 권위라는 이름으로 거짓을 용인했다. 또한 우리의 소외를 생각해볼 방법과도 멀어졌다. 소외·단절·분리라는 종교적 개념은 우리가 어떻게 동물을 대우해야 하는가를 아울러야 한다. 동물을 먹는 것은 우리의 소외, 그리고 창조 질서에서 멀어짐을 존재론적으로 드러내는 한 모습이다.

엘리자베스 쉬슬러 피오렌자는 "페미니즘 신학을 비롯해 모든 해방신학의 근본 통찰이란, 모든 신학이 원하든 원하지 않든 신학이라는 정의상 언제나 억압받는 이들을 지지하거나 아니면 반대한다는 사실을 아는 것"임을 다시 한번 알려준다.[22] 역사를 두둔하며 채식주의를 도달할 수 없는 것으로 상정하면, 억압받는 동물의 반대편에 선다. 채식주의 실천을 옹호하면, 억압받는 이들과 나란히 서

---

20. Elizabeth Cady Stanton, *The Woman's Bible: Part One* (Seattle: Coalition Task Force on Women and Religion, 1898년 판을 1974년에 재출간), p. 91.

21. 다음을 보라. Fiorenza, *Bread Not Stone*, p. xv.

22. Elizabeth Schüssler Fiorenza, *In Memory of Her: A Feminist Theological Reconstruction of Christian Origins* (New York: Crossroad, 1984), p. 6.

서 제도적 폭력에 반대하는 것이다.[23]

우리는 우리 역사에 얽매여 있지 않다. 우리는 우리가 지금 동물의 의식, 생태계 파괴, 건강 쟁점을 이해하는 내용에 입각해 하나의 정체성을 자유롭게 주장할 수 있다. 십자가에 못 박아 죽이는 일은 더는 필요 없다. 아직도 십자가에 못 박혀 있는 동물들을 십자가에서 해방해야 한다(《그림17》을 보라). 동물의 고통, 우리 희생양의 고통은 우리에게 구원이 아니라 더 심한 고통을, 즉 제도적 폭력이 부추기는 거짓에서 비롯한 고통을 가져온다. 페미니스트 윤리학자인 베벌리 해리슨은 이처럼 제도적 폭력에 저항하는 과정에 관해 중요한 통찰을 제시하는데, 여기서 제도적 폭력은 동물을 먹는 것과 쉬이 연결될 수 있다. (이 같은 연관성은 괄호로 추가했다.)

우리 각자는, 우리 삶에서 끝없이 확장하고 순환하면서 영향을 미치는 모순을 두고 비판적 분석을 넓혀나감으로써, [동물과 같이] 우리 자신과는 다른 상황에 놓인 이를 포괄적으로 통합하는 법을

---

23. 역사와 종말론이 갈등하는 바로 이 지점에서, 페미니즘 기독교 윤리에 관심이 있는 이들에게 채식주의 그리스도론을 제시하고자 한다. 열두 제자가 남성이어야 적절하다는 생각을 페미니즘 신학이 거부하는 것처럼, 이 같은 그리스도론은 예수가 채식주의자인지 아닌지는 관심이 없다. 이 같은 그리스도론은 역사를 똑같이 되풀이하는 게 아니라, 그리스도적인 계시에 따라 정의 분별 능력을 습득하는 것을 추구한다. 이 같은 관점에서는 고기 한 조각을 통해, 빵과 생선의 기적을 완전히 뒤집어 생각할 수 있다. 예수가 식량을 불어나게 해 굶주린 자들을 먹인 곳에서, 우리의 현행 식량 생산 체계는 사료용 작물을 생산해 말단동물을 먹임으로써 식량원을 감축하는 동시에 환경을 훼손한다. 예수가 사마리아인 이야기에서와 같이 역사적 규정에 도전하거나, 부자 청년 이야기에서와 같이 신분의 영향을 전복했듯이, 우리도 역시 환경적, 윤리적 불의를 조장하는, 역사적으로 그리고 개인적으로 정체화한 시체 섭취라는 식습관에 도전할 준비가 됐음을 채식주의 그리스도론은 주장할 것이다.

배워야 한다. 이는 [동물을 먹고 그들을 적합한 피해자로 만드는] 우리의 사회적 특권을 야기하는 구조를 명명하는 것은 물론이고, 어떻게 우리가 [수동적이 되도록 조종당함으로써 죽은 동물을 먹어야만 한다고 생각하는] 피해자가 되어왔는지 이해하는 것도 포함한다. … 비판 의식, 그러므로 진정한 사회적, 정신적 초월이란, [동물을 먹는 것을 비롯해] 파괴적인 사회 세력에 공모하지 않는 것, 생명을 부정하는 환경을 영속하는 구조에 저항하는 것과 따로 떨어져서는 생기지 않으며 생길 수도 없다.[24]

아마도 우리가 당면한 가장 큰 도전은, 우리 주변인의 의식을 높여 동물 섭취라는 제도적 폭력을 윤리적 쟁점으로 바라보도록 만드는 것일 테다. 그런데 어떻게 해서 뭔가가 윤리적 쟁점이 될까? 사라 벤틀리는 어떤 과정을 통해 가정폭력이 윤리적 관심사가 됐는지 기술했다.[25] 벤틀리는 그와 같은 과정을 서술하면서 제라르 푸레의『해방 윤리』를 끌어오는데, 이 책은 "구체적인 역사적 투쟁"이 기초가 되어 "'윤리'라고 부르는 원칙"이 발전함을 잘 보여준다. 뭔가가

24. Beverly Harrison, "Theological Reflection in the Struggle for Liberation," in *Making the Connections: Essays in Feminist Social Ethics*, ed. Carol S. Robb (Boston: Beacon Press, 1985), pp. 235-36.

25. 윤리적 쟁점이 발전하는 과정에 관해 이제부터 잇따르는 인용문은 다음에서 나왔다. Sarah R. Bentley, "For Better or Worse: The Challenge of the Battered Women's Movement to Christian Social Ethics," (Union Theological Seminary 박사 학위 논문, 1989), pp. 16-17. 작은따옴표와 큰따옴표로 표기한 인용문 모두 벤틀리가 다음을 인용한 것이다. Gérard Fourez, *Liberation Ethics* (Philadelphia: Temple University Press, 1982), pp. 93, 108-9. 따옴표 속 강조 표시는 원문의 것이다.

윤리적 쟁점이 되려면, 우리는 "억압이나 갈등을 새롭게 인식"해야 한다. 이것이 비판 의식이다.

동물 옹호, 그리고 동물을 먹는 게 비인도적이며 착취적임을 알아보는 것은 이 같은 비판 의식의 한 사례다. 벤틀리가 밝힌 바와 같이, 이 같은 억압을 비판적으로 의식하고 살아가는 집단이 한동안 동요를 겪은 후에야, 비판 의식을 지닌 집단 이외의 다른 이들도 그 억압에 의문을 제기하기 시작할 것이다. 한 공동체 혹은 한 문화의 사회적 의식은 이 같은 동요를 겪으며 탈바꿈한다. "윤리적인 문제들은 따라서 **역사적 특이성**이 있으며, '특정 집단이 자신에게 묻는 특정 질문'에서 발생한다."

동물 옹호가 제시하는 통찰에 응답하면서, 동물 살점을 먹음으로써 사적인 만족감을 허용하는 제도적 폭력을 향해 개개인은 질문해야 한다. "사실상 [특정] 질문이란 '우리가 직면해야만 하는 **관행이 만들어낸** 문제'에 해당한다." 우리에 가두기, 부리 자르기, 송아지용 유동식, 죽이기 전 24시간 굶기기, 동물을 운송해 죽이기 등 사육과 도살 관행은 다 고질적인 관례로서, 해결해야만 하는 특정한 문제를 야기한다.

윤리적인 진술들은 "언제나 '개인이든 집단이든 사람들이 **자기 삶을 걸고서** 자신이 하길 원하는 것, 그리고 자신에게 연대란 뭔지를 결정하는 특정한 질문 방식으로서' 전개된다. 그러므로 **만약 아무도 질문하지 않으면**, 아무런 **실질적인 개입**이 일어나지 않으면, 아무 문제도 존재하지 않는다." 지금껏 언급한 그릇된 명명 그리고 여타 부정의 방어기제는 단지 이론적인 차원으로는 극복할 수 없다. 실질적인 개입이 필요하다. 동물 사육과 도살이라는 **관행**을 잘 알지 못하면 우리는 동물, 자연, 우리 건강, 시체 산업 노동자를 향한 학대처럼 이 같은 관행이 일으키는 **문제**에 봉착하지 않을 것이다. 문제가 눈에 보이지 않는 건 어떤 의미로는 집약적 사육동물이 물리적으로 눈에 드러나지 않는 것과 꼭 닮았다. 이처럼 문제가 비가시화하면 윤리적으로도 불투명성이 존재할 것이다.

동물 먹기라는 제도적 폭력에 이의를 제기하는 윤리적 입장은 다음과 같이 서로 관련이 있는 세 가지 사실을 내포한다. 첫째, 특정 관행이 문제를 야기한다. 둘째, 이처럼 문제가 있는 관행을 인지할 때 실질적 개입 그리고 억압된 이들과의 연대가 뒤따른다. 셋째, 지속해서 연대함으로써 비판적 공동체 의식을 형성하며, 여기서 하나의 윤리적 입장이 생긴다. 페미니즘 윤리와 동물 먹기라는 관행 사이의 모순점을 직접 알게 됨에 따라, 우리 자신의 행위 그리고 우리 문화의 관행을 두고 하나의 싸움에 돌입해야만 함을 우리는 깨닫는다.

다른 이의 불가침성을 인정하지 못하는 상태를 극복하려면, 동물을 먹는 것 말고도 그들을 만날 대안적인 방식을 찾아야 한다. "우리가 세계를 알고 그 세계를 소중히 여긴다고 함은, 그러니까 우리가 정말로 그렇게 한다면, 이는 그 세계를 만지고, 듣고, 보는 우리의 능력을 통해서다"라고 말한 베벌리 해리슨의 통찰을 떠올려보자.[26] 이 같은 감각적 앎은 동물과 2인칭으로 만나도록 촉구한다. 이

---

26. 이 통찰을 최초로 언급한 7장 319쪽을 보라. Harrison, *Making the Connections* p. 13. 내가 생각하기에 해리슨의 주장은 오만한 눈과 애정 어린 눈을 언급한 프라이의 논

책의 제언은 이 같은 앎의 유형 그리고 그것이 미치는 영향을 잘 보여주는 한 모형이다. 앨리스 워커는 어떤 동물을 만지고, 그 동물의 소리를 듣고, 그 동물과 마주하는, 말하자면 어떤 동물과 2인칭으로 만나는 경험을 묘사한다. 블루라는 그 말의 눈동자에 담긴 감정의 농도 때문에 워커는 자신이 느끼기에 다 큰 사람들은 기억하지 못하는 어떤 것, 요컨대 "인간 동물과 비인간 동물이 꽤 잘 소통할 수 있다"는 사실을 떠올린다.[27] 그와 같은 앎을 되찾자 곧바로 워커는 스테이크란 부당하다고 느낀다. 즉, "내가 고통을 먹고 있다"라고 생각한다. 워커는 만지고, 듣고, 본다. 자신이 2인칭으로 만난 대단히 특별한 동물과 어떻게 상호작용하는지 묘사한다. 그리고 그와 같이 진정성을 추구하는 관계 때문에 변화한다.

우리에게는 다 고통을 먹는 일을 그만둘 선택권이 있다. 고통을 먹는 대신에 채식의 은총을 먹고 살아갈 수 있다. 버지니아 드 아라우조는 그와 같은 시각을 지닌 한 친구를 묘사하면서, 그 친구가 찬장 가득 "셀러리 줄기, 근대 줄기, 아보카도 껍질"을 넣어두고 그 빈약함으로 축연과 은총을 베푼다고 이야기한다.

그리고 말하지. 나는 이런 은총을 먹고 산다고.
내 영혼은 동물 살점을 먹으면 시들어 죽게 될 거야. 돼지를 풀어주고,

의와 결합할 때 강력해진다.

27. Alice Walker, "Am I Blue?" in *Living by the Word: Selected Writings, 1973-1987* (San Diego: Harcourt Brace Jovanovich, 1988), p. 5.

토끼를 풀어주고, 소가 풀을 뜯게 하고,

알을 깨고 병아리가 나오면 마음대로 모이를 쪼게 해야지.[28]

제도화한 폭력이냐, 아니면 은총을 먹고 살기냐 중에 선택해야 한다. 누군가가 은총을 먹고 살면서도 동물을 먹을 수 있을까? 우리의 목표는 살아가면서 올바르게 관계를 맺고 불의를 끝장내기다. 우리 **식사의 내용물**은 물론이고 우리 **식사 자리**에서도 품위를 지키기다. 동물을 먹는 행위 속에서, 그리고 영혼이 시들어가는 과정에서 우리가 다른 이들을 침해하고 있음을 페미니즘 윤리는 알아차려야만 한다. 적합한 피해자란 없다. 돼지, 토끼, 소, 닭을 풀어주어라. 고통 대신 은총이 있으라.

28. Virginia de Araújo, "The Friend. … ," *Sinister Wisdom*, no. 20 (1982), p. 17. 다음을 보라. *The Sexual Politics of Meat*, p. 190. 여기서 나는 이 경이로운 시를 최초로 언급했다. [본문의 인용문은 다음에서 발췌, 일부 수정했다. 『육식의 성정치』, 류현 옮김, 이매진, 2018, 355쪽.—옮긴이]

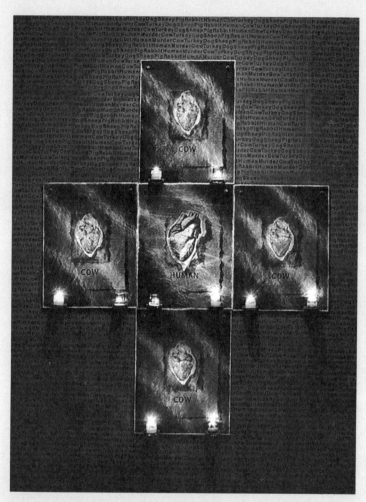

〈그림17〉 수전 케이 그랜트(Susan kae Grant), 〈흔적들(Vestiges)〉, 텍사스 댈러스, www.susankaegrant.com.

작가의 말: 〈흔적들〉(1992~1993)

〈흔적들Vestiges〉은 작가가 만든 한정판 책과 설치미술 작품으로 구성된다. 〈흔적들〉은 의학에서 쓰는 심장 도해를 가져와 동물 심장을 인간 심장과 나란히 놓음으로써 동물복지 쟁점에 의문을 던지며, 언어 그리고 거리두기를 통한 동물 상품화, 동물을 둘러싼 그릇된 묘사를 다룬다. 각 동물과 관련된 단어를 포함한 각 심장마다 텍스트로 된 배경을 컴퓨터 작업으로 만들었다. 글자는 시각적으로 무늬를 이루는 배경이 되어 눈에 분명히 들어오기 전에는 별다른 의미를 띠지 않지만, 눈에 들어온 다음에는 미묘하게 뇌리에 남아 잊히지 않고 자극을 준다. 심장 자체의 풍부한 질감도 마찬가지로 강렬해, 배경의 글자를 의도적으로 압도하는 매혹적인 겉모양을 만든다. 이 둘의 결합은 도덕적, 윤리적 원칙에 초점을 맞추는 비판의식을 시사하는 한편, 관습적으로 내려온 문화적 신념 체계에 의문을 품는다.

설치미술 작품은 다차원적이다. 벽은 철제 틀 그리고 가금류 울타리를 치는 데 쓰는 철조망으로 되어 있는데, 벽 표면의 방수포에 동물 이름을 3만 1000번 반복해 쓰고, 그것을 살인자라는 단어와 무작위로 병치해 빼곡하게 뒤덮었다. 반복되는 텍스트 열이 유약하면서 반투명한 상태로 드러남으로써 미묘하지만 압도적인 효과를 낳는다.

각각 서로 다른 동물을 대표하는 분할된 거대한 여섯 십자가, 그리고 전기를 사용해 봉헌을 드리는 불빛 72개를, 철제 틀, 철조망, 텍스트로 된 벽에 덧걸어 설치했다. 각 십자가의 치수는 대략 높이 6피트, 길이 5.5피트, 깊이 4인치로서, 알루미늄에 장착한, 가로 20인치, 세로 24인치인 사진 패

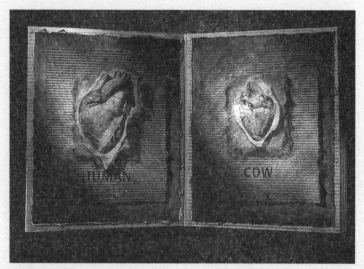

〈그림18〉 수전 케이 그랜트(Susan kae Grant), 〈흔적들(Vestiges)〉.

널 다섯 개로 구성된다. 한정판 책과 설치미술 작품 속 사진은 사포로 문지르기, 용매를 통한 이미지 전사轉寫, 수제 실크 종이에 콩테로 그리기를 비롯해 갖가지 공정을 이용해 조작한 은염사진이다.*

제단 하나와 작은 네 벤치가 설치미술 작품 한가운데에 놓여 있다. 제단에서 조용히 흘러나오는 것은 컴퓨터로 합성해 녹음한, 언어로 구성된 작품을 줄인 버전인데, 이 작품은 폴 드마리니스Paul DeMarinis와 레티시아 소나미Laetitia Sonami의 공동 프로젝트인 〈기계화가 지휘한다Mechanization Takes Command〉를 위해 만들었다. 컴퓨터로 합성한 음성은 해독하기 어렵지만,

---

* [옮긴이] 은염사진(銀鹽寫眞)은 은 입자가 빛을 받으면 검게 변하는 성질을 이용한 사진 인화 방식이다. 보통 할로겐 원소와 은을 화학적으로 결합한 할로겐화은(AgX) 화합물을 접착력 있는 젤라틴과 섞어 감광유제(感光乳劑)로 쓴다.

자꾸만 떠올라 잊을 수 없는 기계음과 메시지가 공격적이라는 것은 단번에 알 수 있다. 설치미술 작품이 주는 분위기는 어둡고, 개인과는 관계없이 산업적이며, 암시적이면서 제의적이다. 이러한 분위기는 어쩔 수 없이 영적인 성격을 띠면서 동물복지 쟁점을 공적 담론의 전면에 내세운다.

내 다른 작업과 마찬가지로 이 작업도 자전적이지만, 개인적인 의미는 좀 덜하다. 이 작업은 동물복지와 관련해 외부 세계를 향한 질문, 사회적인 쟁점을 더 구체적으로 다루면서도, 동시에 유년기의 기억에서도 영감을 받았다. 나의 아버지는 육류 산업으로 부를 형성했는데, 육류 포장 공장을 운영한 것이다. 10대 때 여름이면 나는 육류 포장 일을 했다. 어릴 때 공장에 가봤던 기억, 이후 거기서 일한 기억은 여전히 뇌리에 남아 나를 심란하게 한다. 1981년에 나는 채식주의자가 됐고, 그 이후로 줄곧 동물복지 운동을 지지해왔다.

—수전 케이 그랜트

10장

짐승 같은 신학
: 인식론이 존재론을 낳을 때

인간은 신이 자신과 같은 모습으로 태어났다고, 자신이 입는 것과 같은 옷을 입고, 자신의 목소리와 형상을 하고 있다고 여긴다. ⋯ 그렇다, 만약 소와 말, 사자가 손이 있다면, 손으로 그림을 그릴 수 있다면, 그래서 인간이 하듯이 예술품을 만들어낼 수 있다면, 말은 신의 형상을 말의 모습으로, 소는 소의 모습으로 그릴 테고, 신의 몸을 그들이 속한 여러 품종의 모습으로 형상화하리라. ⋯ 에티오피아인은 신을 얼굴색이 검고 넓적코를 한 모습으로, 트라키아인은 푸른 눈동자에 붉은 머리칼을 한 모습으로 그린다.
—크세노파네스[1]

---

1. 다음에서 인용한 크세노파네스의 말, Mary E. Hunt, Comprehensive Examination II, "God-Language: Critique and Construction," Graduate Theological Union, Berkeley, May 1977.

동물이 고통을 느끼느냐, 느끼지 않느냐를 이야기하는 것은, 신이 존재하느냐, 존재하지 않느냐를 이야기하는 것과 같다.

—어느 동물 연구자[2]

비인간 동물을 논하는 것과 신을 논하는 것 사이에는, 개dog를 거꾸로 쓰면 신God이라는 것 말고도 유사점이 있다. 물론 유사점은 실제로는 반대되는 모습으로 나타난다. 요컨대, 신은 형체가 없는, 육신을 갖추지 않은 힘이라고 생각하는 데 반해, 동물은 영혼이 없고 오로지 육체만 있다고 생각한다. (신체 혐오증 논의를 떠올려보라. 이 책 348~350쪽 참고.) 동물 옹호론자들은 흔히 동물을 인격화한다는anthropomorphizing 혐의를 받지만, 이 같은 혐의는 원래 신을 표현하는 언어에 적용했다. 메리 미즐리가 지적하길, 인격화란 "오로지 신을 위해 고안했고, 그런 뒤 그대로 동물을 일컫게 된 관념의 유일한 사례일지도 모른다."[3]

신을, 우리 자신을, 또 우리가 어떻게 동물과 관계 맺는지를 떠올릴 때 우리가 가진 개념들은 모두 긴밀하게 관련이 있다. 우리는 동물을 문화적으로는 물론 신학적으로도 인간의 지배하에 놓음으로써 헐뜯어왔다. 신을 표현하는 언어가 전부 은유적인 데 반해, 동물은 흔히 인간의 관심사, 인간 삶을 비추는 은유로 전락한다.[4] 집

2. Bernard Rollin, *The Unheeded Cry: Animal Consciousness, Animal Pain, and Science* (Oxford: Oxford University Press, 1989), p. 23.
3. Mary Midgley, *Animals and Why They Matter* (Athens: University of Georgia Press, 1983), p. 125.
4. 나는 이러한 생각을 『육식의 성정치』 2장에서 더 충실하게 전개한다.

승이라는 용어는 이 같은 방식으로 기능한다. 짐승 같은 신학Beastly theology은 가부장적 기독교 신학으로서, 동물을 경멸적인 의미에서 '짐승'으로 보고, 인간 이하의 존재로, 인간의 정반대를 나타내는 존재로 분류한다.

우리는 이처럼 기독교의 짐승 같은 신학에 내재하는 몇 가지 문제를 탐구할 텐데, 왜냐하면 이러한 신학이 동물을 사용할 수 있다고 보는 서양철학과 상호작용하면서 영향을 미치기 때문이다. 이 장에서는 신학이 반드시 다뤄야만 하는 몇 가지 철학적 쟁점을 제기한다. 신학은 이 같은 쟁점에 대응해야만 제도적 폭력을 떠받드는 데 이용되지 않을 것이다. 나는 인식론적 쟁점을 짐승 같은 신학의 중심에 두는데, 이는 기독교의 짐승 같은 신학이 지닌 문제점을 탐구하는 동시에, 비인간 동물을 주변화하는 게 아니라 그들과 나의 관계를 긍정하고, 그들의 지위를 재평가해 그에 부합하는 대우를 하며, 궁극적으로 영어에서 **짐승**이라는 말을 퇴출시키는 신학을 형성하기 위해서다.

인격화는 위를 향할 수도, 아래를 향할 수도 있기에 신을 인간화할 수도, 동물을 인간화할 수도 있다. 그렇지만 신과 인간, 혹은 인간과 동물 사이처럼 수직 거리가 어찌 됐든 폐쇄적일 때는 당혹스럽다. 그런데 기이하게도, 신약에서 제시한 신의 몇 안 되는 여성적 이미지 가운데 하나는, 인간계를 완전히 지나쳐 아래로 내려가 인간계 대신 동물계에서 나온 한 이미지를 이용한다. 이 이미지는 사실상 가금류의 형상을 하고 있다. "암탉이 제 새끼를 날개 밑에 모으는 것처럼 내가 너희의 자손을 모으려 한 일이 몇 번이냐, 그러나 너희가 원치 아니하였도다!"(누가복음 13장 34절; 마태복음 23장 37절도 보라.) 고통을 느끼느냐 느끼지 않느냐를 포함해 우리가 비인간 동물을 이야기할 때는 신의 존재를 이야기할 때 동원하는 신학적 주의력과 기술을 가져와야만 한다. 달리 말해, 우리는 이 문제를 암탉이 제 새끼를 날개 아래 모으듯이 정성껏 다뤄야 한다.

무엇이 짐승 같은 신학일까?
가부장적 기독교의 대답

길들인 동물은 가장 깊은 의미에서 유일하게 자연스러운 동물이다. … 짐승이란 인간과 맺는 관계 속에서만, 또 인간을 통해 신과 맺는 관계 속에서만 이해할 수 있다.
—C. S. 루이스[5]

C. S. 루이스는 신, 인간, 그리고 짐승이 어떤 연속선상에 있는지 결정하는 가치 위계를 받아들인다. 인간과 동물을 나누는 수직적인 경계는 남성다움과 여성다움, 신과 인간 사이에 아로새겨온 경계와 관련이 있다. 이는 가부장적 짐승 신학을 낳는데, 가부장적 짐

---

5. 다음을 재인용. Yi-Fu Tuan, *Dominance and Affection: The Making of Pets* (New Haven: Yale University Press, 1984), p. 69. 루이스(C. S. Lewis)는 (짐승 대 길들인 동물이라는) 한발 더 나아간 이원론을 동물에 아로새기지만, 나는 짐승이라는 말을 이용해 인간 이외의 동물 전체를 지칭하겠다.

승 신학은 모순적이게도 뭔가가 눈에 보이지 않게 존재함을(신) 아는 동시에, 인간과 동물 사이의 유의미한 연관성을 가리키는 유용한 감각적 정보는 뭐가 됐든 부정한다. 바버라 노스케는 인간 중심적 이론의, 그리고 짐승 같은 신학의 모순점을 넌지시 지적한다. "어떻게 (마르크스주의자와 그 외) 인간은 자신이 동물의 **무능력**을 판단할 **능력**이 있다고 그토록 확신하는지 늘 궁금하다. 인간은 자신이 특정한 능력을 갖추고 있음을 **내면적으로** 안다고, 또 동물은 그런 능력이 없음을 **외면적으로** 안다고 가장한다."[6] 신이 존재함을 내면적으로 알지만, 마찬가지로 동물의 의식은 존재하지 않거나 윤리적으로 유의미하지 않음을 외면적으로 아는 짐승 같은 신학을 우리는 어떻게 설명할까? 페미니스트 신학자인 폴라 쿠이Paula Cooey는 한 가지 해답을 제시한다. "신을 우리 자신의 형상에 투영하기는 너무나 쉬운데, 그래야 우상숭배를 저지르기가 용이하기 때문이에요. 실제로 쾌고감수능력이 있는 비인간 생명체에게 고통과 쾌락을 투영하기는 너무나 어렵지요. 따라서 우리가 의식이 있는 존재를 투사하고 그것을 신이라고 부르는 이유는 그것을 하나의 언어적 존재로 파악하기 때문이에요. 동물에게 이렇게 하기가 훨씬 더 어려운 까닭은 의식, 아픔, 고통을 비언어적 존재의 속성으로 간주하기가 힘들기 때문이지요."[7]

확실히 기독교적 사유에서 말이 차지하는 신학적 중요성은 동물

---

6. Barbara Noske, *Humans and Other Animals: Beyond the Boundaries of Anthropology* (London: Pluto Press, 1989), p. 77.
7. 1994년 2월 28일에 나눈 대화에서.

을 자기 삶의 주체로 인정하지 못하게 방해한다. (말하고 쓰는 것을 다른 의사소통 형태보다도 중요시한다는 의미에서) 문자 그대로든, 혹은 (예수 그리스도를 신의 결정적인 '말'과 동일시해) 은유적으로든, 말은 말할 수 없는 이들을 주변화하고 대상화하는 영향을 미친다. 신이 여타 비언어적인 방식으로—회오리바람, 불, 정치적 격변, 군사적 승리나 패배—성서에서 이야기하긴 하지만, 신의 결정적인 의사소통은 말이라는 형태를 취한다. 요컨대 십계명, 율법, 경전 등이다. 언어가 있기 때문에 우리는 신에게 친밀감을 느끼고 주체의 지위를 획득하는 동시에, 언어 능력이 없는 이들은 대상의 지위를 가진다고 확신한다.[8]

하지만 이처럼 언어에 초점을 맞추면, 가부장적 짐승 신학이 전제하는 지식 주장에 주목하지 않게 주의를 딴 데로 돌릴 수 있다. 언어가 지식을 획득하는 한 방법일 수는 있으나, 누군가가 오직 언어에만 입각해 지식 주장을 펼친다면, 우상숭배를 저지르기가 얼마나 쉬운지 지적할 때 쿠이가 암시하는 바대로, 자기지시적이 된다. 더구나 "인간 동물 **할 것 없이** 아픔을 가장 생생하게 드러내는 징후란 비언어적이다."[9] 왜 신에게 투영할 때는 어떤 내면적인 지식을 용인하면서도, 동물에게 투영할 때는 이 같은 지식이 용납할 수 없는 게 되며, 아픔을 생생하게 표현하는 동물에게서 우리가 얻는 외부

8. 다음에서 이 쟁점을 더 충실하게 전개한다. Carol J. Adams and Marjorie Procter-Smith, "Taking Life or 'Taking on Life'?: Table Talk and Animals," in *Ecofeminism and the Sacred*, ed. Carol J. Adams (New York: Continuum, 1993).
9. Bernard Rollin, *Animal Rights and Human Morality* (Buffalo, NY: Prometheus Books, 1981), p. 32.

적인 지식은 신뢰할 수 없는 게 될까? 인간 중심적 사고방식은 본질적으로 순환하는 형태를 하고 있기에, 인간에게서 생기고 인간을 가리킨다. 선구적인 동물행동학자인 도널드 그리핀은 다음과 같이 말한다.

내가 신중히 생각하기에 인간과 동물의 행동과 정신적 경험 사이에 존재하는 그와 같은 유사점을 어느 정도 활용하는 게 타당하다. 우리가 아는 한 인간과 동물에게 있는 중추신경계의 모든 기본 속성이 너무나 유사하다는 이유만으로도 그렇다. 그와 같은 유사성에 따른 추론이 인격화라는 오류를 범한다는 혐의에 맞서, 나는 그와 같은 인격화가 인간과 비인간의 정신적 경험 사이에 정말로 근본적이고 절대적인 차이점이 존재할 때에만 잘못임을 지적했다. 이 문제는 현재 논의 중이기 때문에, 가능성이 있는 대답 가운데 하나가 반드시 옳다고 은연중에라도 가정하는 것은 편파적이다.[10]

10. Donald Griffin, "The Problem of Distinguishing Awareness from Responsiveness," in *Self-Awareness in Domesticated Animals: Proceedings of a Workshop Held at Keble College, Oxford*, ed. D. G. M. Wood-Gush, M. Dawkins, R. Ewbank (Hertfordshire, England: The Universities Federation for Animal Welfare), p. 6. 그리핀은 "어느 비인간 동물이든 공포와 같은 주관적 감정을 경험할 수 있다거나, 먹이가 특정 장소에 놓여 있다고 생각하는 것처럼 일차원적인 의미에서라도 의식적으로 사고할 수 있다는 의견을 내면 무비판적인 감상주의라고 비난받을지도 모른다는 불안"을 명명하기 위해 "인격화 공포증"(anthropomorphophobia)이라는 용어를 제안한다. Donald R. Griffin, "Foreword," *Interpretation and Explanation in the Study of Animal Behavior. Volume 1: Interpretation, Intentionality, and Communication*, ed. Mark Bekoff and Dale Jamieson (Boulder, CO: Westview, 1990.), p. xiii.

인간 중심적 신학 역시 본질적으로 순환하는 형태를 하고 있다. 신-인간 관계라는 관습적이고 자기지시적인 개념화에 따라 신학의 모양을 만들 때, 비인간 동물에게 유리한 지식 주장은 대부분 배제될 가능성이 크다.

가치 위계와 이원론

앞 장들에서는 에코페미니즘 철학자 캐런 워런이 억압의 개념적 틀을 이루는 구성 요소를 기술한 내용을 끌어와 동물을 개념적 차원에서 페미니즘 철학과 이론 내부에 자리 잡게 했다. 지금부터는 워런의 연구를 통해 가부장적 짐승 신학을 분명하게 밝혀 보겠다.

지금껏 살펴봤듯이, 가치 위계적인 사고 혹은 '상하를 구분하는 사고'는 더 높은 가치, 지위, 혹은 신분을 아래쪽이 아니라 위쪽에 놓는다. 기독교 신학에서 신은 위쪽에, 동물은 아래쪽에 있다. 인간은 중간에 있다고 여기지만, 인간이 신의 생김새를 하고 있다는 **하느님의 형상**imago dei 개념과 동물은 영혼이 없다는 생각, 이 두 가지 때문에 인간은 비인간 동물보다는 신에 훨씬 더 가깝게 자리 잡는다.

워런은 가치 이원론을 억압의 개념적 틀을 이루는 일환으로 보기도 한다. 우리는 인간/동물, 남성/여성, 성인/아동, 백인/비백인, 문화/자연, 정신/육체, 주체/대상, 인간/자연과 같은 분리적인 쌍을 보완적이기보다는 대립적으로 여기는 방식을 살펴봤다. 이원론은 다양성을 두 가지 범주로 축소한다. 즉, A이거나 A가 아니라는 식으로. 그래서 이원론은 모든 게 **A이거나** A가 **아니거나,** 둘 중 하나로 적절하게 범주화할 수 있다는 인상을 전달한다. 이 같은 이원론은 연속성보다는 이분법을 나타내고, 포괄보다는 배제를 실행한다. 페미니스트 신학자인 캐서린 켈러는 분리적 자아를 확인하는 일이 어째서 차이점 강조에 입각하는지 설명한다. 곧, "**이것**이지, **저것**이 아니다"라는 식으로.[11] 이 같은 현상은 특히나 인간 그리고 비인간 동물과 관련된 존재론적 가정에서 나타난다. 우리는 **이것**이지, **저것**이 아니다, 곧, 우리는 인간이지, 동물이 아니라고 말함으로써 이 같은 존재론을 구조화한다. 우리는 사람이고, 저들은 짐승이다. 우리는 천국에 가고, 저들은 가지 않는다.

더 높은 가치를 각 쌍에서 먼저 나오는 항목에 부여한다. 더구나, 이원론에서 두 번째 것은 먼저 나오는 것에 단지 종속되어 있을 뿐만 아니라 그것을 **섬긴다**. 여성은 남성을 섬기고, 자연은 문화를 섬기고, 동물은 인간을 섬기며, 유색인은 백인을 섬긴다. 신학 차원에서 천지라는 관습적인 개념은 이처럼 대립적, 이원적 방식으로 작동해 지구에 대한 책임 의식을 저해한다. 제한적인 이원론은 지배의 논리를 떠받든다. 지배의 논리에서 중심은 이 같은 지배를 정상화하는 언어다. 하느님이라는 관습적인 개념의 위계적인 본성이 우리가 맺는 관계에서 지배의 논리를 신성화한다.

위계적인 이미지에 기댄, 널리 퍼져 있으면서 화석화한 '신 이야기God-talk'의 몇 가지 특징을 떠올려보자. 신은 인간 남성으로(아버지, 군주, 왕), 또 권위와 힘을 가진 남성으로 형상화한다. 인간 남성

---

11. Catherine Keller, *From a Broken Web: Separation, Sexism, and Self* (Boston: Beacon Press, 1986), p. 9.

다움은 인간 여성다움보다 위계적으로 더 높은 것으로 개념화한다. 『육식의 성정치』를 쓰기 위해 사람들이 동물을 대하는 태도를 연구하면서, 왜 먹잇감인 동물을 실제 성별과 무관하게 '그녀she'로 부르는지 알아냈다. 언어학자들에 따르면, **그녀**라는 말은 "힘이 별로 없다"는 의미를 내포하기 때문이다.[12] 신—가능한 한 가장 힘센 존재—이 결코 '그he'가 아니라고 보는 관점에 저항감이 존재하는 한, '그녀'는 언제까지나 '힘이 별로 없는 존재'가 될 텐가?[13] 우리가 맺는 관계에서 관습적인 신 개념이 위계에 힘을 실어주는 한, 동물은 '힘이 별로 없고' 착취해도 되는 존재가 될 텐가?

캐서린 켈러에 따르면, 그렇다.

이 시대는 분리주의와 남성다움 사이의 연관성이 너무나 단단해, 신이 주로 남성적인 은유로 형상화하는 한, 근본적으로 관계적인 영성으로 전환할 가망이 전혀 없다. 또한 그 반대도 마찬가지다. 신성이란 자족, 전능, 만고불변, 열렬한 감정에 절대로 사로잡히지 않는다며 관습적인 완벽함으로 표면화하는 한, '신'—여성, 양성, 혹은 중성의 형상과 이름으로 만들어졌다고 할지라도—은 여성 억압을 지지하리라. … 분리 자체를 신성시하는 한, 신앙이 있는 여

---

12. 다음을 보라. Adams, *The Sexual Politics of Meat*, pp. 72-73.
13. 1990년대 중반에 이 같은 저항이 열렬하지 않았다고 생각하는 이가 있다면, 1993년 11월, 미네소타주에서 개최한 '다시 상상하기: 여성이 주최하는 세계 신학회, 여성과 남성 모두를 위해'("Re-Imagining: A Global Theological Conference By Women: For Men and Women")를 향해 보수 진영과 주류 교단의 다수파가 보인 반응을 살펴봐야 한다. 한 가지 주된 불만은 신을 소피아(Sophia)로 지칭한 것이었다.

성은 결국 신에게, 또 그 자신도 신에게 종속된 남성에게 예속되는 이중으로 의존적인 기능을 할 것이다.[14]

인간이 비인간 동물에게 권한을 가진다는 관념은, 신이 인간에게, 또 남성이 여성에게 권한을 가진다는 생각을 본떴다. 우리는 비인간 동물에게 신, 군주, 통치자, 섭정, 통솔자 구실을 하면서 지배의 위계를 재현한다. 이 같은 기능은 평등사상을 고취하기보다는 결정을 내리지 않아도 되도록 해준다. 향상시키기보다는 강요한다. 관계와 유사성보다는 분리와 차이를 강조한다. 신은 아버지이고 동물은 짐승이라는 개념은 이 같은 가치 위계적인 연속선상에서 양극단에 속한다. 은유는 이 같은 배치를 드러내고 강화한다.

지배의 은유

은유는 사실이면서도 사실이 아니고, 현실을 그려내면서도 현실을 담아낼 수 없다. 샐리 맥페이그의 설명대로, "은유는 늘 '~이면서' '~이지 않은' 특성이 있다."[15] 특히 신학적인 은유가 그렇다. 신에 대한 **은유**가 신과 우리가 맺는 관계 모형을 제공해주는 대신 신의 **정의**가 될 때, 그러한 은유는 얼어붙고, 불충분하며, 시대착오적이 된다. '하느님 아버지'라는 은유는 우리와 신의 관계를 우리가 이미 알고 이해하는 관계에 근거를 두고 생각하는 하나의 방식을 제시해주지만, 그런 은유가 신에 대한 정의는 아니다. 신이 어떤 점에서 아

---

14. Catherine Keller, *From a Broken Web*, pp. 38-39.
15. Sallie McFague, *Models of God* (Minneapolis: Fortress Press, 1987), p. 33.

버지 같을 수는 있지만, 그렇다고 해서 아버지는 아니다. 은유가 정의가 될 때, 관계에 제한이 생긴다.

신에 대한 은유는 얼어붙은 채 시대에 뒤떨어져 있다. 동물에 대한 은유도 마찬가지이다. '짐승,' '금수 같은,' '야만적인,' '야수 같은,' '동물적인 욕망,' '동물 같은' 등의 은유를 비판 없이 사용해 인간의 행동과 대조하고 인간의 행동을 미화할 때, 우리는 우리가 동물을 생각하는 방식을 얼어붙게 하고, 시대에 뒤떨어지게 만든다. 키스 토머스의 지적대로, "**인간** 본성에 대한 논평으로서 '동물다움'이라는 개념을 고안했음"을 기억하자.[16] 우리가 그들의 현실이라고 간주하는 게 우리의 은유가 된다. 우리는 마치 **우리의** 행동을 향한 이 같은 은유가 그들에게도 들어맞는다는 듯이 동물을 대한다. 그 과정에서 천국에 있는 분리된, 개인주의적인 통치자를 상상함으로써 완수하는 거리 두기와 유사한 거리 두기를 행한다. 우리가 쓰는 은유는 신은 우리가 아니라고, 우리는 동물이 아니라고 말하는 듯하다. 하지만 많은 페미니즘 신학에서는 신이 우리이고, 우리 안에 있고, 우리를 통해 발현하며, 우리가 맺는 관계의 일부분임을 시사한다. 그리고 동물 옹호론자들은 우리가 동물이라고 선언한다. 철학자 메리 미즐리가 단호히 말하길, "**동물은 인간이 속한 집단이다. 우리는 단지 동물과 상당히 닮은 게 아니다. 우리는 동물이다.**"[17]

16. Keith Thomas, *Man and the Natural World: A History of the Modern Sensibility* (New York: Pantheon, 1983), p. 41.
17. Mary Midgley, "The Concept of Beastliness: Philosophy, Ethics, and Animal Behavior," *Philosophy*, 48 (1973), p. 114.

모린 더피는 이렇게 말한다. "진실은 우리가 언제나 동물을 단순히 실용적인 목적에서가 아니라 우리 자신의 정서적 요구를 위한 은유로 사용해왔다는 점, 그리고 이런 점이야말로 우리가 동물을 그 자신의 삶과 권리를 가진 생명체로 여김으로써 포기하려 하지 않는 것이다. 우리는 다른 종의 쾌고감수능력을 인정하지 않으려 하는데, 그래야만 우리가 계속 그들을 대상으로, 투사물로, 상징으로 대할 수 있기 때문이다."[18] 마찬가지로, 신이 군주, 왕, 통치자와 같다고 말하는 게 이전 세기의 신도들에게는 유익했을지도 모르지만, 이런 은유는 신이 창조와 분리되어 있다는 생각을 떠받들기 때문에 오늘날에는 도움이 되지 않는다. 샐리 맥페이그는 이렇게 설명한다.

> 우리는 과거의 세상에서 우리의 상상과 감정 속에 살아간다. 그것은 자비롭지만 절대적인 신이 인도하는 세상, 독립적인 개인들(주로 인간)이 거주하면서 서로서로, 또 다른 생명체와 위계적으로 관계를 맺는 세상이다. 하지만 이는 **우리의** 세상이 아니며, 이런 세상의 가정에 기초를 두고 신학을 계속하는 것은 해롭다. 왜냐하면, 우리가 우리 시대의 새로운 감수성, 즉 전체론적이고 책임감 있으며, 전 생명체를 포괄하고, 모든 생명의 상호의존성을 인정하는 감수성을 받아들이는 능력을 손상시키기 때문이다.[19]

---

18. Maureen Duffy, "Beasts for Pleasure," in *Animals, Men, and Morals: An Enquiry into the Maltreatment of Non-Humans*, ed. Stanley Godlovitch, Roslind Godlovitch, John Harris (New York: Taplinger, 1972), p. 113.

승리를 거둔, 군림하는 '신'의 은유는 우리 시대에 맞지 않는다. 그렇지만 우리가 왜 동물을 착취할 수 있다고 보는지 설명하는 데는 도움이 된다. 지배의 논리가 떠받드는 가치 위계에서는 동물을 너무나 낮은 지위에 배치함으로써, 그들의 몸을 도구적으로 바라볼 수 있게 만든다. 더구나, 서구 문화에서 '신'의 주요 이미지가 통치자, 군주, 창조의 왕인 한, 또 이 같은 은유가 일부 (대개 백인 남성인) 인간의 경험에서 비롯하는 한, 동물은 통치자, 군주, 창조의 왕이 될 수 없다. 신을 인격화함으로써 우리는 신격에서 동물을 배제한다. 그럼으로써 정신이 몸 위에, 남성다움이 여성다움 위에, 천국이 땅 위에 존재하는 가치 이원론을 신성화한다.

제왕적 남성인 신 이미지가 불완전하고 편파적이며 불충분하다면, 동물에 대한 은유도 마찬가지다.

이성적 인간의 '신'

창세기 첫머리에 신이 인간을 창조해 물고기와 새와 모든 생물을 다스리게 했다고 쓰여 있다. 물론, 창세기는 말馬이 아니라 인간이 썼다. 신이 정말로 인간에게 다른 생명체를 다스릴 권리를 부여했는지는 확신할 수 없다. 인간 자신이 찬탈한, 젖소와 말에 대한 지배권을 신성화하려고 신을 만들어냈다고 하는 편이 사실 더 그럴듯하다. 그렇다, 사슴이나 젖소를 죽일 권리란 가장 피비린내 나는

---

19. McFague, *Models of God*, p. 3. [전체론에 대해서는 7장 「침팬지 스트립쇼를 고찰하다: 페미니즘, 동물 옹호, 그리고 환경보호론을 통합할 필요성」, 각주 6번 참조.—옮긴이]

전쟁이 벌어지는 중에도 전 인류가 동의할 법한 유일한 것이다.

—밀란 쿤데라[20]

앞선 논의에서 봤듯이, 페미니즘 철학은 원자론적 주체 개념, 즉 주체를 대상에서 떼어내기, 몸을 초월하기가 존재 양식의 특징인 '이성적 인간' 관념에 이의를 제기한다. 동물을 정확히 인간이 아닌 무언가로 규정하는 것과 같이, 관습상 "여성다움은 이성이 뒤로했다고 하는 무언가와 상징적으로 관련되었다."[21] 페미니스트들은 앎의 주체가 자신이 살아가는 사회구조를 초월할 수 없음을, 혹은 자기 자신의 역사에서 분리될 수 없음을 논증했다. 그럼에도, 이성적 인간 개념은 그가 몸을, 역사를, 사회 상황을 극복할 수 있고, 그럼으로써 그가 대상으로 연구하는 타자와 관련된 지식을 얻을 수 있다고 본다. 이 같은 이성적 인간 개념은 형체가 없는, 몰역사적인 하느님 아버지라는 서구의 관념을 동반했다. 이성적 인간 그리고 그의 하느님이 동물 범주, 즉 동물은 무엇무엇이다라고 우리가 **믿는** 무언가를 둘러싼 지식 주장에서 생긴 범주를 만들어냈다.

인간 남성의 패권은 '앎의 주체는 누구이다'라는 가정 **그리고** '동물은 누구이다'라는 가정 양쪽에 동시에 영향을 미칠 수 있다. 페미니즘 철학자 앨리슨 재거가 설명하길, "몇몇 페미니스트 이론가는

---

20. Milan Kundera, *The Unbearable Lightness of Being* (New York: Penguin, 1988), p. 286.

21. Genevieve Lloyd, *The Man of Reason: "Male" and "Female" in Western Philosophy* (Minneapolis: University of Minnesota Press, 1984), p. 2.

현대 인식론 자체가, 특히 [인간] 남성이 특정 시기에 나타내는 특징으로 보이는 감정, 즉 분리 불안과 편집증, 혹은 통제 강박과 오염을 둘러싼 공포의 표출이라 볼 수 있다고 주장했다."[22] 이 같은 통찰에 따르면, 현대 인식론 그리고 현대 인식론에서 감정을 의심하는 것, 이원론적 존재론과 합리주의에 치우치는 것, 그리고 객관성을 달성하고자 안달하는 것은 보편적인 반응이 아니라 대단히 특이한 반응, 요컨대 엘리트 인간 남성이 자기 경험에 반응하는 방식을 나타내는지도 모른다. 마찬가지로, 페미니스트 이론가 바버라 노스케는 이렇게 지적한다. "인간-동물 연속성 때문에 요새가 위협을 받는 이들은 사실 서구 이성애자 남성이다. 신체적 친밀감, 몸단장grooming, 돌봄과 동료애는 암컷 수컷을 **가리지 않고** 영장류의 행동 양식에서 너무나 많은 부분을 차지하기 때문에, 서구 이성애자 남성에게 이런 행동 양식이 결여되어 있다는 게 진정으로 놀랍다."[23]

가부장적 앎의 주체가 자기 몸에 대해 느끼는 공포가, 타자를 대

---

22. Alison M. Jaggar, "Love and Knowledge: Emotion in Feminist Epistemology," in *Gender/Body/Knowledge: Feminist Reconstructions of Being and Knowing* (New Brunswick: Rutgers University Press, 1989), p. 156. 재거는 다음 연구를 언급한다. Susan Bordo, *The Flight to Objectivity: Essays on Cartesianism and Culture* (Albany: State University of New York Press, 1987) 그리고 Jane Flax, "Political Philosophy and Patriarchal Unconscious: A Psychoanalytic Perspective on Epistemology and Metaphysics," in *Discovering Reality: Feminist Perspectives on Epistemology, Metaphysics, Methodology and Philosophy*, ed. Sandra Harding and Merrill Hintikka (Dordrecht: Reidel, 1983).

23. Barbara Noske, *Humans and Other Animals: Beyond the Boundaries of Anthropology* (London: Pluto Press, 1989), p. 117. 다음도 보라. Stephen Clark, *The Nature of the Beast* (Oxford and New York: Oxford University Press, 1982), pp. 112-15.

상화하는 계몽주의적 인식론 그리고 인간과 동물 사이에 절대적인 차이 묘사, 둘 다의 이유일지도 모른다.

수직적으로 조직한 세상, 즉 공간적인 위계(전통적인 신-인간-동물 위계)가 그 위계의 가치나 결여를 나타내는 세상에서 짐승 신학의 범주가 유지된다. 인간 중심 세계관의 맥박 속에서 우리는 타자를 우리의 형상으로 만들고 싶기도, 또 동시에 그렇게 하는 데 반대하고 싶기도 하다. '이성적 인간'은 전통적으로 여성다움과 짐승 같은 것, 양쪽을 초월하는 한편, 여성의 특성 다수를 놓고서는 여성을 비인간 동물과 결부해 바라봤다.[24] 이성적 인간은 만약 동물이 어떤 형태의 의식, 사회성, 혹은 그 밖에 인간과 관련된 개념을 가지고 있다고 인정하면 동물에게 감정을 표현한다며 비난을 받을까 봐 염려해, 이 같은 감정이란 지식의 원천으로서 신뢰할 수 없고 근거가 없다고 여겼다. '이성적 인간,' 즉 전통적인 과학자가 비인간 동물을 바라보는 실증주의적 과학의 관점이란, 바버라 노스케가 "동물을 탈동물화한다"고 부르는 시각에 해당한다. 관찰 가능한 현상을 측정하는 기능만 갖추고 있다는 점, 또 설명하기 위한 장치인 자연선택설이 개별 유기체적 차원에만 초점을 맞춘다는 점에서, 이 같은 과학적 관점은 동물의 문화를 무가치한 것으로 치부한다. 이러한 과학적 관점은 비인간 동물에게서 의식, 독창성, 그리고 문화적 맥락을 박탈한다. 우리가 가진 것은 "동물의 현실을 비추는 거울이

---

24. 다음을 보라. Nancy Tuana, *The Less Noble Sex: Scientific, Religious, and Philosophical Conceptions of Woman's Nature* (Bloomington and Indianapolis: Indiana University Press, 1993).

라기보다는 탈동물화한 생물학적 구성 개념이다."[25] 그럼에도 이런 과학적 관점은 지배적인 시각이 된다. 이는 조지편 도너번이 "대상화하는 인식론"이라 일컫는 것을 분명하게 보여주는데, 이러한 인식론은 "동물을 '그것'으로 바꿔버린다."[26] 실증주의적인 전통은 아울러 동물에게 그들의 맥락이 있음을, 인식하는 주체로서 감정이 있음을 부정한다.

동물과 관련해 형이상학적 전환을 경험함으로써 동물을 사용해도 되는 존재로 여기길 거부하는 다수는 가부장적 문화에서 합당한 기준에 어긋날 정도로 분노가 가시지 않는 느낌을 받는다. 분노란 섬뜩하며 대개 제대로 이해받지 못하는 표현으로서, 앨리슨 재거의 용어로는 "비합법적인 감정"이다. 재거에 따르면 비합법적인 감정은,

세상을 상투적으로 서술할 때 묘사하는 바와는 다르게 인식하도록 해주는지도 모른다. 비합법적인 감정은, 사람들이 사실이라고 주장하는 것들이 구성되어온 방식, 현 상황을 이해하는 데 용인하는 방식이 뭔가 잘못됐다는 최초의 암시를 제시해주는지도 모

---

25. Noske, *Humans and Other Animals* (London: Pluto Press, 1989), p. 88. [구성 개념(construct)이란 과학적인 이론이나 설명을 위해 조작적으로 만들어낸 개념으로, 직접 측정할 수는 없으나 측정할 수 있는 현상을 유발한다고 가정한다. 의식, 욕구, 지각, 자아, 동기 따위의 개념이 이에 해당한다. 과학적 방법론을 정의하고 정리한 프레드 컬린저(Fred N. Kerlinger)는 구성 개념을 특수한 과학적 목적을 위해 의도적이고 의식적으로 발명하거나 채택한, 부가적인 의미를 지닌 개념이라고 설명한다.―옮긴이]

26. Josephine Donovan, "Animal Rights and Feminist Theory," *Signs: Journal of Women in Culture and Society* 15, no. 2 (1990), p. 353.

른다. … 애초부터 어찌할 바를 알 수 없는 우리의 예민함, 반감, 분노, 혹은 공포를 되돌아볼 때에만, 우리가 강압적이고, 잔혹하거나 위험한 상황에 놓였다는 '직감적인' 인식을 일깨울 수 있으리라.[27]

이성적 인간에게서 나온 지식 주장은 위와 같은 감정과 절연할 테지만, 재거는 그와 같은 비합법적인 감정이 현상 유지라는 지배적인 신념에 도전한다는 점에서 중요하다고 역설한다. 재거는 "적절한 감정이 지식의 발전에 기여할 수 있고," 또 "지식의 성장이 적절한 감정의 발달에 기여할 수 있다"는 점에서 감정과 지식이 서로 밀접하게 관련되어 영향을 주고받음을 간파한다.[28] 재거의 통찰에 비춰보면, 정위 장치stereotaxic/stereotactic 의자에 앉은 원숭이,[29] 동물실험용으로 개발한 미니 돼지, 스트레스를 유발하는 빽빽한 우리에서 서로 잡아먹는 일이 일어나지 않도록 부리가 잘려 나간 암탉, 인간의 여흥을 위해 포획당하고 번식당하는 돌고래와 고래, 태어난 지 하루 이틀 만에 도살장으로 운송되는 (아직 축축한 탯줄을 단 채로 어색하게 걸음마를 타는) 가냘픈 수송아지, 도살장 문 앞까지 스키드 스티어 로더에 질질 끌려가는 불구가 된 노쇠한 젖소와 고기소, 혹은

27. Jaggar, "Love and Knowledge," p. 161.
28. 같은 책, p. 163.
29. [옮긴이] 정위란 3차원 공간에서 정확한 위치를 지정하는 것을 말한다. 정위 수술은 외과적 침범을 최소화하는 형태의 수술로, 3차원 좌표계를 사용해 신체 내부의 작은 표적을 찾아 절제, 생검, 주사, 자극, 이식 등을 수행한다. 정위 장치 의자에 붉은털원숭이를 비롯한 영장류나 그 밖의 동물을 고정해 뇌수술을 하는 등 동물실험을 실행한다.

트랙터 버킷으로 퍼 담아 도살장 문 앞까지 운반되는 주저앉는 동물을 비롯해 인간이 동물과 상호작용할 때 누구도 흉내 낼 수 없을 만큼 잔인하게 행동하는 무수히 많은 사례를 안다면, 분노는 적절한 대응일 수 있다. **이 분노와 같은 감정은 단지 적절하기만 한 게 아니라 지식의 원천으로서도 적합하다.** 방금 열거한, 우리가 동물에게 하는 행위를 가림으로써 우리는 진실을 외면한다.

1994년, 캘리포니아주 교육위원회는 "육식에 반대한다"는 이유로 앨리스 워커의 「내가 블루일까?」를 주 전역의 영어 시험에서 사용하지 못하게 했다. 위원장 매리언 맥다월Marion McDowell은 그 짧은 이야기의 결말—화자가 자신이 먹고 있는 게 고통이기 때문에 씹던 스테이크를 뱉어버린다—이 "시험을 치를 때 화가 난 채로 좋은 글을 써내야 하는 일부 학생에게 다소 불편할 수 있다"라고 말했다고 한다.[30] 이 결정에서 대단히 흥미로운 점은 인식론적인 통제를 실행한다는 사실이다. 앨리스 워커의 글이 진실을 말하고 있는지도 모른다는 사실에는 아무도 이의를 제기하지 않는다. 워커의 글을 제거하는 이유는 그 진실이 우리를 불편하게 만들 수 있기 때문이다. 여기서 다시 한번 감정이 진실과 관계가 있음, 또 맥다월이 암시하듯이 지식의 성장이 적절한 감정, 곧 진정으로 비합법적인 감정의 발달에 기여할 수 있음을 확인한다.

---

30. 다음을 재인용. "Second Strike Against Noted Author in California Test," *New York Times*, February 27, 1994.

동물 범주화 그리고 이성적 인간의 '신'

동물을 대상화하고 비합법적인 감정과 절연하는 불안한 앎의 태도는, 동물에 대해 몰역사적이며 체화하지 않은 관점을 낳는다. 지식 주장은, 다는 아닐지라도 대부분이 역사와 특정 개인의 상황을 가로질러서 적용할 수 있는 범주에 끌린다. 그리고 이것이 바로 그와 같은 지식 주장의 문제점이다. 무엇이 인간 고유의 것이냐, 또 동물을 인간이 아니라 동물이게 하는 게 무엇이냐를 두고 논쟁이 일어나는 곳은, 정확히 해방신학이 이제껏 거짓임을 밝혀낸 지대, 요컨대 절대 영역이다. 동물과 관련된 정의나 범주는 절대적 진리로 기능한다. 그와 같은 절대적 혹은 보편적 지식 주장은 억압자의 논리와 이해관계를 대변한다. **동물**과 같은 범주의 확실성을 고수하는 것은 정치적인 결단을 나타내며, 위험성이 있으며 잠재적으로 불안정한 담론을 피하는 것이다.

앎의 범주가 인식에 영향을 미치는 방식을 논의하면서 미셸 푸코Michel Foucault는 작가 호르헤 루이스 보르헤스Jorge Luis Borges의 한 구절을 기술했는데, 이 구절은 색다른 사물의 질서를 보여준다. 보르헤스가 쓴 한 중국 백과사전에서는 동물을 다음과 같이 분류한다. "(a) 황제가 소유하는 동물, (b) 방부 처리를 한 동물, (c) 사육동물, (d) 젖을 빠는 돼지, (e) 인어, (f) 전설상의 동물, (g) 떠돌이 개, (h) 이 분류 항목에 포함된 동물, (i) 미쳐 날뛰는 동물, (j) 헤아릴 수 없는 동물, (k) 낙타털로 만든 매우 섬세한 붓으로 그린 동물, (l) 그 밖의 동물, (m) 방금 물동이를 깨뜨린 동물, (n) 멀리서 보면 파리같이 보이는 동물."[31] 푸코에 따르면, 이 구절은 "내 사고의 친숙한 지표들을 모두 … 산산이 부숴버렸다." 이 같은 범주는 생소하기 때문에, 푸코와 샤론 웰치Sharon Welch는—웰치는 이 구절을 자신의 페미니즘 해방신학에서 인용한다—이 예시를 수단으로 삼아 진리 주장의 상대성, 그리고 만물에 질서를 매기는 경험의 상대성을 탐구한다. 푸코는 지배문화 역시 절대적인 것으로 기능하지만 실제로는 보르헤스의 놀라운 동물 범주만큼이나 우연적인 범주에 기대고 있는지도 모른다고 지적한다. 나는 이 같은 통찰을 밀고 나아가, 현재 우리가 동물을 범주화하는 방식처럼 절대적인 것이 보르헤스의 예시만큼이나 우연적이며 그릇될 수 있다고 주장하겠다. 보르헤스가 보여주는 동물의 범주화가 절대의 허위성을 폭로하는 수단이라고만 생각하는 것은 한 가지 선택지일 뿐이다. 이 같은 허구적 분류는 기존 범주가 적절하거나 정확할 수 있다는 생각에 지장을 초래하는 방식으로 작동할 수도 있지만, 우리가 비인간 동물을 떠올리거나 그들과 상호작용할 때 여전히 작동하는 고정된 범주화로 이끌 수도 있다. 나는 절대적인 것과 보편적인 것을 둘러싼 그와 같은 통찰을, 그러한 혜안을 촉발하는 것, 요컨대 우리가 동물을 억압할 때 고수하는 범주로 되돌릴 것이다.

이 지점에서 우리는 동물의 색다른 범주화가—지금껏 인정받지 못한—또 다른 차원에서 인간에게 분류당해온 동물의 실제 상황을 반영한다는 것을 알아차리게 된다. 이처럼 친숙한 동물 범주에는 어떤 논리가 존재하는 듯 보이지만, 그런 범주는 그저 억압자의 자

---

31. 다음을 재인용. Sharon D. Welch, *Communities of Resistance and Solidarity* (Maryknoll, New York: Orbis Books, 1985), p. 9.

의적인 논리를 보여주는지도 모른다.

(a) 먹기 적합한 동물, (b) 먹기 적합하지 않은 동물, (c) 사는 동안 우리가 먹을 것을 생산하는 동물 (젖소, 염소, 닭, 벌), (d) 가정에서 동반자로 사는 동물, (e) 집 안에서 살지만, 우리가 원하지 않는 동물(해충), (f) 실험용 동물, (g) 의복용 동물, (h) 사회관계망은 있지만 의식은 없는 동물, (i) 도구를 사용하지만 인간은 아닌 동물, (j) 사냥감이 되는 동물, (k) 더는 존재하지 않는 동물, (l) 멸종 위기 동물, (m) 기타.[32]

위의 예시는 색다르지도 허구적이지도 않으며, 인간다움이라는 보편적 진리 주장에서 생긴, 허용 가능한 경계에 입각한 일상적인 관계를 나타낸다. 이 같은 경계와 그러한 경계가 정당화하는 관계의 구조는, 보편적이고 절대적이라고 상정한 다른 모든 형태의 전통적 지식만큼이나 의심스럽다. 보편적이고 절대적인 진리 주장은 도나 해러웨이가 "신의 속임수God trick"라고 부르는 것에서 비롯한다.

---

32. 이 같은 예시 다수가 특정 문화에만 존재하고 적용할 수 있는 것처럼 보일지도 모르나, 예컨대 서구에서는 먹기 적합하지 않다고 여기는 동물을 다른 곳에서는 그렇게 여기지 않을지도 모르나(개가 이에 해당한다), 보편적으로는 동물이 인간보다 가치가 낮고, 따라서 인간의 생존이나 즐거움을 위한 대상으로 만들어도 된다고 간주한다. 그러므로 문화마다 차이는 있을지언정 특정 종류의 동물이 이 예시에서와 같은 배역을 맡을 것이다.

신의 속임수

신의 속임수는 객관성이라는 전통적 개념, 요컨대 우리가 몸, 그리고 사적이고 문화적인 역사를 초월할 수 있고, 그럼으로써 '순수한 지식'을 획득할 수 있다는 생각을 고수하는 이들의 위치를 나타낸다. 매릴린 프라이의 용어로 말하면, 신의 속임수는 세상을 오만한 눈으로 바라본다. 도나 해러웨이에 따르면, "지배자의 위치를 점유하는 이들은 자기 동질적이고, 무표無標적이고, 형체가 없고, 중간자가 없이 즉각적이고, 초월적이며, 거듭난다."[33] 그러므로 이원론적인 가부장제에서 종속당하는 지위를 점유하는 이들은 유표적이고, 형체가 있고, 중간자를 거치며, 임박해 있다. 나아가 해러웨이는 이처럼 예속당하는 위치에서 생긴 지식은 상황적 지식situated knowledge으로서 특정 상황에 놓여 있기 때문에 책임감이 있지만, 누군가의 시야가 무한하다는 환상이 있는 곳에서 생긴 지식은 정확한 위치를 찾아낼 수 없으므로 무책임한—다시 말해 책임 추궁이 불가능한—지식 주장을 만들어낸다고 주장한다.

> 종속된 이의 관점이 … 더 나은 이유는, 원칙적으로 그는 모든 지식에서 비판적이고 해석적인 핵심을 부정할 가능성이 가장 낮기 때문이다. 그는 진압, 망각, 그리고 사라짐을 통한 부인 방식, 요컨

---

[33]. Donna Haraway, "Situated Knowledges: The Science Question in Feminism and the Privilege of Partial Perspective," *Feminist Studies* 14, no. 3 (Fall 1988), p. 586.

대 아무 데도 존재하지 않으면서 세상을 완전하게 본다고 주장하는 방식을 잘 안다. 예속된 이는 신의 속임수 그리고 거기서 나오는, 눈이 부서 앞을 못 보게 하는 광채에 도전할 가능성이 다분히 있다. '종속된 이'의 시각이 더 나은 까닭은 세상을 더욱 충실하게, 일관되게, 객관적으로, 완전히 새롭게 기술할 가능성이 있기 때문이다.[34]

버지니아 울프는 페미니즘 고전이 된 『자기만의 방』에서, 누군가가 신의 속임수를 행하는 한 가지 아주 좋은 본보기를 제공한다. 울프는 절대적이고 보편적인 범주가 어떻게 작동하는지, 어떻게 누군가가 세상을 완전하게 본다고 주장하는지 잘 보여준다.

지금은 죽었지만 아마 생전에 주교였던 한 노신사가 과거든 현재든 미래든 여성이 셰익스피어의 재능을 갖기란 불가능하다고 공언한 일이 생각나는군요. 그는 신문에 그 점을 썼습니다. 그는 또한 자신에게 문의한 한 부인에게 고양이는 사실 천국에 가지 않는다고 말했지요. 고양이에게도 그런대로 영혼이라 할 만한 게 있다고 덧붙였지만요. 이런 노신사들은 우리가 생각할 거리를 얼마나 많이 덜어주었는지요! 그들이 다가오면 무지의 테두리가 움찔하며 뒤로 물러났지요! 고양이는 천국에 가지 않습니다. 여성은 셰익스피어의 희곡을 쓸 수 없지요.[35]

---

34. Haraway, "Situated Knowledges," p. 584.
35. Virginia Woolf, *A Room of One's Own* (New York: Harcourt Brace Jovanovich,

주교처럼 확고한 신념을 가지다니 얼마나 위안이 되는지! 그러나 도나 해러웨이의 표현에 따르면, 그와 같은 지식 주장은 얼마나 무책임한가. 무책임한 이유는 정확히 책임 추궁이 불가능해 보이기 때문이다. (어쨌든 누가 정말 천국에 가는지 어떻게 입증한단 말인가?) 가부장적인 짐승 신학은 우리가 생각할 거리를 얼마나 많이 덜어주었는지! 어떤 권위나 혹은 우리의 신학이 비인간 동물의 지위 문제를 결론지었다고 일단 믿어버리면, 아무 거리낌 없이 사고와 감정을 포기한 채로 동물 착취와 관련해 발생하는 쟁점에 대응할 수 있다. 더 빨리, 가장 확실하게 정의에 도달하는 길은 착취 문제가 이미 해결되었으며 우리는 논쟁에서 책임져야 할 당사자가 아니라고 믿는 것이다. 우리는 다른 누군가가 신의 속임수를 쓰도록 놔두고, 그런 뒤에 그것을 우리 자신의 방법론으로 택했다.

신의 속임수와 동물

울프가 주교의 지식 주장을 묘사하는 부분에서 천국과 지상이라는 전통적인 공간적 위계는 말 그대로 인간과 동물, 남성과 여성의 위계를 떠올리게 하는데, 주교 혼자서 주장하는 권위를 통해 울프가 상기시켜주다시피, 인간은 천국에 갈 수도 있지만, 동물은 지상에 묶여 있기 때문이다. 물론 주교의 견해는 방어적인 입장을 드러

1929), p. 48. 버지니아 울프는 엘리자베스 배럿 브라우닝(Elizabeth Barrett Browning)의 개인 플러쉬(Flush)의 전기를 써서 한 개에게 주체성을 부여했는데, 주교가 여성 작가와 동물을 모두 깎아내린 데 복수하는 것만 같다. *Flush: A Biography*. [『플러쉬: 어느 저명한 개의 전기』, 지은현 옮김, 꾸리에, 2017. 본문의 인용문은 다음에서 발췌, 일부 수정했다. 『자기만의 방』, 이미애 옮김, 민음사, 2018, 75쪽.—옮긴이]

낸다. 즉, 인간 자신의 이해에 따라 (적어도 인간에게 소비되는) 동물은 천국에 가지 않는다고 믿는다. 동물과 천국에서 만난다고 상상하는 것이 동물을 먹는 이에게는 불온한 생각일지도 모른다.[36] 그런데 요점은 고양이나 사육동물이 천국에 가냐 안 가냐가 아니라, 천국을 지상과 분리하고 지상 위에 있다고 상상함으로써 지상의 전생명체와 우리가 지금 이곳에서 맺는 관계에 집중하지 못하게 하는 것이다. 공간과 권력의 병렬적 계층 구조(지상 위에 있는 천국, 동물 위에 있는 인간)에 따라 거리가 벌어짐으로써 우리는 동물 그리고 지상과 분리된다. 이 같은 거리 두기 때문에 우리는 신을 닮은, 곧 해러웨이의 표현대로라면 "무표적이고, 형체가 없고, 중간자가 없이 즉각적이며, 초월적인" 존재가 된다.

동물을 만들어내고 또 없애는 방식에서 우리가 신적인 존재가 될 수는 있겠지만, 실제로 우리는 유표적이고, 형체가 있으며, 중간자를 거쳐 존재한다. 우리 앞에 놓인 선택지는 신-인간-동물 위계

---

36. 브리지드 브로피는 버나드 쇼(Bernard Shaw)와 신이 천상에서 나누는 가상의 대화를 통해 이 점을 시사한다. 신이 말하길, "내가 보기에 신학은 사람의 마음속에 동물은 영혼이 없다, 그러니까 동물 귀신도 없다는 생각을 새겨 넣는 것 같아." … "아니요, 사람이 동물 귀신을 볼 수 없게 막는 것은 신학이 아니라 양심의 가책이에요. 만약 사람이 동물 귀신을 본다면, 그건 사람이 습관적으로 먹는 동물이 아니라 개나 고양이일 거예요. … 사람들한테 귀신이 보이는 이유는 사람들이 귀신 이야기를 읽는 이유와 같아요. 즉, 자기 욕망에 충실하기 때문이죠. 귀신 들리는 것은 살인자들이 아니라 아무 잘못이 없는 이들이거든요. … 사람은 정말로 동물을 살해한 죄가 있기 때문에, 대중의 상상력은 대중이 먹는 것의 귀신을 어떻게든 보지 않으려고 애를 써야 하지요." Brigid Brophy, *The Adventures of God in His Search for the Black Girl* (Boston: Little, Brown & Co., 1968), pp. 189-90. 동물에게 영혼이 있느냐 없느냐는 물음에 대해서는 다음을 보라. Keith Thomas, *Man and the Natural World* (New York: Pantheon, 1983), pp. 137-42.

를 고수해 하는 수 없이 계속 신을 노신사로 보느냐, 아니면 우리
자신과 동물의 감각적 경험의 타당성을 긍정하느냐다. 대상화하는
인식론 이외에도 선택지는 존재한다.

신의 속임수를 쓰지 않기로 동의하기

해방신학은 무엇보다도 지배를 죄악으로 해석하고, 우리가 지배
와 착취의 **구조**에 주목하도록 한다. 전통적이고 보편적인 진리 주장
은 틀렸음이 드러난다. 동물을 일반화하려는 경향이 있지만, 실제로
단일한 동물의 본성이란 결코 존재하지 않는다. 동물은 개별적이고
형체가 있는 사회적 생명체이지, 저울질해도 되는, 그래서 '시공을
초월하거나' 형체가 없는 속성의 대표자가 아니다. 더욱이, 동물행동
학 그리고 다른 과학 분야가 발전해 동물의 의식, 언어, 도구 사용,
또 이전에는 인간의 영역으로만 고려한 그 밖의 자질을 지적함으로
써 인간/동물 이원론의 기반을 약하게 한다. 우리의 역량은 비인간
동물의 역량과 연속적이며, 불연속적이지 않다.

가부장적인 짐승 신학은 보편적인 범주를 당연시하면서 앎의 주
체가 아무런 책임도 지지 않게 해주는 인식론적 자세에서 비롯한
다. 하지만 신의 속임수는 환상이다. 로레인 코드가 주장하길, 우리
는 세상과 동떨어진 객관적 관찰자로서 "세계"를 아는 게 아니다. 바
라건대 우리는 "도덕적이고 인식론적인 주체로서, 자기 자신을 어떤
상황 속에 놓아 인식하고 이해함으로써 그 상황의 **함의**를 알고, 또
그와 같은 함의 속에서 맥락화한 상황적 사유를 발견해 행동으로
나아가는" 방식으로 세계를 알고 싶다.[37] 그런데 그와 같은 입장을

취하려면 반드시 보편적인 범주를 기꺼이 재검토해야만 한다.

지배문화는 강압적일 뿐만 아니라—보편적인 범주나 절대적인 것이 존재하지 않는 영역에 그런 것들을 만들어낸다—급진적 관점, 곧 인식론적 도전을 흡수한 뒤 도려내어 존재론을 두고 논쟁하는 양 보이게 할 능력이 있다. 존재론을 가지고 논쟁하는 한, 인식론적인 것은 눈에 보이지 않는다. 이는 지배문화의 관점에 유익하다. 의심해야 할 내용이, 또 예컨대 동물을 소비해도 되는 것으로 그리는 보편적인 범주와 같이 의식의 문제가 타당하고 불가피한 게 된다.

존재론과 인식론에 대한 후기

이 책 전반에서 인식론적, 존재론적 쟁점을 반복해 제기했다. 이 쟁점은 특히나 신학적인 논의와 관련이 있다. 페미니스트 신학자들이 창세기 2장, 창조 이야기에 세심하게 주의를 기울인 이유는 부분적으로는 그와 같은 이야기가 여성의 종속적인 지위라는 하나의 존재론적 상황에 신학적 정당성을 부여했기 때문이다. 존재론에 도달하기 위해 이 같은 페미니스트 신학자들은 창세기 2장을 재해석했다. 그들은 이브가 독사를 좇아 신을 거역하고, 그리하여 남편의 지배를 받게 되리라는 말을 듣는 이야기가, 실제로 여성은 믿을 수 없고 비도덕적임을 말하는 것도 아니고, 여성의 종속을 명령하는 것

---

37. Lorraine Code, *What Can She Know? Feminist Theory and the Construction of Knowledge* (Ithaca: Cornell University Press, 1991), p. 148.

도 아니라고 주장한다. 마찬가지로 우리가 앞장에서 살펴봤듯이, 창세기 1장을 해석하면서 존재론적으로 인간을 동물과 그 밖의 자연을 지배하는 자로 보는 방식을 벗어나려고 시도한다.

그런데 이 같은 변론은 지식 주장에, 그러므로 인식론에 초점을 맞춰야 할 때도 논쟁을 존재론적 차원에 머무르게 한다. 인식론은 늘 어떤 논의, 접근법, 신학의 틀을 짠다. 이는 흔히 눈에 보이지 않거나 적극적으로 감춰져 있다.

앞 장에서 지미의 죽음을 묘사하면서 그것이 어떻게 존재론적인 질문을 촉발했는지 서술했다. 어째서 어떤 동물은 소비할 수 있다고 여길까? 내가 지금껏 이성적으로 '아는' 사실, 즉 내가 동물을 먹는다는 사실을, 이제 나는 실체가 있으며 심각한 윤리적 함의가 있는 진실로 '알아차렸다.' 공포에 휩싸여 꼼짝할 수 없는데 돌이킬 새도 없이 즉각적인 충격파가 닥쳐오면서 내가 동물을 소비한다는 사실이 온몸을 울렸다. 그리고 이처럼 몸으로 직접 느낀 진실, 체화한 앎에서 깨달음이 뿜어져 나왔다. 요컨대 내 행동이 옳지 않다는, 윤리적으로 용납할 수 없다는 깨달음이었다. 어떤 의미에서 나는 스스로 묻기 시작했다. 무슨 근거로 동물을 먹기 적합한 존재라 여기는 태도를 받아들였을까?

내가 온몸으로 '알게 된' 사실을 조지핀 도너번은 이렇게 서술했다. "동물을 죽이고, 먹고, 고문하고, 착취해서는 안 된다. 왜냐하면 그들이 그렇게 대우받길 원하지 않고, 이를 우리도 알기 때문이다."[38] 이처럼 체화한 지식은 내가 동물을 소비하고, 착취하며, 침해해도 되는 존재로 바라봤고, 신의 속임수, 즉 억업자의 방식을 따라감으로써만 그렇게 할 수 있었다는 깨달음을 동반했다. 이것이 보편적인 시각이라는 환상을, 즉 다른 존재론적 가능성은 결코 없으며, 비인간 동물이 지금과는 다르게 인간이 침해할 수 없는 존재로 대우받고 싶어 할 가능성은 전혀 없다고 믿었다. 도너번이 인정하듯이, 또 다른 시각, 즉 그와 같이 유린당해온 동물의 시각이 존재한다. 이 동물의 관점을 내 삶의 현실에 통합하려면 내가 먹는 것 그리고 내가 가진 도덕적 틀을 바꿔야 했다. 이런 의미에서 내가 획득한 지식은, 페미니즘 철학자 로레인 코드가 '자연'을 지배하려고 하는 대신 '자연'이 스스로 말하게 하는 지식을 그리면서 묘사한 앎의 유형에 해당했다.

나는 억압적인 행동을 허용하고 '자연'을 지배하려 하는 존재론에 의문을 품고, 대안적인 존재론을 찾기 시작했다. 그런데 존재론의 문제로 그려왔던 것에서—즉, 동물은 인간에게 '잡아먹히려고 태어날까?'—인식론의 문제가 훨씬 더 핵심적이라는 점도 이해하기 시작했다. 페미니스트들이 '여성,' 지식, 과학, 그리고 문화란 사회적으로 구성된다는 점을 탐구하며 인식론적인 질문을 던질 때, 이 같은 질문은 이 글에서 이야기하는 지식 주장 역시 고민한다. 우리는 동물에 관해, 인간과 비인간 동물의 차이점에 관해 무엇을 알까? 비인간 동물이 인간과 맺는 관계에서 무엇을 경험하는지에 관해서는? 또, 그것을 어떻게 알까? 예컨대 비인간 동물을 고통 없이 죽여 식품으로 만든다는 것을 어떻게 알지? 동물실험이 의학 지식을 발

---

38. Donovan, "Animal Rights and Feminist Theory," p. 375.

전시킬 유일한 길이라는 것은 어떻게 알지? 비인간 동물을 두고 이같은 지식 주장을 누가, 무슨 근거에서 하지? 동물의 의식에 관해 우리는 실제로 무엇을 알까? 동물의 관점에 관해서는? 우리가 진정으로 비인간 동물과 공유하는 공통점에 관해서는? 동물이 자기 자신과 다른 동물을 경험하는 방식에 관해서는? 이 같은 물음은 가부장적 짐승 신학의 가치 위계와 가치 이원론을 받아들이게 하는 지식 주장을 문제화한다.

이 같은 질문들을 출발점으로 삼아, 우리는 동물을 침해할 수 있다고 여기는 현재의 존재론적 상태가 **그들의** 실재보다는 **우리의** 의식과 더 관련 있다는 사실을 간파하기 시작한다. 동물이 반드시 인간의 식품이 되어야 할 필요는 없다(존재론). 우리가 그들을 식품이나 의복으로 여기는 것은 인식, 문화적 개입, 강요당한 정체성이 만들어낸 구조물이다(인식론). 우리가 알도록 이미 정해진 것은 동물은 어떠어떠하다는 재현이다.

'동물'을 사용해도 되는 존재로 여기는 '인간'의 인식론이 인간/동물 이원론이라는 세계를 창조한다. 인간이 동물을 바라보는 방식이 동물을 말 그대로 사용해도 되는 존재로 만들어낸다.[39] 이는 살아 있는 동안 '인간'과 '동물'이 '여성'과 '남성'처럼 "인식, 문화적 개입, 혹은 강요당한 정체성의 구조물이 아니라, **존재**의 특성으로 폭넓게 경험됨"을 뜻한다. **종**과 **젠더**는 둘 다 "인식론으로서가 아니라, 존재

---

39. 멀린다 바다스가 캐서린 매키넌의 통찰, 그리고 그러한 통찰을 동물 착취 쟁점에 적용할 수 있느냐를 분석하면서 한 말을 바꿔 표현했다.

론으로서 실행된다."[40] 캐서린 매키넌이 말하는 바와 같이, 지금 일어나는 사건은 "**관점**을 **존재**로 탈바꿈시키기"다. 그리고 그것이 존재론적으로 성공하면, 인간의 지배가 인식론적인 것으로 보이지 않는다. "존재를 지배함으로써 의식을 지배한다."[41] 그토록 수많은 논쟁이 특히 동물의 존재에 초점을 맞추는 것도 바로 이 때문이다. 왜냐하면 관점에서 존재로(인식론에서 존재론으로) 성공적으로 전환하기만 하면 눈에 드러나 보이지 않기 때문이다. 이 모든 일에서 우리의 의식이 하는 기능은 감춰져 있다.

캐서린 매키넌은 나아가 "겉보기에 존재론적인 상황은 반체제적 현실을 대변하는 관점의 도전을 받을 때에야 인식론적인 것으로 보이게 된다"고 지적한다.[42] 동물 옹호론자들은 그와 같은 반체제적 현실을 제시하면서 이렇게 말한다. "동물은 잡아먹히거나 실험을 당하려고 태어나는 게 아니다! 동물을 먹고 동물로 실험하는 것은 불가피한 일이 아니다! 그들은 소비되려고 살아가는 게 아니다!" 동물 착취에 도전하는 이들은 앎의 주체로서 동물의 세계 안에서 자기 위치를, 또 동물의 세계를 향한 자기 책임을 자각한다. 숨겨진 것이 마침내 시야에 들어온다.

40. 이는 캐서린 매키넌의 통찰로서, 그가 젠더 구성을 분석한 데 내가 종 구성을 덧붙였다. Catharine MacKinnon, *Toward a Feminist Theory of State* (Cambridge: Harvard University Press, 1989), p. 237.

41. 같은 책, p. 238.

42. 같은 책, p. 240.

짐승 같은 신학을 탈바꿈시키기

여성이 남성에게 종속된다는 선언은 신의 뜻을 따랐으므로, 페미니즘 신학의 한 과제는 어떤 존재가 진짜냐는 물음을 미리 결정하는 권위적/존재론적 연관성을 깨부수기였다. 페미니즘 신학은 여성을 타자로 놓는 권위적/존재론적 상황을 바로잡는 경험에서부터 시작한다. 이와 유사하게, 경험에서 시작하는 작용이 동물과 맺는 관계에서도 새로운 가능성을 열어젖힌다. 수많은 사람의 증언에서 드러나듯이, 도살장이나 공장식 축산의 현실을 경험하면 사람이 자기 자신을 시체 섭취자로, 비인간 동물을 살점으로 보려는 경향이 줄어든다. 비합법적인 감정이 인식론적인 전환을 촉발할 수 있다.

비인간 동물을 옹호하는 많은 이는 그와 같은 입장에 도달하기까지 급진적인 상호주체성, 다른 동물과 2인칭으로 만나는 과정을 거쳤다. 이 역시 '자연'을 지배하려 하는 대신 '자연'이 스스로 말하게 하는 종류의 지식이다. 그와 같이 자연을 말하는 주체로서 다시 놓고 보는 것을 비키 헌은 『아담의 임무』에서 이렇게 묘사한다. "생각건대, '[침팬지] 워쇼가 말을 할 수 있을까?' 하는 질문에 '모르겠다, 만난 적이 없어서'라고는 좀처럼 답하지 않는다는 게 놀랍다."[43]

---

43. Vicki Hearne, *Adam's Task: Calling Animals by Name* (New York: Alfred A. Knopf, 1986), p. 33. [워쇼(Washoe, 1965~2007)는 서아프리카 태생의 암컷 침팬지로, 비인간 동물로서는 최초로 미국 수화를 습득해 의사소통했다. 이는 동물의 언어 습득에 관한 연구 실험의 일환이었다.—옮긴이]

2인칭 신학

8장에서 2인칭의 개념을 서술했다. 우리는 다른 사람들에게 의존해 그들에게서 "인격의 본질이 되는 기술을 터득함으로써"[44] 사람이 된다. 삶이란 연대감과 상호의존에서 시작된다. 그러므로 우리가 지식을 습득할 때에도 "사람은 근본적으로 2인칭이며,"[45] 우리의 지식은 별개로 독립된 것, 개인만의 것이거나 '혼자 힘으로 만들어낸' 게 결코 아니다. 9장에서 나 자신이 동물과 관계를 맺으면서 경험한 형이상학적 전환, 거기서 비롯해 한 동물과 맺은 2인칭 관계를 묘사했다. 2인칭 신학은 가부장적 짐승 신학을 뒤집기 위해 필요하다. "지식 주장은 다른 한 주체, 혹은 다른 여러 주체의 참여를 상정하며, 그렇게 참여함으로써 일어나는 순간순간의 대화, 발화 행위, 연설이라는 형태를 띤다"고[46] 할 때의 2인칭 사고처럼, 2인칭 신학은 비인간 동물을 주체로 조우하는 데서부터 생긴다. 비키 헌이 제시하길, 동물을 이야기하면서 우리가 그들을 대화에 포함하지 않는다면, 우리의 지식 주장은 부적절한 게 된다.

신은 관계 속에서 모습이 드러난다. 동물은 대부분 이처럼 '관계 속에서 드러나는 신'이라는 관념을 경험하지 못하도록 배제되었는데, 정확히 관계를 단절하는 방식으로 우리가 그들을 이용하기 때문이다. 동물 착취의 형태 다수를 보면, 우리에 가둬 감금하고, 사

---

44. Code, *What Can She Know?*, p. 82에서 다음을 인용. Annette Baier, "Cartesian Persons," in *Postures of the Mind: Essays on Mind and Morals* (Minneapolis: University of Minnesota Press, 1985).

45. Code, *What Can She Know?*, p. 85.

46. 같은 책, p. 121.

회적 관계를 누릴 능력, 아니 요구를 제한하며, 살아 있는 동안에도 죽은 듯이 존재할 수 있다고 기대한다. 본질적이고 급진적으로 관계 중심적인 신성 앞에서 어떤 존재가 오로지 대상이 될 목적으로 창조되었다는 게 말이 될까? 만약 신이 과정이고, **존재**이며, 관계를 통해 드러난다면, 우리는 모든 존재를 그와 같은 신성한 관계 속에 놓고서 애정 어린 눈길로 바라봐야 하지 않을까?

동물이 고통을 느끼느냐 느끼지 않느냐를 이야기하는 것은, 신이 존재하느냐 존재하지 않느냐를 이야기하는 것과 같다고 말한다. 그런데 이 점을 좀 더 밀어붙여보자. 만약 동물과 대화를 시도하는 게 신과 대화를 시도하는 것과 같다면? 그러면 동물을 대할 때의 신조를 고수할 텐가? 비키 헌은 "개의 존재를 귀담아듣기"라는 마르틴 하이데거Martin Heidegger의 제안을 인용한다.[47] 샐리 캐리거는 『광야의 고향: 한 사적인 여정』에서 그처럼 동물의 존재에 귀를 기울이는 한 사례를 이렇게 보여준다. "난 새와 동물에게 말을 걸었는데, 평소와 같은 목소리로 분별 있게 말을 건넸다. … 매우 수줍어하는 한 뇌조에게 [말을 걸길], '모래로 몸을 씻어낼 테야? 여기 좀 봐, 흙이 엄청 곱고, 잘 말라 있어.' 그들이 내 말을 이해하지 못한다는 걸 알았지만, 그토록 민감한 생명체들에게는 어조만으로도 우리 생각 이상으로 더 많은 것을 전달할 수 있다. … 감상이 아니라 염려를, 즉 진정한 온기를 그들이 느껴야 할 것 같았다."[48] 누군가의 '스테이

47. Hearne, *Adam's Task*, p. 59.
48. Sally Carrighar, *Home to the Wilderness: A Personal Journey* (Baltimore: Penguin Books, 1974), p. 304. 이 부분은 다음에서 발췌했다. Theresa Corrigan

크'나 가죽 코트와는 그와 같은 대화가 불가능함을 들여다볼 필요
조차 있을까?

2인칭 신학은 동물을 대상이 아닌 주체로 인정함으로써 직접적
인 방식으로 동물을 통합한다. 또한, 동시에 이처럼 다른 주체의 참
여를 상정하고 그 참여에 의존하는 지식 주장을 만들어내는 데 관
심을 가짐으로써 동물을 통합한다. 그 결과, 동물 살점, 가죽, 그 외
동물 착취의 형태를 불안정하게 할 뿐만 아니라, 수직적으로 조직
한 세계에서만 **짐승**이라는 단어가 기능함을 알아차리고는 이 단어
를 퇴출시킬 것이다.

짐승이라는 호명에서 동물을 해방함으로써 우리 또한 인간을 '짐
승이 아닌 것'으로 분류해야 할 필요가 없어지리라. **짐승**을 사전에
서 찾으면 **폐어**라는 꼬리표가 붙어 있을 것이다.

짐승 같은 신학에서 2인칭 신학으로

누군가가 채식주의자가 됨으로써 보이는 태도 변화를 그의 친구
인 비인간 동물은 눈치챘다고 봐요. … 채식주의자가 되겠다고 결
심하는 심리적 행위가 동물에게 느끼는 크나큰 죄책감에서 벗어
나게 해주고, 동물이 이를 알아챘다고 정말로 생각해요. 동물과
훨씬 덜 모호하고 덜 양가적인 관계를 맺으며, 더욱 자유롭게 그
들을 동등한 상대로 생각할 수 있다는 인상을 받아요. 바로 이런

and Stephanie Hoppe, eds., *With a Fly's Eye, Whale's Wit, and Woman's Heart*
(Pittsburgh: Cleis Press, 1989), pp. 23-24.

특성에 그들이 반응한다고 생각해요. 전 채식주의자가 된 후로 분명히 동물과 다른 관계를 맺게 되었다는 느낌이 들어요.

—브리지드 브로피[49]

2인칭 신학이 존재한다면 동물은 신학적 담론에서도, 신학적 실천에서도 더는 부재 지시 대상이 아닐 것이다. 신학적 담론에서는 인간을 위한 은유가 아니며, 신학적 실천에서는 우리가 아무것도 모르거나 혹은 우리가 절대적이고 보편적으로 당연히 안다고 여기는 대상이 아닐 것이다. 2인칭 신학은 부재 지시 대상의 구조에 반한다. 동물이 개념적으로 부재할 때, 우리는 우리의 체화한 앎이 관계와 조우할 공간을 제거해버렸으며, 우리가 애정 어린 눈길로 마주할 상대는 아무도 없다. 비인간 동물의 관점을 알고자 할 때 무슨 제약이 존재하든 간에, 그들을 규정하고 이용하기를 중단하는 게 그들에게 중요함을 우리는 안다. 결코 모든 동물과 관계를 맺을 수 없고, 그렇게 할 필요도 없지만, 사용해도 되는 존재가 되지 않도록 모든 동물을 해방하려고 힘쓸 수는 있다.

부재 지시 대상의 구조를 해체하는 일에서 2인칭 신학은 동물을 다른 자리에 다시 놓으면서 그들을 다시 주체화하고, 각각의 동물이 이 세계에서 하나의 주체적인 존재임을 이해한다. 바버라 노스케가 주장하길, 우리는 동물을 규정하는 담론이 아니라 서술하는 담론으로 옮겨가야만 하며, 수직적이고 위계적이기보다는 수평적인

---

49. 다음에서 실은 브리지드 브로피의 인터뷰 내용, Rynn Berry, Jr., *The Vegetarians* (Brookline, MA: Autumn Press, 1979), p. 80.

종 경계를 인정해야 한다.

2인칭 신학은 인간 대 동물을 주장하는 이원론적 환원에 대안을 제시한다. 이원론에 이의를 제기함으로써, 우리는 인간 대 동물이라는 정의의 대립적 속성을 받아들이지 않는다. 그럼으로써 '동물'을 '인간'처럼 여긴다는 게 아니다. 순전히 덜 그렇게 하고 있을 뿐이다. 우리는 다만 인간과 동물, 둘 다 이 같은 환원적 이원론에서 해방한다. 실제로, 비인간 동물을 '동물'이라는 범주에서 자유롭게 하는 게, 자율적인 인간 주체라는 관념에 페미니즘이 도전할 때 도움이 된다. 바버라 노스케는 이렇게 말한다.

> 자연은 경제적으로, 기술적으로 활용할 수 있으면서도 이데올로기적으로는 무해한 상태로 평가 절하되어야만 했다. 그런데 인류가 스스로 자연에서 떨어져 나와 자신을 더는 자연의 일부로 느끼지 않아야만 자연을 평가 절하할 수 있었다. 네덜란드의 철학자이자 인류학자인 톤 르메어Ton Lemaire는 두 가지 발전, 이른바 자연을 대상화하기 그리고 인간 주체를 자율적인 존재로 만들기가 서로 밀접하게 관련이 있음을 분명히 한다. "외부 자연과 무의식적으로 뒤엉켜 있는 상태에서 인류가 자신의 인격을 그러모은 후에야 비로소 현실은 온전하게 하나의 대상이 될 수 있었다."[50]

우리가 동물에게 2인칭이 될 수 있음을 깨달을 때, 우리는 우리의

---

50. Noske, *Humans and Other Animals*, p. 53.

인격을 창조 과정 내부로 다시 집어넣는다. 우리는 지배문화 속에서 외따로 떨어진 자율적인 '앎의 주체들'이 아니라, 우리를 제외한 나머지 자연과 함께 2인칭으로 존재한다. 창조, 그리고 특히 비인간 동물과 다시 관계를 맺는 과정은 다른 주체성, 그리고 다른 신학을 만들어낼 것이다.

동물을 착취해도 되는 존재로 여기는 문화에서, 이 같은 존재론에 입각한 현재의 행태를 우리는 고민해야 한다. 지금보다 몇 세기 후에는 뭔가를 적극적으로 해야만 동물에게 해를 끼칠지도 모르겠으나 당장은, 동물에게 해를 끼치지 못하도록 적극적으로 움직여야 한다(예컨대 학교 카페테리아에서 점심을 사 먹는 대신에 채식으로 된 점심을 가방에 넣어 가지고 가기 혹은 비누, 샴푸 등의 내용물이 뭔지 알아보기). '고기'나 '모피'나 '가죽'을 상점에서 구하는 게 가능한 한, 사람들은 이 같은 '상품'의 생산·입수·구매를 동원하는 소비지상주의에 반하여 적극적으로 개입해야 한다. 이제껏 해야 한다고 배워 왔던 것에 저항해야만 한다.

우리 모두에게 남은 것은 사적이고 신화적인 고고학이라는 과제, 즉 오래된 지형을 다시 조사하는 것이다. 종차를 윤리적으로 유의미한 결정 요인으로 구성하는 범주의 지층 속에 우리 자신이 묻혀 있다. 더 이상 주교를 비롯한 가부장적 앎의 주체들이 우리의 앎을 결정하는 것을 용납할 수 없다. 페미니즘 신학이 밝힌 가부장적 종교의 핵심 쟁점—경험을 권위에 종속시키기, '신'을 아버지 혹은 군주로서 엄격하게 개념화하기, 따로 떨어져 있는, 원자론적 자아 개념 같은 쟁점—은 동물이 대상이나 도구이며, 우리와 신의 관계가 동물의 불가침성을 능가한다는 발상에서도 역시 중심이 된다. 캐서린 켈러는 "관계를 향한 끌림을 페미니즘적 감수성과 조율한다면, 자아를 두고 새로운 의미를 만들어낼 수 있고, 또 실제로 만들어낸다"고 견해를 밝힌다.[51] 이 관계를 향한 끌림, 이 자아의 새로운 의미, 그리고 자아가 삶에서 궁극적인 것과 맺는 관계가, 이 모든 존재와 맺는 깊은 친밀감이, 동물을 도구적으로 이용하면서 살아 있는 동물 몸은 실험하고 죽은 동물 몸은 소비하는 것을 용납할까? 억압의 연동 체계가 지닌 속성을 고려할 때, 우리는 이 같은 질문을 계속 모른 척할 수 있을까?

51. Keller, *From a Broken Web*, p. 2.

〈그림19〉 일러스트레이터 카일 타포야(Kyle Tafoya), 〈전사들(Warriors)〉 시리즈에서 캐럴 J. 애덤스, 2017.

작가의 말

이 기획은 한 발상에서 시작됐는데, 소중한 친구이자 멘토인 퍼트리샤 데니스Patricia Denys와 협업해 동물 활동가 그리고 고통을 끝내려는 그들의 싸움을 보여주고자 했다. 캐럴Carol J. Adams, 폴 왓슨Paul Watson, 수 코Sue Coe, 그리고 제인 구달Jane Goodall을 선택했다. 내가 택한 주인공의 얼굴을 통해 동물이 빛나면서, 그 주인공이 누구인지, 또 그들이 싸워 지키려고 하는 게 뭔지 보여주는 일부분이 되도록 하고 싶었다.

—카일 타포야

코다

1990년 3월, 워싱턴에서 동물을 위한 행진을 한 다음 날, 《워싱턴 포스트》지가 관련 기사 한 편을 지역판에 실었다. 기사에서는 행진을 묘사하면서, "우린 더는 테니스화 차림의 보잘것없는 옛날 여자분들이 아닙니다"라고 말한 한 동물 옹호론자를 인용했다.

나는 보잘것없는 옛날 여자분이 될 만큼 충분히 오래 살고 싶다. 기사에서 인용한 사람과는 달리 이 범주는 내가 적극적으로 지향하는 것이기에, 이처럼 모욕적으로 들리는 찬사에 대해 궁금증이 들었다.

결국 사람들이 이야기하는 한 가지 사실은 '인간의 동물 억압과 관련해 정당하고 중요한 쟁점을 보잘것없는 옛날 여자분들이 나머지 사람들보다 먼저 발견했다'는 점이다. 그들이 동물 편에 서서 주장하기 시작했을 때는 아마도 보잘것없는 옛날 여자분들이 아니었으리라. 그러나 우리는 우리 자신이 실제로 동물에게 하는 짓을 직면하지 않으려 하고, 그 과정에서 이 여자분들은 나이를 먹었다.

19세기 영국의 반생체해부 운동은 여성이 없었다면 와해됐을 것임을 우리는 안다. 오늘날 동물권 활동가의 75%를 여성으로 추산한다는 점도 안다.

다음은 내가 아는 보잘것없는 옛날 여자분들의 모습이다.

여성은 나이가 들면서 흔히 더 급진적이 된다. 남성은 나이가 들면서 더 보수적이 될 가능성이 크다.

기디언 시먼과 바버라 시먼 박사에 따르면, 분명히 여성은 나이가 들면서 식단에서 동물 살점을 배제한다. 그들은 자기 몸에 귀 기울이는 법을 배웠다.[1] 우리 몸에 귀 기울이기란 우리 문화가 적극적으로 반대하는 일이다. 어떤 점에서 우리는 육체와 분리된disembodied 지배의 윤리를 가지고 있다. 동물을 소비하는 일이 우리 몸과 지구의 몸에 미치는 영향을 무시하는 윤리, 동물과 그들의 몸을 정당한 관심사로 여기지 않는 윤리를.

다른 문화에서는 구세대, 특히 여성을 존중한다. 여성은 지혜롭다고 알려져 있다. 하지만 서구 문화는 나이 든 여성에게 갖가지 별칭을 내뱉는데, 예컨대 마고할미crones, 즉 '못생기고 살이 빠져서 쪼그라진 늙은 여자' 혹은 마귀할멈이라고 부른다. 마고할미는 '성미가 고약하고 짓궂은 여자'라는 뜻도 있다. 어떤 페미니스트가 현재

---

1. "많은 사람, 특히 여성은 중년이 되면 고기에는 덜 끌리는 반면, 유제품, 과일, 채소는 식욕을 더 돋운다고 말한다." Barbara Seaman and Gideon Seaman, M. D., *Women and the Crisis in Sex Hormones* (New York: Rawson Associates Publishers, Inc., 1977), p. 372.

와 같은 지배문화와 싸우지 않고, 그것에 반대하지 않으랴? 메리 데일리는 마고할미가 오래도록 산다고 넌지시 말한다.[2] 마고할미야말로 동물 착취와 싸워 이기기 위해 페미니스트들이 되어야 할 모습이다.

마고할미라는 용어의 또 다른 의미는 '쪼글쪼글한, 마녀 같은 늙은 여자'이다. 불과 몇백 년 전, 대대적인 반여성 캠페인이 진행되면서 수십만 여성이 마녀사냥을 당했다.[3] 그 가운데 대다수가 보잘것없는 옛날 여자분들,[4] 혹은 약초를 쓰는 치료사나 산파인 독신 여성이었다. 그리고 다수가 '마녀의 시중을 드는 마귀,' 곧 여성과 똑같이 악귀에 씌었다는 반려동물이 있다고들 했다. 키스 토머스는 다음과 같이 기술한다.

하지만 집 안에서 기르는 펫이나 불청객 반려동물들을 귀신에 홀렸다고 여겼냐 아니냐는 또 다른 문제다. 이 생물들은 외로운 늙

---

2. 메리 데일리가 제인 카푸티를 거들며 한 말, *Websters' First New Intergalactic Wikedary of the English Language* (Boston: Beacon Press, 1987), p. 114. 마고할미에 대해서는 다음도 보라. Jane Caputi, *Gossips, Gorgons, and Crones: The Fates of the Earth* (Santa Fe, New Mexico: Bear & Company Publishing, 1993).

3. 앤 바스토는 보통 수백만이라고 인용하는 수치는 너무 높다고 주장하면서, 기소 20만 건과 "사망 10만 건"이라는 보수적인 추정치를 제안한다. Anne Llwellyn Barstow, *Witchcraze: A New History of the European Witch Hunts* (San Francisco: Pandora, 1994), p. 23.

4. 바스토가 전하길, "뉴잉글랜드에서는 마녀 혐의를 받은 다수가 중년이었지만, 유럽의 희생자 대부분은 50세 이상으로 더 나이가 많았다." 그는 계속해서, "마녀사냥의 한 가지 양상이, 나이가 들어 의존적인 여성을 향한 불편감과 적개심이었음을 부인할 수 없다. 마녀 혐의를 궁핍한 노인 여성, 즉 출산 시기가 지났으며 재생산 노동을 하기에는 너무 쇠약한 여성을 제거하는 데 이용했을 것"이라고 말한다. *Witchcraze*, pp. 27, 29.

은 여성들의 유일한 벗이었을지도 모르는데, 여성이 이 동물들에게 붙인 이름을 보면 다정한 관계였음을 짐작할 수 있다. 에식스에서 매슈 홉킨스에게 희생된 이들 중 메리 호켓Mary Hockett은 "각각 '꼬마,' '이쁜이,' 그리고 '깜찍이'라고 부른, 쥐로 가장한 세 악귀"에게 환대를 베풀어서, 또 브리짓 메이어스Bridget Mayers는 "'귀를 쫑긋 세운 아이'라고 부른, 쥐로 가장한 마귀"를 극진하게 대해서 기소당했다.[5] 좀 더 최근에는 소설가 J. R. 애컬리J. R. Ackerley가 자기 어머니에 관해 이렇게 썼다. "어머니가 점점 사고 능력을 잃어갈 때 마지막까지 어머니가 친구로 여긴 이 중 하나는 파리인데, 나는 결코 본 적이 없지만 어머니는 그 파리에 관해 이야기를 많이 하고, 그 파리에게 말을 걸기도 했다. 크고 우수에 찬 노란 눈과 긴 속눈썹이 있는 그 파리는 욕실에 살았다. 어머니는 그 파리를 두고 소소한 농담을 했지만, 매일 아침 빵 부스러기를 가져가서는 욕조에 몸을 담글 때 나무로 된 가장자리를 따라 부스러기를 흩뿌려 파리에게 먹일 만큼 진지했다."[6]

파리와 쥐에게—이름을 붙이고, 개인으로 바라보며, 상호작용하는 등—인격의 자질을 부여할 때, 우리는 그들의 억압에 이의를 제기

5. [옮긴이] 매슈 홉킨스(Matthew Hopkins, 1620~1647)는 영국의 악명 높은 마녀사냥꾼으로, 잉글랜드 내전/청교도 혁명(English Civil War, 1642-1651) 중에 주로 이스트앵글리아 지역에서 왕성하게 활동했다.

6. Keith Thomas, *Religion and Decline of Magic: Studies in Popular Beliefs in Sixteenth- and Seventeenth- Century England* (Hammondsworth: Penguin University Books, 1973), p. 626에서 다음을 인용함. J. R. Ackerly, *My Father and Myself* (1968), p. 174.

할 윤리의 기반을 가지고 있는 셈이다.

동물의 고통은 평범한 소비자의 눈에는 대부분 보이지 않는다. 슈퍼마켓의 동물 살점 구역에서는 집약적 사육농장에 갇혀 있거나 혹은 도살당하는 동물의 영상을 절대 보여주지 않으며, 가정용품 상표에는 제품 실험의 일환으로 실행한 동물실험 사진을 절대 넣지 않는다. 사람들이 자기 삶에서 당연하게 여기는 것을 위해 동물과 그들이 겪는 억압은 눈에 보이지 않아야 한다. 우리는 눈에 보이지 않는 것—그리고 계속 눈에 드러나지 않길 사람들이 적극적으로 바라는 것—을 아주 선명하게 보이도록 만드는 야심 찬 일에 직면한다. 동물의 경험을 눈에 보이게 만들 때, 전통적으로 동물을 무시한 윤리적, 도덕적, 종교적 논의를 폭로하는 셈이다.

동물에게 관심을 가지는 일은 예로부터 개인적이고 감정적인 것, 즉 보잘것없는 옛날 여자분들과 동일시할 만한 것으로 여겼다. 이 나이 든 여자분들은 여성이 다 그렇듯이 애초부터 무엇이 윤리적, 도덕적, 혹은 종교적인지 정하는 원론적인 논의에 기여하도록 허락 받지 못했다. 스피노자Baruch Spinoza가 뭐라고 말했는지 상기해보자. "동물 살해 반대의 근원은 '건전한 이성이 아니라 껍데기뿐인 미신과 여자에게나 어울리는 예민함이다.'"[7] 성미가 고약하고 짓궂은 내 안의 마고할미가 묻는다, 누가, 무엇이 '건전한 이성'인지 결정했을까? 왜 예민함을 부정적인 특성으로 여기고, 그러한 특성을 여자

7.   Benedict de Spinoza, *Ethic* 4, 명제 37, trans. W. Hale White, 4th ed., 1910, p. 209. 이를 다음이 인용함. Keith Thomas, *Man and the Natural World: A History of the Modern Sensibility* (New York: Pantheon Books, 1983), p. 298.

같은 것과 동일시했을까? 동물 옹호론자들은 지배적인 철학을 적극적으로 해체하는데, 거기엔 이처럼 비합법적인 감정을 적합한 감정으로 인정하는 페미니즘적 접근법이 반드시 수반될 것이다.

루이즈 암스트롱은 어떤 이들이 '보호주의'라고 무시하듯이 부르는 것을 제안한 19세기 여성에게 자유란 무엇을 의미했냐는 문제를 고찰하면서 이렇게 주장한다. "여성이 추구하던 것은, 남성이 자유롭게 여성에게 한(하고 싶어 한) 것을 **당하지 않을** 자유였다. 요컨대, 여성을 유기해 빈곤에 빠뜨리고 오명을 씌우며, 다른 모든 것과 아울러 여성의 아이들도 자기 손아귀에 넣는 것, 여성을 때리는 것, 강간하는 것, 여성이 수모를 겪는 모습을 보여주는, 또 이를 정상화하는 이미지들을 이용해 잘 먹고 잘사는 것 같은 일을 당하지 않을 자유." 그는 계속해서, "그리고 한 계급의 사람이(여성) 다른 계급의 사람한테서(남성) 제도화하고 합법화한 학대와 착취를 **당하지 않을** 자유를 원하는 것은, 똑같이 학대하고 착취할 만큼 힘을 가지고 싶어 하는 것보다 반드시 더 작거나 더 약한 목표는 아니다"라고 말한다. 그런 다음 자신이 말하는 바를 보여주는 예를 이렇게 제시한다. "(만약 사람들이 자유롭게 닭을 죽이고 먹을 수 있다고 생각한다면, 아마도 닭이 가장 원하는 바는 식탁 어디쯤 자리를 잡고 앉았느냐가 아니라, 접시 위에 놓이지 않을 자유이리라.)"[8] 공장식 사육동물을 먹을 때, 우리 눈에는 그들이 직접적으로 보이지 않는다. 동물은 우리 옆

8. Louise Armstrong, "Ideal Freedoms, Real Fears." 이 글은 Wendy Kaminer가 쓴 *A Fearful Freedom: Women's Flight from Equality*에 대한 서평으로, 다음에 실렸다. *The Women's Review of Books* 8, no. 2 (November 1990), p. 9.

에 앉아 있지 않다. 그들의 죽은 자아가 우리 접시 위에 놓여 있을 때, 그들의 살아 있는 자아는 우리의 개념적인 틀 속에서 별다른 자리를 차지하지 못한다. 그리고 만약 그들이 실제로 우리의 개념적인 틀 속에서 자리를 점유한다면, 아마도 우리 접시 위에 나타나지는 않을 것이다.

공장식 사육에 관해 알게 되었을 때 나는 이미 채식을 하고 있었다. 그럼에도 그때나 지금이나 변함없이 심란한 마음으로 말단동물의 삶을 다루는 글을 읽느라 많은 시간을 쓴다. 감금당하고, 따분해하고, 굶주리며, 외관이 흉하게 망가지고, 병들고, 때때로 동족끼리 잡아먹을 정도로까지 스트레스를 받는 동물에 관한 묘사를 고통스럽게 마주한다. 우리는 우리 자신이 개인적으로 채식을 하는 게 해결책이 아님을 곧 깨닫는다. 물론 그것도 필요하지만 말이다. 우리 사회가 자기 자신을 개념화하는 방식이 혁명적으로 바뀌어야만 한다.

내 출발점은 공장식 축산을 다루는 저작에서 출처로 사용한 학술 논문 검토하기였다. 과학적 언어로 표현한 이 논문들을 읽어나감에 따라—더구나 논문이 죄다 '동물 과학Animal Science'에 몰두한다는 사실을 깨달았다—그 논문들이 다루는 거대한 산업이 점점 더 분명해졌다. 이토록 많은 논문이 탐구하는 질문이란, 비록 객관적인 언어로 쓰고 있다지만 내 언어로 바꿔 표현해보자면 이러했다. '사회적 관계,과 헤집거나 혹은 모래로 몸을 씻어내는 데 필요한 흙의 느낌, 막 태어난 송아지가 빨 어미의 젖꼭지와 같이 동물이 살기 위해 본능적으로 필요한 모든 것을 동물한테서 완전하게 빼앗았으니, 이제 이 동물들한테서 나타나는 반응을 우리는 어떻게 감당해야 하나?' 동족끼리 잡아먹는 현상에서 보이는 '사회악', 송아지가 자신이 갇힌 틀을 핥는 일, 임신한 동물이 분만이 임박하자 콘크리트 바닥에서 절망적으로 보금자리를 만들려고 시도하는 일과 같은 반응에 논문들은 관심을 보인다. 논문의 연구 주제는 온통 '동물을 기계처럼 대하고 인위적인 환경에 집어넣은 결과를 좀 보라고!'라며 비명을 지르는 듯했다.[9]

체화하지 않은, 객관적인 글쓰기 속에서 동물은 육체가 없듯이, 화자로서 나는 나 자신이 육체가 없는 것마냥 체화하지 않은 목소리가 되어서는 안 된다고 생각한다. 우리의 감정은 소중하다. 부재 지시 대상이라는 구조를 물리치려면, 동물의 삶을 사실대로 알고, 거기에 반응해야만 한다. 하지만 그러려면 우리가 보통 무시하는 정보를 똑바로 바라보고, 불편한 감정을 경험할 수밖에 없다. 억눌렸던 뭔가가 표면화할 때는 어느 정도 불안하기도 하고 기진맥진하기도 한다. 인간이 비인간 동물을 어떻게 대우하느냐 하는 쟁점을 제기할 때 바로 이런 일이 생긴다.

말단동물을 다룬 학술 논문을 읽으며 인간이 비인간 동물을 어

---

9. 이를테면 다음을 보라. David Fraser, "The Role of Behavior in Swine Production: A Review of Research," *Applied Animal Ethology* 11 (1983-84), pp. 317-39; 그리고 David Fraser, "Attraction to Blood as a Factor in Tail-Biting by Pigs," *Applied Animal Behavior Science* 17 (1987), pp. 61-68; A. B. Lawrence, M. C. Appleby, and H. A. Macleod, "Measuring Hunger in the Pig Using Operant Conditioning: The Effect of Food Restriction," *Animal Production* 47, pp. 131-37; D. G. M. Wood-Gush and R.G. Beilharz, "The Enrichment of a Bare Environment for Animals in Confined Conditions," *Applied Animal Ethology* 10 (1983), pp. 209-17.

떻게 대하는지에 관해 한결같이 비판 의식을 유지하는 게 얼마나 괴로운지 깨달았다. 동물마다 자아에서 본질적인 측면이 있는데, 이를 모조리 좌절시키는 공장식 축산 관련 글을 읽자니, 내가 이런 공장식 축산을 너무 자세하게는 도저히 묘사할 수 없다고 생각했다. 피터 싱어의 상세한 묘사처럼, 닭장 철조망에 대고 문질러 '시뻘겋게 벗겨진 [암탉의] 피부'라고 쓸 수는 없었다. 많은 이가 동물에게 개념적 자리를 마련해주지 않기로 하는 이유는 아마도 이 때문이리라. 동물이 개념적 실체가 없다면, 그들의 출혈이나 벗겨진 살을 깊게 생각할 필요가 없다.

눈에 보이지 않아야 하는 집단이 동물 쟁점을 눈에 보이게 만들려고 힘쓰면 어떻게 될까? 보잘것없는 옛날 여자분들이, 동물이 피를 흘린다거나 살이 벗겨졌다고 이야기하면서 그 동물에게 개념적 자리를 마련하려고 노력하면 무슨 일이 생길까? 성차별주의의 영향으로 지배문화는 그 여성들을 무시하는 판단을 내리리라. 하지만 우리 가운데 많은 이가 스스로 그 여성들의 전통을 따르고 있다. 물론 가죽을 쓰지 않은 테니스화를 신고서.

벨 훅스는 페미니즘 이론이 주변부와 중심부, 둘 다 다뤄야 한다고 설득력 있게 주장한다. 오직 중심부—특권을 가진 위치—에서만 나온 이론은 "전체성이 없고, 인간의 다양한 경험을 아우를 광범위한 분석이 부족하다."[10] 주변부—억압받는 이가 있는 곳—에서 살아온 사람들에게서 나온 이론은 태생적으로 저항하는 성질이 있다.

---

10. bell hooks, *Feminist Theory: From Margin to Center* (Boston: South End Press, 1984), p. x.

그것은 밖에서 안을, 그리고 안에서 밖을 바라보며 '주변부는 물론 중심부에 주목한다.' **주변부에서 중심부까지**from margin to center라는 훅스의 은유는 1984년에 그의 책이 처음 나온 이후로 페미니스트들에게 반향을 불러일으켰다.

동물은 지배문화의 주변부와 중심부에서 모두 찾아볼 수 있지만, 독립적인 존재로서 지위를 갖기보다는 대개 그 동물이 함께 사는 인간의 지위를 드러낸다. 패니 루 해머Fannie Lou Hamer의 전기를 읽으며 흠칫 놀랐던 기억이 난다. 그 전기에서는 해머가 백인 농장주 아래에서 일할 때 주인이 기르던 개는 실내에 전용 욕실이 있지만, 해머는 실내 화장실도 없는 작은 집에서 살았다고 썼기 때문이다.[11] 하지만 모피 코트가 보통 그것을 입은 여성의 남편이 부유함을 알려주듯이, 마찬가지로 개 전용 욕실도 엘리트 백인 특권이 부여한 지위의 혜택을 보는 백인 가정에 관해 말해준다.

동물은 주변부와 중심부에서 모두 찾아볼 수 있지만, 동물 억압에 대응하는 페미니즘 이론의 과제는 인간 억압을 근절하려고 노력해야 할 임무와는 다르다. 억압받는 인간은 주변부에서 살면서 중심부로 이동하기도 한다. 힘 있는 지위를 얻어서 혹은 그곳에서 정주하려는 게 아니라 서비스를 하는 위치로 움직인다. 반면, 동물은 어디에나 있지만, 어디에서도 진정으로 자유롭지 않다. 동물은 어디에나 있지만 보이지 않는 방식으로, 상품으로 존재한다. 이를테면, 죽은 동물의 몸은 많은 이에게 입을 옷을 마련해주는 것 이외에도

11. 다음을 보라. Kay Mills, *This Little Light of Mine: The Life of Fannie Lou Hamer* (New York: Penguin Books, 1993), p. 1.

카메라 필름과 비디오테이프 속에, 마시멜로, 젤로, 고무 타이어, 주택용 페인트, 테니스 라켓용 줄, 에머리보드, 차량 부동액, 그리고 다른 셀 수 없이 많은 제품 속에 들어 있다.[12]

주변부 은유를 밀어붙여, 억압받는 사람은 문화를 이루는 페이지 가장자리에 있지만 죽은 동물은 페이지 자체였고, 그 위에 인간 중심적인 문화가 자기 자신을 정당화하는 글을 써왔다고 주장할 수 있겠다. 은유적으로 우리는 동물이란 무엇이다, 라고 우리가 정하는 내용에 반해 우리 자신을 규정한다. 문자 그대로 동물의 몸은 파피루스에서 책으로, 즉 좀 더 일시적인 물질에서 한층 더 오래가는 물질로 탈바꿈하는 데 필요한 원재료였다. 예를 들어 사해 문서는 가죽으로 된 두루마리 모음이다. 다양한 동물(가장 흔히는 소, 양, 염소)의 가죽으로 만든 피지가 나오면서 가죽 두루마리 사용을 개선했다. 이처럼 새로운 재료(송아지 가죽으로 만든 고급 피지도 있었다)가 발전하면서 책 모양이 획기적으로 바뀌었다. 파피루스 두루마리는 페이지들을 접어 함께 묶은 피지 필사본(책의 현대적인 형태)으로 대체되었다.[13]

12. 좀 더 자세한 분석은 다음을 보라. Carol Wiley, "Why It's Impossible to be a Vegetarian," *Vegetarian Times*, May 1991. [젤로(Jell-O)는 크래프트하인즈(Kraft Heinz)가 소유한 등록 상표로, 다양한 젤라틴 디저트, 푸딩, 파이 등을 판매한다. 대중적으로는 '젤로'라는 이름으로 판매하는, 젤라틴, 착색제, 감미료, 그리고 딸기, 오렌지, 라임과 같은 향료로 만든 디저트를 통칭한다. 에머리보드는 손톱 모양을 다듬는 데 쓰는 도구다.—옮긴이]

13. Howard W. Winger, "Book," *Encyclopedia Britannica*, vol. 3 (Chicago: William Benton, 1966), p. 921. [사해문서(死海文書, Dead Sea Scrolls)는 사해 서안의 쿰란(Qumran) 근처 동굴에서 발견한 히브리어 구약성서 사본과 유대교 관련 문서로, 사해 사본, 사해 두루마리라고도 한다.—옮긴이]

우리의 이론적, 신학적 과제는 동물에 대해 우리 자신이 인간 중심적으로 생각하는 내용을 적은 페이지에서 동물을 지우는 것이다. 솔직히 말해, 보잘것없는 옛날 여자분이 될 때까지 동물을 위해 일하지는 않는 편이 좋겠다. 그때쯤이면 동물을 우리 인간 중심적인 문화의 페이지에서 지우는 일이 다 끝났으면 좋겠다. 그게 바로 그 보잘것없는 옛날 여자분들이 우리 문화에 선사하는 야심찬 과제다.

〈그림20〉 2017년 여성 행진(2017 Women's March)에[*] 참가한 어맨다 하우데셸(Amanda Houdeschell), 2017년 1월, 클리블랜드.

• [옮긴이] 미국 제45대 대통령 도널드 트럼프의 취임 다음 날인 2017년 1월 21일에 세계 각지에서
일어난 시위로, 트럼프의 몇몇 발언이 여성을 적대하고 모욕한다는 데 많은 이가 공감함으로써 촉
발했다. 미국 역사상 하루 동안 진행한 시위로서는 최대 규모였으며, 시위 목적은 여성 권리, 이민
개혁, 의료 개혁, 장애 정의, 재생산권, 환경, LGBTQ 권리, 인종 평등, 종교적 자유, 노동자 권리,
포용을 포함해 인권 그리고 기타 쟁점에 관한 법률 제정과 정책 입안을 옹호하기였다.

활동가의 말

　내가 비건이 된 이유는 유제품 산업에서 쓰는 강간대에* 관해 알게 됐기 때문이고, 나 자신도 강간 생존자로서 비인간 여성 성 착취를 계속 지지할 수 없음을 알았기 때문이다. 캐럴 J. 애덤스의 저작에서 영감을 받아, 또 성차별주의와 종차별주의 사이의 방대한 교차점에 자극을 받아, 현재는 동물권 활동을 함으로써 가부장제를 지탱하는 기둥을 위협하고, 이 같은 체계의 희생자인 비인간과 연대한다.

　나는 종혁명의* 공동 설립자인데, 종혁명은 대중에게 어떻게 우리가 종차별주의라는 부당한 체제를 해체할지 교육하고 있다.

—어맨다 하우데셸

---

* ● [옮긴이] 젖소에게서 우유를 가능한 한 많이 생산해내기 위해 농부들은 일반적으로 업계에서 '강간대(rape rack)'라고 부르는 도구를 사용해 젖소를 임신시킨다. 사람이 한쪽 팔을 젖소의 항문에서 직장(直腸)까지 쑤셔 넣어 자궁의 위치를 제대로 잡은 다음, 다른 팔로 정액이 든 도구를 질에 삽입한다.

* ●● [옮긴이] 종혁명(Species Revolution)은 동물해방, 비인간의 권리, 반종차별주의를 지향해 대중 교육 활동을 하는 비영리단체이다.

참고 문헌

Abbott, Sally. "The Origins of God in the Blood of the Lamb." In *Reweaving the World: The Emergence of Ecofeminism*. Edited by Irene Diamond and Gloria Feman Orenstein. San Francisco: Sierra Club Books, 1990, pp. 35-40.

Achenbach, T. M. *Child Behavior Checklist* (for Ages 2-3, for ages 4-16). Burlington, VT: Center for Children, Youth, and Families, 1988.

Adams, Carol J. "Anima, Animus, Animal." *Ms. Magazine* (May/June 1991).

Adams, Carol J. "Antifur... Antiwoman?" *Animals' Voice Magazine* 2, no. 8 (1989).

Adams, Carol J. "'Deena'—the World's Only Stripping Chimp." *Animals' Voice Magazine* 3, no. 1 (1990).

Adams, Carol J. "'I Just Raped My Wife! What Are You Going to Do about It, Pastor?'—the Church and Sexual Violence." In *Transforming a Rape Culture*. Edited by Emilie Buchwald, Pamela Fletcher, Martha Roth. Minneapolis: Milkweed Editions,

1993.

Adams, Carol J. "The Oedible Complex: Feminism and Vegetarianism." In the *Lesbian Reader.* Edited by Gina Covina and Laurel Galana. Oakland, CA: Amazon, 1975.

Adams, Carol J. "On the Fallacy of Germaine Greer." *Newsletter of the International Association against Painful Experiments on Animals* (Fall 1990): pp. 6-7.

Adams, Carol J. *The Sexual Politics of Meat: A Feminist-Vegetarian Critical Theory.* New York: Continuum, 1990.

Adams, Carol J. "Down to Earth." *Ms. Magazine* (May/June 1994).

Adams, Carol J., ed. *Ecofeminism and the Sacred.* New York: Continuum, 1993.

Adams, Carol J., and Marjorie Procter-Smith. "Taking Life or 'Taking on Life': Table Talk and Animals." In *Ecofeminism and the Sacred.* Edited by Carol J. Adams. New York: Continuum, 1993.

Ahlers, Julia. "Thinking like a Mountain: Toward a Sensible Land Ethic." *Christian Century* (April 25, 1990): pp. 433-34.

Akers, Keith. *A Vegetarian Sourcebook: The Nutrition, Ecology, and Ethics of a Natural Foods Diet.* New York: G. P. Putnam's Sons, 1983.

Albino, Donna. "C.E.A.S.E.: Building Animal Consciousness. An Interview with Jane Lidsky." *Woman of Power: A Magazine of Feminism, Spirituality, and Politics. Nature* 9 (1988): pp. 64-66.

Allen, Paula Gunn. *The Sacred Hoop: Recovering the Feminine in American Indian Tradition.* Boston: Beacon, 1986.

American Psychiatric Association. *Diagnostic and Statistical*

Manual of Mental Disorders. 3rd ed. rev. Washington, DC: American Psychiatric Association, 1987.

Animal Rights Handbook: Everyday Ways to Save Animal Lives. Venice, CA: Living Planet Press, 1990.

Ascione, Frank R. "Children Who Are Cruel to Animals: A Review of Research and Implications for Developmental Psychopathology." *Anthrozoos* 6, no. 4 (1993): pp. 226–247.

Baier, Annette. "Cartesian Persons." In *Postures of the Mind: Essays on Mind and Morals.* Minneapolis: University of Minnesota Press, 1985.

Baker, Steve. *Picturing the Beast: Animals, Identity and Representation.* Manchester, England: Manchester University Press, 1993.

Barnard, Neal. "The Evolution of the Human Diet." In *The Power of Your Plate.* Summertown, TN: Book Publishing Co., 1990.

Barr, James. "Man and Nature—the Ecological Controversy and the Old Testament." *Bulletin of the John Rylands University Library of Manchester* (1972): pp. 9–32.

Barstow, Anne Llwellyn. *Witchcraze: A New History of the European Witch Hunts.* San Francisco: Pandora, 1994.

Bartky, Sandra Lee. *Femininity and Domination: Studies in the Phenomenology of Oppression.* New York and London: Routledge, 1990.

Bartlett, Kim. "Editorial: A Patriarchal World." *Animals' Agenda: The Magazine of Animal Rights and Ecology* (October 1990): p. 2.

Bartlett, Kim. "Support Animal Rights." *On the Issues* (Winter 1990): p. 43.

Bauman, Batya. "Flesh or No Flesh." Letter to *Womanews*. (September 1989).

Bauman, Batya. "Ecofeminist Statement." *Vegan Street: Cruelty-Free and Environmentally Safe Products*. Rockville, MD: Vegan Street, 1990.

Bauman, Batya. "What Is Loving Animals All About?" *Feminists for Animal Rights News-letter* 5, no. 3–4 (1990): pp. 1, 12.

Bell, Derrick. *Faces at the Bottom of the Well: The Permanence of Racism*. New York: Basic Books, 1992.

Benney, Norma. "All of One Flesh: The Rights of Animals." In *Reclaim the Earth: Women Speak Out for Life on Earth*. Edited by Léonie Caldecott and Stephanie Leland. London: Women's Press, 1983.

Bentley, Sarah R. *For Better or Worse: The Challenge of the Battered Women's Movement to Christian Social Ethics*. Union Theological Seminary doctoral disseration, 1989.

Benton, Ted. *Natural Relations: Ecology, Animal Rights, and Social Justice*. London and New York: Verso, 1993.

Berry, Rynn Jr. *The Vegetarians*. Brookline, MA: Autumn Press, 1979.

Birke, Lynda. "Science, Feminism, and Animal Natures I: Extending the Boundaries." *Women's Studies International Forum* 14, no. 5 (1991): pp. 443–50.

Birke, Lynda. "Science, Feminism, and Animal Natures II: Feminist Critiques and the Place of Animals in Science." *Women's Studies International Forum* 14, no. 5 (1991): pp. 451–58.

Birke, Lynda. "'They're Worse than Animals': Animals in Biological

Research." In *More than the Parts: Biology and Politics.* Edited by Lynda Birke and Jonathan Silvertown. London: Pluto Press, 1984, pp. 219-35.

Blanchard, Dallas, and Terry Prewitt. *Religious Violence and Abortion.* Gainesville: University Press of Florida, 1993.

Bleier, Ruth. *Science and Gender: A Critique of Biology and Its Theories on Women.* New York: Pergamon Press, 1984.

Bleier, Ruth, ed. *Feminist Approaches to Science.* New York: Pergamon Press, 1986.

Bloodroot Collective. *The Political Palate: A Feminist Vegetarian Cookbook.* Bridgeport, CT: Sanguinaria Publishing, 1980.

Bloodroot Collective. *The Second Seasonal Political Palate: A Feminist Vegetarian Cookbook.* Bridgeport, CT: Sanguinaria, 1984.

Bloodroot Collective. *The Perennial Political Palate: The Third Feminist Vegetarian Cookbook.* Bridgeport, CT: Sanguinaria, 1993.

Bordo, Susan. *The Flight to Objectivity: Essays on Cartesianism and Culture.* Albany: State University of New York Press, 1987.

Bring, Ellen. "Moving Towards Coexistence: An Interview with Alice Walker." *Animals' Agenda* 8 (April 1988): pp. 6-9.

Brody, Jane E. *Jane Brody's Nutrition Book.* New York: W. W. Norton & Co., 1981.

Brody, Jane E. "Huge Study Indicts Fat and Meat." *New York Times,* May 8, 1990.

Brohl, Kathryn. *Pockets of Craziness: Examining Suspected Incest.* Lexington, MA: Lexington Books, 1991.

Brophy, Brigid. "The Rights of Animals." In Brigid Brophy, *Don't Never Forget: Collected Views and Reviews*. New York: Holt, Rinehart and Winston, 1966, pp. 15 -21.

Brophy, Brigid. "The Way of No Flesh." In *The Genius of Shaw*. Edited by Michael Holroyd. New York: Holt, Rinehart and Winston, 1979.

Brophy, Brigid. *The Adventures of God in His Search for the Black Girl*. Boston: Little, Brown & Co., 1968.

Brown, Wendy. *Manhood and Politics: A Feminist Reading in Political Theory*. Totowa, NJ: Rowman & Littlefield, 1988.

Browne, Angela. *When Battered Women Kill*. New York: Free Press, 1987.

Brownmiller, Susan. *Against Our Will: Men, Women, and Rape*. New York: Simon and Schuster, 1975.

Bullard, Robert D. *Confronting Environmental Racism: Voices from the Grassroots*. Boston: South End Press, 1993.

Bumgarner, Marlene Anne. *The Book of Whole Grains*. New York: St. Martin's Press, 1976.

Burstow, Bonnie. *Radical Feminist Therapy: Working in the Context of Violence*. Newbury Park, CA: Sage, 1992.

Byrnes, J. "Raising Pigs by the Calendar at Maplewood Farm," *Hog Farm Management* (September 1976).

Callicott, J. Baird. *In Defense of the Land Ethic: Essays in Environmental Philosophy*. Albany, NY: State University of New York Press, 1989.

Canadian Anti-Fur Alliance. Press release defending "Shame of Fur" ads against charge of sexism. November 30, 1990. Address:

11 River Street, Toronto, Ontario, Canada M5A 4C2.

Canadine, David. "Dangerous Liaisons." Review of *Road to Divorce: England 1530–1987* by Lawrence Stone. *New Republic* (December 24, 1990).

Cantor, Aviva. "The Club, the Yoke, and the Leash: What We Can Learn from the Way a Culture Treats Animals." *Ms. Magazine* (August 1980): pp. 27–29.

Caputi, Jane. *The Age of Sex Crime*. Bowling Green, OH: Bowling Green State University Popular Press, 1987.

Caputi, Jane. *Gossips, Gorgons, and Crones: The Fates of the Earth*. Santa Fe, New Mexico: Bear & Company Publishing, 1993.

Caraway, Nancie. S*egregated Sisterhood: Racism and the Politics of American Feminism*. Knoxville: The University of Tennessee Press, 1991.

Card, Claudia. "Pluralist Lesbian Separatism." In *Lesbian Philosophies and Cultures*. Edited by Jeffner Allen. Albany: State University of New York Press, 1990.

Carby, Hazel V. *Reconstructing Womanhood: The Emergence of the Afro-American Woman Novelist*. New York: Oxford, 1987.

Cary, Lorene. *Black Ice*. New York: Vintage Books, 1991.

Cheever, Holly. Letter to the editor, *Albany Times-Union* (November 1990).

Cheney, Jim. "Eco-Feminism and Deep Ecology." *Environmental Ethics* 9 (1987): pp. 115–45.

Clark, Lorenne M. G. and Lynda Lange. *The Sexism of Social and Political Theory: Women and Reproduction from Plato to Nietzsche*. Toronto: University of Toronto Press, 1979.

Clark, Stephen. *The Nature of the Beast.* Oxford and New York: Oxford University Press, 1982.

Clement, Connie. "The Case for Lay Abortion: Learning from Midwifery." *Healthsharing* (Winter, 1983): pp. 9-14.

Clift, Elayne. "Advocate Battles for Safety in Mines and Poultry Plants," *New Directions for Women* (May/June 1990), p. 3.

Coats, C. David. *Old MacDonald's Factory Farm: The Myth of the Traditional Farm and the Shocking Truth about Animal Suffering in Today's Agribusiness.* New York: Continuum, 1989.

Cobb, John, Jr. *Matters of Life and Death.* Louisville: Westminster/ John Knox Press, 1991.

Cocks, Joan. *The Oppositional Imagination.* London: Routledge, 1989.

Code, Lorraine. "The Impact of Feminism on Epistemology." *American Philosophical Association Newsletter on Feminism and Philosophy* 88, no. 2 (March 1989): pp. 25-29.

Code, Lorraine. *What Can She Know? Feminist Theory and the Construction of Knowledge.* Ithaca: Cornell University Press, 1991.

Cohen, Alfred S. (Rabbi). "Vegetarianism from a Jewish Perspective." *Journal of Halacha and Contemporary Society* 1, no. 2 (1981): pp. 38-63.

Collard, Andrée, with Joyce Contrucci. *Rape of the Wild: Man's Violence against Animals and the Earth.* London: Women's Press, 1988.

Collins, Patricia Hill. *Black Feminist Thought: Knowledge, Consciousness, and the Politics of Empowerment.* Boston:

Unwin Hyman, 1990.

Collins, Sheila. *A Different Heaven and Earth*. Valley Forge: Judson Press, 1974.

Comstock, Gary. "Pigs and Piety: A Theocentric Perspective on Food Animals." *Good News for Animals? Christian Approaches to Animal Well-being*. Edited by Charles Pinches and Jay B. McDaniel. Maryknoll: Orbis Books, 1993.

Corea, Genoveffa (Gena). "Dominance and Control: How Our Culture Sees Women, Nature, and Animals," *Animals' Agenda* (May/June 1984).

Corea, Genoveffa. *The Mother Machine: Reproductive Technologies from Artificial Insemination to Artificial Wombs*. New York: Harper & Row, 1985.

Corrigan, Theresa. "A Woman Is a Horse Is a Dog Is a Rat: An Interview with Ingrid Newkirk." In *And a Deer's Ear, Eagle's Song and Bear's Grace: Animals and Women*. Edited by Theresa Corrigan and Stephanie Hoppe. Pittsburgh: Cleis Press, 1990.

Crenshaw, Kimberlé. "Demarginalizing the Intersection of Race and Sex: A Black Feminist Critique of Antidiscrimination Doctrine, Feminist Theory, and Antiracist Politics." In *Feminist Legal Theory: Readings in Law and Gender*. Edited by Katharine T. Bartlett and Rosanne Kennedy. Boulder: Westview Press, 1991.

Crenshaw, Kimberlé. "Race, Reform, and Retrenchment: Transformation and Legitimation in Antidiscrimination Law." *Harvard Law Review* vol. 101, 7 (May 1988).

Crenshaw, Kimberlé. "Whose Story Is It Anyway? Feminist and Antiracist Appropriations of Anita Hill." In *Race-ing Justice, Engendering Power: Essays on Anita Hill, Clarence Thomas, and the Construction of Social Reality.* Edited by Toni Morrison. New York: Pantheon Books, 1992, pp. 402–40.

Curtin, Deane. "Toward an Ecological Ethic of Care." *Hypatia: A Journal of Feminist Philosophy*, Special Issue on Ecological Feminism, 6, no. 1 (1991): pp. 60–74.

Daly, Mary. *Gyn/Ecology: The Metaethics of Radical Feminism.* Boston: Beacon Press, 1978.

Daly, Mary in cahoots with Jane Caputi. *Websters' First New Intergalactic Wickedary of the English Language.* Boston: Beacon Press, 1987.

Davies, Katherine. "What Is Ecofeminism?" *Women and Environments* (Spring 1988): pp. 4–6.

Davis, Karen. "Farm Animals and the Feminine Connection." *Animals' Agenda* (January/February 1988): pp. 38–39.

de Araújo, Virginia. "The Friend." *Sinister Wisdom*, no. 20 (1982): p. 17.

de Beauvoir, Simone. *The Second Sex.* Translated and edited by H. M. Parshley. Jonathan Cape, 1953. Hammondsworth, England: Penguin, 1972.

D'Eaubonne, Francoise. *Feminism or Death.* In *New French Feminisms: An Anthology.* Edited by Elaine Marks and Isabelle de Courtivron. New York: Shocken Books, 1981.

Diamond, Cora. "Eating Meat and Eating People," *Philosophy* 53 (1978).

Dombrowski, Daniel A. *Hartshorne and the Metaphysics of Animal Rights*. Albany, NY: State University of New York Press, 1988.

Doniger, Wendy. "Diary." *London Review of Books* (September 23, 1993): p. 25.

Donovan, Josephine. "Animal Rights and Feminist Theory." *Signs: Journal of Women in Culture and Society* 15, no. 2 (1990): pp. 350-75.

Donovan, Josephine. Response to Nell Noddings. *Signs* 16, no. 2 (1991): pp. 422-25.

Dresner, Samuel, H. *The Jewish Dietary Laws. Their Meaning for Our Time*. Revised and Expanded Edition. New York: Rabbinical Assembly of America, 1982.

Dunayer, Joan. "On Speciesist Language: English Usage Glorifies Humans at the Expense of Other Animals." *On the Issues* (Winter 1990): pp. 30-31.

Durning, Alan Thein, and Holly B. Brough. "Reforming the Livestock Economy." In *State of the World: A Worldwatch Institute Report on Progress Toward a Sustainable Society*. New York: W. W. Norton & Co., pp. 66-82.

Dvorchak, Robert. "Dahmer's Troubled Childhood Offers Clues but No Simple Answers." *Dallas Times Herald*, August 11, 1991.

Dworkin, Andrea. *Right-wing Women*. New York: Perigee Books, 1983.

Dworkin, Andrea. *Pornography: Men Possessing Women*. New York: Perigee Books, 1981.

Ecofeminist Task Force Recommendation—Item #7. Presented to

the National Women's Studies Association National Meeting, Akron, OH, June 1990.

Elshtain, Jean Bethke. "Why Worry about the Animals?" *Progressive* (March 1990): pp. 17-23.

Elson, John. "This Little Piggy Ate Roast Beef: Domesticated Porkers Are Becoming the Latest Pet Craze." *Time* (January 22, 1990): p. 54.

Elston, Mary Ann. "Women and Anti-vivisection in Victorian England, 1870-1900." In *Vivisection in Historical Perspective*. Edited by Nicolaas Rupke. London: Croom Helm, 1987.

Enloe, Cynthia. *Bananas, Beaches, and Bases: Making Sense of International Politics*. Berkeley: University of California Press, 1989.

Faller, Kathleen Coulborn. *Understanding Child Sexual Maltreatment*. Newbury Park, CA: Sage. 1990.

Feminists for Animal Rights. "Animal Rights Is a Feminist Issue." Flyer. n.d.

Fiddes, Nick. *Meat: A Natural Symbol*. London and New York: Routledge, 1991.

Finsen, Susan. "Making Ends Meet: Reconciling Ecoholism and Animal Rights Individualism." *Between the Species: A Journal of Ethics* 4, no. 1:11-20.

Flax, Jane. "Political Philosophy and Patriarchal Unconscious: A Psychoanalytic Perspective on Epistemology and Metaphysics." In *Discovering Reality: Feminist Perspectives on Epistemology, Metaphysics, Methodology, and Philosophy*. Edited by Sandra Harding and Merrill Hintikka. Dordrecht: Reidel, 1983.

Forbes, Dana. "Liberating the Killing Fields." *Ms.* 2, no. 4 (1992): pp. 84–85.

Foster, Lynne A., Christine Mann Veale, and Catherine Ingram Fogel. "Factors Present When Battered Women Kill." *Issues in Mental Health Nursing* 10 (1989): 273–84.

Fourez, Gerard. *Liberation Ethics.* Philadelphia: Temple University Press, 1982.

Fox, Michael W. *Agricide: The Hidden Crisis That Affects Us All.* New York: Shocken Books, 1986.

Fox, Michael W. *Farm Animals: Husbandry, Behavior, and Veterinary Practice (Viewpoints of a Critic).* Baltimore: University Park Press, 1984.

Fraser, David. "The Role of Behavior in Swine Production: A Review of Research." *Applied Animal Ethology* 11 (1983–84): pp. 317–39.

Fraser, David. "Attraction to Blood as a Factor in Tail-Biting by Pigs." *Applied Animal Behaviour Science* 17 (1987): pp. 61–68.

Fraser, Nancy. *Unruly Practices: Power, Discourse, and Gender in Contemporary Social Theory.* Minneapolis: University of Minnesota Press, 1989.

Fraser, Sylvia. *My Father's House: A Memoir of Incest and of Healing.* New York: Harper and Row, 1987.

Frederickson, George M. *The Black Image in the White Mind: The Debate on Afro-American Character and Destiny, 1817–1914.* New York: Harper, 1971.

French, R. D. *Antivivisection and Medical Science in Victorian Society.* Princeton: Princeton University Press, 1975.

Freire, Paulo. *Pedagogy of the Oppressed.* New York: Continuum, 1970, 1993.

Fried, Marlene Gerber, ed. *From Abortion to Reproductive Freedom: Transforming a Movement.* Boston: South End Press, 1990.

Frye, Marilyn. *The Politics of Reality: Essays in Feminist Theory.* Trumansburg, NY: Crossing Press, 1983.

Fund for Animals. "Factory Farming: Misery on the Menu." Animal Agriculture Fact Sheet no. 2. New York, 1990.

Gaard, Greta. "Feminists, Animals, and the Environment: The Transformative Potential of Feminist Theory." Paper presented at the Annual Convention of the National Women's Studies Association, Towson State University, Baltimore, June 14–18, 1989.

Gaard, Greta, ed. *Ecofeminism, Women, Animals, Nature.* Philadelphia: Temple University Press, 1993.

Ganley, Anne L. *Court-mandated Counseling for Men Who Batter: A Three-Day Workshop for Mental Health Professionals.* Washington, DC: Center for Women Policy Studies, 1985.

Gardner, Charles A. "Is an Embryo a Person?" *The Nation* (November 13, 1989).

Giddings, Paula. *When and Where I Enter: The Impact of Black Women on Race and Sex in America.* New York: William Morrow, 1984.

Gilligan, Carol. *In a Different Voice.* Cambridge: Harvard University Press, 1982.

Gilman, Sander L. "Black Bodies, White Bodies: Toward an

Iconography of Female Sexuality in Late Nineteenth-Century Art, Medicine, and Literature." *Critical Inquiry* 12 (1985): pp. 204-42.

Ginzberg, Ruth. "Feminism, Rationality and Logic." *American Philosophical Association Newsletter on Feminism and Philosophy* 88, no. 2 (March 1989): pp. 34-39.

Godlovitch, Stanley, Roslind Godlovitch, and John Harris, eds. *Animals, Men, and Morals: An Enquiry into the Maltreatment of Non-Humans.* New York: Taplinger, 1972.

Goldman, Emma. "The Traffic in Women." *The Traffic in Women and Other Essays on Feminism.* New York: Times Change Press, 1970.

Goodman, Ellen. "Debate Rages over Animals: Where Do Ethics End and Human Needs Begin?" *Buffalo News.* (December 20, 1989).

Goodyear, Carmen. "Man Kind?" *Country Women* (December 7-9, 1977).

Gordon, Linda. *Woman's Body, Woman's Right: Birth Control in America.* New York: Penguin Books, 1977.

Gould, Catherine. "Diagnosis and Treatment of Ritually Abused Children." In *Out of Darkness: Exploring Satanism and Ritual Abuse.* Edited by David K. Sakheim and Susan E. Devine. New York: Lexington Books, 1992.

Green, Rayna. "Review Essay: Native American Women," *Signs: Journal of Women in Culture and Society* 6, no. 2 (1980): pp. 248-67.

Greer, Germaine. "Home Thoughts: Germaine Greer on the

Fallacy of Animal Rights." *Independent* (January 1990).

Griffin, Donald R. "Foreword." In *Interpretation and Explanation in the Study of Animal Behavior. Volume I: Interpretation, Intentionality, and Communication.* Edited by Marc Bekoff and Dale Jamieson. Boulder: Westview Press, 1990.

Griffin, Donald R. "The Problem of Distinguishing Awareness from Responsiveness." In *Self-Awareness in Domesticated Animals: Proceedings of a Workshop Held at Keble College,* Oxford. Ed. D. G. M. Wood-Gush, M. Dawkins R. Ewbank. Hertfordshire, England: The Universities Federation for Animal Welfare, 1991.

Griffin, Susan. *Woman and Nature: The Roaring inside Her.* New York: Harper & Row, 1982.

Gruen, Lori. "Gendered Knowledge? Examining Influences on Scientific and Ethological Inquiries." In *Interpretation and Explanation in the Study of Animal Behavior. Volume I: Interpretation, Intentionality, and Communication.* Edited by Marc Bekoff and Dale Jamieson. Boulder: Westview Press, 1990.

Gruen, Lori. "Exclusion and Difference: Reflections on 'Women, Nature, and Animals.'" *Feminism and Philosophy Newsletter of the American Philosophical Association* (Spring 1992).

Gruen, Lori. "Dismantling Oppression: An Analysis of the Connection between Women and Animals." In *Ecofeminism: Women, Animals, and Nature.* Edited by Greta Gaard. Temple University Press, 1993.

Halpin, Zuleyma Tang. "Scientific Objectivity and the Concept of the 'Other.' " *Women's Studies International Forum* 12, no. 3

(1989): pp. 285–94.

Haraway, Donna. *Primate Visions: Gender, Race, and Nature in the World of Modern Science.* New York: Routledge, 1989.

Haraway, Donna. "Otherworldly Conversations: Terran Topics, Local Terms," *Science as Culture* 3, part 1, no. 14 (1992): pp. 64–98.

Haraway, Donna. *Simians, Cyborgs, and Women.* New York: Routledge, 1990.

Haraway, Donna. "Situated Knowledges: The Science Question in Feminism and the Privilege of Partial Perspective," *Feminist Studies* 14, no. 3 (Fall 1988): pp. 575–99.

Harding, Sandra. "Is Gender a Variable in Conceptions of Rationality? A Surveyof Issues." In *Beyond Domination: New Perspectives on Women and Philosophy.* Edited by Carol C. Gould. Totowa, NJ: Rowman & Littlefield Publishers, 1983.

Harding, Sandra. *The Science Question in Feminism.* Ithaca: Cornell University Press, 1986.

Harding, Sandra, and Jean F. O'Barr. *Sex and Scientific Inquiry.* Chicago: University of Chicago Press, 1983.

Harris, Angela P. "Race and Essentialism in Feminist Legal Theory." In *Feminist Legal Theory: Readings in Law and Gender.* Edited by Katharine T. Bartlett and Rosanne Kennedy. Boulder: Westview Press, 1991.

Harris, William, M.D. "Hype Parades as Science" *Ahisma.* 31, no. 3 (July/September 1990).

Harrison, Beverly. *Making the Connections: Essays in Feminist Social Ethics.* Edited by Carol S. Robb. Boston: Beacon Press,

1985.

Harrison, Beverly. *Our Right to Choose: Toward a New Ethic of Abortion*. Boston: Beacon Press, 1983.

Hart, Barbara. "Lesbian Battering: An Examination." In *Naming the Violence: Speaking Out about Lesbian Battering*. Edited by Kerry Lobel. Seattle: Seal Press, 1986.

Hartmann, Betsy. *Reproductive Rights and Wrongs: The Global Politics of Population Control and Contraceptive Choice*. New York: Harper & Row, 1987.

Hartsock, Nancy C. M. *Money, Sex, and Power: Toward a Feminist Historical Materialism*. Boston: Northeastern University Press, 1985.

Hawkins, Ronnie Zoe. "Reproductive Choices: The Ecological Dimension." University of Florida, n.d.

Hearne, Vicki. *Adam's Task: Calling Animals by Name*. New York: Alfred A. Knopf, 1986.

Hentoff, Nat. "How Can the Left Be against Life?" *Village Voice* (July 16, 1985): pp. 18, 20.

Hicks, Sherrie. "Accessory to Ignorance," *Fur Age Weekly* (September 24, 1990).

Hoagland, Sarah Lucia. *Lesbian Ethics: Toward New Values*. Palo Alto: Institute for Lesbian Studies, 1988.

Hoch, Paul. *White Hero, Black Beast: Racism, Sexism and the Mask of Masculinity*. London: Pluto Press, 1979.

Hoffman, Merle. "Editorial [On the Connection between Women's Liberation and Animal Liberation]." *On the Issues* 16 (Fall 1990): pp. 2–3, 40–41.

hooks, bell. "Feminism and Militarism: A Comment." In *Talking Back*. Boston: South End Press, 1989.

hooks, bell. *Feminist Theory: From Margin to Center*. Boston: South End Press, 1984.

hooks, bell. "Selling Hot Pussy." *Black Looks: Race and Representation*. Boston, South End Press, 1992, pp. 61-77.

hooks, bell. *Talking Back: Thinking Feminist, Thinking Black*, Boston: South End Press, 1989.

Hoppe, Stephanie, and Theresa Corrigan. "Paper into Flesh into.. ." In *And a Deer's Ear, Eagle's Song, and Bear's Grace: Animals and Women*. Edited by Theresa Corrigan and Stephanie Hoppe. Pittsburgh: Cleis Press, 1990.

Hubbard, Ruth. *The Politics of Women's Biology*. New Brunswick and London: Rutgers University Press, 1990.

Humphrey, Nicholas. "Seeing and Nothingness." *New Scientist* (March 30, 1972):pp. 682-84.

Hunt, Mary E. *Fierce Tenderness: A Feminist Theology of Friendship*. New York: Crossroad, 1991.

Hur, Robin. "Six Inches from Starvation: How and Why America's Topsoil Is Disappearing." *Vegetarian Times* (March 1985): pp. 45-47.

Hur, Robin, and Dr. David Fields. "America's Appetite for Meat Is Ruining Our Water." *Vegetarian Times* (January 1985): pp. 16-18.

Hur, Robin, and Dr. David Fields. "Are High-Fat Diets Killing Our Forests?" *Vegetarian Times* (February, 1984): pp. 22-24.

Hur, Robin, and Dr. David Fields. "How Meat Robs America of Its Energy." *Vegetarian Times* (April 1984): pp. 24-27.

Hynes, H. Patricia. "Pornography and Pollution: An Environmental Analogy." In *Pornography: Women, Violence, and Civil Liberties*. Edited by Catherine Itzin. Oxford: Oxford University Press, 1993, pp. 384−97.

Iacobbo, Karen L. T. "Advertising: Making Risk Acceptable." *Vegetarian Voice* (1991).

Institute for Natural Process. "In Usual and Accustomed Places: Contemporary American Indian Fishing Rights Struggle." In *The State of Native America: Genocide, Colonization, and Resistance*. Edited by M. Annette Jaimes. Boston: South End Press, 1992.

Jay, Nancy. "Sacrifice as Remedy for Having Been Born of Woman." In *Immaculate and Powerful: The Female in Sacred Image and Social Reality*. Edited by Clarissa W. Atkinson, Constance H. Buchanan, and Margaret R. Miles. Boston: Beacon Press, 1985.

Jaggar, Alison M. *Feminist Politics and Human Nature*. Totowa, NJ: Rowman & Littlefield Publisher, 1988.

Jaggar, Alison M. "Love and Knowledge: Emotion in Feminist Epistemology." In *Gender/Body/Knowledge: Feminist Reconstructions of Being and Knowing*. New Brunswick: Rutgers University Press, 1989, pp. 145−171.

Jordan, Winthrop D. *White Over Black: American Attitudes Toward the Negro: 1550–1812*. Baltimore: Penguin Books, 1969.

Kalechofsky, Roberta. "Metaphors of Nature: Vivisection and Pornography—The Manichean Machine" and "Dedicated to Descartes' Niece: The Women's Movement and Anti−

vivisection in the Nineteenth Century." In *Autobiography of a Revolutionary: Essays on Animal and Human Rights*. Marblehead, MA: Micah Press, 1991.

Kalechofsky, Roberta. "Descartes' Niece." Paper presented at the Spoleta Festival for the Animals, Raleigh, North Carolina, October 6, 1990.

Kappeler, Susanne. *The Pornography of Representation*. Minneapolis: The University of Minnesota Press, 1986.

Kappeler, Susanne. "Animal Conservationism and Human Conservationism." In *Animals and Women: Feminist Theoretical Explorations*. Edited by Carol J. Adams and Josephine Donovan. Durham and London: Duke University Press, 1995.

Keller, Catherine. *From a Broken Web: Separation, Sexism, and Self.* Boston: Beacon Press, 1986.

Keller, Evelyn Fox. *A Feeling for the Organism: The Life and Work of Barbara McClintock*. San Francisco: W. H. Freeman and Co, 1983.

Keller, Evelyn Fox. *Reflections on Gender and Science*. New Haven: Yale University Press, 1985.

Kellert, Stephen. "American Attitudes Toward and Knowledge of Animals: An Update." *International Journal for the Study of Animal Problems* 1, no. 2 (1980): pp. 87–119.

Kellman, Steven G. "Green Freedom for the Cockatoo." *Gettysburg Review* (1991): pp. 145–54.

Kellogg, Kathy and Bob. *Raising Pigs Successfully*. Charlotte, VT: Williamson Publishing, 1985.

Kelly, Liz. *Surviving Sexual Violence*. Minneapolis: University of

Minnesota Press, 1989.

Kevles, Bettyann. "Meat, Morality, and Masculinity." *Women's Review of Books* (May 1990): pp. 11-12.

Kheel, Marti. "Animal Liberation and Environmental Ethics: Can Ecofeminism Bridge the Gap?" Prepared for delivery at the 1988 Annual Meeting of the Western Political Science Association, March 10-12, 1988.

Kheel, Marti. "Befriending the Beast." *Creation* (September/ October 1987): pp. 11-12.

Kheel, Marti "Ecofeminism and Deep Ecology: Reflections on Identity and Difference." In *Reweaving the World: The Emergence of Ecofeminism.* Edited by Irene Diamond and Gloria Feman Orenstein. San Francisco: Sierra Club Books, 1990, pp. 128-37.

Kheel, Marti. "Finding a Niche for Animals within the Greens." *Feminists for Animal Rights Newsletter* 5, no. 1-2 (1990): pp. 1, 5-6.

Kheel, Marti. "From Healing Herbs to Deadly Drugs: Western Medicine's War against the Natural World." In *Healing the Wounds: The Promise of Ecofeminism.* Edited by Judith Plant. Philadelphia, PA: New Society Publishers, 1989.

Kheel, Marti. "If Women and Nature Were Heard." *Feminists for Animal Rights Newsletter* 5, no. 3-4: (1990): pp. 7-8.

Kheel, Marti. "The Liberation of Nature: A Circular Affair." *Environmental Ethics* 7, no. 2 (1985): pp. 135-49.

Kheel, Marti. Women, Ethics, and Anima(l)s. M.A. thesis. Antioch College, 1986.

King, Roger J. H. "Caring about Nature: Feminist Ethics and the Environment." *Hypatia: A Journal of Feminist Philosophy,* Special Issue on Ecological Feminism, 6, no. 1 (1991): pp. 75-89.

King, Deborah H. "Multiple Jeopardy, Multiple Consciousness: The Context of a Black Feminist Ideology." *Signs: Journal of Women in Culture and Society* 14, no. 1 (1988): pp. 42-72.

King, Ynestra. "Making the World Live: Feminism and the Domination of Nature." In *Women's Spirit Bonding.* Edited by Janet Kalven and Mary I. Buckley. New York: Pilgrim Press, 1984, pp. 56-64.

Kook, Abraham Isaac. "Fragments of Light: A View as to the Reasons for the Commandments." In *Abraham Isaac Kook: The Lights of Penitence, the Moral Principles, Lights of Holiness, Essays, Letters, and Poems.* Trans. Ben Zion Bokser. New York: Paulist Press.

Kovel, Joel. *White Racism: A Psychohistory.* New York: Vintage Books, 1971.

Kramarae, Cheris, and Paula A. Treichler, eds. *A Feminist Dictionary.* Boston: Pandora, 1985.

Krizmanic, Judy. "Is a Burger Worth It?" *Vegetarian Times,* no. 152 (April 1990): pp. 20-21.

Krizmanic, Judy. "Perfect Obsession: Can Vegetarianism Cover up an Eating Disorder?" *Vegetarian Times* (June 1992): pp. 52-60.

Krizmanic, Judy. "Why Cutting out Meat Can Cool Down the Earth." *Vegetarian Times,* no. 152 (April 1990): pp. 18-19.

Kundera, Milan. *The Unbearable Lightness of Being.* New York: Penguin Books, 1988.

Lansbury, Coral. *The Old Brown Dog: Women, Workers, and Vivisection in Edwardian England.* Madison: University of Wisconsin Press, 1985.

Lappé, Frances Moore. *Diet for a Small Planet: Tenth Anniversary Edition.* New York: Ballantine Books, 1982.

Lawrence, A. B., M. C. Appleby, and H. A. Macleod. "Measuring Hunger in the Pig Using Operant Conditioning: The Effect of Food Restriction," *Animal Production* 47 (1988): pp. 131–37.

Leakey, Richard E., and Roger Lewin. *People of the Lake: Mankind and Its Beginnings.* New York: Doubleday, 1978.

"Leaps Forward: Postpatriarchal Eating." *Ms. Magazine* (July/August 1990): p. 59.

Le Brun, Fred. "Warm, Furry Thoughts at Dawn." *Albany Times-Union,* November 12, 1990.

LeMoncheck, Linda. *Dehumanizing Women: Treating Persons as Sex Objects.* Totowa, NJ: Rowman & Allanheld, 1985.

Levinson, David. *Family Violence in Cross-cultural Perspective.* Newbury Park, CA: Sage, 1989.

Lewis, Andrea. "Looking at the Total Picture: A Conversation with Health Activist Beverly Smith." In *The Black Women's Health Book: Speaking for Ourselves.* Edited by Evelyn C. White. Seattle: Seal Press, 1990.

Linzey, Andrew. *Christianity and the Rights of Animals.* New York: Crossroad, 1987.

Lloyd, Genevieve. *The Man of Reason: "Male" and "Female" in Western Philosophy.* Minneapolis: University of Minnesota Press, 1984.

Lobel, Kerry. *Naming the Violence: Speaking Out about Lesbian Battering.* Seattle: Seal Press, 1986.

Lorde, Audre. *The Cancer Journals.* Argyle, NY: Spinsters, Ink, 1980.

Lovelace, Linda [Linda Marchiano]. With Mike McGrady. *Ordeal.* New York: Berkley Books, 1980.

Lovelace, Linda [Linda Marchiano]. *Out of Bondage.* Secaucus, NJ: Lyle Stuart, 1986.

Lugones, Maria. "Playfulness, 'World'-Travelling, and Loving Perception." In *Making Face, Making Soul: Haciendo Caras— Creative and Critical Perspectives by Women of Color.* Edited by Gloria Anzadúa. San Francisco: An Aunt Lute Foundation Book, 1990.

Luker, Kristen. *Abortion and the Politics of Motherhood.* Berkeley: University of California Press, 1979.

Lunde, Donald T. *Murder and Madness.* San Francisco: San Francisco Book Co., 1976.

McCarthy, Colman. "Sins of the Flesh." *Washington Post*, March 1990.

McConnell-Ginet, Sally. "Review Article on Language and Sex." *Language* 59, no. 2 (1983): pp. 387-88.

McDaniel, Jay. "Green Grace." *Earth Ethics: Evolving Values for An Earth Community.* 3, no. 4 (1992): pp. 1-3, 4.

McDaniel, Jay. *Of God and Pelicans: A Theology of Reverence for Life.* Louisville: Westminster/John Knox Press, 1989.

McFague, Sallie. *The Body of God.* Minneapolis: Fortress Press, 1993.

McFague, Sallie. *Models of God*. Minneapolis: Fortress Press, 1987.

MacKinnon, Catharine A. *Feminism Unmodified: Discourses on Life and Law*. Cambridge: Harvard University Press, 1987.

MacKinnon, Catharine A. *Toward a Feminist Theory of the State*. Cambridge: Harvard University Press, 1989.

Macklin, Ruth. "Personhoood and the Abortion Debate." *Abortion: Moral and Legal Perspectives*. Edited by Jay Garfield and Patricia Hennessey. Amherst: University of Massachusetts Press, 1984.

Mason, Jim. *An Unnatural Order: Uncovering the Roots of Our Domination of Nature and Each Other*. New York: Simon and Schuster, 1993.

Mason, Jim, and Peter Singer. *Animal Factories*. New York: Crown Publishers, 1980.

Mayall, Alice, and Diana E. H. Russell. "Racism in Pornography." In *Making Violence Sexy*. Edited by Diana E. H. Russell. New York: Teachers College, 1992.

Mead, Nathaniel. "Special Report: 6,500 Chinese Can't Be Wrong." *Vegetarian Times*, no. 158 (October 1990): pp. 15–17.

Mensch, Elizabeth, and Alan Freeman. *The Politics of Virtue: Is Abortion Debatable?* Durham and London: Duke University Press, 1993.

Merchant, Carolyn. *The Death of Nature: Women, Ecology, and the Scientific Revolution*. New York: Harper & Row, 1980.

Merchant, Carolyn. *Ecological Revolutions: Nature, Gender, and Science in New England*. Chapel Hill: University of North Carolina Press, 1989.

Meyer, Lynn. *Paperback Thriller.* New York: Random House, 1975.

Midgley, Mary. *Animals and Why They Matter.* Athens: University of Georgia Press, 1983.

Midgley, Mary. *Beast and Man: The Roots of Human Nature.* Ithaca, New York: Cornell University Press, 1978.

Midgley, Mary. "The Concept of Beastliness: Philosophy, Ethics and Animal Behavior." *Philosophy* 48 (1973): pp. 111-35.

Mills, Kay. *This Little Light of Mine: The Life of Fannie Lou Hamer.* New York: NAL/Dutton, 1993.

Mohr, James C. *Abortion in America: The Origins and Evolution of National Policy.* New York: Oxford University Press, 1978.

Moran, Victoria. "Learning Love at an Early Age: Teaching Children Compassion for Animals." *Woman of Power: A Magazine of Feminism, Spirituality, and Politics. Nature* 9 (1988): pp. 54-56.

Morrison, Toni. *Playing in the Dark: Whiteness and the Literary Imagination.* New York: Random House, 1993.

Morton, Timothy. *Shelley and the Revolution in Taste: The Body and the Natural World.* Cambridge: Cambridge University Press, 1994.

Mulvey, Laura. "Visual Pleasure and Narrative Cinema." *Screen* 16, no. 3 (1975).

Newkirk, Ingrid, with C. Burnett. "Animal Rights and the Feminist Connection." *Woman of Power: A Magazine of Feminism, Spirituality, and Politics. Nature* 9 (1988): pp. 67-69.

Noddings, Nell. *Caring: A Feminine Approach to Ethics and Moral Education.* Berkeley and Los Angeles, CA: University of

California Press, 1984.

Noddings, Nell. "Comment on Donovan's 'Animal Rights and Feminist Theory' " *Signs* 16, no. 2 (1991): pp. 418–22.

Noske, Barbara. *Humans and Other Animals: Beyond the Boundaries of Anthropology.* London: Pluto Press, 1989.

O'Brien, Mary. *The Politics of Reproduction.* Boston: Routledge & Kegan Paul, 1981.

O'Neill, Molly. "The Cow's Role in Life is Called into Question By a Crowded Planet." *New York Times* Section 4 (May 6, 1990): pp. 1, 4.

Okin, Susan Moller. *Justice, Gender, and the Family.* New York: Basic Books. 1989.

Okin, Susan Moller. *Women in Western Political Thought.* Princeton: Princeton University Press, 1979.

Ortega y Gasset, José. *Meditations on Hunting.* Howard B. Wescott, trans. New York: Charles Scribner's Sons, 1985.

Paczensky, Susanne v. "In a Semantic Fog: How to Confront the Accusation That Abortion Equals Killing." *Women's Studies International Forum* 13, no. 3 (1990): pages 177–84.

Pateman, Carole. *The Disorder of Women: Democracy, Feminism, and Political Theory.* Stanford: Stanford University Press, 1989.

Pateman, Carole. *The Sexual Contract.* Stanford: Stanford University Press. 1988.

Petchesky, Rosalind Pollack. *Abortion and Woman's Choice: The State, Sexuality, and Reproductive Freedom.* New York and London: Longman, 1984.

Phelps, Timothy M., and Helen Winternitz. *Capitol Games: The*

Inside Story of Clarence Thomas, Anita Hill, and a Supreme Court Nomination. New York: Harper Perennial, 1993.

Phillips, Anthony. *Lower than the Angels: Questions Raised by Genesis 1–11*. Bible Reading Fellowship, 1983.

Plutarch. "Of Eating of Flesh." In *Animal Rights and Human Obligations*. Edited by Tom Regan and Peter Singer. Englewood Cliffs, NJ: Prentice-Hall, 1976.

Pimental, David. "Energy and Land Constraints in Food Protein Production." *Science*. 190 (1975): pp. 754–61.

Pimental, David. "Land degradation: Effects on Food and Energy Resources." *Science* 194 (1976): pp. 149–55.

Pimental, David, P. A. Oltenacu, M. C. Nesheim, John Krummel, M. S. Allen, and Sterling Chick. "The Potential for Grass-fed Livestock: Resource Constraints." *Science* 207 (1980): pp. 843–48.

Pope-Lance, Deborah J., and Joan Chamberlain Engelsman. *A Guide for Clergy on the Problems of Domestic Violence*. Trenton, NJ: New Jersey Department of Community Affairs Division on Women, 1987.

Quine, Willard Van Orman. *Word and Object*. Cambridge: MIT Press, 1960.

Randal, Jonathan, and Nora Boustany. "Children of War in Lebanon." In *Betrayal: A Report on Violence Toward Children in Today's World*. Edited by Caroline Moorehead. New York: Doubleday, 1990, pp. 59–82.

Raymond, Janice. "The International Traffic in Women." *Reproductive and Genetic Engineering* 2, no. 1 (1989): pp. 51–57.

Regan, Tom. *The Case for Animal Rights*. Berkeley and Los

Angeles: University of California Press, 1983.

Regan, Tom. "Environmental Ethics and the Ambiguity of the Native Americans' Relationship with Nature." In *All That Dwell Therein: Essays on Animals Rights and Environmental Ethics.* Edited by Tom Regan. Berkeley and Los Angeles: University of California Press, 1982, pp. 206–39.

Renzetti, Claire M. *Violent Betrayal: Partner Abuse in Lesbian Relationships.* Newbury Park, CA: Sage, 1992.

Ressler, Robert K., Ann W. Burgess, Carol R. Hartman, John E. Douglas, and Arlene McCormack. "Murderers Who Rape and Mutilate." *Journal of Interpersonal Violence* 1, no. 3 (1986): pp. 273–87.

Rhoads, Sharon Ann. *Cooking with Sea Vegetables.* Brookline, MA: Autumn Press, 1978.

Rich, Adrienne. *On Lies, Secrets, and Silences.* New York: W. W. Norton and Co., 1979.

Richards, Stewart. "Forethoughts for Carnivores." *Philosophy* 56 (1981).

Rifkin, Jeremy. *Beyond Beef: The Rise and Fall of the Cattle Culture.* New York: Dutton, 1992.

Robbins, John. *Diet for a New America.* Walpole: Stillpoint, 1987.

Rollin, Bernard. *Animal Rights and Human Morality.* Buffalo, NY: Prometheus Books, 1981.

Rollin, Bernard. *The Unheeded Cry: Animal Consciousness, Animal Pain, and Science.* Oxford: Oxford University Press, 1989.

Root, Maria P. "Persistent, Disordered Eating as a Gender-

Specific, Post-Traumatic Stress Response to Sexual Assault."
Psychotherapy 28, no. 1 (1991): pp. 96–102.

Rose, Elizabeth S. "Surviving the Unbelievable: A First-Person
Account of Cult Ritual Abuse." *Ms. Magazine* (January/February
1993): pp. 40–45.

Rose, Jacqueline. *Sexuality in the Field of Vision.* London: New
Left Books, 1986.

Rowan, Andrew N. *Of Mice, Models, and Men: A Critical
Evaluation of Animal Research.* Albany, NY: State University of
New York Press, 1984.

Rubin, Gayle. "The Traffic in Women: Notes on the 'Political
Economy' of Sex." In *Toward an Anthropology of Women.*
Edited by Rayna R. Reiter. New York and London: Monthly
Review Press, 1975, pp. 157–210.

Ruby, Jennie, Farar Elliot, and Carol Anne Douglas. "NWSA:
Troubles Surface at Conference." *off our backs* (August/
September 1990).

Ruddick, Sara. *Maternal Thinking: Toward a Politics of Peace.*
New York: Ballantine Books, 1990.

Ruddick, Sara. "Notes toward a Feminist Peace Politics." In
Gendering War Talk. Edited by Miriam Cooke and Angela
Woollacott. Princeton: Princeton University Press, 1993.

Ruddick, Sara. "Remarks on the Sexual Politics of Reason." In
Women and Moral Theory. Edited by Eva Feder Kittay and
Diana T. Meyers. Totowa, NJ: Rowman & Littlefield, 1987.

Ruether, Rosemary Radford. "Men, Women, and Beasts: Relations
to Animals in Western Culture." In *Good News for Animals?*

Christian Approaches to Animal Well-Being. Edited by Charles Pinches and Jay B. McDaniel. Maryknoll: Orbis Books, 1993.

Ruether, Rosemary Radford. *New Woman/New Earth: Sexist Ideologies and Human Liberation.* New York: Seabury, 1975.

Ruether, Rosemary Radford. *Sexism and God Talk: Toward a Feminist Theology.* Boston: Beacon Press, 1983.

Ruether, Rosemary Radford. *To Change the World: Christology and Cultural Criticism.* New York: Crossroad, 1981.

Ruether, Rosemary Radford. "Women, Sexuality, Ecology, and the Church." *Conscience: A Newsjournal of Prochoice Catholic Opinion* 9, no. 4 (1990): pp. 1–4–11.

Russell, Diana E. H. *Rape in Marriage: Expanded and Revised Edition with a New Introduction.* Bloomington and Indianapolis: Indiana University Press, 1982. Reprinted 1990.

Russell, Diana E. H. *Sexual Exploitation: Rape, Child Sexual Abuse, and Workplace Harassment.* Newbury Park, CA: Sage, 1984.

Salamone, Connie. "Feminist as Rapist in the Modern Male Hunter Culture." *Majority Report* (October 1973).

Salamone, Connie. "The Knowing." *Woman of Power: A Magazine of Feminism, Spirituality, and Politics. Nature* 9 (1988): p. 53.

Salamone, Connie. "The Prevalence of the Natural Law within Women: Women and Animal Rights." In *Reweaving the Web of Life: Feminism and Nonviolence.* Edited by Pam McAllister. Philadelphia: New Society Publishers, 1982.

Sanday, Peggy. *Female Power and Male Dominance: On the Origins of Sexual Inequality.* Cambridge and New York:

Cambridge University Press, 1981.

Scholtmeijer, Marian. *Animal Victims in Modern Fiction: From Sanctity to Sacrifice.* Toronto: University of Toronto Press, 1993.

Schüssler Fiorenza, Elisabeth. *Bread Not Stone: The Challenge of Feminist Biblical Interpretation.* Boston: Beacon Press, 1984.

Schüssler Fiorenza, Elisabeth. *But She Said: Feminist Practices of Biblical Interpretation.* Boston: Beacon Press, 1992.

Schüssler Fiorenza, Elisabeth. *In Memory of Her: A Feminist Theological Reconstruction of Christian Origins.* New York: Crossroad, 1984.

Sedgwick, Eve Kosofsky. *Epistemology of the Closet.* Berkeley and Los Angeles: University of California Press, 1990.

Sells, Jennifer. "An Eco-feminist Critique of Deep Ecology: A Question of Social Ethics." *Feminist Ethics* (Winter 1989–90): pp. 12–27.

Sequoia, Anna. *Sixty-seven Ways to Save the Animals.* New York: HarperCollins, 1990.

Serpell, James. *In the Company of Animals: A Study of Human-Animal Relationships.* Oxford: Basil Blackwell, 1986.

Shiva, Vandana. *Staying Alive: Women, Ecology, and Development.* London: Zed Books, 1988.

Simpson, Cuthbert, and Walter Russell Bowie. *The Interpreter's Bible (Genesis).* New York and Nashville: Abingdon Press, 1952.

Singer, Peter. *Animal Liberation: Second Edition.* New York: New York Review Book. 1990.

Slicer, Deborah. "Your Daughter or Your Dog?" *Hypatia: A Journal of Feminist Philosophy*, Special Issue on Ecological

Feminism, 6, no. 1 (1991): pp. 108–124.

Sloan, G., and P. Leichner. "Is There a Relationship between Sexual Abuse or Incest and Eating Disorders?" *Canadian Journal of Psychiatry* 31, no. 7 (1986): pp. 656–60.

Smedley, Lauren. "Further than F.A.R.: In Search of a New Name." *Feminists for Animal Rights Newsletter* 5, no. 3–4, pp. 1, 12.

Smith-Rosenberg, Carroll. "The Abortion Movement and the AMA, 1850–1880." In *Disorderly Conduct: Visions of Gender in Victorian America.* New York: Oxford University Press, 1985.

Soler, Jean. "The Dietary Prohibitions of the Hebrews." *New York Review of Books* (June 14, 1979): pp. 24–30.

Spelman, Elizabeth V. "Woman as Body: Ancient and Contemporary Views." *Feminist Studies* 8, no. 1 (1982): pp. 109–31.

Sperling, Susan. *Animal Liberators: Research and Morality.* Berkeley: University of California Press, 1988.

Spiegel, Marjorie. *The Dreaded Comparison: Human and Animal Slavery.* Philadelphia: New Society Publishers, 1988.

Spretnak, Charlene. "Ecofeminism: Our Roots and Flowering." In *Reweaving the World: The Emergence of Ecofeminism.* Edited by Irene Diamond and Gloria Feman Orenstein. San Francisco: Sierra Club Books, 1990.

Stange, Mary Zeiss. "Hunting—An American Tradition." *American Hunter.* January 1991. 26–27.

Stange, Mary Zeiss. "Religious Ethics and Fur." *Fur Age Weekly* 140, no. 2(1990): n.p.

Stanton, Elizabeth Cady. *The Woman's Bible: Part One.* Seattle:

Coalition Task Force on Women and Religion, 1974. Reprint of 1898 European Publishing Co. edition.

Starhawk. *Dreaming the Dark: Magic, Sex, and Politics.* Boston: Beacon Press, 1982.

Statman, Jan Berliner. "Life Doesn't Have to Be like This: How to Spot a Batterer before an Abusive Relationship Begins." In *The Battered Woman's Survival Guide: Breaking the Cycle.* Dallas: Taylor Publishing Co., 1990.

Stoltenberg, John. *Refusing to be a Man.* Portland, Oregon: Breitenbush Books, 1989.

Stordeur, Richard A., and Richard Stille. *Ending Men's Violence Against Their Partners: One Road to Peace.* Newbury Park, CA: Sage, 1989.

Sturgeon, Noël. "Editorial Statement." *Ecofeminist Newsletter* 2, no. 1 (Spring 1991): p. 1.

Sussman, Vic. *The Vegetarian Alternative: A Guide to a Healthful and Humane Diet.* Emmaus, PA: Rodale Press, 1978.

Swanson, Wayne, and George Schultz. *Prime Rip.* Englewood Cliffs, NJ: Prentice-Hall, 1982.

Taylor, Thomas. *A Vindication of the Rights of Brutes.* London: Jeffery, 1792.

Teish, Luisah. *Jambalaya: The Natural Woman's Book of Personal Charms and Practical Rituals.* San Francisco: Harper & Row, 1985.

Thomas, Keith. *Man and the Natural World: A History of the Modern Sensibility.* New York: Pantheon, 1983.

Thomas, Keith. *Religion and the Decline of Magic: Studies*

in Popular Beliefs in Sixteenth- and Seventeenth- Century England. Hammondsworth: Penguin University Books, 1973.

Tompkins, Jane. *West of Everything: The Inner Life of Westerns.* Oxford: Oxford University Press, 1992.

Tuan, Yi-Fu. *Dominance and Affection: The Making of Pets.* New Haven: Yale University Press, 1984.

Tuana, Nancy. *The Less Noble Sex: Scientific, Religious, and Philosophical Conceptions of Woman's Nature.* Bloomington and Indianapolis: Indiana University Press, 1993.

Ullyot, Joan. *Women's Running.* Mountain View, California: World Publications, 1976.

Vachss, Alice. *Sex Crimes.* New York: Random House, 1993.

Von Rad, Gerhard. *Genesis: A Commentary.* Philadelphia: The Westminster Press, 1972.

Wagner, Sally Roesch. "Animal Liberation." In *With a Fly's Eye, Whale's Wit, and Woman's Heart: Relationships between Animals and Women.* Edited by Theresa Corrigan and Stephanie Hoppe. Pittsburgh: Cleis Press, 1989.

Walker, Alice. "Am I Blue?" *Ms. Magazine* (July 1986), p. 30.

Walker, Alice. *Living by the Word: Selected Writings, 1973–1987.* San Diego: Harcourt Brace Jovanovich, 1987.

Walker, Alice "Why Did the Balinese Chicken Cross the Road?" *Woman of Power: A Magazine of Feminism, Spirituality, and Politics* 9 (1988): p. 50.

Walker, Lenore. *The Battered Woman.* New York: Harper and Row, 1979.

Walker, Lenore. *Terrifying Love: Why Battered Women Kill and*

How Society Responds. New York: Harper & Row, 1989.

Waring, Marilyn. *If Women Counted: A New Feminist Economics*. San Francisco: Harper & Row, 1988.

Warren, Karen J. *Ecofeminism: Multidisciplinary Perspectives*. Bloomington: Indiana University Press, 1997.

Warren, Karen J. "Feminism and Ecology: Making Connections." *Environmental Ethics* 9, no. 1 (1987): pp. 3–20.

Warren, Karen J. "The Power and the Promise of Ecological Feminism." *Environmental Ethics* 12 (Summer 1990): pp. 125–46.

Warren, Karen J. "Women, Nature, and Technology: An Ecofeminist Philosophical Perspective." *Research in Philosophy and Technology*, special issue "Technology and Feminism," guest ed. Joan Rothschild, vol. 13 (1992).

Welch, Sharon D. *Communities of Resistance and Solidarity*. Maryknoll, New York: Orbis Books, 1985.

Weil, Zoe. "Feminism and Animal Rights." *Labyrinth: The Philadelphia Women's Newspaper* (February 1990).

West, Cornel. "Black Sexuality: The Taboo Subject." In *Race Matters*. New York: Vintage Books, 1994.

Whitbeck, Caroline. "A Different Reality: Feminist Ontology." In *Women, Knowledge, and Reality: Explorations in Feminist Philosophy*. Edited by Ann Garry and Marilyn Pearsall. Boston: Unwin Hyman, 1989, pp. 51–76.

Wiley, Carol. "The Feminist Connection." *Vegetarian Times* no. 161 (1991): pp. 59–65, 80.

Wiley, Carol. "Why It's Impossible to Be a Vegetarian." *Vegetarian Times* (May 1991).

Williams, Delores S. "African-American Women in Three Contexts of Domestic Violence." *Concilium: Violence Against Women.* London: SCM Press, Maryknoll: Orbis Books, 1994.

Wollstonecraft, Mary. *A Vindication of the Rights of Woman.* Edited by Charles W. Hagelman, Jr. New York: W. W. Norton & Co., 1967.

Wood-Gush, D. G. M., and R. G. Beilharz. "The Enrichment of a Bare Environment for Animals in Confined Conditions." *Applied Animal Ethology* 10 (1983): pp. 209–17.

Woolf, Virginia. "The Plumage Bill." From *The Woman's Leader,* July 23, 1920. In *The Diary of Virginia Woolf.* vol. 2: 1920–24. Edited by Anne Olivier Bell. New York and London: Harcourt Brace Jovanovich, 1978, pp. 337–38.

Woolf, Virginia. *A Room of One's Own.* New York: Harcourt, 1929.

Zorza, Joan. "Woman-Battering: A Major Cause of Homelessness." *Clearinghouse Review* (special issue, 1991): pp. 421–29.

저작권 협조에 드리는 감사의 말

이 책의 몇몇 장은 아래 논문집에 게재된 적이 있다. 이 책에 실으려고 모두 새로 편집했는데, 일부 글은 광범위하게 편집했다. 그리고 허락을 받아 재발행했다. 이 책 출판사와 저자는 아래에 나오는 출처의 저작권자들에게 진심으로 감사드린다.

1장 「육식」은 원래 다음에 게재되었다.
Eating Culture, ed. Ron Scapp and Brian Seitz (State University of New York at Albany Press, 1998).

2장 「오만한 눈과 동물실험」은 원래 다음에 게재되었다.
With a Fly's Eye, Whale's Wit and Woman's Heart: Relationships between Animals and Women, ed. Theresa Corrigan and Stephanie Hoppe (Pittsburgh: Cleis Press, 1989).

3장 「임신을 중지할 권리와 동물권」은 원래 다음에 게재된 것을 수정했다.

Between the Species: A Journal of Ethics 7, no 4 (Fall 1991) (P.O. Box 254, Berkeley, CA).

5장 「에코페미니즘과 육식」은 원래 다음에 게재된 것을 수정했다.

Hypatia: A Journal of Feminist Philosophy, Special Issue on Ecological Feminism, vol. 6, no. 1 (1991).

6장 「페미니스트의 동물 거래」는 원래 다음에 게재되었다.

Ecofeminism: Women, Animals, Nature, ed. Greta Gaard (Philadelphia: Temple University Press, 1993).

7장 「침팬지 스트립쇼를 고찰하다: 페미니즘, 동물 옹호, 그리고 환경 보호론을 통합할 필요성」은 원래 다음에 게재된 것을 광범위하게 수정했다.

"Developing Courses that Integrate Animal Rights and Feminism," American Philosophical Association, *Newsletter on Feminism and Philosophy* 90, no. 3 (Fall 1991).

8장 「가정에 평화를: 페미니즘 철학 관점에서 여성, 아동, 펫 학대를 바라보다」는 원래 다음에 게재되었다.

Hypatia: A Journal of Feminist Philosophy, Special Issue on Feminism and Peace (Spring 1994).

9장 「은총을 먹고 살기: 제도적 폭력, 페미니즘 윤리, 그리고 채식주의」는 원래 다음에 게재된 것을 광범위하게 수정했다.

"Feeding on Grace," *Good News for Animals? Contemporary Christian Approaches to Animal Well-being*, ed. Jay McDaniel and Charles Pinches (Maryknoll, New York: Orbis Books, 1993).

이 책 34쪽 도표는 아래의 책 속 캐럴 J. 애덤스가 쓴 후기에서 가져와 재사용했다.

Aphro-ism: Essays on Pop Culture, Feminism, and Black Veganism from Two Sisters, Aph Ko and Syl Ko (New York: Lantern Books, 2017), pp. 142-43.

블룸즈버리판 감사의 말

우리는 모두 하나의 가르침이지만, 우리에게 가르침을 주는 스승은 아주 많다. 내 연구가 페미니즘 철학과 공명한다는 점을 알아보고, 나를 페미니즘 철학의 길로 인도하며, 그 길을 가는 동안 사랑으로 보살피는 안내자가 되어준 페미니스트 철학자 낸시 투아나, 멀린다 바다스, 그리고 캐런 워런에게 크게 신세를 졌다. 그들이 던진 질문들에서 이 책이 시작되었으며, 그들은 책의 많은 부분을 주의 깊게 읽어주었다. 조지핀 도너번과 수잰 카펠러는 페미니즘 이론을 동물의 삶이라는 주제로 가져오는 일에서 중요한 동료들이었다. 그들의 한결같음, 쟁점에 대한 통찰력, 그리고 내 글쓰기에 대한 제안에 감사한다. 내 연구를 변함없이 지지해주고 옹호해준 바티야 바우먼, 마티 킬, 그리고 톰과 낸시 리건에게 감사한다. 이처럼 응원을 아끼지 않았던 비평가들 외에도, 두에인 캐이디, 게리 콤스톡, 폴라 쿠이, 테리사 코리건, 마리 포춘, 그레타 가드, 스테퍼니 호프, 메리 헌트, 이네스트라 킹, 제이 맥대니얼, 찰스 핀치스, 마저리 프록터스미스, 베스 로빈슨, 론 스캡, 브라이언 자이츠, 앤디 스미스, 그리고 틸 윌러비가 책의 일부를 읽고 논평해주었다. 내 책에 대한 그들의 비판과 지혜에 감사를 표한다.

우리의 인간 중심적인 문화 내 동물의 자리에 대해 생각하고 쓰기는 흥미진진하면서 자극이 되는 일이었는데, 개개인이 점점 더 그 물망처럼 서로 연결되면서 깊은 성찰과 귀중한 지원이 오고갔기 때문이다. 프랭크 아시온, 캐럴 배러시, 닐 바너드, 제인 카푸티, 캐슬린 칼린, 제인 컬린, 캐런 데이비스, 데이나 포브스, 리 나크만 호프하이머, 로버타 칼레촙스키, 거스 코프먼 주니어, 스티브 켈먼, 빅터 루이스, 캐럴 와일리 로렌테, 제니퍼 맨로, 캐슬린 맥과이어, 팀 모턴, 잉그리드 뉴커크, 비나 로빈슨, 마틴 로우, 드로라 오도널 세텔, 켄 셔피로, 앤디 스미스, 존 스톨텐베르그, 킴 스톨우드, 밸러리 스탠리, 벳시 스워트, 제인 톰킨스, 그리고 데이비드 바서가 그와 같은 사람들이었다. 이들은 제각기 귀한 정보를 제공해주고, 대화를 통해 큰 깨우침을 주었다. 이들에게 크나큰 빚을 졌다. 델로라 와이즈문과 팸 윌호이트는 소중한 동료들로서 여성대상폭력반대 운동 그리고 동물권을 지지하는 페미니스트들Feminists for Animal Rights 양쪽 다 관여하고 있는데, 텍사스 지역에서 이처럼 저항하는 일을 하며 귀한 인연을 이어가고 있다. 친구인 폴라 쿠이, 팻 데이비스, 마리 포춘, 메리 헌트, 제인 로더, 그리고 마저리 프록터스미스는 애정 어린 지지와 비판을 해주었다. 이밴더 롬케는 편집자로서 똑같은 수준의 우아함과 분별 있는 비평으로 대해주었다. 그와 같은 응대가 빚은 공간에서 피어난, 그의 우정에 고마움을 전한다. 원고 작업에 정성을 다해준 브루스 캐시디에게도 감사를 전한다.

많은 이가 『육식의 성정치』를 읽고 감응해 내게 성차별과 종차별이 교차하는 다른 사례들을 보내왔다. 이번 책에도 내가 받았던 이미지 가운데 일부를 실었다. 여성을 고기로, 동물을 성적 대상으로 표현한 문화적 이미지가 계속 모임으로써 언제까지고 확장될 수 있는 전시관을 제공해준 수많은 독자에게, 특히 퍼트리샤 바레라, 낸시 비쇼프, 에밀리 컬페퍼, 힐러리 마틴슨, 그리고 잉그리드 뉴커크에게 감사한다.

여러 해 동안 많은 친구 그리고 동료와 "자유와 정의가 언젠가는 모두에게" 실현되리라고 이야기해왔다. 그 친구와 동료들도, 또 그러한 전망도 내가 글을 쓸 때 나와 함께한다. 우리가 꿈꾸는 것들을 내가 이 지면에서 소중히 여기고 따랐기를 간절히 바란다. 충분히 통찰하거나 완수하지 못했다면 모두 나 자신이 부족한 탓이다.

이 책에서와 같이, 어떤 분석을 발전시키는 일은 친구나 동료 공동체와 함께하면서도 동시에 혼자 힘으로 억압을 더 잘 이해하게 되는 한 과정이었다. 이 책은 1994년, 지금 내가 있는 곳을 대변하지만, 여기서 제안한 분석을 다른 이들이 이어받아 발전시킴으로써 이 책이 간절히 바라는 것들이 실현될 것이다.

책 제목을 제안해준 메리 헌트에게 특별히 고맙다. 수전 케이 그랜트의 지지에 감사하며, 그가 만든 다차원 설치미술 작품인 〈흔적들〉을 찍은 사진 두 장을 실을 수 있어 기쁘다. 급하게 컴퓨터로 글을 쓰는 상황에서도 진 메이슨은 성실하게 응해주었다. 리처드슨 공공도서관 그리고 댈러스 공공도서관 상호대차 담당 직원과 참고 문헌 부서는 지칠 줄 모르고 매우 유용한 도움을 주었다. 동물권을 지지하는 페미니스트들의 회원이자 뛰어난 색인 작성자로서, 이 책의 색인에 힘써준 퍼트리샤 램 퓨어스테인에게 감사를 전한다.

나는 채식주의라는 은총을 브루스, 더그, 벤과 함께 경험하고 있다. 마감이라는 구름이 드리운 상황에서도 삶을 유연하게 살아내는 그들에게 고맙다. 특히, 포용이라는 전망을 법제화하기 위한 매일매일의 싸움에 지칠 줄 모르고 헌신해준 브루스에게, 내 연구의 바탕이 되는 소속감을 느끼게 해주고, '사랑이 깃든 채식 저녁밥'을 해준 데에 감사한다.

그리고 내 부모님께, 내가 크는 동안 우리 삶을 공유했던 수많은 동물(특히, 시라노, 지미, 니키, 피너츠, 페피, 샐리, 메리, 브라우니, 데메테르인데, 전부 내 스승이었다)을 따뜻하게 맞아주신 데에, 또 특히나 내게 어릴 때부터 불의란 맞서 싸워야 하는 것임을 가르쳐주신 데에 감사드린다.

이 블룸즈버리 발현 시리즈판 『인간도 짐승도 아닌』이 세상에 나올 수 있도록 수고를 아끼지 않은 블룸즈버리의 데이비드 아비털, 클라라 허버그, 그리고 이언 벅에게 감사드린다. 블룸즈버리 발현 시리즈판 『육식의 성정치』 때와 마찬가지로 그들과 일하는 것이 즐거웠다. 대서양 지역에서도 미국을 담당하는 블룸즈버리 학술서 편집자들, 특히 하리스 나크비의 지속적인 지원에 감사드린다. 내 책이 전 세계 더 많은 독자에게 닿을 수 있도록 도와준, 블룸즈버리의 학술서 저작권 담당자인 엘리자베스 화이트에게 감사드린다. 이 책

초판의 편집자인 이밴더 롬케에게, 또 『육식의 성정치』 출간 이후에 내가 쓴 글들을 모으도록 했던 컨티뉴엄 출판사 팀에도 감사드린다. 계속해서 지원을 아끼지 않는 진 골로글리와 마틴 로에게 고마움을 전한다. 나는 예술가들, 특히 이벳 와트, 린 모슨, 나바 아틀라스, 수나우라 테일러, 수전 케이 그랜트, 그리고 카일 타포야를 알게 되는 멋진 기회를 누렸다. 그들이 만든 예술 작품의 이미지를 이 책에 사용할 수 있도록 허락해준 데 감사드린다. 육식의 성정치를 보여주는 이미지들을 사진으로 찍어 내게 이메일, 페이스북, 트위터, 인스타그램으로 공유해준 사진작가들에게, 특히 마크 호손, 카미유 브루넬, 로라 케리, 그리고 파리다 뉴먼에게 감사드린다. 캐서린 라이트와 미셸 파월에게는 각각, 법원 계단에 선 이벳 와트를 찍은 사진 그리고 〈오리의 호수〉를 찍은 사진을 쓸 수 있도록 허락해준 데에 감사드린다. 리처드슨 공공도서관은 무언가를 읽으려는 내 욕망을 쉬지 않고 지원해주는데, 참으로 감사한 일이다.

찾아보기

인간도 짐승도 아닌

동물해방과 함께하는 페미니즘

1판 1쇄 2022년 8월 16일

지은이 캐럴 J. 애덤스
옮긴이 김현지
펴낸이 김수기

펴낸곳 현실문화연구
등록 1999년 4월 23일 / 제2015-000091호
주소 서울시 은평구 불광로 128, 302호
전화 02-393-1125 / 팩스 02-393-1128 / 전자우편 hyunsilbook@daum.net
ⓗ blog.naver.com/hyunsilbook ⓕ hyunsilbook ⓣ hyunsilbook

ISBN 978-89-6564-278-7 (03300)